Politik und Gesellschaft des Nahen Ostens

Herausgegeben von
Martin Beck, Odense, Dänemark
Cilja Harders, Berlin, Deutschland
Annette Jünemann, Hamburg, Deutschland
Stephan Stetter, München, Deutschland

Die Reihe „Politik und Gesellschaft des Nahen Ostens“ beschäftigt sich mit aktuellen Entwicklungen und Umbrüchen im Nahen Osten – einer Region, die von hoher globaler Bedeutung ist und deren Dynamiken insbesondere auch auf Europa ausstrahlen. Konflikt und Kooperation etwa im Rahmen der euro-mediterranen Partnerschaft, der Nahostkonflikt, energiepolitische Fragen, Umweltprobleme, Migration, Islam und Islamismus sowie Autoritarismus und Transformation sind wichtige Stichworte. Der Schwerpunkt liegt auf politikwissenschaftlichen Werken, die die gesamte theoretische Breite des Faches abdecken, berücksichtigt werden aber auch Beiträge aus anderen sozialwissenschaftlichen Disziplinen, die relevante politische Zusammenhänge behandeln.

Herausgegeben von

Dr. Martin Beck ist Professor für gegenwartsbezogene Nahost-Studien an der University of Southern Denmark in Odense, Dänemark.

Dr. Cilja Harders ist Professorin für Politikwissenschaft und Leiterin der „Arbeitsstelle Politik des Vorderen Orients“ am Otto-Suhr-Institut für Politikwissenschaft der Freien Universität Berlin, Deutschland.

Dr. Annette Jünemann ist Professorin für Politikwissenschaft am Institut für Internationale Politik der Helmut-Schmidt-Universität Hamburg, Deutschland.

Dr. Stephan Stetter ist Professor für Internationale Politik und Konfliktforschung an der Universität der Bundeswehr München, Deutschland.

Annette Jünemann • Anja Zorob (Hrsg.)

Arabellions

Zur Vielfalt von Protest und Revolte im Nahen Osten und Nordafrika

Springer VS

Herausgeber
Annette Jünemann
Helmut-Schmidt-Universität
Hamburg, Deutschland

Anja Zorob
Ruhr-Universität Bochum
Bochum, Deutschland

ISBN 978-3-531-19272-7
ISBN 978-3-531-19273-4 (eBook)
DOI 10.1007/978-3-531-19273-4

Die Deutsche Nationalbibliothek verzeichnet diese Publikation in der Deutschen Nationalbibliografie; detaillierte bibliografische Daten sind im Internet über http://dnb.d-nb.de abrufbar.

Springer VS

Gedruckt auf säurefreiem und chlorfrei gebleichtem Papier

Springer VS ist eine Marke von Springer DE. Springer DE ist Teil der Fachverlagsgruppe Springer Science+Business Media.
www.springer-vs.de

Inhaltsverzeichnis

Einleitung

Man wird sie so schnell nicht vergessen, die überwältigenden Bilder von Kairos Tahrir Platz, auf dem im Frühjahr 2011 tausende Menschen erfolgreich gegen das Mubarakregime rebellierten. Bilder von Jungen und Alten, Reichen und Armen, Muslimen und Kopten, Männern und Frauen, die sich allen vordergründigen Gegensätzen zum Trotz in der Forderung nach Würde, Freiheit und Gerechtigkeit vereint hatten. Die Proteste verliefen Seitens der Demonstrant_innen weitgehend friedlich; es herrschte nicht nur Verzweiflung und Wut, sondern auch großer Optimismus und ein umwerfender Humor, von dem die ironischen und sarkastischen Protestplakate zeugten.[1] Es gab auf dem Tahrir aber auch Exzesse der Gewalt, ausgelöst durch Schlägertrupps des Regimes, die versuchten den Protest blutig niederzuschlagen. Symbolkraft entfalteten letztlich jedoch die Bilder vom taumelnden Jubel in der Nacht zum 11. Februar 2011, als es endlich gelungen war, Staatschef Mubarak nach 23 Jahren autoritärer Herrschaft zum Rücktritt zu zwingen. Der Tahrir Platz wurde durch die zeitlich und räumlich aufs engste komprimierten Ereignisse, deren Dramatik auf der ganzen Welt Stunde für Stunde in Fernsehen und Internet verfolgt werden konnte, zu dem Symbol des „Arabischen Frühlings“. Gleichzeitig wurde die Besetzung zentraler Plätze zu einer neuen Form organisierten Protests, der in anderen arabischen Staaten, aber auch in Südeuropa und sogar in Israel Nachahmer fand. Seinen Ausgang hatte der Arabische Frühling allerdings schon ein paar Wochen vorher in Tunesien genommen. Angefangen hatte es dort im Dezember 2010 mit friedlichen Demonstrationen in Reaktion auf die öffentliche Selbsttötung eines perspektivlosen und gedemütigten Gemüsehändlers, Mohamed Bouazizi. Offensichtlich hatte er mit

1 Unter dem Titel “Tahrir Inspires the World” stellte der marokkanische Journalist Khalid El Kaoutit Fotos der Protestplakate an der Helmut-Schmidt-Universität in Hamburg aus. Die Fotoausstellung begleitete eine Ringvorlesung zum Thema “Die Arabische Welt im Umbruch” (Mai – November 2011), auf die auch die Idee zu diesem Buch zurückgeht.

seiner Tat einen Nerv der Gesellschaft getroffen, denn unter dem Motto „Wir alle sind Mohamed Bouazizi“ breiteten sich Massenproteste im ganzen Land aus und führten im Januar 2011 zum Sturz von Präsident Ben Ali. Nach der erfolgreichen Vertreibung des tunesischen Präsidenten war der Funke schnell auf andere arabische Autokratien übergesprungen und entfachte dort ebenfalls Massenproteste, auch wenn der Kontext jeweils ein eigener war. Als stabil geltende autoritäre Machtstrukturen wurden in der gesamten Region massiv erschüttert, wenn auch nicht überall auf gleiche Weise. Es ist der jeweils eigene Kontext, der im Zentrum dieses Buches steht.

Der Anfang des Arabischen Frühlings lässt sich in einzelnen Ländern auf bestimmte auslösende Ereignisse zurückführen, die Eingang in das kollektive Gedächtnis gefunden haben. Über die Selbstverbrennung des Tunesiers Bouazizi am 17. Dezember 2010 hinaus zählt dazu der am 25. Januar 2011 in unterschiedlichen Städten und Landesteilen Ägyptens gleichzeitige Ausbruch von Protesten gegen die Regierung Mubarak im Rahmen des „Tags des Zorns“. Im Jemen bildete eine Demonstration von mehreren Tausend Bürger_innen am 27. Januar 2011 in der Hauptstadt Sana den Auftakt für sich stetig vergrößernde Proteste. In Bahrain fanden die Unruhen am 14. Februar 2011 ihren Ausgang, als sich einige hundert Aktivist_innen auf dem „Perlenplatz“ einfanden, um eine Zeltstadt aufzubauen. In Libyen begannen die Proteste am 15. Februar 2011 und waren insbesondere dem Gedenken an ein Gefangenenmassaker im Jahr 1996 gewidmet. Nichtsdestotrotz trägt der Aufstand in Libyen den offiziellen Namen der „Revolution des 17. Februar“. In Syrien schließlich wird allgemein der Beginn der Revolte auf Mitte März datiert, auch wenn es vorher bereits einzelne, kleinere Proteste und viele Verhaftungen unter syrischen Oppositionellen gab. Den unmittelbaren Ausschlag für einen größer angelegten, aber friedlichen Protest in der südsyrischen Stadt Dara'a gab die Verhaftung einer Gruppe von Jugendlichen, die den Spruch „Das Volk will den Sturz des Regimes“ an Häuser und Wände gesprüht hatten.

Damit lässt sich der Anfang des Arabischen Frühling in den meisten Ländern auf ein konkretes Datum fixieren. Der Ausgang ist hingegen ungewiss, nicht nur in der zeitlichen Dimension, sondern insbesondere mit Blick auf seine politischen Konsequenzen. In Ägypten folgte der anfänglichen Euphorie angesichts der restauratorischen Kräfte des Militärs bald Ernüchterung, und das Erstarken islamistischer Kräfte weckt in allen Staaten, die von der Protestwelle erreicht wurden, Ängste und Zweifel insbesondere bei liberalen Kräften, die sich um ihren revolutionären Sieg betrogen fühlen. Zum Zeitpunkt, als dieses Buch geschrieben wurde, ließ die gewaltsame Eskalation der Machtkämpfe in Syrien die positiven Bilder vom Arabischen Frühling schon wieder verblassen und reaktivierte in der westlichen Öffentlichkeit das stereotype Bild vom Araber und Muslim, der – unaufgeklärt wie er ist – nur die Sprache der Gewalt kennt und zur Demokratie unfähig sei. Diese zunehmend negative Wahrnehmung manifestiert sich im häufig bemühten Spiel mit der Jahreszeitenmetapher, der zufolge man nach einem heißen Sommer nun wieder im Herbst wenn nicht sogar Winter angekommen sei, es also keine Perspektive auf grundlegenden politischen Wandel in der MENA Region gäbe. Diese populistische Lesart des Arabischen Frühlings greift freilich zu kurz, genauso wie die naive Hoffnung auf eine Welle der Demokratisierung in unmittelbarer Zukunft. Gleichwohl steht einmal mehr die Frage im Raum, ob der Verlauf der Ereignisse nicht doch einen „arabischen Exzeptionalismus" bestätigt. Gemeint ist die insbesondere von der Politikwissenschaft oder aber institutionen- und politökonomischen Ansätzen theoretisch unterfütterte Annahme, dass die Autokratien in der MENA Region aus einer Reihe struktureller Gründe, von denen die Religionszugehörigkeit die geringste Rolle spielt, überdurchschnittlich resilient gegen politischen Wandel seien. Der Arabische Frühling markiert in diesem Kontext eine historische Zäsur, weil er das Theorem vom „arabischen Exzeptionalismus" erstmals erschütterte. Der Mut zur Auflehnung gegen die seit Jahrzehnten herrschenden und als extrem stabil geltenden Autokratien ist kaum umkehrbar; er wird künftig innerhalb wie außerhalb der Region in Rechnung gestellt werden müssen und stellt vor allem die wissenschaftlichen Analyst_innen vor die Herausforderung, gänzlich unerwartete und extrem divergente Entwicklungen zu erklären. Ziel des vorliegenden Sammelbandes ist es, Ursachen und Verlaufsformen der Entwicklungen im spezifischen Kontext der jeweiligen Länder zu analysieren.

Um möglichst unterschiedliche Aspekte in den Blick zu nehmen, haben wir das Buch interdisziplinär angelegt und Vertreter_innen aus Politikwissenschaft, Geschichtswissenschaft, Islamwissenschaft und der Wirtschaftswissenschaft um Mitwirkung gebeten. Einige Beiträge sind stärker empirisch angelegt, basierend auf aktueller und umfassender Feldforschung in der Region. Andere sind theoriegeleitet und knüpfen an den aktuellen Stand der Transformations- und Revolutionsforschung sowie der Friedens- und Konfliktforschung an.

Um den gemeinsamen Ausgangspunkt der Entwicklungen zu betonen, gleichzeitig aber auf die Divergenz der politischen Prozesse in den einzelnen Ländern zu verweisen, lautet der Titel des Buches „Arabellions". Der Wahl des Titels ging eine intensive Diskussion vorweg, in deren Zentrum die Deutungshoheit darüber stand, was in der Regel als „Arabischer Frühling" bezeichnet wird, mit Blick auf Tunesien aber auch als „Jasmin Revolution" oder eben als „Arabellion". Sowohl der Begriff der „Jasmin Revolution" als auch der der „Arabellion" sind strittig, weil beide von auswärtigen Beobachtern geprägt wurden, ersterer von einem französischen Journalisten[2], letzterer von der Frankfurter Allgemeinen Zeitung. In Erwägung gezogen wurde aufgrund dessen der direkt aus dem Arabischen übertragene Begriff des „Arabischen Erwachens", der jedoch, weil wenig bekannt und in der deutschen Übersetzung auch missverständlich, als Titel wieder verworfen wurde. Wie Martin Beck und Simone Hüser in ihrem Beitrag zu Recht anmerken, ist die Suche nach einem theoretisch anspruchsvollen Begriff wohl müßig, solange der Gegenstand noch so sehr im Fluss ist. Vor diesem Hinterngrund bleibt mit Spannung abzuwarten, wie man im Abstand von einer oder mehrerer Dekaden und im Lichte der bis dahin erfolgten Empirie und Theoriebildung, von den politischen Prozessen in der Region sprechen wird, die wir – durchaus pragmatisch – Arabellions nennen.

In diesem Band wird das Thema aus unterschiedlichen Perspektiven betrachtet. Zum einen liefert er Länderstudien in denen aufgezeigt wird, warum man nicht überall von Revolution sprechen kann, welche Formen autoritärer Resilienz vorherrschen und wo es Chancen auf eine friedliche Transformation gibt. Ergänzt werden diese Beiträge durch Querschnittanalysen, die strukturelle Erklärungsfaktoren beleuchten wie z.B. die Rolle der Mittelschichten, die Bedeutung des politischen Islam oder die Auswirkungen des Umbruchs auf die Geschlechterverhältnisse. Abgerundet wird der Sammelband durch Beiträge, die die Implikationen der Arabellions für den Iran, für Israel aber auch für die EU analysieren und damit verdeutlichen, dass die politischen, gesellschaftlichen und ökonomischen Konsequenzen der Arabellions weit über die Region hinausstrahlen. Das Buch gliedert sich wie folgt:

Cilja Harders leitet den Sammelband mit einem Beitrag zu Ägypten ein, dem Land, das in mehrfacher Hinsicht eine Schlüsselposition in der Region einnimmt. Diskutiert wird der ägyptische Weg in die politische Transformation, wobei es um folgende Fragen geht: wie kann unter Bedingungen scharfer Repression überhaupt Massenprotest zustande kommen? Wie kann dieser Protest den Sturz eines als stabil geltenden autoritären Herrschaftssystems erreichen und wie gestaltet sich der weitere Transformationsprozess? In ihrem Beitrag entwickelt Cilja Harders einen analytischen Rahmen, um die komplexen Veränderungsdynamiken systematisch zu beschreiben und auch Erklärungsansätze zu generieren.

2 Tunesische Aktivist_innen empfinden die Blumenmetapher als Verharmlosung, assoziieren sie selber mit den Ereignissen von 2010/2011 doch eher den Geschmack von Schweiß und Blut. Darüber hinaus wehrten sich viele gegen die Vereinnahmung ausgerechnet durch einen Franzosen, da die ehemalige Kolonialmacht bis zur letzten Minute auf Seiten des alten Regimes stand. Vgl. zu Tunesien den Beitrag von Domenica Preysing.

Der Analyserahmen beschreibt das je kontextspezifische Zusammenwirken von Strukturfaktoren, Akteurskonstellationen und situativen Dynamiken.

Domenica Preysing schließt sich dem mit einer Analyse des Landes an, von dem der Arabische Frühling seinen Ausgang nahm. Untersucht wird die Vorreiter- sowie Sonderrolle Tunesiens innerhalb der Region Naher Osten und Nord Afrika. Ihr Beitrag zeigt Auslöser der Revolution auf, gibt einen Überblick über politische und institutionelle Entwicklungen und schließt mit einem Ausblick auf künftige soziale, wirtschaftliche und politische Herausforderungen. Preysing kommt zu dem Schluss, dass in Tunesien nicht nur das „arabische Erwachen" seinen Anfang genommen hat, sondern dass der politische Übergangsprozess in Tunesien trotz Widrigkeiten eine verhältnismäßig gefestigte, demokratische Grundrichtung eingenommen hat. Diese Entwicklung ist von einer besonderen Faktorenkonstellation begünstigt, die in dem Beitrag näher erläutert wird.

Der positiven Einschätzung mit Blick auf Tunesien stehen besorgniserregende Entwicklungen in Libyen und mehr noch in Syrien gegenüber. *Wolfram Lacher* untersucht in seinem Beitrag die Dynamiken der libyschen Revolution und der frühen Übergangsperiode bis Mai 2012. Kennzeichnend für die libysche Revolution war nach seiner Analyse der völlige Kollaps des Staates und die Entstehung zahlreicher lokaler Machtzentren in der Form von zivilen und Militärräten, sowie einer Vielzahl von Milizen, die sich oft auf der Basis einzelner Städte oder Stämme bildeten. Die Dynamiken des Bürgerkrieges führten zur Eskalation lokaler Konflikte in der frühen Übergangsphase; jedoch bildeten sich keine breiteren gegnerischen Lager. Neben den akuten Herausforderungen durch lokale Konflikte und bewaffnete Gruppen stellt sich in Libyen keine geringere Herausforderung als der Aufbau eines neuen Staates von Grund auf.

André Bank und *Erik Mohns* analysieren die extreme Entwicklungsdynamik der „unerwarteten" Revolte in Syrien. Anhand von fünf Leitfragen stellen sie die Transformation des gewaltlosen Volksaufstands vom März 2011 in eine weithin bewaffnete Anti-Regime-Revolte im Sommer 2012 dar. Ausgehend von den strukturellen Ursachen der Revolte werden in akteurszentrierter Perspektive die zentralen Konfliktakteure, ihre Interessen sowie Strategien untersucht. Zudem werden die Auswirkungen externer Vermittlungsversuche auf die Entwicklungsdynamik der Revolte veranschaulicht. Der Beitrag schließt mit einem Ausblick auf potenzielle politische Szenarien in Syrien.

Obwohl in unmittelbarer Nachbarschaft, scheint der revolutionäre Funke bislang nur bedingt auf Jordanien übergesprungen zu sein. Gleichwohl gibt es auch dort einschneidende politische Veränderungen, die von *Malika Bouziane* und *Katharina Lenner* erörtert werden. Basierend auf der Analyse von Protestdynamiken und politischen Eindämmungsstrategien argumentieren die Autorinnen, dass die These der monarchischen Stabilität diese Entwicklungen nicht angemessen fassen kann. Sie zeigen, dass die gegenwärtigen Dynamiken nicht primär eine Kontinuität der monarchischen Herrschaftsformen markieren. Vielmehr deuten sie auf eine relative strategische Neuausrichtung angesichts der aktuellen Krisen hin. Daher argumentieren sie, dass die historische Entwicklung von Herrschafts- und Kompromissbildungsstrategien in die Analyse integriert werden müssen, um Kontinuitäten und Veränderungen angemessen zu erfassen.

Der Logik vergleichender Länderstudien folgend, thematisiert *Stephan Stetters* Beitrag die Auswirkungen des arabischen Frühlings auf Israel und Palästina, sowohl innenpolitisch, als auch in Bezug auf den israelisch-palästinensischen Konflikt. Hauptargument des Beitrags ist, dass die palästinensische, aber vor allem auch die israelische Seite – womit vor allem die Regierungen beider Seiten gemeint sind - es bis heute nicht verstanden haben, die richtigen Antworten auf den arabischen Transformationsprozess zu finden, sprich: Schnelle und mutige Schritte zu einem dauerhaften israelisch-palästinensischen Frieden zu unternehmen, inner-palästinensische Aussöhnung und Demokratisierung voranzutreiben sowie der Gefahr einer schleichenden Aushöhlung von Demokratie und Rechtstaat in Israel entgegenzutreten.

Diesem Beitrag schließt sich eine Analyse von *Muriel Asseburg* an, die Israel und seine arabischen Nachbarn fokussiert, dabei aber eine etwas andere Perspektive einnimmt. Nach Asseburgs Beobachtung haben die Umbrüche in der arabischen Welt bislang kein Momentum entfaltet, das eine Friedensregelung zwischen Israel und seinen arabischen Nachbarn befördert hätte. Die Situation im östlichen Mittelmeerraum hat sich vielmehr seit Anfang 2011 deutlich zugespitzt. Dabei waren die Auswirkungen des Arabischen Frühlings ein wichtiger, wenn auch nicht der einzige Faktor. Dies birgt nicht nur die Gefahr einer gewaltsamen Eskalation. Auch die Aussichten für eine Zwei-Staaten-Regelung zur Befriedung des israelisch-palästinensischen Konflikts haben sich weiter verschlechtert. Dabei wird das Andauern des Konflikts auch negative Auswirkungen auf die Transformationsprozesse in den Nachbarstaaten Israels zeitigen.

Auch der Iran ist, obwohl kein arabisches Land, massiv von den Schockwellen des Arabischen Frühlings betroffen. Wie *Henner Fürtig* in seinem Beitrag ausführt, hätte die iranische Führung sich als eindeutiger Nutznießer des Arabischen Frühlings sehen können, wenn diese Sichtweise nicht durch die Opposition im eigenen Land in Frage gestellt worden wäre. Die im Gefolge der umstrittenen Präsidentenwahlen von 2009 unnachsichtig verfolgte „Grüne Bewegung" rief für den 14.2.2011 zu machtvollen Solidaritätskundgebungen mit den protestierenden Menschen in der arabischen Welt auf, weil diese die gleichen Ziele verfolgen würden wie die drangsalierten Oppositionellen in Iran – die Beseitigung einer autokratischen Herrschaft. Prompt verbot das Innenministerium die Demonstrationen; eine landesweite Verfolgungswelle setzte ein. Damit ließ sich nicht mehr leugnen, dass die offizielle Interpretation des „Arabischen Frühlings" – zumindest im Inland – auf Widerstand stieß. Der Beitrag Fürtigs untersucht Wesenszüge wie Folgen dieses Widerstands und bezieht dabei vor allem auch außenpolitische Aspekte des Gegensatzes ein.

Abgerundet werden die Länderstudien durch einen Überblicksbeitrag aus vergleichender Perspektive von *Martin Beck und Simone Hüser*. Ausgangspunkt ihrer Analyse ist die Beobachtung, dass es sich beim Arabischen Frühling zum einen um ein regionales Phänomen handelt, das zum anderen aber zu einer Diversifizierung politischer Herrschaften in der Region geführt hat. Vor diesem Hintergrund entwickeln die Autor_innen eine Zwei-mal-zwei-Matrix, welche nach Stabilität und Herrschaftsform differenziert. Zur Erklärung der Diversifizierung wird überwiegend auf den Rentierstaats-Ansatz zurückgegriffen, es werden aber auch Erkenntnisse der Transformations- sowie der Revolutionsforschung nutzbar gemacht.

Dem folgen mehrere Beiträge, die strukturelle Faktoren erörtern, die Entstehung und Dynamik des Arabischen Frühlings erklären können, oder aber Anhaltpunkte für die Analyse der weiteren Entwicklungen liefern. *Anja Zorob* nimmt dabei sozio-ökonomische Faktoren und die politische Ökonomie wirtschaftlicher Reformen in den Transformationsländern in den Fokus. Sie vollzieht nach, wie ökonomische Liberalisierung und Strukturanpassung ab den 1980er Jahren zu einer stetigen Erosion der Bedingungen des „autoritären Gesellschaftsvertrags" führten. Darauf aufbauend diskutiert Zorob, inwiefern hohe Arbeitslosigkeit, insbesondere unter jungen Menschen, neben wachsender Armut und ungleicher Einkommensverteilung sowie allseits grassierende Korruption zu den Motiven gezählt werden können, welche die Proteste des Arabischen Frühlings auslösten. Außerdem wirft sie einen Blick auf die ökonomischen „Kosten" der Revolutionen, die zukünftigen Herausforderungen und die mögliche Rolle internationaler Akteure, die Transformationsländer bei der Bewältigung dieser Aufgaben zu unterstützen.

Autoritärer Gesellschaftsvertrag und Rentiersysteme bieten wiederum die Klammer, die den Beitrag von *Rachid Ouaissa* mit jenen von Anja Zorob, Cilja Harders oder Martin Beck und Simone Hüser in diesem Buch verbindet. Ouaissa betrachtet in seinem Beitrag nicht ob, sondern warum Angehörige der Mittelschichten eine tragende Rolle in den Arabellion*s* spielten. Eingebettet in den historischen Rahmen der großen Transformationen der Gesellschaften des Nahen Ostens und Nordafrikas und darin der Entstehung von Rentiersystemen stellt er die These auf, dass die arabischen Mittelschichten möglicherweise nicht so sehr von der Forderung nach radikalem Systemwandel in Form einer demokratischen

Transition getrieben wurde wie allgemein gerne angenommen wird. Stattdessen unterscheidet er zwischen einer alten und einer neuen, in ihrem Aufstieg „blockierten" Mittelschicht, die bislang allerdings, aufgrund ihrer Konsumorientierung und anhaltenden Abhängigkeit von Renten, nicht über die strukturellen Mittel verfügten, um einen gesellschaftlichen Wandel maßgeblich zu tragen.

Einen Akteurszentrierten Ansatz wählt *Ivesa Lübben*, deren Beitrag die Rolle des politischen Islam hinterfragt und dabei ein deutliches Gegenbild zur stereotypen westlichen Wahrnehmung liefert. Lübben betont, dass der Islamismus als heterogenes soziales Phänomen sehr unterschiedliche Antworten auf die Herausforderungen des Übergangs artikuliert. Die Transformationen des Nahen Osten infolge der Revolutionen in Tunesien, Ägypten und anderen Ländern der Region des Nahe Ostens und Nordafrikas, die neuen Freiheitsspielräume und die Politisierung der Gesellschaften, haben das Entstehen neuer islamistischer Gruppierungen begünstigt, wobei – durch die Aneignung moderner westlicher Ideologien – auch hybride Formen des Islamismus entstanden sind. Bereits existierende islamistische Bewegungen wurden in Folge des Arabischen Frühlings dynamisiert und ihre interne Ausdifferenzierung dabei vorangetrieben. Je mehr sich die Bewegungen mit real-politischen Fragen auseinandersetzen müssen, desto pragmatischer werden sie. Das führt dazu, dass die Bedeutung des ideologisch motivierten Handelns zugunsten lösungsorientierter Praktiken abnimmt.

Angst und Sorge vor einer Machtübernahme islamistischer Parteien wird vor allem von Frauen artikuliert, von denen sich viele als Verliererinnen der Arabellion*s* empfinden. Vor diesem Hintergrund geht *Annette Jünemann* der Frage nach, welchen Beitrag die EU zur Förderung von Geschlechterdemokratie in den arabischen Transformationsländern leisten kann. Die Aufgabe ist insofern problematisch, als die EU im Rahmen ihrer externen Demokratieförderung im südlichen Mittelmeerraum bislang die Agenda säkularer Frauenrechtsgruppen unterstützt hat. Dies geschah im stillen Einvernehmen mit den autoritären arabischen Regimen, die in einem säkularen Staatsfeminismus ein probates Mittel im Kampf gegen den politischen Islam sahen. Seit dem Arabischen Frühling ist die bisherige Förderpraxis der EU diskreditiert und verlangt eine Anpassung an die neuen politischen Realitäten. Erkenntnisleitend sind in diesem Beitrag die *Handlungslogiken*, die das Politikfeld der Förderung von Geschlechterdemokratie prägen.

Ein Wort zum Schluss: Die Arabellion*s* zeigen anschaulich, dass die Region des Nahe Ostens und Nordafrikas vielleicht doch nicht so ganz „exzeptionell" ist, wie wir uns bislang immer haben glauben machen wollen. Nichtsdestotrotz deuten die in diesem Buch versammelten länderspezifischen wie regional übergreifenden Beiträge unmissverständlich darauf hin, dass der Weg für einen Systemwandel einschließlich einer demokratischen Transition und sozio-ökonomischen

Restrukturierung noch weit ist. Das gilt nicht nur für das bürgerkriegsgeplagte Syrien oder das durch die Kampfhandlungen in weiten Teilen zerstörte sowie funktionierender staatlicher Institutionen ermangelnde Libyen. Es trifft auch auf andere Länder wie Ägypten oder sogar Tunesien, den „Vorreiter“ in der Region, zu. Für einen Systemwandel nötig ist mehr als der Sturz „alter“ Regime. Er erfordert ein breites gesellschaftliches Umdenken und „neue“ Ideen, welche Bürger_innen und politische Verantwortliche in den Ländern des Nahen Ostens und Nordafrikas selbst entwickeln.

Hamburg/Bochum, 12.11.2012
Annette Jünemann Anja Zorob

Revolution I und II – Ägypten zwischen Transformation und Restauration

Cilja Harders

1 Einleitung

Zeitpunkt und Dynamiken der Umbrüche in der Arabischen Welt haben die meisten Kommentator_innen und viele Aktivist_innen vor Ort überrascht.[1] Zwar haben sich viele für Veränderungen eingesetzt, Regimewechsel gefordert und radikalen Wandel erhofft – dass jedoch mit der Selbstverbrennung Mohamed Bouazizis vom 17.12.2010 eine Dynamik ihren Anfang nähme, an deren Ende der Sturz von Ben Ali stehen würde, haben die meisten nicht vorhergesehen. Und auch auf dem Tahrir-Platz in Kairo ist die Situation im Ringen um den Abgang von Mubarak vom 25. Januar bis zum 11. Februar 2011 ergebnisoffen. Nach dem raschen Rückzug der Präsidenten in Tunesien und Ägypten hoffen Aktivist_innen in anderen Staaten der Region, bestärkt und inspiriert durch den Fall der Mauer der Angst, auf ebenso zügigen Wandel.

Über ein Jahr nach dem Abgang von Tunesiens Präsident Ben Ali und Ägyptens Präsident Mubarak ist die Lage in der Region uneinheitlich. Neue Formen gesellschaftlicher Mobilisierung und Politisierung gehen Hand in Hand mit Repression, politischer Dominanz religiöser Kräfte und anhaltender wirtschaftlicher Krise. Wissenschaftlich wie politisch sind nicht nur Zukunftsaussichten, sondern auch die korrekte Beschreibung und Bewertung der Lage stark umstritten: womit haben wir es eigentlich zu tun? In Ägypten mit einer Revolution[2], die

1 Der Beitrag stellt eine stark überarbeitete und ergänzte Fassung einer früheren Publikation zum Thema dar (Harders 2012).

2 Revolution bezeichnet in der Politikwissenschaft meist eine plötzliche, umfassende, oft auch gewaltvolle Veränderung (Goldstone 2001). McAdam/Tilly/Tarrow (1996: 165) unterscheiden griffig zwischen „revolutionary situations" und „revolutionary outcomes", wobei letztere auch den grundlegenden Umbau des politischen Systems beinhalten. Transition verläuft dagegen graduell innerhalb des bestehenden Rechts- und Verfassungsrahmens und bezeichnet den Wechsel von einem politischen System zu einem anderen. Transformation beschreibt den umfassenderen Prozess tiefgreifenden Wandels von Staat und Gesellschaft (Merkel 2010).

unter der Hand zum Militärputsch wird? In Tunesien mit einer klassischen Liberalisierung mit Aussicht auf Demokratisierung? In ganz Nordafrika mit einer Rückkehr des noch vor wenigen Monaten totgesagten Islamismus? In Syrien mit einem Bürgerkrieg und möglichem Staatszerfall? In den Golfmonarchien, Marokko, Algerien und Jordanien mit Regierungswechseln oder Wahlen als Teil autoritärer Restauration? (Lenner / Bouziane 2011 in diesem Band sowie Hoffmann 2011). In Bahrein mit einem Regime, das ähnlich wie das iranische im Jahr 2009 auch anhaltenden Protest mit höchster Brutalität und externer Unterstützung langfristig zu unterdrücken vermag?

Schon dieser kursorische Blick zeigt, dass die aktuellen Transformationsprozesse nicht nur in Ägypten unübersichtlich, widersprüchlich, ungleichzeitig und ergebnisoffen verlaufen. Auch für die Staaten im Nahen Osten und Nordafrika sind unterschiedliche Szenarien denkbar: neue Massenproteste, Re-Autokratisierung, autoritäre Modernisierung, politische Liberalisierung oder Bürgerkrieg. In Ägypten beobachten wir seit dem Abgang von Mubarak ein zähes Ringen zweier Lager um tiefgreifende Veränderungen bzw. Restauration. Auf die erste „Revolution", die Absetzung Mubaraks durch weitgehend friedliche Massenproteste muss eine zweite, die tiefgreifende gesellschaftliche und politische Transformation folgen, so der Wunsch vieler Aktivist_innen vom Tahrir. Denn es geht bei den Protesten nicht nur um den Rückzug der Autokraten, sondern um die radikale Veränderung eines politischen Systems, das von Korruption, Klientelismus, Unterdrückung, Polizeigewalt und Depolitisierung geprägt war. Deshalb formulieren die Menschen auf dem Tahrir-Platz in Ägypten, in Tunesien und anderen Staaten: "Das Volk will den Sturz des Systems." Hierin liegt das zugleich "unideologische" und zutiefst radikale Moment dieser Proteste: Ziel ist die Rückeroberung des Politischen als Raum der kollektiven friedlichen Aushandlung um die wünschenswerte gesellschaftliche Ordnung. Zugleich ist damit auch die größte Herausforderung formuliert, denn ein korrupter Präsident und seine Familie sind leichter zu stürzen als ein „System" – wie sich in Ägypten sehr eindrücklich zeigt.

Im Folgenden werden der ägyptische Weg in die „Revolution I und II", die zentralen Akteur_innen, die Strukturen, in denen sie handeln und die wichtigsten Ergebnisse der derzeitigen Transformation diskutiert. Diese Fragen stehen dabei im Vordergrund: Wie kann unter Bedingungen scharfer Repression überhaupt Massenprotest zustande kommen? Wie kann dieser Protest den Sturz eines als stabil geltenden autoritären Herrschaftssystems erreichen und wie gestaltet sich der weitere Transformationsprozess? Zur Beantwortung dieser Fragen werde ich einige Ergebnisse der Bewegungs-, Revolutions-, Transformations-, Partizipations- sowie der Regionalforschung und feministischer Ansätze diskutieren. Der hier in Abschnitt zwei nur in Grundzügen entwickelte Analyserahmen beschreibt das je kontextspezifische Zusammenwirken von Strukturfaktoren, Akteurskonstellationen und situativen Dynamiken. Abschnitt drei befasst sich mit den Strukturfaktoren anhand des ägyptischen Beispiels. Abschnitt vier untersucht die situativen Dynamiken und Abschnitt fünf beschäftigt sich mit der Akteurskonstellation in den zwei Phasen der aktuellen ägyptischen Transformation.

2 Analytischer Rahmen

Transformations-, Revolutions- und Bewegungsforschung befassen sich mit der Analyse von Ursachen, Trägern und Wirkungen von sozio-politischen Umbrüchen. Schon ein kursorischer Blick zeigt, dass in dieser sehr ausdifferenzierten Literatur keine Einigkeit über die breit geteilte Einschätzung hinaus herrscht, dass ein einzelner Faktor kaum als ursächlich für solche komplexen sozialen Prozesse betrachtet werden kann. Allerdings lassen sich allgemeine Mechanismen beschreiben: Massenmobilisierung und Protest werden durch Krisen ausgelöst. Die Legitimität des herrschenden Regimes wird aufgrund akuter oder latenter politischer, ökonomischer oder kultureller Krisen schwächer (Tilly 1978). Staatliches Versagen mit Blick auf Leistungen und Teilhabemöglichkeiten (Input- und Outputlegitimität) wird öffentlich angeprangert und aus einer solchen Dynamik heraus kann – wie 2011 in Ägypten geschehen – die Systemfrage gestellt werden. Der geltende Gesellschaftsvertrag – in diesem Fall ein autoritärer Gesellschaftsvertrag – wird grundlegend kritisiert. Krisenursachen sind struktureller und langfristiger Natur und müssen von Akteur_innen als solche benannt und thematisiert werden, damit aus ihnen Mobilisierungspotenzial erwächst. Entscheidend ist das Zusammenspiel von objektiver Situation und dem subjektiven Empfinden von Ungerechtigkeit und Ausgrenzung, also das Bewusstsein über (relative) Deprivation (Gurr 1970).

Auch in Ägypten und anderen Staaten der Region lassen sich bereits seit längerem Anzeichen einer tiefgreifenden Krise erkennen, die ich als "Transformation ohne Transition" bezeichnet habe: Prozesse rapiden, sozialen, kulturellen und ökonomischen Wandels bei gleichzeitiger politischer Erstarrung und Repression (Harders 2009). Zu den wichtigsten zählen der demografische Wandel, ein Wandel der Geschlechterverhältnisse (Salah 2011, UNDP 2006), der verbesserte Zugang zu neuen und alten Medien und damit einhergehend Veränderungen in der politischen Kultur (Radsch 2008) und ökonomische Veränderungen im Zuge neoliberaler Wirtschaftsreform (Joffé 2011: 509 ff., Zorob in diesem Band, Hibou 2005). Diese Transformationen werden jedoch nicht von einem politischen Wandel im Sinne einer Liberalisierung oder gar Demokratisierung der Systeme begleitet. Im Gegenteil, die Regime setzen auf autoritäre Modernisierung und Machterhalt durch die Strategien der Islamisierung, Informalisierung, begrenzte politische und ökonomische Liberalisierung, Kooptation und Repression im Rahmen des geltenden Gesellschaftsvertrages (Harders 2009).

Diese grundlegenden Strukturen des anpassungsfähigen, sich modernisierenden Autoritarismus sind – so meine Ausgangsannahme – in den letzten 10 Jahren weitgehend unverändert geblieben. Insofern stellen die überraschend breiten Massenmobilisierungen gegen die autoritären Regime im Nahen Osten und Nordafrika ein Rätsel dar, denn strukturalistische Ansätze gehen davon aus, dass breite gesellschaftliche Mobilisierung oder die Destabilisierung autoritärer Herrschaft nur dann erfolgen kann, wenn sich sogenannte politische Opportunitätsstrukturen oder bestimmte ökonomische bzw. sozio-kulturelle Voraussetzungen ändern (Tilly 1978; Merkel 2010). In Ägypten und anderen arabischen Staaten haben sich jedoch genau hier in den letzten 10 Jahren zwar graduelle, aber keine grundlegenden Veränderungen ergeben. Die Entwicklungs- und Legitimationskrise der Staaten des Vorderen Orients ist alt, ebenso wie die Formen des Krisenmanagements zum Machterhalt im Rahmen des autoritären Gesellschaftsvertrags. Wenn die Strukturen also stabil sind, dann müssten Veränderungen auf der Akteursseite den aktuellen Wandel erklären, so mein Argument. Denn die Massenproteste sind ein neues Phänomen, getragen von einigen neuen Akteur_innen, die über neue Ressourcen verfügen, insbesondere den Zugang zu neuen Medien, aber auch die Erfahrungen aus dem politischen Kampf der letzten Jahre und die insgesamt veränderte politische Kultur in Ägypten. Um die komplexen Prozesse der Beeinflussung von Strukturen durch Akteur_innen und umgekehrt zu fassen, führe ich als dritte Analysedimension die „situative Dynamik" ein. Ausgangsannahme ist hier, dass Mobilisierung und Protest selbst wiederum die Rahmenbedingungen für Protest und damit Akteurskonstellationen verändern und zugleich eine Ressource für Akteur_innen darstellen (Meyer 2004: 139).

3 Strukturfaktoren: Zur Erosion des autoritären Gesellschaftsvertrages in Ägypten

In der Transformationsforschung werden geostrategische, ökonomische und regimetyp-bezogene Aspekte als Strukturfaktoren betrachtet, die politische Mobilisierung, Protest und auch Regimewandel auslösen können. Die Bewegungsforschung konzentriert sich auf letzteres, systemische Bedingungen werden dabei zumeist als Opportunitätsstruktur gefasst.

Regionale und internationale Interessen, Interventionen und Konfliktsysteme beeinflussen Transformation etwa, indem anhaltende Außenkonflikte innere Spaltungen überdecken, oder externe Mächte auf innenpolitische Entwicklungen direkt oder indirekt Einfluss nehmen, wie 2011 in Syrien, Bahrein und Libyen oder 2001 und 2003 in Afghanistan und im Irak geschehen (Korany/Dessouki 2005, Harders/Legrenzi 2008, Asseburg 2011, Tocci 2011). Externe Interventionen können militärisch oder ökonomisch, etwa im Sinne „politischer Renten" wie Entwicklungs- oder Militärhilfe erfolgen. Der Zugriff der Regimeeliten auf ökonomische wie politische Renten wird dabei als zentral für die Stabilität von Autoritarismus betrachtet (Beblawi/Luciani 1987, Pawelka 2002, Richter 2009). Hier zeigen sich in den letzten zehn Jahren keine signifikanten Veränderungen: Ägyptens geostrategische Relevanz für arabisch-israelische Beziehungen, die Zugänglichkeit des Suezkanals und die darin zum Ausdruck kommende „pro-westliche Haltung" ist anhaltend hoch. Zwar haben sich im Anschluss an den Irak-Krieg Versuche der externen Demokratisierungspolitik kurzzeitig intensiviert, aber das ägyptische Regime hat zuverlässigen Zugriff auf politische Renten. Dies umfasst vor allem die us-amerikanische Militärhilfe und Entwicklungshilfegelder von den USA, der EU und arabischen Gebern (Zorob 2012, Horst/Jünemann/Rothe 2013). Insofern haben sich grundlegende ökonomische und geostrategische Konstellationen nicht geändert und können nicht als Erklärung für das Zustandekommen von Massenprotest herangezogen werden.

Wichtiger ist die dritte strukturelle Dimension, das politische System des Nationalstaates selbst. Dies wird unter Politolog_innen vor allem in Hinblick auf den Regimetypus „autoritäres System" diskutiert (Schlumberger 2007). Die Möglichkeiten für transformierenden Massenprotest sind in autoritären Systemen qua definitionem eng begrenzt, zumal die Regime vor allem aufgrund ihrer Anpassungsfähigkeit als stabil gelten (Heydemann 2007, Heydemann/Leenders 2011). Auch die bewegungsforscherische Perspektive auf „politische Opportunitätsstrukturen" ergibt keine starken Veränderungen hinsichtlich einer Erleichterung von Massenmobilisierung (Tarrow 1998: 10, Meyer 2004).[3] Die Repressionskapazitäten sind nicht gesunken, sondern gestiegen. Das politische System hat sich nicht signifikant geöffnet und es gab keine neuen (öffentlich sichtbaren) Allianzen und auch keine starken (externen) Unterstützer. Allerdings war eine zunehmende Distanzierung des Militärs von Mubaraks Nachfolgeplänen für seinen Sohn

3 D.h. laut einer gängigen Definition etwa, dass das politische System sich für neue Akteure öffnet, es zu Brüchen innerhalb der Regimeeliten kommt, neue Koalitionen entstehen, die Repressionskapazitäten des Apparats sinken oder externe Akteure die Machtbalance zwischen Regime und Opposition verändern (Tarrow 1998: 76).

Gamal zu erkennen – einen Faktor, den Transformationsforscher_innen in das akteurszentrierte Paradigma einordnen und der hier ebenfalls in der Akteursanalyse noch näher diskutiert wird. Wie konnte es dennoch zu dieser breiten Mobilisierung und sogar dem Rücktritt von Mubarak aufgrund von öffentlichem Massenprotest kommen?

3.1 Der autoritäre Gesellschaftsvertrag der Informalität

Um einen Zusammenhang zwischen den strukturellen Krisen und den aktuellen Umbrüchen herzustellen, ist es notwendig, die Veränderungen in der Perzeption der Bürger_innen in den Staaten der Region, d.h. die politisch-ideologische Dimension der Krisen in den Blick zu nehmen. Eine derart kontextspezifische Gewichtung von geopolitischen, ökonomischen oder systemischen Faktoren verweist auf deren *legitimitätsstiftende* Funktion: Nicht der Ressourcenzugriff oder die Rolle als strategischer Verbündeter des Westens an sich sind dann entscheidend, sondern der Grad an Legitimität und Unterstützung, den ein autoritäres Regime daraus ziehen kann.

Die komplexen Prozesse der Erzeugung von Legitimität lassen sich im Konzept des Gesellschaftsvertrages fassen, das einerseits Struktur- und Akteursdimension integriert. Andererseits beschreibt es den grundsätzlichen Mechanismus der Legitimitätsgenerierung in einem bestimmten System. Das Verhältnis zwischen Staat und Gesellschaft in Ägypten und der Region fasse ich als autoritären Gesellschaftsvertrag, der für den Verzicht auf staatsbürgerliche Rechte und Partizipation Anteil an Wohlstand und Entwicklung bietet (Harders 2002, 2009, Desai et al. 2009, Büttner/Büttner 1993, Zorob in diesem Band). Der nasseristische Gesellschaftsvertrag in Ägypten versprach Entwicklung und Wohlstand im Austausch mit Loyalität, die innerhalb klientelistischer Bahnen kontrolliert und depolitisiert werden konnte. In den 1990er Jahren wird daraus ein "Gesellschaftsvertrag der Informalität", so meine These: Er greift die depolitisierende Seite des nasseristischen Verhältnisses zwischen Staat und Gesellschaft auf, minimiert jedoch im Zeitalter neoliberaler Wirtschaftsreformen die wohlfahrtsstaatliche Rolle. An die Stelle von Rechten und Ansprüchen der Bürger_innen treten kaum einklagbare Möglichkeiten des informellen Handelns und der klientelistischen Interessensvermittlung und zwar nicht nur für arme und exkludierte Menschen, auch wenn die Mechanismen in den informellen Armutsvierteln Ägyptens besonders greifbar werden (Singerman 1996, Bayat 1997, Harders 2002).

Dieses Arrangement der informellen Handlungsspielräume erodiert durch den Rückzug des Staates zunehmend, denn Ägypten durchläuft seit der Initiierung von Sadats Öffnungsprozess immer wieder Phasen der begrenzten ökonomischen Liberalisierung. Diese autoritäre Anpassungsstrategie ist eng mit der Privatisierung, Deregulierung und Abschaffung von Subventionen verbunden, die seit 2004 forciert werden. Dadurch wird einerseits die informelle und unbezahlte Aneignung öffentlicher Güter, die die Basis des „Gesellschaftsvertrags der Informalität" darstellt, immer schwieriger. Andererseits profitieren vor allem diejenigen ökonomischen Eliten, die Präsidentensohn Gamal Mubarak nahestehen. Sie sind bis Februar 2011 sogar im Kabinett und häufig mit branchennahen Portfolios vertreten (Demmelhuber/Roll 2007: 20, Wurzel 2007). So hat sich in kürzester Zeit mit der vom Internationalen Währungsfonds und der EU unterstützten Strukturanpassungs- und Liberalisierungspolitik ein oligarchisches System herausgebildet, dessen zentrale Akteur_innen zunehmend bereit sind, die Kosten für Liberalisierung und Privatisierung wie Inflation, Nahrungsmittelkrisen, Arbeitslosigkeit oder Subventionsabbau unabhängig von längerfristigen Entwicklungserwägungen auf die verarmende Bevölkerungsmehrheit abzuwälzen (Marfleet 2009, vgl. Zorob in diesem Band).

Dies zeigt sich zuletzt bei den wütenden Protesten rund um die Nahrungsmittelkrise 2008. Dabei geht es nicht nur um Brot, sondern auch um die Kritik an Korruption – in der Wahrnehmung der Menschen war die Mangelversorgung Folge von lokaler Spekulation und bewusst herbeigeführter Preissteigerung. Damit ist auch eine zunächst "unpolitische" Forderung nach subventionierten Nahrungsmitteln eingebettet in den breiteren Kontext der Kritik an einem korrupten Regime. An dieses Muster knüpfen die Slogans vom Tahrir-Platz 2011 mit "Brot, Würde, Freiheit" an. Die Widersprüche zwischen einer Rhetorik des paternalistisch-versorgenden Staates und den harten Krisenrealitäten sowie die zunehmende politische Mobilisierung neuer Akteursgruppen führen zu einer – in den einzelnen Staaten des Vorderen Orients unterschiedlich tiefgreifenden und umfassenden – Legitimitätskrise und damit der Erosion des Gesellschaftsvertrags.

3.2 Repression und Protest

Auf diese reagiert das Regime mit zunehmender Repression. Autoritäre Herrschaft ist gewaltförmig, was sich nicht nur in Ägypten durch den jahrelang geltenden Ausnahmezustand, autoritäre Verfassungen, unfaires Strafrecht oder extralegale Maßnahmen zeigt. Alle bürgerlichen Rechte wie Meinungs-, Presse- und Versammlungsfreiheit werden massiv eingeschränkt. Menschen können ohne Anklage inhaftiert und an Militär- und Sondergerichte überwiesen werden; faire Verhandlungen und menschenwürdige Behandlung im Gefängnis sind nicht garantiert (AI 2011, HRW 2012). Diese Repression wird unter Mubarak nicht nur gegen politische Gegner ausgeübt, sondern auch gegen "normale" Bürger_innen : Händler_innen auf dem Bürgersteig, Studierende auf dem Campus oder junge Leute, die "verdächtig" aussehen. Dies ist empirisch auch durch das starke personelle Wachstum der vielfältigen Sicherheitsdienste und der Polizei belegt (ICG 2012).

Vor diesem Hintergrund wird verständlich, warum sich in Ägypten Gewalt vor allem gegen die Polizei richtet. Überall im Land brennen am 28. Januar 2011, dem „Tag des Zorns", Polizeistationen, die Symbole und zugleich physischen Orte der Alltagsgewalt des Staates gegen seine Bürger_innen . Das starke Empfinden, dieser Gewalt hilflos ausgesetzt zu sein, vom Staat bekämpft zu werden, verbirgt sich unter anderem hinter der Forderung nach "Würde". Nicht umsonst findet die "Facebook"-Seite "We are all Khaled Said", die aus Protest über die Ermordung Khaled Saids eingerichtet wird, rasch viele Anhänger. Said, der in seinem Blog über die Verwicklung der Polizei in den Drogenhandel berichtet, wird 2010 von der Polizei ermordet. Sein Schicksal ist paradigmatisch für die Unsicherheit und Repression in autoritären Regimen wie Ägypten (El-Ghobashi 2011).

Zusammenfassend zeigt sich, dass sich zwar klassische Opportunitätsstrukturen in den letzten 10 Jahren nicht signifikant verändert haben. Zugleich erodiert jedoch der autoritäre informelle Gesellschaftsvertrag zunehmend und das Regime verliert graduell an Legitimität. Allerdings können diese „alten" Krisen die Entstehung der „neuen Proteste" im Jahr 2011 nicht erklären. Denn Wirtschaftskrisen und verschärfte Repression erhöhen die Kosten für Protest und halten Menschen ebenso oft von Protest ab, wie sie Protest stimulieren.

4 Situative Dynamik

Mit dem Konzept der situativen Dynamik sollen Zeit, Raum und die damit verbundenen Wechselwirkungen in die Analyse eingebettet werden. Ausgangspunkt ist der Befund, dass Strukturen und Akteurskonstellationen sich über Zeit verändern, diese Prozesse sich jeweils beeinflussen und zumal im Zeitalter der Globalisierung auch jenseits des Nationalstaates wirksam sind. Proteste verändern Strukturen und können so weiteren Protest ermöglichen (Koopmanns 2004). Dies ist über Raum und Zeit vermittelt.

Die zeitliche Dimension wird in der Transformationsforschung als Phasen der Liberalisierung, Demokratisierung und Konsolidierung beschrieben. Diese Einteilung ist jedoch für unsere Zwecke zu grob, denn obgleich in Tunesien und Ägypten freie Wahlen stattgefunden haben, die in der Forschung als entscheidende Wegmarke zwischen Demokratisierung und Konsolidierung gelten, kann zumindest in Ägypten weder vom einen noch vom anderen die Rede sein.

Die Phase der Liberalisierung selbst muss differenzierter betrachtet werden: So kann zwischen der vergleichsweise kurzen Zeit der Massenmobilisierung, in der in Ägypten und Tunesien der Rückzug Mubaraks und Ben Alis erreicht werden konnte und den beiden längeren Phasen der Vorbereitung/Mobilisierung bzw. dem sich derzeit vollziehenden tatsächlichen Umbau der autoritären Regime differenziert werden. Zudem zeigt der Vergleich mit Jemen, Libyen (vgl. Lacher in diesem Band) und Syrien (vgl. Bank/Mohns in diesem Band), dass sich der Kampf um den Sturz des Regimes länger hinziehen kann. Gleiches gilt für die Analyse möglicher Folgen: Auch hier muss zwischen den kurz-, mittel- und langfristigen Wirkungen in so unterschiedlichen Dimensionen wie dem Institutionengefüge, der Elitenzusammensetzung, der politischen Kultur oder den einzelnen Politikfeldern unterschieden werden. Dabei bietet die Bewegungsforschung interessante Anknüpfungspunkte. Jasper (2004) etwa fasst die Dilemmata von Bewegungen, die sich derzeit nicht nur in Ägypten beobachten lassen, unter anderem als Ausdehnungs-, Organisations- und Ziel-Dilemma. Soziale Bewegungen neigen dazu, nach einer Phase der Massenmobilisierung und Fokussierung heterogener zu werden, es zeigen sich organisatorische Schwächen angesichts der Notwendigkeit, langfristig und institutionalisiert zu arbeiten und nicht zuletzt schwindet die Einheit. Die Ziele der Bewegung differenzieren sich, revolutionäre Koalitionen zerbrechen angesichts von Differenzen über den Weg der Transition, wie derzeit in Ägypten, Tunesien und Libyen anschaulich zu sehen.

Für die situative Dynamik scheint mir darüber hinaus ein Faktor für die Erklärung unterschiedlicher Protestentwicklungen von besonderer Bedeutung: die Anwendung von physischer Gewalt sowohl Seiten des Regimes als auch von Seiten der Gegner_innen. Die Forschung zum Zusammenhang von gewaltsamer Repression und Mobilisierung liefert einige kausale Vermutungen: Hier scheinen das Ausmaß, Ziel und der Zeitpunkt von Repression, die früh oder spät, breit gegen die Bevölkerung oder spezifisch gegen bestimmte aktive Gruppen gerichtet werden kann, erklärungsmächtig für die Radikalisierung gewaltbereiter Gruppen bzw. den Erfolg bei ihrer Unterdrückung zu sein (Hafez 2006, Rogers 2011).

An der Gewaltfrage lassen sich zumeist auch erstmals mögliche oder tatsächliche Elitenspaltungen empirisch beobachten: Wer zeigt Verhandlungsbereitschaft und wer gibt den Schießbefehl? Wo steht das Militär, wo die Sicherheitsdienste und die Polizei? Entwickelt sich innerhalb der Regimeeliten bei anhaltenden Protesten Kompromissbereitschaft oder das Gegenteil, die Verschärfung der Repression? Wie ist die Aushandlungsdynamik zwischen ‚Straße' und Regime, wann können Zugeständnisse Protestierende pazifizieren und wann nicht? Nicht zuletzt ist die Gewaltfrage auch mit Blick auf externe Akteure zentral: Wann provoziert lokale Gewalt eine internationale militärische Intervention? Welche Rolle spielen Vermittlungsangebote von Nachbarstaaten oder Verbündeten, die Sanktionierung durch den UN-Sicherheitsrat, die Rekrutierung von Söldnern durch das Regime oder eine gewaltbereite Opposition, externe Militärinterventionen oder Flüchtlingshilfe?

Für den ägyptischen Fall zeigt ein kursorischer Blick auf die situative Dynamik drei Phasen: die Phase der vorbereitenden Mobilisierung, die 2000 mit Solidaritätskundgebungen anlässlich der 2. Palästinensischen Intifada beginnt, als laut Angaben von Aktivist_innen erstmals öffentlich Mubaraks Rücktritt auf dem Campus der Cairo-Universität gefordert wurde.[4] Diese Phase endet am 25. Januar 2011 mit der ersten Massendemonstration seit Amtsantritt von Mubarak. In dieser Zeit geht die Gewalt ganz überwiegend vom Regime aus. Proteste werden systematisch unterdrückt, allein die Fußballfans der großen Clubs fordern die Sicherheitskräfte regelmäßig heraus und lassen es auf Straßenschlachten ankommen. Dann folgt die Phase der revolutionären Massenmobilisierung vom 25. Januar bis zum 11. Februar 2011. In dieser Phase geht Gewalt zunächst vom Regime und dann auch den Bürger_innen aus. Mona El-Ghobashy argumentiert überzeugend, dass zwei Faktoren den Erfolg der Proteste erklären können. Zum einen verfügen die Akteure über neue Ressourcen im Sinne einer breiten Koalition zwischen Arbeiterbewegung, Liberalen und jungen Muslimbrüdern. Zum anderen hält sie die Abwehrbereitschaft der Besetzer_innen des Tahrir für zentral, die den Platz tagelang gegen angreifende Polizei und Sicherheitsdienste mit Steinen und Barrikaden verteidigen (El-Ghobashy 2011). Durch diese Bereitschaft und die rasche Ausbreitung von Protesten zwischen dem 25. und dem 28. Januar werden die traditionellen Barrieren zwischen den drei wichtigsten Protestgruppen Jugend, Arbeiter_innen und Berufsverbände überwunden. Dies mündet in einen Sieg für die Protestierenden, da sich am 28. Januar die Polizei komplett zurückzog und nun das Militär allein über die zentralen Gewaltmittel des Staates verfügt (El-Ghobashy 2011). Die vom Staat ausgehende Repression der Massenproteste erhöhte in Ägypten und Tunesien die Mobilisierung. Wieso? Mit Hafez ließe sich argumentieren, dass das ägyptische Regime mit der Unterdrückung scheitert, weil Repression breit, unspezifisch und spät erfolgt (Hafez 2006). Entlang der Gewaltfrage wird zudem die implizite Elitenspaltung zwischen Teilen des Militärs und der Mubarak-Familie sichtbar: Nach anfänglichem Zögern de-

4 So Zyad el-Elaimi, Mitglied des ägyptischen Parlaments für die sozialdemokratische Partei Ägyptens und Mitglied einer revolutionären Jugendgruppe am 8. Mai 2012 bei einem Vortrag an der FU Berlin

klariert das Militär seine Unterstützung der revolutionären Forderungen und erklärt einen Gewaltverzicht (ICG 2012). Diese Dynamiken von Mobilisierung und Repression sind auch für die Phase nach dem Rücktritt Mubaraks zu beobachten – das Militär nimmt dabei systematisch immer wieder Situationen in Kauf, in denen Gewalt eskalieren kann, wie im folgenden Abschnitt deutlich wird.

5 Akteurskonstellationen, Protest und Transformation in Ägypten

5.1 Zur Analyse von Akteurskonstellationen

Die Untersuchung der Akteurskonstellationen wird hier unter Rückgriff auf das Instrumentarium der Bewegungs- und Transitionsforschung sowie der Regionalforschung systematisiert. Erstere bieten einen Blick auf organisierte kollektive Akteure im Regime oder auf der Straße. Dies macht jedoch in autoritären Systemen nur einen kleinen Teil derjenigen politischen Teilhabe aus, die transformatorische Wirkung entfalten kann. Ich kombiniere daher die Ergebnisse der Arbeiten zu informeller Politik und Netzwerken mit den genannten Forschungsliteraturen, um eine spezifische Akteurskonstellation „von oben" und „von unten" in den Blick zu nehmen.

Die Bewegungsforschung konzentriert sich analytisch auf die Protestgruppen, die Transformationsforschung auf die Regimeeliten und ihre Opponenten. Beide Forschungsrichtungen blicken dabei einerseits auf Institutionen und Ressourcen einer Bewegung oder Gruppe und andererseits auf Akteur_innen und ihre Handlungen (McAdam/Tilly/Tarrow 1996, Jasper 2004). Grundsätzlich lassen sich zwei zentrale Gruppen, die strategischen Gruppen (Regimeeliten) und ihre Opponent_innen, die konfliktfähigen Gruppen (Protestbewegungen, Parteien, informelle Netzwerke) unterscheiden (Schubert/Tetzlaff/Venewald 1994).

Beide Gruppen unterscheiden sich hinsichtlich ihrer Interessen, Forderungen und Ressourcen. Sie wenden zudem verschiedene „repertoires of contention" (Tilly 1978) an. Die akteurszentrierte Transformationsforschung hat gezeigt, dass Spaltungen der Regimeeliten, die häufig auf widersprüchliche Interessen innerhalb dieser Gruppen und das (meist irrtümliche) Kalkül zurückzuführen sind, Protest sei steuerbar, wichtige Determinanten im Transitionsprozess sein können (Merkel 2010) – dies zeigt sich auch im ägyptischen Fall mit Blick auf das Militär. Ansätze der Ressourcenmobilisierung betonen die Schlüsselrolle von Bewegungsorganisationen und Bewegungsunternehmer_innen, die ein geplantes und koordiniertes kollektives Handeln der Opposition erst ermöglichen (Zald/McCarthy

1979). Ich argumentiere zudem, dass es einer möglichst breiten Koalition von organisierten gesellschaftlichen Oppositionskräften bedarf, die die Regimeeliten mit regelmäßigen, anhaltenden Massenprotesten unter Druck setzt. Auch dies lässt sich für den ägyptischen Fall zeigen.

Die „Regimekoalition" umfasst in Ägypten zunächst den Präsidenten und sein engstes Umfeld, derzeit den Obersten Militärrat, das Militär, die Sicherheitsdienste, bis Februar 2011 die Regimepartei NDP, seither eine Vielzahl von Nachfolgeorganisationen, ökonomische Akteure sowie das religiöse Establishment. Ich konzentriere mich auf das Militär, weil der Oberste Militärrat bis zum Sommer 2012, in dem der islamistische Präsident Mursi die umfassende Macht der Militärs zu begrenzen begann, Ägypten regiert und das Militär aufgrund seines Zugriffs auf Ressourcen wie etwa staatliche Gewaltmittel und Produktionsmittel ein zentraler Akteur ist. Der Verfassungsgerichtshof nimmt dabei eine ambivalente Position ein – die Richter haben mit ihren Urteilen dem Militär immer wieder Spielräume zur eigenen Machtsicherung eröffnet. Die oppositionellen konfliktfähigen Gruppen umfassen die traditionellen Oppositionsparteien sowie die Muslimbrüder, viele neue Parteien und NGO, die sozialen Bewegungen (Jugendkoalitionen, Frauen, Gewerkschaften, Menschenrechte), die Richterschaft und nicht zuletzt die kleinräumigen lokalen Organisationen.

5.2 Partizipation, informelle Strukturen und Protest

Gerade unter Bedingungen des Autoritarismus ist Massenprotest, der im Zentrum der Bewegungsforschung steht, nur eine von vielen möglichen, und historisch nicht die häufigste, Artikulationsweise von Akteur_innen. Um die gesamte Breite des relevanten Akteursspektrums und ihre Ressourcen zu erfassen, sollte der Blick allgemeiner auf Partizipation mit einem unterschiedlichen Grad an Öffentlichkeit, Kollektivität und Artikuliertheit gerichtet werden. Dann zeigen sich eine große Bandbreite von Teilhabeformen und Akteur_innen: informelle Aneignungen – Bayats „quiet encroachment" (Bayat 1997, 2007), Nachbarschaftsnetzwerke, Familiennetzwerke, islamischer Aktivismus, Arbeiterbewegung, Rechte- und Service-orientierte NGO-Arbeit, Menschen- und Frauenrechtsaktivismus, Internet-Aktivismus, Streiks, Blockaden und öffentlicher Protest (El-Mahdi/Marfleet 2009, Beinin/Variel 2011, Ben Nefissa/Abdal-Fattah 2010). Im Rahmen dieser Aktivitäten wird die Erosion des autoritären Gesellschaftsvertrags in Ägypten zunehmend öffentlich artikuliert. Zugleich sammeln Aktivist_innen wichtige Erfahrungen im Umgang mit den Sicherheitskräften und können Netzwerke über ideologische Grenzen hinweg aufbauen, die wenige Jahre später die Basis für eine breite Mobilisierung bilden werden.

Kleinräumige, informelle Formen der Teilhabe sind auch wegbereitend für Massenproteste. Ressourcenarme Akteur_innen können darüber soziales, kulturelles oder symbolisches Kapital als Voraussetzung für andere Formen der Teilhabe erwerben und ressourcenstarke Akteur_innen können Zugang zu neuen Netzwerken erhalten (Singerman 1995; Harders 2002). Besonders Asef Bayats Arbeiten, schon 2007 unter dem wegweisenden Titel „How ordinary people change the Middle East“ zusammengefasst, zeigen den transformierenden Charakter dieser lokalen, „unsichtbaren“, individuellen Aktivitäten von „non-movements“. So lässt sich auch das empirische Rätsel, das die Dynamik der Proteste in Tunesien, Libyen und Syrien angesichts der extremen Einschränkung und Repression von unabhängiger politischer Partizipation aufgibt, beantworten. Obgleich die organisierte Zivilgesellschaft, die in der Transformationsforschung für zentral gehalten wird, in diesen Gesellschaften anders als in Marokko, Ägypten und Jordanien außerordentlich schwach ist, kam es zu Protest und sogar Regimewechsel. Dies lässt sich nur durch starke informelle Strukturen der lokalen Ebene erklären, so meine These. Auf der lokalen Ebene wurde für die Menschen die Arbitrarität und Gewalt des Staates auch besonders deutlich spürbar. Zugleich ist es auch die nachbarschaftliche Solidarität und Betroffenheit, die als Reaktion auf den Tod von Bouazizi in Tunesien oder die Folterung von Jugendlichen in Syrien, den Keim für breitere Mobilisierung in beiden Staaten bildete.

5.3 Die Akteur_innen der Restauration – das Militär

Unter Mubarak, selbst ein hochrangiger Offizier mit aktiver Militärlaufbahn, zieht sich das Militär zunehmend aus dem politischen Leben zurück und konzentriert sich auf seine ökonomischen Aktivitäten (Springborg 1989, Müller-Mellin 2011). Dies führt zu einer engen Verknüpfung militärischer und ziviler Produktion, die in erster Linie der Privilegierung der kleinen Gruppe von Berufssoldaten und dem Erhalt militärischer Infrastruktur dient (Springborg 1989:115 ff.; Amar 2012). Seit der Niederschlagung des Aufstandes der „Central Security Forces“ im Februar 1986 konnte die Armee zudem auch die Kontrolle über diese paramilitärischen Einheiten an sich ziehen und damit den eigenen Einflussbereich erheblich vergrößern. Schon vor den Massenprotesten zeichnen sich jedoch Risse im ehemals engen Verhältnis von Präsident und militärischer Elite ab: Sie lehnt die Wirtschaftspolitik der Gruppe um Gamal Mubarak ebenso ab wie die Idee der Amtsnachfolge für den Mubarak-Sohn, der zudem keine militärische Laufbahn absolviert hat. Vor 2011 dominieren in Ägypten neue, ökonomisch global orientierte Akteure, die das alte, national orientierte Kapital und seine Interessen, darunter vor allem das Militär wirtschaftlich und politisch zu marginalisieren drohten (Amar 2011a). Allerdings zeige sich seither, so etwa Marshall (2012) oder Amar (2012), dass das Militär sich zunehmend transnational und neoliberal orientiert. Vor diesem Hintergrund muss das Verhalten der Offiziere in der Hochphase der Massenproteste bewertet werden, die nach einigem Zögern Mubarak opfern und (in der Hochphase der Proteste) systematische militärische nicht bereit sind, Gewalt gegen die Demonstrant_innen anzuwenden.

Im weiteren Verlauf des Jahres 2011 zeigt sich das Militär weder bereit noch kompetent, tatsächlich laufende Regierungsgeschäfte zu übernehmen, Macht abzugeben und als Hüter einer demokratischen Transformation aufzutreten (Albrecht / Bishara 2011:15). Der Oberste Militärrat setzt stattdessen auf Repression, Kooptation und Krisenmanagement hinter den Kulissen. Er eignet sich überkonstitutionelle Kompetenzen an, indem durch „Verfassungsdeklarationen" Recht gesetzt und der Weg zu Neuwahlen von Parlament, Shura-Versammlung und Präsident festgelegt wurde – im Juni 2012 löst der Militärrat das Parlament auf und sucht die eigenen Privilegien ebenfalls durch Verfassungsdeklarationen zu schützen (Albrecht/Bishara 2011, ICG 2012). Diesem Versuch widersetzt sich jedoch Präsident Mursi seit Sommer 2012 öffentlich und zum Teil erfolgreich. Gegenüber den gesellschaftlichen Kräften, die in einem Klima sehr hoher gesellschaftlicher Mobilisierung auf weiteren Wandel drängen, setzt das Militär direkt seit dem Rücktritt Mubaraks auf gezielte Repression und eine Strategie der Chaotisierung und Verunsicherung. Der Oberste Militärrat nimmt Gewalt unter Zivilist_innen in Kauf oder akzeptiert Situationen, in denen solche Gewalt entstehen kann. Die Liste der Vorfälle ist lang: Destabilisierung und Anheizung von Gewalt durch Rückzug der regulären Polizei, Einsatz von Scharfschützen, die Öffnung der Gefängnisse, der Einsatz von Schlägertrupps, die gewalttätigen Angriffe auf Kirchen und Christen, die Ereignisse im Fußballstadium von Suez im Februar 2012 (ICG 2012). Zudem sind die Notstandsgesetze trotz anderslautender Zusagen immer noch in Kraft, ein neues Gesetz gegen Streiks wird rigide umgesetzt, sexualisierte Gewalt wird gezielt gegen Frauen bei Protesten eingesetzt (Roll 2012, Tadros 2011a,b, El-Amrani 2012). Ziel ist die Verunsicherung derjenigen großen Bevölkerungsteile, die mit den Ideen der Revolutionäre vom Tahrir sympathisieren, jedoch angesichts der anhaltenden ökonomischen Krise und politischen Unsicherheit immer stärker dazu neigen, dem Militär eher zu vertrauen als den chaotischen politischen Prozessen der Neuerfindung eines möglichen demokratischen Ägyptens. Es bleibt abzuwarten, wie sich die rund um die Absetzung von Feldmarschall Tantawi erstmals sichtbaren Spaltungen im Militär, die Präsident

Mursi geschickt zu nutzen weiß, weiterhin auswirken werden. Am Erhalt ihrer Privilegien werden auch die jüngeren Offiziere ein hohes Interesse haben und der anhaltende Machtkampf zwischen dem Militär und den anderen politischen Kräften eines der herausragenden Merkmale der derzeitigen Phase der politischen Transformation in Ägypten.

5.4. Die Akteur_innen des Wandels

Soziale Bewegungen

Mit der Solidaritätsbewegung für die palästinensische Intifada 2000 beginnt in Ägypten eine Phase intensiver öffentlicher Mobilisierung durch unterschiedliche Gruppen, die auch Ausdruck eines Generationswandels bei Säkularisten wie Religiösen ist. Zugleich erlangen diese Akteur_innen Zugriff auf neue Ressourcen: Satellitenfernsehen und Mobiltelephone veränderten Mobilisierungsmöglichkeiten. Von herausragender Bedeutung ist dabei auch die ab 2004 neu entstehende Blogossphäre, in der virtuelle und physische Aktivitäten bei einer kleinen, aber entscheidenden Gruppe Hand in Hand gehen (Radsch 2008). Die *Kifaya!* (Es reicht!)-Bewegung gegen eine weitere Amtsperiode Mubaraks von 2004/05 bildet einen vorläufigen Höhepunkt dieser Entwicklung (El-Mahdi 2009, Kohstall 2006). Mit *Kifaya!* kann zudem erstmals eine breite Koalition säkularer und religiöser Kräfte gebildet werden – eine Erfahrung, die auf der Ebene der Bewegungspraxis von entscheidender Bedeutung ist, da sie eine wichtige Voraussetzung für spätere Zusammenarbeit darstellt, wie El-Mahdi argumentiert (El-Mahdi 2009). *Kifaya!* inspiriert auch Richter_innen zu einer ernsten Auseinandersetzung mit dem Regime. Lokale Gruppen organisieren Proteste gegen Umweltverschmutzung in der Nähe von Alexandria. 2007 und 2008 führt die globale Nahrungsmittelkrise auch in Ägypten zu Demonstrationen und Toten. Menschenrechtsaktivist_innen veröffentlichen via YouTube und Facebook Dokumentationen von Polizeigewalt (Roll 2008, Baheyya 2008). Säkulare und religiöse Frauengruppen engagieren sich für rechtliche Gleichstellung und Emanzipation (Salah 2011, El-Mahdi/Marfleet 2010).

Die Arbeiter_innenbewegung spielt in Ägypten eine besonders wichtige Rolle. Im Rahmen der Streiks, die seit 2006 mit wachsender Intensität im ganzen Land stattfinden, kommt es zu einer erheblichen Mobilisierung, zumal die Arbeiter_innen oft Gehaltserhöhungen oder soziale Absicherung erreichen können (Beinin 2011, Lübben 2012). 2007 streiken sogar die Grundsteuerbeamt_innen – einschließlich *Sit-Ins* vor Behörden. Damals wird der Keim für die 2011 so wichtige unabhängige Gewerkschaftsbewegung gelegt, die sich gegen den massiven Widerstand der Regimegewerkschaften formiert. Zugleich entzünden sich an den Streiks in Ägypten Solidaritätsaktivitäten, die wegweisend sein sollten. So wird am 6. April 2008 in Solidarität mit den durch das Regime gewaltvoll verhinderten Streiks in der Textilstadt Mahallaal-Kubra erstmals zum Generalstreik und anderen Formen zivilen Ungehorsams aufgerufen – durch eben die ‚Jugend des 6. April', die in der Phase der Massenmobilisierung zentral ist.

Über ein Jahr nach den „18 Tagen vom Tahrir", die Beteiligte als Laboratorium für ein neues Ägypten erlebt haben, in dem Frauen und Männer, Alte und Junge, Reiche und Arme gemeinsam, gewaltfrei und respektvoll für einen revolutionären Neuanfang kämpften, ist die Situation der sozialen Bewegungen uneinheitlich (Korany/El-Mahdi 2012). Die unabhängige Gewerkschaftsbewegung hat sich institutionalisieren können, steht jedoch im Machtkampf zwischen den alten Kräften und den Muslimbrüdern (Lübben 2012: 12). Das Lager der lose organisierten Jugendgruppen ist gespalten und in neuen NGO, Netzwerken und kleinräumigen Aktivitäten organisiert. Die ohnehin fragmentierte und schwache Frauenbewegung kämpft mit massivem Widerstand aus der Bevölkerung und dem islamistisch dominierten Parlament (Harders/Amr 2011, Hatem 2011, Jünemann in diesem Band). Dies sind klassische Probleme sozialer Bewegungen nach erfolgreicher Massenmobilisierung: Fragmentierung und Demobilisierung. Zugleich beweisen diese sehr heterogenen Gruppen immer wieder ihre Mobilisierungskapazität, wenn sie – wie im gesamten Jahr 2011 und auch 2012 geschehen, erfolgreich zu Massenprotesten aufrufen und damit den Militärrat zu Zugeständnissen zwingen. Die Bilanz dieser Aufrufe ist aber gemischt: Während die Demonstration im Dezember gegen Militärgewalt gegen Frauen tausende Menschen auf die Straße bringen konnte, scheiterte etwa der Aufruf zum Generalstreik am Jahrestag der Revolution (Lübben 2012: 26). Darin zeigt sich sowohl eine ungebrochene Dynamik der sozialen Bewegungen, eine anhaltend hohe Politisierung und Mobilisierung der Bevölkerung und zugleich auch eine politische Differenzierung und damit eine Veränderung der politischen Kultur.

Oppositionsparteien zwischen Kooptation und Widerstand

Durch die begrenzte und kontrollierte Liberalisierung, die das ägyptische System kennzeichnet, bietet sich den herrschenden Eliten einerseits die Möglichkeit, relevante Personen und Gruppen zu kooptieren. Andererseits werden scheindemokratische Prozeduren und Institutionen etabliert, die der Produktion von institutioneller Legitimität dienen (Kienle 2003; Marfleet 2009). Während in Ägypten also ein restriktives Parteiengesetz und eine regimedominierte Zulassungsstelle die Neugründung von Parteien massiv erschweren, finden seit 1974 regelmäßig Wahlen unter Beteiligung von Oppositionsparteien oder -gruppen statt. Aber die etablierten Oppositionsparteien einschließlich der scharf bekämpften Muslimbrüder sind das Symbol für eine machtlose Opposition, die sich mehr oder minder freiwillig in eine inszenierte Fassadendemokratie einbinden lässt. Auch hier sind jedoch ein Generationenwandel und differenzierte Positionen zu beobachten: die traditionelle Wafd-Partei, die Unterstützer von Elbaradei und Ex-Präsidentschaftskandidaten Ayman Nour beteiligten sich an den Aufrufen zum 25. Januar, Muslimbrüder, die linke Tagammu- und die Nasseristische Partei jedoch nicht (El-Ghobashy 2012). Gleich nach dem Rücktritt Mubaraks beginnt eine bisher einmalige Blüte von Parteineugründungen, aber auch Spaltungen und Differenzierungen (vgl. Lübben in diesem Band). Zu den Wahlen im November/Dezember 2011 und Januar 2012 schicken über 40 Parteien mehr als 6000 Kandidat_innen ins Rennen (Jadaliyya 2012). Dabei wirken sich die bekannten Strukturschwächen der parteiförmig organisierten Opposition (schwache lokale Verankerung, z.T. überalterte Führung, Mangel an innerparteilicher Demokratie, Mangel an inhaltlichem Profil) vor allem negativ für alle säkularen Kräfte aus, die nur etwa 23% der Sitze im neuen Parlament gewinnen. Die Wafd-Partei bildet dabei mit 41 Sitzen den größten Block, gefolgt von der Sozialdemokratischen Partei und der „Freie Ägypter" Partei (Jadaliyya 2012). Diejenigen, die maßgeblich für die Initiierung und Aufrechterhaltung der Proteste waren, sind fast gar nicht vertreten und nur 12 Frauen werden gewählt (Jadaliyya 2012). Dem Parlament ist jedoch nur eine kurze Lebensdauer beschieden: es wird im Sommer 2012 noch durch den Militärrat aufgrund eines Urteils des Verfassungsgerichts aufgelöst. Darin liegt eine Chance zum Neubeginn nach tunesischem Muster (vgl. Preysing in diesem Band): Neuwahlen einer verfassungsgebenden Versammlung, Entwicklung einer neuen Verfassung und auf dieser Basis dann die Wahl von Legislative und Exekutive. Ob Präsident Mursi diese Chance zur institutionellen Demokratisierung aufgreifen wird, wird von seinen Kritiker_innen in den konfliktfähigen Gruppen stark bezweifelt.

Religiöse Kräfte

Die Islamist_innen spielen in der Ära Mubarak wie heute eine ambivalente Rolle in den Augen der unabhängigen sozialen Bewegungen. Sie sind massiver Repression ausgesetzt und scheuen daher zumeist die direkte Konfrontation mit dem Regime. Das Mubarak-Regime hat sich der angeblichen islamistischen Gefahr geschickt nach Innen und Außen bedient. In beiden Fällen lautete das Argument, dass die Muslimbrüder die Macht nach algerischem oder iranischem Vorbild übernehmen würden, wenn nicht ein starkes Regime die Ägypter_innen und den Westen davor schützt. Zugleich arbeitet das Regime mit der autoritären Anpassungs- und Legitimierungsstrategie der Islamisierung kräftig an der kulturellen

Hegemonie des religiösen Diskurses mit, indem es insbesondere auf dem Feld der Kulturpolitik mit den Islamisten wetteifert (Bayat 2007, Lübben 2012). Aufgrund der scharfen Repression haben die Muslimbrüder sich auch zunächst gar nicht an den Protestaufrufen zum 25. Januar 2011 beteiligt und wurden dennoch prompt vom Regime beschuldigt, hinter dem Aufruhr zu stecken.

Schon länger zeigen sich Spaltungen zwischen den Generationen und ideologischen Orientierungen der Muslimbrüder, bei denen sich zuletzt junge, vergleichsweise liberale Blogger als besonders artikulierte und aktive Kräfte profilierten (Lynch 2007), wie sich bei der Programmdebatte 2007 zeigte (vgl. Lübben in diesem Band). Dieses gut organisierte Netzwerk spielt auch auf dem Tahrir eine wichtige Rolle, repräsentiert aber schon 2007 nur eine Minderheit im Vergleich mit den unpolitischen salafistischen Gruppen innerhalb der Bruderschaft, wie Lynch argumentiert. Die Phase nach der Massenmobilisierung 2011 ist bis zum überwältigenden Wahlsieg 2012 von einer Balancepolitik gekennzeichnet. Auch der Militärrat scheint die Islamisten schon vor den Wahlen als wichtigsten Koalitionär erkannt zu haben. Sie sind gut organisiert, genießen eine hohe politische Glaubwürdigkeit und vermögen viele Anhänger_innen zu mobilisieren. Ihre Kritiker_innen werfen ihnen einen Pakt mit dem Militär und den Kräften des alten Regimes vor. Das neue, von den Muslimbrüdern im Gewande der neuen „Partei für Freiheit und Gerechtigkeit (43,4 %) und den Salafisten der Nour-Partei (21,8%) dominierte konservative Parlament hatte kaum Zeit, eine eigenständige Rolle gegenüber Regierung und Oberstem Militärrat wahrzunehmen.

Die neue Sichtbarkeit der traditionalistischen und gewaltbereiten Salafiyya-Bewegung in Ägypten, die maßgeblich für die Provokation von gewaltvollen Zusammenstößen zwischen Christ_innen und Muslim_innen ist, stellt eine weitere Herausforderung für die Brüder dar (Tadros 2011a, b). Neben diesen Tendenzen zur Radikalisierung und Spaltung im religiösen Feld macht der neue partizipatorische und demokratische Geist auch vor Sufi-Bruderschaften oder dem al-Azhar-Establishment nicht halt. Überall werden 2011 die Repräsentant_innen der Kooptation und des Einverständnisses mit dem System herausgefordert, müssen sich Wahlen stellen und verlieren diese dann gegen Vertreter_innen des ‚neuen Ägypten'. Dort, wo Islamist_innen im Frühjahr und Frühsommer 2011 mit anderen Kräften konkurrieren, erreichen sie etwa 30 Prozent der Stimmen, wie an den Universitäten. Im weiteren Verlauf des Jahres 2011 werden sie in allen Wahlen zu dominanten Kräften. Aber schon im Rahmen der Präsidentschaftswahlen verlieren die MB Wahlkreise an säkulare oder nasseristische Kandidaten.

6 Fazit: Nach der Revolution ist vor der Revolution

Der autoritäre Gesellschaftsvertrag hat in vielen Staaten der Region Risse bekommen oder wurde – wie in Ägypten – bereits aufgekündigt. Auf die tiefgreifende Legitimitätskrise der Regime reagieren die Bürger_innen , wie ich gezeigt habe, bereits seit längerem mit Protest. Offener, kollektiver und artikulierter Widerstand ist jedoch in autoritären Kontexten eher die Ausnahme. Nicht zuletzt deshalb entwickeln die Proteste von 2011 für Freiheit und Würde eine besondere Strahlkraft in der Region und im Westen. Der Ausgang der damit ausgelösten Transformationsprozesse ist offen und umkämpft. Die Prozesse selbst werden von Strukturfaktoren, Akteurskonstellationen und der situativen Dynamik bestimmt. Akteur_innen kommt dabei eine zentrale Rolle zu, da sich die Strukturen zwar graduell verändert haben, die Grundparameter des autoritären Gesellschaftsvertrags blieben jedoch stabil. Angesichts der „alten" Krise werden aus akteurszentrierter Sicht die „neuen" Proteste erklärbar.

Im Ergebnis kommen die ägyptischen Massenproteste zustande, weil der strukturelle Kontext des autoritären Gesellschaftsvertrags krisenhaft ist und zugleich oppositionelle Bewegungen auf der Basis einer über 10jährigen Mobilisierungsphase eine breite Koalition aufbauen und auch im Angesicht scharfer Repression erhalten und sogar ausdehnen können. Der Abgang des Autokraten Mubarak, erzwungen durch friedlichen Protest, bringt die „Mauer der Angst" endgültig zum Einsturz. Ägypten erlebt(e) eine einzigartige umfassende Mobilisierung, Politisierung und Veränderung der politischen Kultur. In den „18 Tagen vom Tahrir" entstand eine revolutionäre Situation.

Revolutionäre Ergebnisse im Sinne eines umfassenden Umbaus von Politik und Gesellschaft sind jedoch nicht so klar zu konstatieren. Der Kampf um diese Veränderungen, die hier als „Revolution II" bezeichnete Phase, wird noch einige Zeit in Anspruch nehmen, der Prozess ist zudem ergebnisoffen. Denn solange das Militär die Gewaltmittel kontrolliert und auch bereit ist, sie einzusetzen, kann die hochriskante Strategie der Repression und Chaotisierung Ägypten destabilisieren und weitere Mobilisierung verhindern. Dies könnte jedoch durchaus zu einer Fraktionierung des Militärs führen, weil das jüngere Offzierskorps diese Strategie nicht auf Dauer tragen will. Die neuen Bewegungen werden von der Bühne institutionalisierter Politik jedoch durch die gut organisierte „alte" islamistische Opposition verdrängt. Die breite Koalition für den Sturz Mubaraks kann – wenig überraschend angesichts der Wirtschaftskrise und der widersprüchlichen Interessen der Akteur_innen in den sozialen Bewegungen – nicht in eine Koalition für demokratischen Wandel überführt werden. Langfristig werden diese Aktivitäten die politische Kultur Ägyptens jedoch verändern und neue Protestgenerationen und Gruppen könnten entstehen. Von den externen Mächten Europa und den USA ist bedauerlicherweise nur wenig zu erwarten: Die Europäisierungsperspektive, wie sie vielen osteuropäischen Staaten nach 1989 eröffnet wurde, ist für die Nachbarn am Mittelmeer nicht vorgesehen. Zwischen Eurokrise, wachsendem Rassismus und Verschärfung von Frontex-Einsätzen im Mittelmeer ist die EU vor allem mit sich selbst beschäftigt. Und so werden diejenigen, die den Sturz der Autokraten herbeiführten, auch weiterhin für „Würde, Freiheit, soziale Gerechtigkeit" kämpfen.

Ich danke Christoph König für inspirierende Diskussionen und konstruktive Kritik sowie Gizem Adiyaman für ihre Unterstützung bei Redaktion und Recherche. Den Herausgeberinnen danke ich für Geduld und kritische Lektüre.

Literaturverzeichnis

Albrecht, Holger / Bishara, Dina (2011): Back on Horseback: The Military and Political Transformation in Egypt. In: Middle East Law and Governance 3. 3. 13-23

Asseburg, Muriel (2011): Der Arabische Frühling. Herausforderung und Chance für die deutsche und europäische Politik. SWP Studie Nr. 17

Amar, Paul (2011a): Why Egypt's progressives win. In: Al Jazeera. 10. Februar 2011. Online unter: http://www.aljazeera.com/indepth/opinion/2011/02/20112101030726228.html (29.04.2012)

Amar, Paul (2011b): Egypt after Mubarak. In: The Nation. 04. Mai 2011. Online unter: http://www.thenation.com/article/160439/egypt-after-mubarak?page=full (29.04.2012)

Amar, Paul (2012): Egypt as Globalist Power: Mapping Military Participation in Decolonizing Internationalism, Repressive Entrepreneurialism, and Humanitarian Globalization Between the Revolutions of 1952 and 2011. In: Globalizations 9. 1. 179-194

Amnesty International (2011): Amnesty International Annual Report 2011 - Egypt. Online unter: www.amnesty.org/en/region/egypt/report-2011 (29.04.2012)

Arbeitsstelle Politik des Vorderen Orients 2011 (Hg.): Proteste, Revolutionen, Transformationen - die Arabische Welt im Umbruch. Berlin: Freie Universität Berlin, online unter: http://www.polsoz.fu-berlin.de/polwiss/forschung/international/vorderer-orient/publikation/Working_Paper_Series/index.html (20.10.2012)

Baheyya (2008): Four Myths about Protest. 16. Mai 2008. Online unter: http://baheyya.blogspot.de/2008/05/four-myths-about-protest.html (29.04.2012)

Bayat, Asef (1997): Un-Civil Society: The Politics of the „Informal People". In: Third World Quarterly 1997. 1. 53-72

Bayat, Asef (2007): Life as Politics. How Ordinary People Change the Middle East. Stanford: Stanford University Press

Beblawi, Hazem / Luciani, Giacomo (Hg.) (1987): The Rentier State. London: Routledge

Beck, Martin / Harders, Cilja / Jünemann, Annette / Stetter Stephan (Hg.) (2009): Der Nahe Osten im Umbruch. Zwischen Transformation und Autoritarismus. Wiesbaden: VS Verlag

Beinin, Joel (2011): A Workers'Social Movement on the Margin of the Global Neoliberal Order, Egypt 2004-2009. In: Beinin, Joel/Vairel, Frédéric (2011):181-201

Beinin, Joel / Vairel, Frédéric (Hg.) (2011): Social Movements, Mobilization, and Contestation in the Middle East and North Africa. Stanford: Stanford University Press

Ben Nefissa, Sarah / Abd al-Fattah, Nabil (Hg.) (2010): NGOs and Governance in the Arab World. Cairo/New York: American University in Cairo Press

Büttner, Friedemann; Büttner, Veronika (1993): Ägypten, in: Nohlen/ Nuscheler (ed.) 1993: 154-189

Demmelhuber, Thomas / Roll, Stephan (2007): Herrschaftssicherung in Ägypten. SWP-Studien 2007. 20. Berlin: SWP. Online unter: http://www.swp-berlin.org/fileadmin/contents/products/studien/2007_S20_DemmelRoll_ks.pdf (29.04.2012)

Desai, Raj M./Olofsgard, Anders/Yousef, Tarik (2009): The Logic of Authoritarian Bargains. In: Economics & Politics, 21, 1, März 2009: 93-125

El Amrani, Issandr (2012): Sightings of the Egyptian Deep State. In: Middle East Report Online. 01. Januar 2012. Online unter: http://www.merip.org/mero/mero010112 (29.04.2012)

El-Ghobashy, Mona (2011): The Praxis of the Egyptian Revolution. In: Middle East Report 41. 258. Online unter: http://www.merip.org/mer/mer258/praxis-egyptian-revolution (29.04.2012)

El-Mahdi, Rabab (2009): Enough! Egypt's Quest for Democracy. In: Comparative Political Studies 42. 8. 1011-1039

El-Mahdi, Rabab (2010): Does Political Islam Impede Gender-based Mobilization? The case of Egypt. In: Totalitarian Movements and Political Religions 11. 3-4. 379-39

El-Mahdi, Rabab / Marfleet, Philip (Hg.) (2009): Egypt: The Moment of Change. London: Zed Books

European Commission (2011): EuroMed-2030. Long term challenges for the Mediterranean area. Report of an Expert Group, EUCOM, DG Research and Innovation, Socio-economic Sciences and Humanities (SSH). Online unter: http://ec.europa.eu/research/social-sciences/reports_en.html#euromed1 (29.04.2012)

Goldstone, Jack A. 2001: Towards a Fourth Generation of Revolutionary Theory. In: Annual Review of Political Science 4. 1. 139-187

Gurr, Ted (1970): Why Men Rebel. Princeton: Princeton University Press

Hafez, Muhammad (2006): Why Muslims Rebel. Repression and Resistance in the Islamic World. Boulder: Lynne Rienner Publishers Inc.

Harders, Cilja (2002): Staatsanalyse von unten. Urbane Armut und politische Partizipation in Ägypten. Hamburg: Deutsches Orient-Institut

Harders, Cilja (2009): Perspektiven auf den autoritären Staat in Ägypten, in: Beck / Jünemann/ Harders / Stetter (Hg.) 2009: 299-323

Harders, Cilja (2012): Neue Proteste, alte Krisen: Zum Ende des autoritären Sozialvertrags, in: Bundeszentrale für politische Bildung (Hg.) 2012: Arabische Zeitenwende, Bonn: Schriftenreihe (Bd. 1243), S. 64-75

Harders, Cilja / Legrenzi, Matteo (Hg.) (2008): Beyond Regionalism. Regional Cooperation, Regionalism and Regionalization in the Middle East. Burlington: Ashgate

Harders, Cilja / Amr, Heba (2011): Frauentag auf dem Tahrir Platz. Arabische Frauen zwischen Partizipation und Exklusion. In: an.schläge 4. 12-13

Hatem, Mervat (2011): Gender and Revolution in Egypt. In: Middle East Report 41. 261. Online unter: http://www.merip.org/mer/mer261/gender-revolution-egypt (29.04.2012)

Heydemann, Steven (2007): Upgrading Authoritarianism in the Arab World. Oktober 2007. Saban Center Analysis Paper 13. Online unter: http://www.brookings.edu/papers/2007/10arabworld.aspx (29.04.2012)
Heydemann, Steven/Leenders, Reinoud (2011): Authoritarian Learning and Authoritarian Resilience: Regime Responses to the 'Arab Awakening'. In: Globalizations 5. 647-653
Hibou, Beatrice 2005: The ‚Privatization' of the State: North Africa in Comparative Perspective. In: Schlichte, Klaus (2005): 71-96
Hoffmann, Anja 2011: Wem gehört der marokkanische Wandel? Eine Analyse des umkämpften politischen Felds in Marokko. In: Arbeitsstelle Politik des Vorderen Orients (2011): 92-109
Human Rights Watch 2012: Egypt. In: Dies. (2012): 545-552. Online unter: http://www.hrw.org/sites/default/files/reports/wr2012.pdf (29.04.2012)
ICG (2012): Lost in Transition: The World according to Egypt's SCAF, International Crisis Group, Middle East Report N°121 (24 April 2012)
Jadaliyya (2012): Egypts Elections Watch. Online unter: http://www.jadaliyya.com/pages/index/Egypt%20Elections%20Watch (29.04.2012)
Jasper, James M. (2004): A strategic approach to collective action: Looking for agency in Social-Movement choices. In: Mobilization: An International Journal: 9(1): 1-16
Joffé, George (2011): The Arab Spring in North Africa: origins and prospects. In: The Journal of North African Studies 16:4, pp. 507-532
Horst, Jakob/Jünemann, Annette/Rothe, Delf (ed.) 2013: Euro-Mediterranean Relations after the Arab Spring: Persistence in Times of Change. Farnham: Ashgate (in print)
Kienle, Eberhard (Hg.) (2003): Politics from Above, Politics from Below. The Middle East in the Age of Economic Reform. London: Saqi Books
Kohstall, Florian (Hg.) (2006): L'Égypte dans l'année 2005. Le Caire: CEDEJ
Koopmans, Ruud (2004): Protest in Time and Space. The Evolution of Waves of Contentions. In: Snow et. al. (2004): 19-46
Korany, Bahgat/Dessouki, Ali (Hg.) (2008): The Foreign Policies of Arab States. The Challenge of Globaliyation. Cairo/New York: AUC Press
Korany, Bahgat / El-Mahdi, Rabab (ed.) (2012): Arab Spring in Egypt. Revolution and Beyond. Cairo/New York: AUC Press
Lenner, Katharina / Bouziane, Malika 2011: Protests in Jordan: Rumblings in the Kingdom of Dialogue. In: Arbeitsstelle Politik des Vorderen Orients (2011): 148-165
Lübben, Ivesa 2012: Die ägyptische Arbeiterklasse: Das Rückgrat der Revolution. In: INAMO 18. 69. 23-26
Lynch, Marc 2007: Young Brothers in Cyberspace. In: Middle East Report 37. 245. Online unter http://www.merip.org/mer/mer245/young-brothers-cyberspace (29.04.2012)
Marfleet, Philipp (2009): State and society. In: El-Mahdi /Marfleet (2009): 14-33
Marshall, Shana (2012): Egypt's Generals and Transnational Capital. In: Middle East Report 42. 262 Online unter: http://www.merip.org/mer/mer262/egypts-generals-transnational-capital (29.04.2012)
McAdam, Doug / Tarrow, Sidney / Tilly, Charles (1996): To Map Contentious Politics. In: Mobilization: An International Journal 1. 1. 17-34
McAdam, Doug/Tarrow, Sidney/Tilly, Charles (1997): Toward an Integrated Perspective on Social Movements and Revolution, in: Lichbach, Mark I./Zuckerman, Alan S. (eds.): Comparative Politics. Rationality, Culture, and Structure. Cambridge: Cambridge Univ. Press, pp. 142-173.

Merkel, Wolfgang (2010): Systemtransformation. Eine Einführung in die Theorie und Empirie der Transformationsforschung. Wiesbaden: VS Verlag

Meyer, David S. (2004): Protest and Political Opportunities, in: Annual Review of Sociology 30, pp. 125-145

Müller-Mellin, Matthias (2011): Militärbourgeoisie und Militärisch-industrieller Komplex in Ägypten. Kiel: Verlag Graubereich

Nohlen, Dieter/ Nuscheler, Franz (1993): Handbuch der Dritten Welt. Bd. 6.Bonn: Dietz

Pawelka, Peter (2002): Der Staat im Vorderen Orient: Über die Demokratie-Resistenz in einer globalisierten Welt. In: Leviathan 30. 4. 431-454

Radsch, Courtney (2008): Core to Commonplace: The Evolution of Egypt's blogosphere. In: Arab Media and Society. Fall 2008. 6. Online unter: http://www.arabmediasociety.com/articles/downloads/20080929140127_AMS6_Courtney_Radsch.pdf (29.04.2012)

Richter, Thomas (2009): Materielle Ressourcen und der Beginn orthodoxer Wirtschaftsreformen in Marokko, Tunesien, Ägypten und Jordanien. Der Rentierstaatsansatz unter Anpassungsdruck?. In: Beck et al. (Hrsg.) 2011. 50-77

Roll, Stephan (2012): Das Militär und die Muslimbrüder. SWP Aktuell. 6. Online unter: http://www.swp-berlin.org/fileadmin/contents/products/aktuell/2012A06_rll.pdf (29.04.2012)

Rogers, Joshua (2011): Shooting Citizens—Saving Regimes? A Case-Centred Approach to the Puzzle of Protest-Repression Interactions. Working Paper No. 3, Center for North African and Middle Eastern Politics, Freie Universität Berlin, December 2011

Salah, Hoda (2011): Revolution gegen Autoritarismus, Patriarchalismus und Tradition in Ägypten. In: Arbeitsstelle Politik des Vorderen Orients (2011): 110-129

Sallam, Hesham (2012): Post-Elelctions Egypt. Revolution or Pact? In: Jadaliyya, 10. Februar 2012. Online unter: http://www.jadaliyya.com/pages/index/4314/post-elections-egypt_revolution-or-pact (29.04.2012)

Schlumberger, Oliver (Hg.) (2007): Debating Arab Authoritarianism. Dynamics and Durability in Nondemocratic Regimes. Stanford: Stanford University Press

Schubert, Gunter / Tetzlaff, Rainer / Vennewald, Werner (1994): Demokratisierung und politischer Wandel. Theorie und Anwendung des Konzeptes der strategischen und konfliktfähigen Gruppen (SKOG). Münster/Hamburg: LIT Verlag

Singerman, Diane (1995): Avenues of Participation. Family, Politics, and Networks in Urban Quarters of Cairo. Princeton: Princeton University Press

Snow, David / Soule, Sarah A. / Kriesi, Hanspeter (Hg.) (2004): The Blackwell Companion to Social Movements. Oxford: Blackwell

Springborg, Robert (1989): Mubarak's Egypt. Fragmentation of the Political Order. Boulder/London: Westview Press

Tadros, Mariz (2011a): Sectarianism and Its Discontents in Post-Mubarak Egypt. In: Middle East Report 41. 259. Online unter: http://www.merip.org/mer/mer259/sectarianism-its-discontents-post-mubarak-egypt (29.04.2012)

Tadros, Mariz (2011b): Egypt's Bloody Sunday. In: Middle East Report Online. 13. Oktober 2011. Online unter: http://www.merip.org/mero/mero101311 (29.04.2012)

Tarrow, Sidney (1998): Power in Movement. Social Movements, Collective Actions and Politics. New York: Cambridge University Press

Tilly, Charles (1978): From Mobilization to Revolution. New York: Random House

Tocci, Natalie (2011): State (un)Sustainability in the Southern Mediterranean and Scenarios to 2030: The EU's Response. In: EU Neighbourhood Policy. MEDPRO Policy Papers. Online unter: www.medpro-foresight.eu (29.04.2012)

UNDP (2006): Towards the rise of Arab Women. Arab Human Development Report 2005. 3. New York: UNDP. Online unter: http://www.arab-hdr.org/contents/index.aspx?rid=5 (29.04.2012)

Wurzel, Ulrich (2007): Limits to Economic Reform in an Authoritarian State. Egypt since the 1990s. Berlin: Klaus Schwarz Verlag

Zald, Mayer N. / McCarthy, John (1979): The Dynamics of Social Movements. Cambridge: Winthrop Publishers

Zorob, Anja (2012): Gut eingebunden? Wirtschaftliche Vernetzung in der Region, Internationale Politik, IP Länderporträt: Ägypten, März-April 2012: 38-46

Tunesien: Vorreiter des Aufbruchs, Vorbild des Wandels?

Domenica Preysing

1 Einleitung

Die Welle von Protesten und Aufständen, die im Winter 2010/2011 zunächst Tunesien ergriff und dann im Laufe des vergangenen Jahres über die Region schwappte, überraschte selbst versierte Maghreb-Experten. Die ganze Welt blickte gleichermaßen entgeistert wie fasziniert am 14. Januar 2011 auf Tunesien, dem Tag, als Präsident Zine Al-Abidine Ben Ali überstürzt das Land gen Saudi Arabien verließ.

Schon bald überschlugen sich die Ereignisse in der Region. Nachrichten aus Ägypten, Libyen, Bahrain, Jemen und Syrien zogen alle Aufmerksamkeit auf sich, während Tunesien zunehmend aus der internationalen medialen Wahrnehmung verschwand. Dabei verdient das kleine Land am Mittelmeer, das vielen Europäern bislang allenfalls als Ferienparadies bekannt ist, wesentlich mehr Aufmerksamkeit: Nicht nur, weil es der historische Ausgangspunkt und anhaltende Inspiration für das „arabische Erwachen“ ist. Sondern vor allem auch, weil der Prozess des Regimewandels, der hier im Januar 2011 seinen Anfang nahm, innerhalb der Region zum Vorbild avanciert. Denn Tunesien ist bislang offenbar in der Lage, seinen post-revolutionären politischen Übergang schneller und demokratischer zu gestalten, als andere Länder in der Region. Hier gemachte Erfahrungen werden in der öffentlichen Debatte in den Nachbarländern gerne aufgegriffen.

Es ist daher wichtig und lohnend, sich tiefergehend mit den jüngsten Entwicklungen seit der Revolution und der derzeitigen Lage in Tunesien zu beschäftigen. Sind doch bei aller Einzigartigkeit des Landes die Forderungen der tunesischen Bevölkerung nach Würde, nach sozialer Gerechtigkeit, politischer Mitbestimmung und nach Respekt für Menschenrechte dieselben, die eine kritische Masse von Menschen in der übrigen Region bewegt. Das Gleiche gilt auch für die immensen Herausforderungen institutioneller, wirtschaftlicher und sozialer Natur, mit denen die tunesische Übergangsregierung seit dem Sturz Ben Alis zu kämpfen hat.

In diesem Sinne umreißen die folgenden Seiten zunächst die Auslöser und strukturellen Faktoren der Revolution in Tunesien. In einem zweiten Schritt wird ein kurzer chronologischer Überblick über die politischen und institutionellen Entwicklungen bis einschließlich Februar 2012 gegeben. Auf dieser Grundlage werden drittens eine Bestandsaufnahme und ein Ausblick auf die künftigen Herausforderungen gegeben.

2 Unerwarteter Ausgangspunkt des „Arabischen Erwachens"

2.1 Der Sturz Ben Alis (Dez 2010 – Jan 2011)

Als konkreter Auslöser für die Proteste gegen das Ben Ali Regime, die im marginalisierten Hinterland Tunesiens begannen und bald das ganze Land erfassten, gilt der Selbstverbrennungsakt von Muhammad Bouazizi aus Sidi Bouzid am 17. Dezember 2010. Seine aussichtslose wirtschaftliche Lage hatte den jungen Mann neben Schikane und Demütigung durch die örtliche Polizei in die Verzweiflung getrieben.

Was zunächst nur nach öffentlichem Unmut über die hohe Arbeitslosigkeit im wirtschaftlich benachteiligten Süden des Landes aussah, entwickelte sich schnell zu einem gesellschaftlich breit verankerten Aufstand gegen das autoritäre Regime von Ben Ali. Zu Forderungen nach mehr Arbeitsplätzen und gleichen Beschäftigungschancen, sozialer Sicherheit und einem Ende der Korruption gesellte sich alsbald der lautstarke Ruf nach Respekt für politische Menschenrechte zu einem kollektiven Schrei nach ‚Würde'. Je stärker die Proteste von Staats wegen unterdrückt wurden, umso mehr politisierten sie sich (Office of the United Nations High Commissioner for Human Rights (OHCHR) 2011: 6–8).

Dabei erhielt die sog. „Revolution für die Würde" (thaurat al-karāma)[1] Auftrieb durch eine kritische Masse der gebildeten jungen Generation, die sich bei der Protestorganisation geschickt sozialer Online-Netzwerke bediente, allen voran Facebook und Twitter. Auch der Gewerkschaftsverband Union Générale Tunisienne du Travail (UGTT) spielte schon früh eine mobilisierende Rolle durch seine lokalen und regionalen Sektionen. Mit der Ausweitung der Proteste in die Küstenregion kamen weitere Akteursgruppen der gebildeten Mittelschicht hinzu: RechtsanwältInnen, JournalistInnen, Gewerkschaftsfunktionäre, StudentInnen und andere politische AktivistInnen. Die wachsende Protestbewegung bündelte sich dabei zunehmend in der klaren

1 Dieser Begriff wird in Tunesien dem von westlichen Medien geprägten Begriff der "Jasminrevolution " vorgezogen.

Forderung nach dem Rücktritt Ben Alis und dem Ende der Vetternwirtschaft des Familienklans seiner Frau Leila Trabelsi.

An der öffentlichen Rücktrittsforderung konnten auch weitreichende Zugeständnisse des Präsidenten im Rahmen von Fernsehansprachen am 10. und 13. Januar nichts mehr ändern: Weder seine Versprechen von Regierungsreformen, von der Einsetzung unabhängiger Kommissionen, um korrupte Machenschaften und begangene Menschenrechtsverletzungen zu ahnden, noch seine Versprechen von absoluter Pressefreiheit oder sein Verzicht auf eine weitere Amtsperiode. Am 14. Januar, kaum einen Monat nach dem Selbstverbrennungsakt Bouazizis, verließ Zine Al-Abidin Ben Ali überstürzt das Land. Seither befindet er sich im saudischen Exil (Tunisie Agence Presse 2011a).[2]

Im Vergleich zu anderen Ländern der Region ging der Sturz des Ben Ali Regimes somit verhältnismäßig zügig von statten und forderte weniger Opfer. Während Tunesien etwa 300 Märtyrer und 700 Verletzte der Revolution zählt, schätzen die Vereinten Nationen die Zahl der Todesopfer in Syrien im Laufe des Jahres seit dem Beginn der Aufstände im März 2011 auf über 9000. Selbst Ägypten beklagt viermal so viele Märtyrer wie Tunesien in der Zeitspanne vom Beginn der „25. Januar Revolution“ bis zum Rücktritt Präsident Hosni Mubaraks am 11. Februar (Sassi 2011; AI 2011; Charbonneau und Nichols 2012; Fahmy 2011).

Der jähe Sturz Ben Alis mag daran gelegen haben, dass sich der Präsident, seine Frau Leila Trabelsi und ihre Familienklans mit der Zeit sowohl wirtschaftlich als auch politisch derartig isoliert hatten, dass entscheidende Führungspersönlichkeiten ihm im Krisenfall ohne viel Zögern ihre Unterstützung versagten. Was einmal ein Einparteienstaat war, von dem eine breite Elite profitierte, war zur privaten Schatulle der Präsidentenfamilie degeneriert. Dies schädigte sowohl die Privatwirtschaft als auch die ehemalige tunesische Staatspartei Rassemblement constitutionnel démocratique (RCD), die zunehmend an Macht und Einfluss verlor. Somit verhielt sich die RCD grundsätzlich passiv zu den Protesten. Sie war entweder nicht in der Lage oder nicht gewillt Gegendemonstrationen zu mobilisieren, die eine Eskalation der Gewalt wie zum Beispiel im Fall Ägyptens herbeigeführt hätten. Auch die Armee versagte Ben Ali, der den Militärs stets Misstrauen entgegen gebracht hatte, schnell Ihre Unterstützung. Anders als zum Beispiel in Libyen und Syrien widersetzte sie sich direkt dem Schießbefehl auf Demonstranten (Vgl. z.B. Erdle 2010, International Crisis Group (ICG) 2011).

2 Die genauen Umstände seiner Exilierung sind bislang nicht vollständig geklärt. Es gilt mittlerweile jedoch als sicher, dass Ben Ali die Flucht nicht aus eigenem Entschluss antrat. Vielmehr scheint es sich hier um einen Staatsstreich gehandelt zu haben. Ben Ali selber gibt an, durch eine List aus dem Land gelockt worden zu sein. (Libération 2011)

2.2 Warum Tunesien?

Intuitiv stellt sich die Frage, warum ausgerechnet Tunesien seinen Autokraten als Erstes stürzte und damit zum Vorreiter des Aufbruchs in weiten Teilen der Region Naher/Mittlerer Osten und Nordafrika (MENA) wurde. Die Suche nach Antworten erscheint zunächst einmal müßig, ändern dahingehende Spekulationen doch nichts an der Tatsache oder an den immensen Herausforderungen, denen die tunesische Übergangsregierung heute entgegen sieht. Gleichermaßen können diese jedoch wertvolle Hinweise darauf liefern, was auch in Zukunft Tunesiens Sonderrolle beziehungsweise Vorbildfunktion in der Region ausmacht. Zu den möglichen beschleunigenden strukturellen Faktoren, die im Folgenden näher erläutert werden, gehören Tunesiens vergleichsweise breite und gebildete Mittelschicht, seine Nähe zu Europa, der verhältnismäßig geringere finanzielle Spielraum des Ben Ali Regimes sowie die faktische Selbstisolierung des Ben Ali und Trabelsi Klans.

Der Stereotyp des jugendlichen, joblosen Akademikers, der auf die Strasse geht, um seine Rechte einzufordern, den uns Medienberichterstattung und Expertenanalysen über den „Arabischen Frühling" früh vermittelten, gilt sicherlich vor allem für Tunesien. Es ist im Vergleich zu vielen seinen Nachbarn in der MENA Region wirtschaftlich wesentlich weiter entwickelt und kann eine relativ breite, hoch gebildete und selbstbewusste Mittelschicht vorweisen, insbesondere in der städtischen Küstenregion des Landes. Gleichzeitig war die Beschäftigungslage in Tunesien am Vorabend der Revolution um Einiges dramatischer als in weiten Teilen der MENA Region. Am härtesten von der Arbeitslosigkeit betroffen ist dabei die Jugend, insbesondere AkademikerInnen. So zählen in Tunesien mehr als 70 % der Arbeitslosen zur Gruppe der 15 – 24 Jährigen (Zorob 2011). Diese strukturelle Gemengelage führte zu einem besonders starken Spannungsverhältnis zwischen den gesellschaftspolitischen und arbeitsmarktpolitischen Erwartungen der gut ausgebildeten tunesischen Bevölkerung einerseits und der erlebten Stagnation unter Ben Alis repressivem Polizeistaat anderseits.

Ein weiterer Faktor der zur schlagartigen Entladung dieses Spannungsverhältnisses beitrug, mag Tunesiens geographische, historische wie wirtschaftliche Nähe zu Europa gewesen sein. Nach offiziellen Angaben lebten im Jahr 2009 über 900.000 Tunesier und damit 83% der großen tunesischen Diaspora im europäischen Ausland, vor allem in Frankreich, Italien und Deutschland (Office des Tunisiens à l'Etranger (OTE) 2010). Inoffiziell wird von noch weit höheren Zahlen ausgegangen. Bei einer Gesamtbevölkerung von etwa 10.55 Millionen wird man daher kaum eine Tunesierin oder einen Tunesier ausmachen können, der nicht im Austausch mit dortigen Verwandten oder Freunden stünde (Worldbank 2012). Auch ist kein anderer Staat der Region wirtschaftlich so stark mit Europa über

Außenhandel, Direktinvestitionen und Tourismus verbunden wie Tunesien (Zorob 2011). Europäische Ansprüche auf Rechtsstaatlichkeit, Chancengleichheit und politische Mitbestimmung werden somit den tunesischen Demonstranten unmittelbar näher gelegen haben als einigen Ihrer Nachbarn in der Region.

Tunesiens Nähe zu Europa zeigt sich nun auch im politischen Wandel. Obwohl viele den europäischen Partnerländern ihr Verhalten gegenüber Ben Alis Regime nachtragen (Khakee 2011), zeigt man sich europäischer Unterstützung sowohl im politischen als auch im wirtschaftlichen Bereich gegenüber sehr offen. Auf Einladung der tunesischen Interimsregierung hin überwachten 180 europäische Wahlbeobachter die Wahlen zur verfassungsgebenden Versammlung im Oktober 2011 und gemeinsame Reformprogramme im Bereich Gute Regierungsführung sind im Entstehen. Der Kontrast zu Ägypten könnte somit nicht größer sein, wo die militärische Übergangsregierung jegliche auswärtige Unterstützung in gesellschaftspolitischen Fragen kategorisch abgelehnt hat.

Neben der Nähe zu Europa wird auch der Mangel an natürlichen Ressourcen in Tunesien eine treibende Rolle beim politischen Aufbruch gespielt haben, der nicht zuletzt auch stark wirtschaftlich motiviert war. Im Gegensatz zu einigen seiner regionalen Nachbarn wie Saudi Arabien und Algerien konnte das Ben Ali Regime nicht auf bewährte Taktiken zurückgreifen, um die Symptome des Wandels mit „Zuckerbrot und Peitsche" zu bekämpfen. Zweifelsohne hat sich zum Beispiel das saudische Königshaus im Februar 2011 dank seiner Öleinkommen neuen innenpolitischen Spielraum schaffen können, indem es staatliche Sozialleistungen spontan um 10,7 Milliarden US $ aufdoppelte (AFP 2011).

Letztlich wird aber auch die beispielslose Vetternwirtschaft des Ben Ali und Trabelsi Klans eine entscheidende Rolle gespielt haben (The Economist 2011a; Ruf 2011). Durch quasi mafiöse Machenschaften konzentrierte die famille die politische und wirtschaftliche Macht in Tunesien alleinig in ihren Händen. Sie isolierte sich dabei aber zunehmend. Auf Wikileaks veröffentlichte Depeschen der amerikanischen Botschaft in Tunis von 2008 schildern, wie insbesondere die Gier der Präsidentengattin Leila Trabelsi innerhalb der weiter gefassten Elite als zunehmend untragbar eingestuft wurde (Berton 2008). Somit wurde, wie bereits erwähnt, erstens das Ben Ali Regime im Krisenfall eher fallen gelassen. Zweitens konnten Regimegetreue in der frühen post-revolutionären Phase leichter zur Seite gedrängt werden als andernorts, weil sich die gesamte Macht auf einen überschaubaren Personenkreis rund um Ben Ali konzentriert hatte. Dieses Bild stellt unter anderem einen Kontrast zu Ägypten dar: Die Mubarak Familie bereicherte sich zwar ebenfalls großzügig, sorgte aber auch dafür, dass die oberen Zehntausend inklusive des Militärs ebenfalls vom System profitierten und dadurch deutliches Interesse an dessen weiteren Erhalt haben (Demmelhuber und Roll 2007).

2.3 Die Revolution für die Würde: Absehbar und doch unerwartet

Ob beziehungsweise inwiefern die tunesische Revolution nicht zu erwarten war, ist vor allem eine Frage des Blickwinkels.

Massive soziale Unruhen waren in Tunesien ähnlich wie in anderen Ländern der Region in der Tat schon seit längerem zu beobachten. Nach den Worten des Kommandeurs der tunesischen Antiterror-Brigade, Mohamed Arfaoui, zeichnete sich die nahende Krise vor dem Hintergrund finanzieller, politischer und sozialer Missstände schon mindestens seit 2008, also weit vor der Revolution, ab. Eine Studie der tunesischen Sicherheitsbehörden nennt hier insbesondere die Revolten im Kohlerevier von Gafsa im Jahr 2008, bei denen vergleichbare Forderungen wie im Winter 2010/2011 gestellt wurden, die Proteste von Ben Guardane im Jahr 2010, sowie die gewaltsamen Konflikte in den Fußballstadien während der Sportsaison 2009/2010 (Bouazra 2011).

Doch auf europäischer Seite begriff man diese Aufstände nicht als Anzeichen tiefgreifenden Wandels. Ein unvergessliches Beispiel dafür, wie sehr europäische Akteure die Situation verkannten, ist Michèle Alliot-Marie, die ehemalige französische Außenministerin mit einem großen Faible für Ferien im schönen Tunesien. Unmittelbar vor Ben Alis Abreise ins Exil legte sie der französischen Nationalversammlung nahe, doch einfach die nationale Bereitschaftspolizei nach Tunesien zu entsenden, um wieder Ruhe und Ordnung herzustellen (The Economist 2011b).

Die traditionelle Einseitigkeit europäischer Politik gegenüber der Euromediterranen Region lenkte von den akuten Vorzeichen der „Revolution für die Würde“ ab. Übergeordnete Politikziele der Marktöffnung und des Migrationsmanagements wurden auf Kosten von Demokratie- und Menschenrechtsfragen sowie nachhaltiger Entwicklung verfolgt. Politische Entscheidungsträger mögen dabei kurzfristige Stabilität für einen nachhaltig tragbaren Ist-Zustand verkannt haben. Schließlich entsprach die Planbarkeit, die sich aus dem status quo vor dem „arabischen Erwachen“ ergab, europäischen Kerninteressen in der Region, insbesondere in den Bereichen Handel, Energie, Migration und Antiterrorismus. Die zunehmende wirtschaftliche und politische Delegitimierung des Ben-Ali-Regimes, das Brodeln unter der Oberfläche, übersah man auf diese Weise (Vgl. z.B. Asseburg und Werenfels 2011; Tocci und Cassarino 2011:10)

3 Eine kurze Chronologie des politischen Wandels

Doch was ist seit dem Sturz Ben Alis am 14. Januar passiert, wie ist der politische Umbruch in Tunesien bislang von statten gegangen? Die bisherigen Geschehnisse können als drei in einander übergreifende Übergangsphasen betrachtet werden, wobei jeweils an verschiedenen Fronten um den gemeinschaftlichen Entwurf und Aufbau eines post-revolutionären politischen Systems gerungen wurde. Dabei hat Tunesien bislang beständige Schritte in Richtung eines erkennbar demokratischen Systems unternommen.

Wie im Folgenden erläutert, ziehen sich neben den allseits präsenten wirtschaftlichen Herausforderungen zwei innenpolitische Handlungsstränge wie ein roter Faden durch den politischen Übergangsprozess hindurch: Erstens, die öffentliche Auseinandersetzung über die Gestaltung des Bruchs mit dem alten Regime inbegriffen die künftige Rolle seiner Vertreter und zweitens, der gesellschaftliche Konflikt über das Verhältnis von Staat und Religion im neuen Tunesien.

3.1 Transitionsphase I: Ringen um Legitimität und politische Richtung (Januar-März 2011)

Die erste Übergangsphase unmittelbar nach dem Sturz Ben Alis bis zur Verkündung eines Fahrplans für die Wahlen zur verfassungsgebenden Versammlung im März 2011 war überwiegend gekennzeichnet durch ein Ringen um Legitimität und politische Richtung. Im Ergebnis war sie von einem schrittweisen Ausschluss von Ben Ali Loyalisten aus den obersten Rängen der Interimsregierung geprägt sowie einer vorsichtigen politischen Einbeziehung von Teilen der Zivilgesellschaft. Wiederkehrende Straßenproteste spielten bei diesen Entwicklungen eine treibende Rolle. (Vgl. Willis 2011)

Abbildung 1 Transitionsphase I (Januar-März 2011)

14. Jan.	Nach wochenlangen Aufständen begibt sich Präsident Ben Ali ins Exil nach Saudi Arabien
17. Jan.	Erste Übergangsregierung der "Einheit" unter Premier Mohamed Ghannouchi; Präsident ist der ehemalige Sprecher des Parlaments Fouad Mebazaa. Ben Ali Loyalisten besetzen weiterhin wichtige Posten wie Verteidigung, Inneres und Auswärtiges
18. Jan.	Fortsetzung der Straßenproteste aus Unmut über die Zusammensetzung der Übergangsregierung. Am selben Tag kehrt Moncef Marzouki, Anführer der verbotenen Partei Congrès pour la République (CPR) aus dem Exil zurück
20. Jan.	Unter öffentlichem Druck treten nach Ghannouchi und Mebazaa auch alle Minister aus der Staatspartei Rassemblement Constitutionel Démocratique (RCD) aus, verbleiben aber in ihren Posten
27. Jan.	Massive öffentliche Proteste führen zur Bildung einer zweiten Übergangsregierung unter Mohamed Ghannouchi. Dabei werden einige Ben Ali Loyalisten von Schlüsselposten abgesetzt
30. Jan.	Rachid Ghannouchi, Anführer der verbotenen islamistischen Partei Ennahda kehrt nach 22 Jahren aus dem Exil nach Tunesien zurück
11. Feb.	Gründung des oppositionellen Nationalen Rats zum Schutz der Revolution unter breiter zivilgesellschaftlicher Beteiligung, eine treibende Kraft gegen die Regierung Ghannouchi
18. Feb.	Schaffung zweier nationaler Kommissionen zur „Untersuchung von Korruption und Misswirtschaft" sowie zur „Untersuchung von Menschenrechtsverletzungen zwischen im Zeitraum vom 17. 12. 2010 bis zum 14. Januar 2011
19. Feb.	Generalamnestie für politische Gefangene
27. Feb.	Premier Rachid Ghannouchi tritt zurück. Der zu seinem Nachfolger ernannte Caïd Béji Essebsi bildet daraufhin eine neue, dritte Übergangsregierung
04. März	Premier Caïd Béji Essebsi spricht sich für einen definitiven Bruch mit dem alten Regime aus und kündet u.a. die Aufhebung der Verfassung von 1959 sowie den Termin für Neuwahlen zur verfassungsgebenden Versammlung an

Quelle: Eigene Zusammenstellung basierend auf Medienberichterstattung.

Als Ben Ali am 14. Januar 2011 das Land überstürzt verließ, war noch nichts überstanden. Die Institutionen, die sein Regime getragen hatten, waren immer noch da. Dementsprechend war auch die erste Übergangsregierung, die nach dem Sturz von Ben Ali unter Premierminister Mohamed Ghannouchi gebildet wurde, in vieler Hinsicht nichts anderes als eine Reinkarnation des alten Regimes. Diese Tatsache löste erneute heftige Proteste aus. Dass das Kabinett unter anderem unter dem Druck der Straße kollektiv aus der ehemaligen Staatspartei RCD austrat und eine Amnestie für politische Gefangene gewährte, konnte daran nichts ändern. Vielmehr verwehrte ein Großteil der politischen Opposition der Übergangsregierung ihre Unterstützung und gründete einen eigenen Nationalen Rat zum Schutz der Revolution unter breiter zivilgesellschaftlicher Beteiligung. Somit verfügte die erste, wie auch die unmittelbar darauf folgende, Übergangsregierung nur über eine kurze Halbwertszeit (s. Abb. 1 für eine chronologische Übersicht).

Am 27. Februar 2011 dankte Mohammed Ghannouchi letztendlich ab. Zu seinem Nachfolger als Premierminister ernannt wurde der 84-jährige Caïd Béji Essebsi, welcher ehemals Minister unter dem ersten Präsidenten der tunesischen Republik Habib Bourguiba, aber nie an einer Regierung unter Ben Ali beteiligt gewesen und somit weitestgehend respektiert war. Sein Amtsantritt läutete eine neue, wenn auch nicht minder delikate Transitionsphase ein. Mit politischem Geschick und Voraussicht handelte er umgehend, um den Zielkonflikt, in dem sich alte und neue politische Kräfte bis zur Blockade aufgerieben hatten, zu lösen: dem Zielkonflikt zwischen dem öffentlichen Verlangen nach einem klaren Bruch mit dem alten System und der unbedingten Notwendigkeit, die Regierbarkeit des Landes weiterhin sicher zu stellen.

Anfang März kündigte der neue Premier die Aufhebung der Verfassung von 1959 und die Durchführung nationaler Wahlen zu einer verfassungsgebenden Versammlung an. Die Mitglieder der amtierenden Übergangsregierung sollten hierbei von der Kandidatur ausgeschlossen werden. In ungewohnt scharfem Ton wandte er sich auch an den ehemaligen Präsidenten Ben Ali und seinen Führungszirkel und kündigte rechtliche Konsequenzen für Ihre Taten an (Tunisie Agence Presse 2011b). Somit war den Kernanliegen der Demonstranten fürs erste Genüge getan und eine erste Etappe im Ringen um die neue politische Ausrichtung Tunesiens geschafft. Dass die Menschen sich nicht mit dem Erreichten zufrieden gaben, sondern weiterhin in großen Zahlen entschlossen auf die Straße gingen und dass politische Gruppierungen, Gewerkschaften und Vereine sich aktiv in den politischen Prozess einbrachten, spielte dabei eine wesentliche Rolle.

3.2 Phase II: Erste politische Wegbereitung (März-Oktober 2011)

In einer zweiten Übergangsphase die mit besagter Ansprache des neuen Premiers eingeläutet wurde und über Umwege in die Wahlen zur verfassungsgebenden Versammlung am 23. Oktober 2011 mündete, arbeitete die Interimsregierung (nunmehr in neuer Konstellation) daran, die Strukturen für ein neues politisches System zu schaffen. Dabei bestand weiterhin ein hohes Risiko für einen Rückfall in alte Zeiten. Wiederkehrende Proteste, eine sich verschlechternde Sicherheitslage und ernsthafte wirtschaftliche Schwierigkeiten taten das ihre hinzu. Die Aufgabe, eine legitime verfassungsgebende Versammlung ins Leben zu rufen wurde trotz des anhaltenden politischen Vakuums und dem brisanten sozialen und wirtschaftlichen Kontext gemeistert.

Abbildung 2 Transitionsphase II (März-Oktober 2011)

07. März	Offizielle Auflösung der Staatssicherheitsabteilung und der politischen Polizei durch das Innenministerium
09. März	Offizielle Auflösung der Staatspartei Rassemblement Constitutionel Démocratique (RCD)
15. März	Schaffung der "Hohen Instanz zur Erreichung der Ziele der Revolution, politischer Reformen und des demokratischen Übergangs" unter dem Vorsitz von Yadh Ben Achour. Der am 11. Feb gegründete oppositionelle Nationale Rat zum Schutz der Revolution geht großen Teils darin auf
18. April	Schaffung der „Hohen unabhängigen Instanz für die Wahlen" (ISIE) welche die Wahlen zur verfassungsgebenden Versammlung logistisch abwickeln und überwachen wird
10. Mai	Erlass des neuen Wahlgesetzes gemäß der Gesetzesvorlage der "Hohen Instanz"; Ausschluss hochrangiger RCD Parteifunktionäre von der Wahlkandidatur zur verfassungsgebenden Versammlung
08. Juni	Die Interimsregierung verschiebt aus logistischen Gründen den Wahltermin vom 24. Juli auf den 23. Oktober
19. Juni	Erster Gerichtsprozess in absentia gegen Ben Ali und seine Frau. Nach einem Prozesstag Verurteilung zu 35 Jahren Haft und Geldstrafe wegen Veruntreuung von Staatsvermögen. Über 100 weitere Anklagen liegen gegen ihn vor
01.-21. Okt	Wahlkampfperiode
21.-22. Okt	Auslandstunesier gehen wählen

Quelle: Eigene Zusammenstellung basierend auf Medienberichterstattung.

Ein wichtiger institutioneller Meilenstein auf dem Weg dahin (s. Abb. 2) war die Schaffung der „Hohen Instanz zur Erreichung der Ziele der Revolution, politischer Reformen und des demokratischen Übergangs". Damit sollte eine Brücke zwischen den existierenden Regierungsinstitutionen und dem oppositionellen Rat für den Schutz der Revolution geschlagen werden. Die Interimsregierung behielt die exekutive Entscheidungsgewalt, während die Hohe Instanz als eine Art Lenkungsausschuss fungierte, der das Wahlgesetz entwerfen und den Wahlprozess zur verfassungsgebenden Versammlung übersehen sollte. Ihre Gesetzesentwürfe wurden Kabinett und Präsidentschaft zur Zustimmung vorgelegt. Da dieses Konsultationsorgan eine breitere gesellschaftliche Teilnahme am politischen Übergangsprozess ermöglichte, erhöhte seine Existenz die Legitimität der Übergangsregierung. Unter den 155 Mitgliedern der Hohen Instanz fanden sich nicht nur politische Parteien, Gewerkschaften und Vereine, sondern auch Vertreter regionaler Gruppierungen, der Frauen- sowie Jugendbewegung, der Familien von Märtyrern und sogar der tunesischen Diaspora (Tunisie Agence Presse 2011c). Trotz einiger Verzögerungen und Wirren innerhalb und zwischen der Hohen Instanz und der Regierung erfüllte sie Ihre Aufgabe: im Mai 2011 trat das neue Wahlgesetz nach Vorlage der Hohen Instanz in Kraft. Besonders hervorzuheben ist die darin verankerte verpflichtende Geschlechterparität für Wahllisten. Sie gilt als historische Errungenschaft der tunesischen Frauenbewegung und als vorbildlich für den Rest der Region (Tunisie Agence Presse 2011d). Die ebenfalls geschaffene „Hohe unabhängige Instanz für die Wahlen“ (ISIE) organisierte und überwachte entsprechend den Wahlprozess und den Urnengang vom 21. bis 23. Oktober 2011. Unterstützt wurde ISIE dabei von einer großen Wahlbeobachtermission der Europäischen Union, die auf Einladung der Übergangsregierung das Ihre tat, um die Transparenz und Legitimität der Wahlergebnisse zur verfassungsgebenden Versammlung zu sichern (Mission d'Observation Electorale de l'Union européenne (MOE UE) 2012).

Neben der Herkulesaufgabe, legitime Wahlen herbeizuführen, hieß es in der zweiten Übergangsphase aber auch, der dringenden Forderung nach einem institutionellen und personellen Bruch mit dem System Ben Ali nachzukommen. In Anbetracht des problematischen politischen Kräftefelds, in dem die Regierung Essebsi operierte, war der Handlungsspielraum der Interimsexekutive hier begrenzt, zumal sie nach wie vor auf einer fragilen Legitimitätsgrundlage arbeitete. Primat der Innenpolitik blieb, die weitere Regierbarkeit inmitten einer prekären wirtschaftlichen und sozialen Lage sicherzustellen, bis eine legitime verfassungsgebende Versammlung ins Leben gerufen werden konnte. Loyalisten des Ben Ali Regimes, die nach wie vor wichtige Posten in der Administration besetzten, über Gebühr zu provozieren, hätte dies auf Spiel setzen können.

Umso bemerkenswerter erscheint daher die offizielle Auflösung der RCD noch im März 2011 und der Ausschluss ihrer prominenteren Mitglieder von der Wahlkandidatur zur verfassungsgebenden Versammlung. Des Weiteren wurden zahlreiche zivilrechtliche und militärrechtliche Verfahren gegen Ben Ali, seine Familie und Gefolgschaft eingeleitet. Doch diese boten bislang weniger Anlass für Genugtuung als für Kritik an der mangelnden politischen Unabhängigkeit der Justiz (Ksibi 2011). Parallel widmeten sich zwei separate Kommissionen der Faktensammlung und Ursachenfindung zu Korruption und wirtschaftlichen Verbrechen unter Ben Ali sowie zu den Übergriffen der Staatsgewalt gegen die Protestbewegung im Winter 2010/2011. Mit der Sammlung und Zusammenstellung von Fakten wurde eine wichtige Beweisgrundlage für den künftigen Übergangsjustizprozess gelegt (Preysing 2012:7). Aber wie mit den Ergebnissen der Kommissionen nun konkret weiter verfahren wird lässt ihr begrenztes Mandat noch offen bis die verfassungsgebende Versammlung hierzu einen Beschluss gefasst hat (Tunesische Republik 2011a, 2011b).

3.3 Phase III: Politischer Neubeginn (Seit November 2011)

Die Wahlen zur verfassungsgebenden Versammlung (L'Assemblée Nationale Constituante, ANC) Ende Oktober können als ein gelungener Abschluss einer wichtigen Etappe im politischen Übergangsprozess Tunesiens bezeichnet werden. Die tunesische Wahlkommission (ISIE) hatte ganze Arbeit geleistet: Europäische Wahlbeobachter attestierten, dass sie den Wahlprozess überparteilich und neutral organisierte (Hackensberger 2011). Das allseits anerkannte Wahlergebnis läutete eine neue Etappe im tunesischen Transitionsprozess ein. Es manifestierte nicht nur den tiefgreifenden Wandel politischer Kräfteverhältnisse im Zuge der Revolution zugunsten der islamistischen Partei al-Nahda (zu deutsch: „Renaissance"), die als klarer Gewinner hervorging. Es brachte auch eine neue, politische Legitimität, die der Übergangsregierung Essebsi gefehlt hatte.

Aufbauend auf dieser neuen Legitimationsbasis geht es in der dritten Übergangsphase neben wirtschaftlichen und sozialen Fragen primär um die politische und verfassungsrechtliche Neugestaltung Tunesiens. Bevor die im Oktober gewählten Mitglieder der verfassungsgebenden Versammlung ab Januar 2012 ihr Mandat wahrnehmen und umsetzen konnten, musste ein langwieriger Regierungsbildungsprozess unter Führung des unangetasteten Wahlsiegers, der al-Nahda-Partei, abgeschlossen werden (s. Abb. 3). Dabei standen zunächst einmal prinzipielle organisatorische und personelle Fragen im Vordergrund. Neben dem täglichen Regierungsgeschäft ist die Kernaufgabe der Constituante, binnen eines Jahres eine neue Verfassung für Tunesien zu widmen.

Abbildung 3 Transitionsphase III (Seit November 2011)

14. Nov.	Offizielle Bekanntgabe der Wahlergebnisse durch ISIE
22. Nov.	Die verfassungsgebende Versammlung (ANC) übernimmt die Regierungsgeschäfte
11. Dez.	Verabschiedung eines vorläufigen Grundgesetzes, des sog. „Mini-Dostour"
12. Dez.	Moncef Marzouki (Congrès pour la République, CPR) wird erster demokratisch gewählter Präsident Tunesiens. Er ernennt Hamadi Jebali von al-Nahda zum Premierminister und Mustapha Ben Jafaar von Ettakatol zum Sprecher der ANC
22. Dez.	Premier Jebali stellt die Liste der neuen Kabinettsmitglieder vor. Al-Nahda besetzt alle Schlüsselministerien aus den eigenen Reihen
30. Dez.	Verabschiedung des Staatshaushaltes für 2012
20. Jan.	Verabschiedung der internen Regelung der ANC, die eine konstitutionelle und legislative Fachausschussstruktur schafft
16. Feb.	Der speziell mit der Ausarbeitung der Verfassung beauftragte Ausschuss der ANC nimmt seine Arbeit auf

Quelle: Eigene Zusammenstellung basierend auf Medienberichterstattung.

Im Zusammenhang mit den ersten demokratischen Wahlen in Tunesien dürfte über kein Thema so viel Tinte geflossen sein wie zur Ursachensuche des großen Wahlerfolgs der ehemals verbotenen, islamistischen al-Nahda Partei. Viele ausländische Beobachter und laizistisch gesinnte Tunesier drückten ihre Überraschung oder auch ihren Ärger darüber aus.

Schon während des Wahlkampfs hatte sich eine strukturelle Spaltung der Wählerschaft in zwei sozio-geographische Gruppen abgezeichnet: Die „Laizisten", die sich hauptsächlich auf die französisch sprechende, linksliberale Bildungselite besonders in den wohlhabenderen Küstenregionen des Landes stützte und eine überwiegend arabophone und konservativere Wählergruppe. Letztere ist zu einem großen Teil im wirtschaftlich benachteiligten Inland, in ärmeren urbanen Gegenden sowie dem öffentlichen Sektor angesiedelt. Zusammen mit den vielen Auslandstunesiern, die für al-Nahda stimmten, bescherte diese Gruppe den Islamisten den Wahlsieg (Vgl. z.B. Ayeb 2012).[3]

Das Zusammenspiel von dreierlei Beweggründen mag dabei besonders ausschlaggebend gewesen sein. Zunächst einmal kam die al-Nahda Partei dem grundsätzlichen Verlangen der konservativeren Wählerschaft, nach einer stärkeren Verankerung religiöser Werte im neuen Tunesien entgegen. Die Wahlkampagne schaffte Vertrauen durch ihre liberale und moderate Linie, während die Laizisten durch ihren stark anti-islamistisch geprägten Wahlkampf Skepsis schürten. Zweitens konnte al-Nahda auf die Sympathie einer kritischen Masse von Wählern zählen, weil ihre Mitglieder bekanntermaßen am meisten unter der gewaltsamen Repression des Regimes gelitten hatten. Von den „Integristen" versprach man sich einen klaren Bruch mit dem vorherigen Regime, insbesondere einen ernsthaften, ehrlichen Kampf gegen die weitverbreitete Korruption aus der Ära Ben Ali. Drittens dürfte das gute Wahlergebnis al-Nahdas auch auf ihre gute Arbeit an der politischen Basis und effiziente Netzwerkbildung zurückzuführen sein, die selbst gutfinanzierte laizistische Konkurrenten wie die Progressive Demokratische Partei (PDP) in den Schatten stellte. Angeblich profitierte al-Nahda auch von der Unterstützung durch Ex-RCD Netzwerke im öffentlichen Sektor, die sich auf die Seite der absehbaren Gewinner stellten (El Amrani 2011; Haugbolle und Cavatorta 2012).

3 Ein weiteres Phänomen der Wahl, der Erfolg der neugegründeten islamistischen Partei al-Aridha von Geschäftsmann Mohamed Hechmi Hamdi, unterstützt diese sozio-geographische Interpretation der Wahlergebnisse. Auch sie konnte in der weniger privilegierten Wählergruppe bedeutende Erfolge verzeichnen. Al-Aridha wurde aber trotz ihres Wahlerfolges nicht in den Regierungsbildungsprozess einbezogen, was einerseits auf die persönliche Feindschaft zwischen Ghannouchi und Hamdi, und andererseits auf den anhaltenden Verdacht der Verbindung zu Netzwerken der ehemaligen Staatspartei RCD zurück zu führen ist (Vgl. z.B. El Amrani 2011)

Nachdem al-Nahda, wie in Abbildung 4 dargestellt, über 40% oder 89 der 217 Sitze in der verfassungsgebenden Versammlung auf sich vereinen konnte, machte sie sich daran, eine „Regierung der Einheit" zu bilden. Zwei große Parteien nahmen das Angebot an: der Kongress für die Republik (CPR) und die Ettakatol Partei (FDTL).[4] Diese sogenannte „Troika", die eine bequeme Mehrheit von 138, also fast 64% der Sitze in der ANC auf sich vereint, führte zunächst einmal langwierige Verhandlungen über die prinzipielle Organisation und Ausrichtung der Übergangsregierung bis zur Verabschiedung der neuen Verfassung. Die Verabschiedung dieser sogenannten vorläufigen „Mini-Verfassung" (Mini-Dostour) verzögerte sich bis in den Dezember, insbesondere aufgrund von starken zwischenparteilichen Differenzen in Bezug auf die temporäre Kompetenzverteilung zwischen Präsident und Premier innerhalb der neuen Interimsexekutive.

Abbildung 4 Die Wahlergebnisse zur verfassungsgebenden Versammlung im Überblick

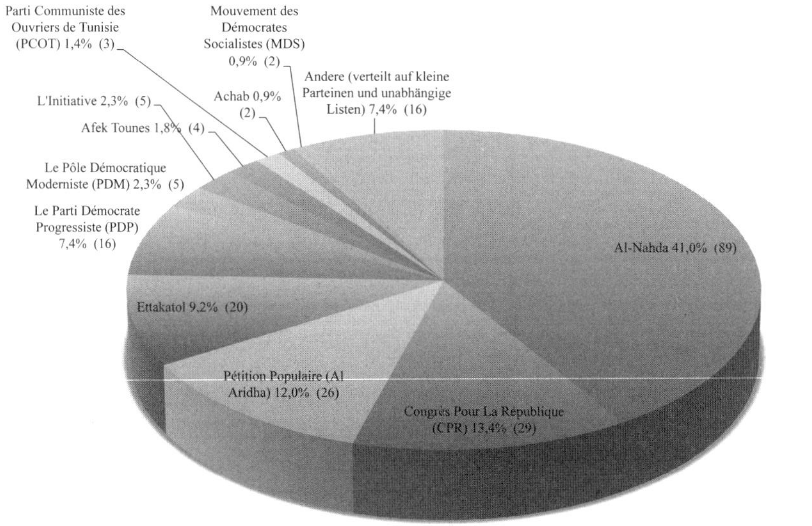

Quelle: Abschlussbericht der europäischen Wahlbeobachtermission (Mission d'Observation Electorale de l'Union européenne (MOE UE) 2012)

4 Ettakatol kämpft nun auch innerparteilich mit Vorwürfen des Verrats. Hatte sich ihre Wahlkampagne doch im Wesentlichen auf ihre klare Position begründet, ein Bündnis mit den Integristen unter allen Umständen vermeiden zu wollen.

Schließlich wurde Monzef Marzouki von CPR und Veteran des tunesischen Menschenrechtsaktivismus zum Präsidenten gewählt. Er wiederum ernannte gemäß der getroffenen Koalitionsvereinbarung al-Nahdas Nummer Zwei,[5] Hamadi Jebali, zum Premierminister, sowie Mustapha Ben Jafaar von Ettakatol zum Sprecher der verfassungsgebenden Versammlung. Mit der Vorstellung der Kabinettsmitgliederliste durch Premierminister Jebali kam der langwierige Regierungsbildungsprozess Ende Dezember zum endgültigen Abschluss. Dass die al-Nahda-Partei und ihre Gesinnungsgenossen innerhalb der CPR rund drei Viertel aller 42 Kabinettsposten inbegriffen der Schlüsselministerien des Inneren, Äußeren, der Verteidigung und Justiz sowie Bildung besetzt, ist ein klares Zeichen für ihre neue Vormachtstellung und politischen Gestaltungswillen (AFP 2012b). Was al-Nahda aus ihrer neuen politischen Verantwortung macht, wird sich zeigen.

4 Ausblick/Herausforderungen

Die Übergangsregierung steht vor zwei großen Herausforderungen: Erstens müssen die sozialen und wirtschaftlichen Probleme des Landes dringend angegangen werden. Sie sind einer der treibenden Motoren hinter der Revolution und haben al-Nahda indirekt den Großteil ihres Wahlerfolgs beschert. Das bedeutet im Umkehrschluss aber auch, dass die öffentliche Wertschätzung der neuen politischen Führung letztlich von ihren Lösungsansätzen im Bereich Wirtschaft und Beschäftigung abhängen wird. Zweitens, muss ein neues, permanentes politisches System geschaffen werden, eine neue Verfassung geschrieben und das alte Regime Ben Ali strukturell überwunden werden. Die öffentliche Auseinandersetzung über die gesellschaftliche Identität Tunesiens und die künftige Rolle der Islamisten verkompliziert diese Aufgabe.

5 Rached Ghannouchi, der historische Anführer und Nummer Eins der al-Nahda -Partei, zog es indes vor, kein offizielles Amt zu bekleiden. Dass er sich dennoch weiterhin aktiv in In- und Ausland im Namen der tunesischen Regierung politisch einbringt, wird nicht von allen gern gesehen (Zbiss 2012).

4.1 Projekt Wirtschaftswachstum und Beschäftigung

Wenn auch nicht unerwartet angesichts der enormen jüngsten politischen Umwälzungen, so ist die gegenwärtige soziale und wirtschaftliche Lage im Lande doch alarmierend. Nach wie vor der Revolution bleibt die größte Herausforderung die große Anzahl von gut ausgebildeten, arbeitsuchenden jungen Menschen.[6] Trauriger Beweis für die akute Arbeitslosigkeit vor allem im Landesinneren Tunesiens ist ein erneuter verzweifelter Selbstverbrennungsakt kurz vor dem Jahrestag der Revolution. Ammar Gharsalla aus Gafsa, arbeitsloser Vater dreier Kinder, erlag am 9. Januar 2012 seinen Verbrennungen (The Economist 2012).

Das Jahr 2011 war von wirtschaftlicher Warte gesehen, wohl das Schlechteste in der Geschichte des unabhängigen Tunesiens. Schätzungen für das Jahr 2011 gehen von einem Nullwachstum der Wirtschaft im Vergleich zu 3% im Jahr zuvor aus. Auch die Arbeitslosigkeit nahm zu. Hoffnungen, dass die demokratischen Wahlen eine neue Ära des Wachstums und Beschäftigung dank ausländischen Direktinvestitionen herbeiführen, haben sich bislang noch nicht erfüllt (Ayari 2012).

Die Mehrheit der Wählerschaft sieht den Kampf gegen die Arbeitslosigkeit als übergeordnetes Ziel, weit vor anderen Herausforderungen wie Korruption, Sicherheit und Menschenrechtsfragen, wie eine repräsentative Meinungsumfrage ergab (OpinionWay 2011: 9). Um den Teufelskreis der anhaltenden sozialen Unruhen aufgrund der schlechten wirtschaftlichen Lage, welche wiederum Investitionen abschrecken, zu brechen, hat Präsident Marzouki zunächst für einen sozialen "Waffenstillstand" von sechs Monaten geworben. Die Regierung Jebali wird diese Zeit nutzen müssen, um nach der politischen Revolution eine Revolution der wirtschaftlichen Strukturen voranzutreiben.

Das tunesische Entwicklungsmodell der zwei Geschwindigkeiten, wobei die küstennahen städtischen Gebiete Tunesiens auf Kosten des Inlands seit Jahrzehnten von öffentlicher Hand bevorzugt wurden, besteht bislang fort. Mangels Beschäftigung und gerechterer Einkommensverteilung wird die Mehrzahl der tunesischen Bürger weiterhin von der Teilhabe an der Produktivität des Landes ausgeschlossen. Ein erster Schritt zur regionalen Umverteilung wurde zwar mit der Verabschiedung des Haushalts für 2012 gemacht. Mehr finanzielle Mittel sind diesmal für Investitionen in die besonders benachteiligten küstenfernen Regio-

6 Laut dem Nationalen Institut für Statistik (INS) beläuft sich die Arbeitslosigkeitsrate zuletzt auf durchschnittlich 18,3 %. Unter Hochschulabsolventen sind sogar 30,9 % auf der Suche nach Arbeit (Le MagÉco 2012). Laut Béji Caïd Essebsi bedarf Tunesien daher einer wirtschaftliche Strategie, die die Arbeitslosenzahl über die nächsten fünf Jahre um jährlich 100.000 reduziert (World Bank 2011).

nen Tunesiens vergeben worden. Doch viele weitere Schritte werden vonnöten sein wie Verwaltungsreformen, um den wirtschaftlichen Schaden durch Korruption und Vetternwirtschaft zu begrenzen (La Presse 2012; Zouari 2012).

Längerfristig sollte es indes nicht an Investitionsangeboten aus dem Ausland mangeln: Tunesien profitiert jetzt schon von der Aufbruchsstimmung in Libyen. Und die Golfstaaten, allen voran Qatar, die al Nahdas Wahlkampf angeblich mitfinanzierten, gewinnen nach ihrem politischen offenbar auch ein stärkeres wirtschaftliches Interesse an Tunesien. Auch dürften klarere Investitionsrahmenbedingungen mehr europäische Investoren ins Land locken. Die Tiefe der in Tunesien schon vorhandenen wirtschaftlichen Wertschöpfungskette stellt ein großes Plus gegenüber anderen Ländern in der Region dar. In der Zwischenzeit läge es an der internationalen Gemeinschaft einen wichtigen Beitrag zu öffentlichen Investitionsprogrammen in Tunesien im Rahmen der Entwicklungszusammenarbeit leisten, unter anderem durch kurzfristige bilaterale Entschuldungsinitiativen (sog. „debt swaps") und durch Unterstützung für die zügige Rückabwicklung der illegalen Vermögen des Ben Ali und Trabelsi Klans."

4.2 Projekt neuer Staat

Neben der Herausforderung, eine gesellschaftlich tragbare soziale und wirtschaftliche Lage zu befördern, ist die Gestaltung eines neuen dauerhaften demokratischen Systems Hauptaufgabe der Übergangsregierung Jebali. Ende Januar wurde hierzu nach wochenlangen Debatten die institutionelle Grundlage mit der Verabschiedung der internen Regelung der verfassungsgebenden Versammlung geschaffen (Réalités 2012).

Eine erwartungsvolle Unruhe macht sich derweil innerhalb der Zivilgesellschaft breit: Wird die Regierung ihrem Wahlauftrag auch gerecht werden können? Bleibt sie wirklich eine Übergangsregierung? In Anbetracht des legislativen Vakuums bis zur Durchführung der Wahlen zum nationalen Parlament wurde das Mandat der verfassungsgebenden Versammlung ausgeweitet. Neben ihrer Kernaufgabe, eine neue Verfassung auszuarbeiten, fungiert sie auch als Parlament. Dieses legislative Zusatzmandat lenkt im besten Fall nur von ihrer Hauptaufgabe, also der Verfassungsgebung, ab. Im schlimmsten Fall können Divergenzen im legislativen Geschäft aber in den Verfassungsprozess hinüber transportiert werden und zu Blockaden führen. Beide Szenarien können darin resultieren, dass das ursprünglich gesetzte Zeitziel von einem Jahr für die Verabschiedung der Konstitution und die Organisation der Präsidentschafts- und Parlamentswahlen verfehlt wird (Ghali 2011). Bislang hat die verfassungsgebende Versammlung offiziell noch keinen Termin für die Neuwahlen festgelegt.[7]

Wie mit dem vergangenen Ben Ali Regime in Gegenwart und Zukunft umgegangen werden wird, ist eine weitere große Frage. Das Thema Übergangsjustiz, Sicherheitssektor und Justizreform hat sich al-Nahda auf die Fahnen geschrieben. Nicht nur ist es in der Mini-Verfassung von Dezember verankert, es wurde auch eigens ein Ministerposten für Menschenrechte und Übergangsjustiz für die Koordination dieses Themenkomplexes geschaffen. Al-Nahda Parteisprecher Samir Dilou besetzt diesen Posten und ist der Ansprechpartner für die verschiedenen zivilgesellschaftlichen Initiativen in diesem Bereich, die mit Gesetzesentwürfen und Fortbildungsangeboten aufwarten. Die Zeichen stehen also nicht schlecht. Doch ob ausreichend politischer Wille und Atem besteht, um die festgefügten wirtschaftlichen, institutionellen und parteipolitischen Netzwerke aus Ben Alis Zeiten ernsthaft anzugehen statt sie einzuhegen, muss sich noch zeigen.

Die öffentliche Auseinandersetzung über die künftige gesellschaftspolitische Rolle der Islamisten ist bei alledem ein bedeutender Nebenkriegsschauplatz. Welche Rolle der Islam und seine radikaleren Vertreter im neuen Tunesien spielen werden, wird eine offene, strittige Frage bleiben, bis die neuen Verantwortungsträger klarere öffentliche Position beziehen.

Jüngste Ereignisse sorgten in diesem Zusammenhang für Irritationen: Anfang 2012 setzte Premier Jebali im staatlichen Medienbereich neue Direktoren bei Radio und Fernsehen ein, unter welchen einige für Ihre Zensurleistungen unter Ben Ali bekannt waren. Beinah unweigerlich ist daraufhin der laufende Prozess gegen Nessma TV um die Ausstrahlung des Animationsfilms Persepolis zum Politikum über das Primat der Meinungsfreiheit über religiöse Werte avanciert.[8] Nach einer Reihe von ernsten islamistisch motivierten Drohungen gegen Hochschulpersonal sowie Demonstrationen auf dem Universitätsgelände gegen das „Niqab"-Verbot und „atheistische" Bildungsinhalte,[9] wartet Tunesiens Universitätslandschaft immer noch auf ein klares politisches Bekenntnis zur akademischen und individuellen Meinungsfreiheit (Human Rights Watch (HRW) 2011). Ohne klare politische Gegenstellungnahme schürt auch die wachsende öffentliche Sichtbarkeit

7 Tatsächlich gilt zum Zeitpunkt der Veröffentlichung Juni 2013 als realistischer Termin für Neuwahlen.

8 Der letzte Prozesstag am 23. Januar degenerierte ins Chaos und der Prozess wurde auf den 19. April 2012 vertagt. al-Nahda gab indes unmissverständlich zu verstehen, dass ein Prozess gegen Nessma TV „nicht die beste Lösung sei" und dass man sich fest zur Meinungsfreiheit bekenne (AFP 2012a)

9 wie zum Beispiel Michelangelos Freske der Erschaffung Adams.

der ultra-konservativen Salafisten Ängste einer schleichenden radikalen Islamisierung. Die Polizei bestätigt, dass die Summe tätlicher Übergriffe durch Salafisten steigt. Die tunesische Frauenbewegung fürchtet um Rückschritte im Hinblick auf die künftige Rechtsstellung und den Schutz der Frau (Le Monde 2012). Das öffentliche Bekenntnis zum islamischen Recht einiger al-Nahda Mitglieder der verfassungsgebenden Versammlung trägt in dieser Gemengelage wenig dazu bei, laizistisch gesinnte Gemüter zu besänftigen.[10] Sie werden sich wohl auch nicht beruhigen, bis al-Nahda sich ernsthaft mit der Anschuldigung, eben doch ein Wolf im Schafspelz zu sein, auseinandersetzt, statt diese als Panikmache abzustempeln. Sonst besteht die Gefahr, dass das Thema Islam die vielen anderen wichtigen Themen überschattet.

5 Schlussfolgerungen

Obwohl die sozialen, wirtschaftlichen sowie politischen Herausforderungen und Unbekannten im Frühling 2012, ein Jahr nach der Revolution enorm sind, lässt sich feststellen, dass der Transitionsprozess in Tunesien im Vergleich zu seinen regionalen Nachbarn eine verhältnismäßig gefestigte demokratische Grundrichtung angenommen hat. Ein Jahr nach Anbeginn des „arabischen Erwachens" ist Tunesien das einzige Land, in dem tatsächlich ein politischer Machtwechsel auf der Basis legitimer demokratischer Wahlen vollzogen wurde. Die Ende 2011 ins Leben gerufene verfassungsgebende Versammlung kommt ihrem Mandat hinreichend nach. Indes beobachtet man in den Nachbarländern der Region politische Stagnation, autoritäre Adaptionsprozesse, fortdauernde Unruhen und gewaltsamen Konflikt. Vor diesem Hintergrund wird nachvollziehbar, dass die Nachbarn in der Region Tunesien nicht nur als Vorreiter, sondern auch als Vorbild für die konkrete Ausgestaltung des politischen Übergangs heranziehen, wie zuletzt Mohamed Al Barade'i, ägyptischer Friedensnobelpreisträger und politischer Meinungsträger (Elmeshad 2012).

Tunesien nimmt aber auch in vielerlei Hinsicht eine Sonderrolle in der Region ein. Denn Revolution und bisheriger politischer Übergangsprozess wurden in Tunesien von einer besonderen Faktorenkonstellation begünstigt. Dazu gehören unter anderem seine vergleichsweise breite und gebildete Mittelschicht, seine größere Nähe zu Europa und die grundsätzliche Bereitschaft zum politischen Umbruch innerhalb der Elite des Landes inklusive der Militärs wie in diesem Beitrag

10 Die al-Nahda Parteispitze hat indes Ende März 2012 öffentlich auf die Nennung der Sharia in der künftigen Verfassung als Rechtsquelle verzichtet (Mandraud 2012).

geschildert. Sicherlich ist auch Tunesiens verhältnismäßig geringe geopolitische Signifikanz und Landesgröße in ihrer förderlichen Wirkung auf den politischen Übergangsprozess nicht zu unterschätzen. Dementsprechend sind Tunesiens vorläufige Errungenschaften auf politischer und institutioneller Ebene nicht unbedingt direkt auf andere Länder in der Region übertragbar.

Wofür Tunesien aber als konkretes Vorbild innerhalb der Region gelten kann, ist seine gut organisierte und willensstarke Zivilgesellschaft. Die bisherigen tunesischen Erfahrungen zeigen, wie überaus wichtig es ist, dass die Öffentlichkeit sich niemals mit dem Erreichten zufrieden gibt, sich ständig wachsam und kritisch zeigt und sich aktiv in den politischen Prozess einbringt. Heute genauso wie zu Anfang des politischen Übergangsprozesses in Tunesien gilt, dass das Erreichte ohne nachhaltigen öffentlichen Druck wohl kaum zustande gekommen wäre. Auch wenn die Zeichen gut stehen, ist der gegenwärtige demokratische Vorsprung Tunesiens dennoch nicht für die Zukunft gesichert.

Literatur

Agence France Presse (AFP). 2011. Saudi king announces new benefits. Al Jazeera English. http://www.aljazeera.com/news/middleeast/2011/02/2011223105328424268.html [Zugegriffen Dezember 4, 2011].

Agence France Presse (AFP). 2012a. Tunisie: altercations et cohue au procès Persepolis, reporté en avril. Libération. http://www.liberation.fr/depeches/01012385220-tunisie-ambiance-electrique-au-proces-persepolis-reporte-en-avril [Zugegriffen Januar 25, 2012].

Agence France Presse (AFP). 2012b. Tunisie: le chef du gouvernement présente son équipe dominée par Ennahda. La nouvelle Tunisie. http://www.lnt.ma/actualites/tunisie-le-chef-du-gouvernement-presente-son-equipe-dominee-par-ennahda-19641.html [Zugegriffen Februar 1, 2012].

Amnesty International (AI). 2011. „Tunisia one year on: no justice for victims of the uprising". Abgerufen Januar 9, 2012 (http://www.amnesty.org/en/library/asset/MDE30/024/2011/en/b9934cd5-a956-49a1-8e0a-2382cfb57447/mde300242011en.html).

Asseburg, Muriel, und Isabelle Werenfels. 2011. Tunesien: Einzelfall oder erster Dominostein? Vergleichbare Pribleme - unterschiedliche Rahmenbedingungen. Berlin: Stiftung Wissenschaft und Politik (SWP) Abgerufen April 1, 2012 (http://www.swp-berlin.org/de/publikationen/swp-studien-de/swp-studien-detail/article/tunesien_einzelfall_oder_trend.html).

Ayari, Chedly. 2012. Opinions: Le cri d'alarme sur la situation économique et sociale. Leaders. http://www.leaders.com.tn/article/situation-economique-et-sociale-un-cri-d-alarme?id=7484 [Zugegriffen Januar 24, 2012].

Ayeb, Habib. 2012. Understanding the rise of Tunisia's Islamists. Egypt Independent. http://www.egyptindependent.com/node/631406 [Zugegriffen Februar 2, 2012].

Berton, Gilles. 2008. WikiLeaks : Corruption en Tunisie, „ce qui est à vous est à moi". Le Monde. http://www.lemonde.fr/documents-wikileaks/article/2011/01/15/wikileakscorruption-en-tunisie-ce-qui-est-a-vous-est-a-moi_1465990_1446239.html [Zugegriffen Dezember 4, 2011].

Bouazra, H. 2011. La police fait ses révélations. Journal Le Temps. http://www.letemps.com.tn/article-60763.html [Zugegriffen November 18, 2011].

Charbonneau, Louis, und Michelle Nichols. 2012. „UN raises Syrian death toll estimate to more than 9000". Reuters. Abgerufen März 31, 2012 (http://www.reuters.com/article/2012/03/27/us-syria-toll-idUSBRE82Q0S820120327).

Demmelhuber, Thomas, und Stephan Roll. 2007. „Herrschaftssicherung in Ägypten. Zur Rolle von Reformen und Wirtschaftsoligarchen". SWP Studie, 20 Abgerufen April 1, 2012.

El Amrani, Issandr. 2011. Tunisia Moves to the Next Stage. Middle East Research and Information Project (MERIP). http://www.merip.org/mero/mero110811 [Zugegriffen Februar 1, 2012].

Elmeshad, Mohamed. 2012. Groups press SCAF to leave, but how? Egypt Independent. http://www.egyptindependent.com/node/629486 [Zugegriffen Februar 3, 2012].

Erdle, Steffen. 2010. Ben Ali's „New Tunisia" (1987 - 2009): A case study of Authoritarian Modernization in the Arab World. 1. Aufl. Berlin: Klaus Schwarz Verlag.

Fahmy, Heba. 2011. Fact finding mission says 846 dead and 6,467 injured in Egypt's uprising. Daily News Egypt. http://www.thedailynewsegypt.com/human-a-civil-rights/fact-finding-mission-says-846-dead-and-6467-injured-in-egypts-uprising.html [Zugegriffen Mai 6, 2011].

Ghali, Amine. 2011. Tunisia's Constitutional Process: The Road Ahead. Carnegie Endowment for International Peace. http://carnegieendowment.org/sada/2011/12/09/tunisia-s-constitutional-process-road-ahead [Zugegriffen Februar 2, 2012].

Hackensberger, Alfred. 2011. Interview: Tunesiens Wahl hat Modellcharakter. Welt Online. http://www.welt.de/print/wams/politik/article13675897/Tunesiens-Wahl-hat-Modellcharakter.html [Zugegriffen Februar 1, 2012].

Haugbolle, Rikke Hostrup, und Francesco Cavatorta. 2012. „Beyond Ghannouchi". Middle East Report, März Abgerufen April 15, 2012 (http://www.merip.org/mer/mer262/beyond-ghannouchi).

Human Rights Watch (HRW) 2011. Tunisie: Des intégristes perturbent les campus universitaires. Human Rights Watch. http://www.hrw.org/fr/news/2011/12/09/tunisie-des-intgristes-perturbent-les-campus-universitaires [Zugegriffen Februar 2, 2012].

International Crisis Group (ICG) 2011. Popular Protests in North Africa and the Middle East -IV- Tunisias Way. International Crisis Group (ICG). http://www.crisisgroup.org/~/media/Files/Middle%20East%20North%20Africa/North%20Africa/106%20Popular%20Protests%20in%20North%20Africa%20and%20the%20Middle%20East%20-IV-%20Tunisias%20Way.pdf [Zugegriffen Januar 28, 2012].

Khakee, Anna. 2011. Tunisia's democratisation: is Europe rising to the occasion? FRIDE. http://www.fride.org/publication/921/tunisia%27s-democratisation:-is-europe-rising-to-the-occasion? [Zugegriffen Juli 31, 2011].

Ksibi, Faouzi. 2011. Justice: Cahin, caha. Le Temps. http://www.letemps.com.tn/article-58047.html [Zugegriffen September 18, 2011].

Leaders. 2012. „Le gouvernement propose la date du 20 mars 2013". Leaders. Abgerufen April 15, 2012 (http://www.leaders.com.tn/article/elections-le-gouvernement-propose-la-date-du-20-mars-2013?id=8109).

Libération. 2011. „Ben Ali dit avoir été contraint au départ «par la ruse»". Libération. Abgerufen März 31, 2012 (http://www.liberation.fr/monde/01012344359-le-proces-de-ben-ali-s-ouvre-aujourd-hui).

Le MagÉco. 2012. „La Tunisie en chiffres". Tunisie 2012 économie: an 1, Le MagÉco, Januar 14, 11.

Mandraud, Isabelle. 2012. „Tunisie : Pas de charia dans la Constitution". Le Monde.fr, März 27 Abgerufen April 15, 2012 (http://www.lemonde.fr/tunisie/article/2012/03/27/constitution-ennahda-renonce-a-la-charia_1676267_1466522.html).

Mission d'Observation Electorale de l'Union européenne (MOE UE). 2012. Rapport final: Election de l'Assemblé Nationale Constituante 23 Octobre 2011. Brüssel: Mission d'Observation Electorale de l'Union européenne (MOE UE). http://www.eueom.eu/files/pressreleases/english/rapport-final-moe-ue-tunisie-2011_fr.pdf [Zugegriffen Januar 9, 2012].

Le Monde. 2012. „Le statut de la femme en Tunisie est-il menacé ?" Le Monde, März 6 Abgerufen April 15, 2012 (http://www.lemonde.fr/journee-de-la-femme/chat/2012/03/06/le-statut-de-la-femme-en-tunisie-est-il-menace_1652366_1650673.html).

Office des Tunisiens à l'Etranger (OTE). 2010. „La communauté tunisienne à l'étranger en 2009". Office des Tunisiens à l'Etranger (OTE). Abgerufen Dezember 4, 2011 (http://www.ote.nat.tn/ote_fr/index.php?option=com_content&task=view&id=121).

Office of the United Nations High Commissioner for Human Rights (OHCHR). 2011. Report of the OHCHR Assessment Mission to Tunisia: 26 January – 2 February 2011. Office of the United Nations High Commissioner for Human Rights (OHCHR).

OpinionWay 2011. Perception de la transition démocratique en Tunisie. Tunis, Tunisia: l'Observatoire tunisien de la transition démocratique for the Hanns Seidl Foundation. http://www.hssma.org/images/stories/activites/OpinionWay_Tunisia-Transition_dmocratique_en_Tunisie.pdf [Zugegriffen Oktober 17, 2011].

La Presse. 2012. „Budget complémentaire 2012: Les-priorités, les moyens et le reste". La Presse de Tunisie, April 3 Abgerufen April 15, 2012 (http://www.lapresse.tn/03042012/47754/les-priorites-les-moyens-et-le-reste.html).

Preysing, Domenica. 2012. „Towards 'Transitional Justice'? Policy Discourse and Processes in Tunisia and Egypt". London School of Economics and Political Science Abgerufen April 5, 2012 (http://brismes2012.files.wordpress.com/2012/02/domenica-preysing-towards-transitional-justice.pdf).

Réalités. 2012. „Quelle organisation pour l'Assemble Nationale Constituante?" Realités l'hebdomadaire Indépendant, Januar 26, 14–15.

Ruf, Werner. 2011. „Tunesien: Fanal für den Maghreb?" Blätter für deutsche und internationale Politik, 50 – 53.

Sassi, Néjib. 2011. „Commission nationale d'investigation sur les dépassements et les violations enregistrés lors des derniers événements - 300 martyrs et 700 blessés". Journal Le Temps, März 11 Abgerufen April 1, 2012 (http://www.letemps.com.tn/article-53951.html).

The Economist. 2011a. „Tunisia: Ali Baba gone, but what about the 40 thieves?" The Economist. Januar, Abgerufen April 1, 2012 (http://www.economist.com/node/17959620).

The Economist 2011b. Tunisia's troubles: No sign of an end. The Economist. http://www.economist.com/node/17902933 [Zugegriffen Dezember 4, 2011].

The Economist. 2012. „Tunisia: Ideology v practicality". The Economist. Januar 14, Abgerufen Januar 25, 2012 (http://www.economist.com/node/21542800)

Tocci, N. & Cassarino, J.-P. 2011. Rethinking the EU's Mediterranean Policies Post-1/11. Istituto Affari Internazionali. http://www.iai.it/pdf/DocIAI/iaiwp1106.pdf [Zugegriffen Mai 6, 2011].

Tunesische Republik. 2011a. Decree Law 2011-7.

Tunesische Republik. 2011b. Decree Law 2011-8.

Tunisie Agence Presse 2011a. Arrêtons le recours aux tirs à balles réelles. Journal Le Temps. http://www.letemps.com.tn/article-52044-14012011.html [Zugegriffen November 28, 2011].

Tunisie Agence Presse 2011b. M.Béji Caïd Essebsi: Rupture définitive avec l'ancien régime et suspension de la Constitution de 1959. Elections Tunisie 2011. http://tunisieelections.com/index.php/actualite_polititique/3014-m-beji-caid-essebsi-rupture-definitive-avec-l-ancien-regime-et-suspension-de-la-constitution-de-1959.html [Zugegriffen Januar 30, 2012].

Tunisie Agence Presse. 2011c. „Membres de la haute instance pour la réalisation des objectifs de la révolution, de la réforme politique et de la transition démocratique". Droit-Tunisie- Revolution. Abgerufen April 5, 2012 (http://droit-tunisie-revolution.centerblog.net/8-membres-de-la-haute-instance).

Tunisie Agence Presse. 2011d. „Parité Hommes/Femmes à la Constituante". Tunisie Numérique. Abgerufen April 4, 2012 (http://www.tunisienumerique.com/parite-homme-femme-a-la-constituante/21733).

Willis, M. 2011. Tunisia: the trailblazer and the benchmark in The Arab Spring: Implications for British Policy. London, U.K.: Conservative Middle East Council, S. 8 – 12. http://cmec.org.uk/wp-content/uploads/CMEC-Arab-Spring.pdf.

World Bank 2011. Tunisia Interim Prime Minister: Country is on the „Right Track". World Bank. http://web.worldbank.org/WBSITE/EXTERNAL/NEWS/0,,contentMDK:23017990~pagePK:64257043~piPK:437376~theSitePK:4607,00.html [Zugegriffen Oktober 16, 2011].

Worldbank. 2012. „The World Bank Data". The World Bank Data. Abgerufen Januar 9, 2012 (http://data.worldbank.org/).

Zbiss, Hanène. 2012. „Rached Gannouchi: L'ayatollah tunisien?" Realités l'hebdomadaire Indépendant, Januar 26, 16–18.

Zorob, Anja. 2011. „Aufstand in der arabischen Welt: Wirtschaftliche Hintergründe und Perspektiven". S. 62– 81 in Proteste, Revolutionen, Transformationen - die Arabische Welt im Umbruch, Vol. 1, Working Paper, herausgegeben von Arbeitsstelle Politik des Vorderen Orients. Berlin Abgerufen April 1, 2012 (http://www.polsoz.fu-berlin.de/polwiss/forschung/international/vorderer-orient/publikation/Working_Paper_Series/wp_1.pdf).

Zouari, Abderrazak. 2012. „Développement régional:entre impératif économique et urgance politique". Tunisie 2012 économie: An 1, Le MagÉco, Januar 14, 38–41.

Der libysche Sonderweg

Revolution, Bürgerkrieg und der Aufstieg lokaler Machtzentren

Wolfram Lacher

1 Einleitung

Die libysche Revolution repräsentiert einen Sonderweg unter den – freilich von Land zu Land unterschiedlich verlaufenden – Aufständen, Protestbewegungen, Reformprozessen und Repressionswellen des Arabischen Frühlings. Als (bisher) einziger Staat der Region durchlebte Libyen einen Zustand ‚multipler Souveränität', der von dem Soziologen Charles Tilly (1978, 1993) als ein notwendiger Bestandteil einer revolutionären Situation angesehen wird.[1] Einzigartig im Kontext des Arabischen Frühlings ist auch der völlige Zusammenbruch des libyschen Regimes: entgegen den Entwicklungen in den Nachbarländern Ägypten und Tunesien gibt es zwischen der Staatsführung, der Armee und dem Sicherheitsapparat des Qaddafi-Regimes und jenen der Übergangsregierung keinerlei institutionelle Kontinuität. Die Tatsache, dass die Revolution die Form eines Bürgerkrieges annahm, stellt gleichfalls eine Ausnahme dar: sowohl Jemen als auch Syrien kamen bzw. kommen dem Zustand eines Bürgerkrieges nahe, doch in keinem der beiden Staaten zeichnet sich eine Revolution ab. Das schnelle Abgleiten des Landes in den Bürgerkrieg und der Zusammenbruch des Regimes waren umso erstaunlicher, als der Regierung beinahe unbegrenzte finanzielle Mittel zur Verfügung standen, um sich durch Sozialleistungen, Gehaltserhöhungen oder Subventionen Stabilität zu

1 Tilly (1993: 10) definiert multiple Souveränität wie folgt: „two or more blocs make effective, incompatible claims to control the state, or to be the state…In a revolutionary situation, three proximate causes converge: 1. The appearance of contenders, or coalitions of contenders, advancing exclusive competing claims to control the state, or some segment of it; 2. Commitment to those claims by a significant segment of the citizenry; 3. Incapacity or unwillingness of rulers to suppress the alternative coalition and/or commitment to its claims."

erkaufen. Tatsächlich war Libyen der einzige Ölstaat, der durch den Arabischen Frühling destabilisiert wurde – sieht man von Bahrain ab, dessen Wirtschaft wesentlich diversifizierter und Erdölexporte weitaus weniger bedeutend sind.

Ein weiteres definierendes Merkmal der libyschen Revolution war die Herausbildung zahlreicher lokaler Machtzentren in der Form von Stammesstrukturen, Räten und Milizen, die sich der Weisung des Nationalen Übergangsrates und seiner Regierung – wenn überhaupt – nur lose verpflichtet fühlten. Der Aufstieg lokaler Machtzentren und die Schwäche der zentralen Übergangsregierung prägen auch die politischen Dynamiken des Übergangsprozesses. Die Herausforderungen, denen Libyen gegenüber steht, sind folglich grundlegenderer Art als anderswo in der Region: zwar geht es auch in Libyen um eine neue Aushandlung der politischen Spielregeln und Kräfteverhältnisse inmitten einer Welle breiter politischer Mobilisierung. Überdies jedoch stellt sich keine geringere Aufgabe als der Aufbau eines neuen Staates.

Im Folgenden werden die Akteure und Faktoren analysiert, die für den Sonderweg der libyschen Revolution entscheidend waren, und deren Tragweite für die politischen Dynamiken des Übergangsprozesses untersucht.

2 Die Revolution: Kollaps staatlicher Institutionen, Aufstieg lokaler Machtzentren

Die ‚Revolution des 17. Februar' fügt sich kaum in das Muster, das sich seit Beginn der Proteste in Tunesien regionalweit ergeben hat – nämlich dass die Protestdynamiken stets soziale, wirtschaftliche und politische Anliegen verbinden (Asseburg 2011). In Libyen mochte dies allenfalls in der ersten Woche des Aufstandes zutreffen, als einige Demonstranten noch Gerechtigkeit für Opfer des Regimes und die Freilassung von Häftlingen, andere dagegen von Anfang an den Sturz des Regimes forderten.[2] Die Beweggründe der Aufständischen sollten primär nicht in ihren vagen Forderungen nach Demokratie, Rechtsstaatlichkeit oder einem Ende der kor-

2 Der Aufstand begann am 15. Februar 2011 zeitgleich an mehreren Orten. In Bengasi protestierten an dem Tag Angehörige der Opfer des Massakers, das 1996 an Gefangenen im Abu Slim-Gefängnis von Tripolis verübt wurde. Die Festnahme des Anwalts und späteren NTC-Mitglieds Fathi Terbel führte zur Eskalation der Proteste. In al-Baida (al-Dschabal al-Achdar, Nordosten) und Zintan (Dschabal Nafusa, Nordwesten) wurden dagegen Gebäude der Sicher-heitskräfte in Brand gesetzt und der Sturz des Regimes gefordert.

rupten Praktiken des Regimes gesucht werden. Entscheidend waren vielmehr regionale Ereignisse und – vor allem – die Eigendynamik der libyschen Entwicklungen.

Die Auslöser der Proteste waren der Sturz Ben Alis und der erzwungene Rücktritt Mubaraks, die erstmals auch die Vulnerabilität des libyschen Machthabers aufzeigten. Verantwortlich für ihre baldige Ausweitung zu einem Aufstand und einer Revolution war die Reaktion des Regimes. Die Erschießung von Demonstranten in Bengasi, den Grünen Bergen im Nordosten (al-Dschabal al-Achdar) und Misrata in den ersten Tagen der Proteste mobilisierte und einigte die Bevölkerung gegen den Sicherheitsapparat. Je mehr sich die Repression des Regimes ausweitete und radikalisierte, desto schneller schlossen sich politische und gesellschaftliche Führungsfiguren der betroffenen Städte und Regionen den Aufständischen an. Innerhalb einer Woche vom Beginn der Proteste hatten sich führende Minister und Diplomaten sowie ganze Armeeeinheiten auf die Seite des Aufstandes gestellt. Zentrale staatliche Institutionen waren innerhalb kürzester Zeit auseinandergebrochen. Mit dem Nationalen Übergangsrat, der sich Anfang März 2011 im befreiten Bengasi formierte, setzte sich eine politische Führung an die Spitze der Revolution, die erfolgreich Anspruch darauf erhob, den libyschen Staat zu vertreten.

Zudem hatte die Strategie des Regimes zur Folge, dass sich die Aufständischen – ehemalige hohe Entscheidungsträger eingeschlossen – auf das Ziel einigten, Qaddafi und seine Familie zu stürzen. Mit den vielen Todesopfern, die das Vorgehen des Regimes gefordert hatte, war eine Verhandlungslösung, die Qaddafi und die Spitzen des Sicherheitsapparates eingeschlossen hätte, unmöglich geworden.

2.1 Schwäche der Institutionen, Stärke lokaler Loyalitäten

Die Ursache für den rapiden Kollaps des Staatsapparats lag in der Kombination zweier Faktoren, die auch die Herausforderungen und Dynamiken des Übergangsprozesses entscheidend prägen dürften. Erstens hatte der libysche Staat nie starke Institutionen besessen, und Qaddafi hatte die Entstehung solcher Institutionen gezielt und konsequent verhindert. Ministerien und Behörden waren einer ständigen Umstrukturierung unterworfen und arbeiteten unter fortwährenden Drohungen Qaddafis, sie abzuschaffen – was auch regelmäßig geschah. Indessen lagen die tatsächlichen Entscheidungsstrukturen in den informellen Zirkeln um Qaddafi und seine Familie. Das Militär wurde absichtlich geschwächt, um das Risiko eines Putsches zu mindern, und ein komplexer Sicherheitsapparat errichtet, in dem Geheimdienste, Spezialeinheiten und paramilitärische Gruppen übereinander wachten. Der Sicherheitsapparat war unter der Kontrolle von engen Verwandten des Revolutionsführers. Seine Mitglieder wurden in erster Linie unter

Qaddafis Stamm (den Qaddadfa) sowie zwei verbündeten Stämmen, den Warfalla und Maqarha, rekrutiert (Mattes 2004, 2008). Die Einheiten des Sicherheitsapparats waren für die Bekämpfung des Aufstandes verantwortlich und blieben bis zum Fall von Tripolis weitgehend intakt.

Das bedeutete auch, dass es – im Gegensatz zur Situation in Ägypten und Tunesien – keine Institutionen gab, die in der Krise als Gegengewicht zur herrschenden Familie agieren und in Verhandlungen mit den Aufständischen treten konnten. Anstatt den Herrscher zum Rücktritt zu zwingen, wie es das tunesische und ägyptische Militär getan hatten, brach die libysche Armee auseinander. Damit war jeder Kompromiss ausgeschlossen, der die Kontinuität des Staatsapparates bewahrt hätte. Diese Einsicht bestärkte auch die Befürworter einer internationalen Intervention: die Wahrscheinlichkeit einer Verhandlungslösung tendierte gegen Null; der Gewaltanwendung des Regimes waren keine institutionellen Schranken gesetzt. Eine Militärintervention zum Schutz der Zivilbevölkerung war somit gleichbedeutend mit einer Intervention mit dem Ziel, das Regime zu stürzen, da nur dies ein Ende der Kämpfe versprach. Möglich wurde die Intervention der NATO-Alliierten durch die beispiellose regionale und internationale Isolation Qaddafis, die durch den Ruf der Arabischen Liga nach einer Flugverbotszone unterstrichen wurde.

Der zweite wesentliche Faktor – und eng verbunden mit der Schwäche der Institutionen – war die Stärke lokaler Loyalitäten. Neben Stammes- und Familienloyalitäten spielten auch Solidarität und Zugehörigkeitsgefühl zu einzelnen Städten eine wichtige Rolle. Erstere lassen sich nicht immer klar von Letzteren trennen, da manche Städte von einzelnen Stämmen dominiert werden – so etwa Zintan und andere Orte in den Dschabal Nafusa. Die Bedeutung solcher Loyalitäten zeigte sich darin, dass hohe Militärs ihren Stämmen oder Städten in die Rebellion folgten. Prominente Beispiele waren die Generäle Abdelfattah Junes und Suleiman Mahmud – beide führende Vertreter des Obeidat-Stammes – oder Oberst Muchtar Fernana aus Zintan. In den ersten Wochen des Konfliktes wurden darüber hinaus dutzende Erklärungen im Namen einzelner Stämme veröffentlicht, die ihre Unterstützung für die Revolutionäre bekundeten – auch wenn viele dieser Erklärungen anonym waren und nicht immer sichere Rückschlüsse auf die tatsächliche Position führender Stammesmitglieder zuließen.

Die Stärke lokaler und tribaler Loyalitäten ist durch die besondere Geschichte der libyschen Staatswerdung einerseits, sowie Qaddafis Herrschaftsstrategien andererseits zu erklären. Die Versuche der osmanischen Statthalter während des neunzehnten Jahrhunderts, die Reichweite ihres Staates in das Landesinnere auszudehnen, waren nur von kurzer Dauer. Während der italienischen Eroberung (1911-31) traten sowohl die Gegner als auch die Kollaborateure der Kolonisatoren in Form von Stammesverbünden auf. Nach der kurzen, aber traumatischen Erfahrung der italienischen Kolonialherrschaft stützte sich die britische und französische Militärverwaltung (1943-51) abermals auf Stammesführer. Während der Monarchie (1951-69) spielten diese wieder eine führende politische Rolle (Anderson 1986).

Qaddafi schließlich versuchte zunächst, die Stammeseliten zu entmachten, schwenkte dann aber schnell um auf eine Politik, die Stammesloyalitäten gezielt zur Machterhaltung nutzte. Mit der Errichtung der Sozialen Volksführungen in den 1990er Jahren erhielten die Stämme sogar eine offizielle Funktion. Stammesführer wurden unter anderem damit beauftragt, subversive Stammesmitglieder zu disziplinieren, konnten aber auch Einfluss auf die Verteilung staatlicher Leistungen ausüben (Ouannes 2009). Indes war jede politische Mobilisierung außerhalb der Stämme – in politischen Parteien oder zivilgesellschaftlichen Organisationen – unmöglich. Stammesstrukturen und lokale Patronagenetzwerke passten sich auch den tiefen sozialen Transformationsprozessen an, die seit Anfang der 1960er Jahre durch Erdölproduktion und Urbanisierung in Gang gekommen waren. In den Siedlungsmustern der 1960er und 1970er Jahre stand die Enge der Verwandtschaftsbeziehungen oft in direkter Beziehung zur Nähe der Niederlassung einzelner Familien und Stammesuntergruppen (Davis 1987). Diese Muster waren während des Bürgerkrieges noch hinreichend ausgeprägt, um zu erklären, warum die Revolution in bestimmten Stadtvierteln von Tripolis oder Sebha breite Unterstützung erhielt, während in anderen Stadtgebieten die regimetreuen Truppen hartnäckigen Widerstand leisteten. Auch die klientelistischen Strukturen des Rentierstaates[3] trugen zum Fortbestand der Stammesloyalitäten bei – zumindest im Hinterland. In den großen Städten an der Küste – Zawiya, Tripolis, Misrata und Benghazi – hatten prominente Großfamilien schon in der Vergangenheit eine wichtigere Rolle gespielt als die Stämme; letztere hatten dort während der letzten Jahrzehnte weiter an Bedeutung verloren.

2.2 Führungselite und revolutionäre Kräfte

Die revolutionären Kräfte waren von Beginn an äußerst heterogen und einzig durch ihr Ziel geeint, das Regime zu stürzen. Dies war schon in der politischen Führung erkennbar – dem Nationalen Übergangsrat, sowie seinem Exekutivbüro

3 Mit einem Rentierstaat ist nach Giacomo Luciani (1987) ein Staat gemeint, der seine Einkünfte zum Großteil aus externen Quellen bezieht, die nicht von der Produktivität seiner Wirtschaft abhängen. Die wichtigste Funktion des Staates ist folglich nicht die Förderung wirtschaftlicher Produktivität, um Steuern erheben und Steuereinkommen umverteilen zu können, sondern die Verteilung der Exporteinnahmen – daher verwendet Luciani auch den Begriff des ‚Allokations-staates'.

und diplomatischen Vertretern im Ausland. In dieser Führung saßen ehemalige hohe Entscheidungsträger des Regimes langjährigen Oppositionellen gegenüber. Beide Gruppen umfassten wiederum Akteure mit höchst unterschiedlichem Hintergrund. Unter den Vertretern des ehemaligen Regimes fanden sich langjährige Entscheidungsträger im Militär- und Sicherheitsapparat, aber auch ehemalige Vertraute Qaddafis, die zeitweise in Ungnade gefallen waren, sowie Technokraten und Reformer, die nur für kurze Zeit hohe Positionen innegehabt hatten. In letztere Kategorie fielen etwa der Präsident des Übergangsrates, Mustafa Abdel Dschalil, oder der Vorsitzende des Exekutivbüros, Mahmud Dschibril.

Auch unter den ehemaligen Dissidenten waren Gruppen mit unterschiedlichem sozialem Hintergrund zu identifizieren. Insbesondere in den ersten Monaten spielten Vertreter aristokratischer und großbürgerlicher Familien, die während der Monarchie eine Führungsposition innegehabt hatten, dann aber von Qaddafi entmachtet und enteignet wurden, eine prominente Rolle (Lacher 2011). Meist handelte es sich dabei um Exilanten. Auch Mitglieder der Exilopposition aus weniger privilegierten Verhältnissen waren vertreten, sowie Repräsentanten der Bildungselite – Rechtsanwälte, Ärzte und Universitätsprofessoren – die während der Qaddafi-Ära im Lande ausgeharrt und sich in unterschiedlichem Maße mit dem Regime arrangiert hatten. Über alle politischen und sozialen Gräben hinweg waren Libyer aus dem Nordosten des Landes, der Cyrenaica, stark überrepräsentiert.

Die wichtigste Bruchlinie aber entstand zwischen dieser elitären Führung und den Kräften, welche die Revolution auf der lokalen Ebene anführten. Der Übergangsrat konzentrierte sich weitgehend darauf, internationale Anerkennung und Unterstützung zu erhalten – worin er auch äußerst erfolgreich war. Weitaus weniger tatkräftig war er dagegen in der Koordination und Unterstützung der lokalen revolutionären Kräfte. In der Cyrenaica, den Oasen des Ostens, den Nafusa-Bergen und Misrata bildeten sich während der ersten sechs Monate des Bürgerkrieges eine wachsende Zahl revolutionärer Brigaden auf der Basis einzelner Städte oder Stämme. Dabei formierten sich in Städten wie Misrata und Benghazi dutzende verschiedener Gruppen. Mit zunehmender Dauer des Konflikts entstanden auch lokale und regionale Militärräte, deren Ziel es war, die zahlreichen Brigaden in ihrem Gebiet zu koordinieren – mit unterschiedlichem Erfolg.

In der Cyrenaica verhinderten die Gräben zwischen den im Übergangsrat vertretenen Gruppen, dass sich eine zentralisierte militärische Führung bildete. Die aus Zivilisten rekrutierten revolutionären Brigaden, die sich für den Kampf gegen das Regime an der Ostfront formierten, lehnten es ab, sich den Befehlsstrukturen der übergelaufenen Armeeeinheiten unterzuordnen. Manche dieser Brigaden waren über den Verteidigungsminister Dschalal Dagheili und seinen Stellvertreter, den Milizenführer Fauzi Bukatef, lose in die Entscheidungsstrukturen des Übergangsrates eingebunden. Andere dagegen entzogen sich völlig der Kontrolle des Rates und seines Exekutivbüros. In letztere Kategorie fielen auch mehrere Brigaden, die sich im ehemaligen Umfeld der Libyschen Islamischen Kämpfenden Gruppe (LIKG) formierten und ihre Mitglieder vor allem aus den Hochburgen dieser Gruppe, Bayda und Darna, rekrutierten.[4] Mit der Ermordung des Stabschefs der revolutionären Truppen, General Abdel Fattah Junes, im Juli 2011 traten diese parallelen, sich jeder zentralen Kontrolle entziehenden Strukturen erstmals an die Oberfläche. Junes, der faktisch nur die desertierten Armeeeinheiten befehligte, war offenbar von Mitgliedern einer revolutionären Brigade ermordet worden (Fahim und Kirkpatrick 2011a).

In den Zentren des militärischen Kampfes außerhalb des Nordostens – den Nafusa-Bergen und Misrata – besaß der Übergangsrat noch weniger Einfluss. Die revolutionären Brigaden, die sich dort unter der Führung von Geschäftsleuten, Stammesführern oder desertierten Offizieren bildeten, rekrutierten sich ebenfalls aus Zivilisten. Das anfängliche Ziel der meisten Brigaden, die außerhalb der Cyrenaica entstanden, lag vor allem darin, ihre eigenen Städte gegen die angreifenden Truppen des Regimes zu verteidigen. Die Loyalitäten der Brigaden gehörten also zuallererst ihren eigenen Städten oder Stämmen. Für viele gab es zudem lokalspezifische Antriebsgründe für den Kampf gegen das Regime: Misrata war trotz seiner historischen Bedeutung als Handelsstadt gegenüber dem weitaus kleineren Sirt – Qaddafis Heimatstadt – vernachlässigt worden. Die Elite der Stadt hatte während Qaddafis Herrschaft ihre prominente politische Stellung auf der nationalen Ebene eingebüßt. Die Berber-Bevölkerung der Nafusa-Berge hatte unter der Diskriminierung des Regimes gegen ihre Sprache und Kultur gelitten. Bengasi und der Nordosten, Hochburg der Elite der Monarchie wie auch der Opposition gegen Qaddafi, waren vom Regime in der wirtschaftlichen Entwicklung und Modernisierung der Infrastruktur systematisch benachteiligt worden.

Dem Übergangsrat entglitten die lokalen Entwicklungen völlig. Die Brigaden außerhalb der Cyrenaica erhielten nur wenig Unterstützung vom Übergangsrat, der erst spät versuchte, engere Beziehungen zu den Aufständischen in den Nafusa-Bergen zu knüpfen (ICG 2011). Lokale Akteure etablierten sogar eigene Außenbeziehungen unter Umgehung des NTC: So unterstützte Katar offenbar lokale Brigaden in Misrata und den Nafusa-Bergen mit Waffen und Munition, aber auch die Milizenführer Ismail Sallabi – Bruder des in Katar ansässigen einfluss-

4 Die LIKG war eine militante islamistische Gruppe, deren Mitglieder vorwiegend aus dem Nordosten Libyens kamen. Dort bekämpfte das Regime die Gruppe während der 1990er Jahre mit militärischen Mitteln (Pargeter 2008).

reichen Rechtsgelehrten Ali Sallabi – in Bengasi und einen ehemaligen Anführer der LIKG, Abdelhakim Belhadsch (Reuters 2011a; Economist 2011).

Aus dem Kampf einzelner Städte und Stämme gegen das Regime entwickelten sich die Dynamiken, die den Übergangsprozess bestimmen: die Herausbildung lokaler Machtzentren, die Spannungen zwischen revolutionärer Basis und politischer Führung, sowie die Rivalitäten zwischen bewaffneten Gruppen aus verschiedenen Städten und Stämmen. Alle drei traten nach dem Fall von Tripolis im August 2011 zunehmend an die Oberfläche.

3 Dynamiken des Übergangsprozesses

Die Vertreibung der regimetreuen Truppen aus Tripolis im August 2011 und ihre endgültige Niederlage in Bani Walid und Sirt im Oktober bedeuteten nicht nur den Sturz des Regimes, sondern den Zusammenbruch des libyschen Staates überhaupt. Die formellen Strukturen des Staates waren ein reines Produkt der idiosynkratischen politischen Theorien Qaddafis gewesen. Die Verfassung von 1969, die den Putschisten um Qaddafi volle Verfügungsgewalt eingeräumt hatte, war seit 1977 außer Kraft gesetzt. Somit gab es keinerlei Grundlage für eine Kontinuität staatlicher Strukturen. Der Übergangsprozess musste also nichts weniger bewerkstelligen, als den libyschen Staat von Grund auf neu zu schaffen. Diesem Ziel hatte sich der Übergangsrat schon in einer Erklärung vom März 2011 verschrieben, die vor allem an die Öffentlichkeit und Regierungen im Westen gerichtet schien.

In der Verfassungserklärung vom August 2011 legte sich der Übergangsrat auf einen genauen Plan für den Übergangsprozess fest, der vom Zeitpunkt der Befreiung Libyens nach dem Sturz des Regimes ausging (Nationaler Übergangsrat 2011). Die Befreiung wurde am 23. Oktober in Bengasi verkündet – drei Tage, nachdem Qaddafi in Sirt ermordet worden und der Widerstand des Regimes zusammengebrochen war. Den Vorgaben der Verfassungserklärung entsprechend wurde innerhalb eines Monats eine Übergangsregierung unter Führung von Premierminister Abdel Rahim al-Kib gebildet. Binnen acht Monaten – also bis zum 23. Juni 2012 – sollen Wahlen zu einer aus 200 Abgeordneten bestehenden Nationalen Generalversammlung durchgeführt werden. Der Beschluss eines Wahlgesetzes und die Ernennung einer Wahlkommission erfolgte Anfang Februar mit leichter Verzögerung gegenüber dem Zeitplan. Mit dem ersten Zusammentreten der Generalversammlung soll sich der Nationale Übergangsrat auflösen. Aufgabe der Generalversammlung wiederum wird es sein, eine Interimsregierung sowie ein verfassunggebendes Komitee zu ernennen. Letzteres hat – nach einem

Beschluss vom März, der den Verfassungsprozess um einen Monat verlängerte – drei Monate Zeit, um der Nationalversammlung einen Verfassungsentwurf vorzulegen. Einen Monat nach Annahme des Entwurfs soll ein Verfassungsreferendum stattfinden. Sieben Monate nach dem Referendum – also frühestens im Juni 2013 – schließlich sind verfassungsgemäße Neuwahlen vorgesehen, womit der Übergangsprozess beendet wäre.

3.1 Ohnmacht und Legitimitätskrise des Übergangsrates

Der Bruch zwischen den politischen Strukturen des Regimes und den Dynamiken des Übergangsprozesses war umso einschneidender, als sich die neue politische Führung – der Übergangsrat und sein Exekutivbüro – in einer Situation außergewöhnlicher Schwäche befand, in starkem Gegensatz mit der dominanten Position der Regimeführung unter Qaddafi. Der Übergangsrat besaß kaum Einfluss auf die Sicherheitslage, die von den revolutionären Brigaden bestimmt wurde. Die Verwaltung war von der Revolution stark erschüttert worden. Die vorherige lokale Verwaltung war vollständig weggebrochen. Die neuen lokalen Räte hatten keine Mittel zur Verfügung und waren nicht in die Zentralverwaltung eingebunden. Bevor der UN-Sicherheitsrat im Dezember 2011 die Sanktionen gegen libysche Institutionen weitgehend aufhob und die Masse der eingefrorenen libyschen Mittel freigab, war der finanzielle Handlungsspielraum des Übergangsrats zudem äußerst beschränkt. Da der Übergangsrat nicht formell legitimiert war und ihm die nötigen administrativen Kontrollstrukturen für Finanzen fehlten, ging er ohnehin zaghaft an die Freigabe und Verwendung der öffentlichen Mittel heran.

Nach dem Fall von Tripolis geriet der Übergangsrat in eine zunehmend tiefe Legitimitätskrise. Milizenführer, Lokalherren und Islamisten wie Ali Sallabi äußerten harsche Kritik an den Führungsfiguren des Rates – insbesondere dem Exekutivbüro um Mahmud Dschibril und Ali Tarhuni, die als liberale und säkulare Extremisten gebrandmarkt wurden (Al-Jazeera 2011a). Die öffentliche Meinung stieß sich an der Präsenz sowohl langjähriger Exilanten mit doppelter Staatsbürgerschaft als auch ehemaliger Entscheidungsträger des Regimes in Exekutivbüro und Übergangsrat. Viele der bisher führenden Figuren waren daher in der im November 2011 gebildeten Übergangsregierung nicht mehr vertreten. Wie Premierminister al-Kib selber waren die meisten Minister Technokraten ohne prominenten politischen Hintergrund. Der Einfluss der lokalen Machtzentren und revolutionären Brigaden machte sich dennoch in der Ernennung von Osama Dschuweili und Fauzi Abdel Aal als Verteidigungs- bzw. Innenminister bemerkbar. Beide hatten eine führende Rolle in der Verteidigung ihrer Heimatstädte Zintan und Misrata gespielt, die nun zu militärischen Schwergewichten geworden waren. Zudem vergrößerte sich der Übergangsrat beträchtlich zwischen August und Dezember 2011, indem er lokalen Räten auftrug, Repräsentanten zu ernennen – auf der Basis einer Formel, die alle Städte und Regionen Libyens angemessene Vertretung zumessen sollte. Dadurch änderte sich sowohl die geographische als auch die soziale Zusammensetzung des Übergangsrates, der seinen elitären Charakter weitgehend verlor.

Trotz dieser Versuche des Übergangsrates, seine politische Basis zu verbreitern, geriet er immer tiefer in die Krise. In der Öffentlichkeit wuchs das Misstrauen gegenüber dem Übergangsrat und seiner Regierung, was die Verwendung öffentlicher Mittel betraf. Im Dezember kam es in Bengasi, Tripolis und anderen Städten zu einer Welle von Protesten gegen Intransparenz, Untätigkeit und angebliche Korruptionsfälle im Übergangsrat. Erst unter dem Druck dieser Proteste gab der Übergangsrat eine vollständige Liste seiner Mitglieder bekannt. Die Unmutsbezeugungen nahmen dennoch nicht ab und führten im Januar 2012 zum Rücktritt des Gründungsmitglieds und stellvertretenden Ratspräsidenten Abdel Hafiz Ghoga (Brnieq 2011; Quryna 2012b). Ihm war vorgeworfen worden, während seiner Amtszeit als Vorsitzender des Anwaltsverbandes enge Beziehungen zum Regime unterhalten zu haben. Auch die Einbindung der lokalen Räte zur Ernennung neuer Ratsmitglieder besänftigte die Kritiker des Übergangsrates nicht, denn die lokalen Räte gerieten selbst zunehmend ins Visier öffentlicher Kritik. Wie der Übergangsrat hatten auch viele lokale Räte sich selbst ernannt und waren nach dem Sturz des Regimes nicht in der Lage, dringende lokale Probleme zu lösen. Dies führte zu lokalen Initiativen für eine repräsentativere Lokalverwaltung. In Misrata fanden im Februar 2012 erstmals Wahlen für den lokalen Rat statt, nachdem der vormalige Rat in starke Kritik geraten war. Weitere Städte begannen im Februar und März mit Vorbereitungen für lokale Wahlen, darunter auch Bengasi und Tripolis.

3.2 Rivalitäten und Konflikte zwischen lokalen Akteuren

Mit dem Sturz des Regimes war das einigende Ziel der revolutionären Kräfte erreicht, und Spannungen innerhalb ihrer heterogenen Koalition nahmen zu. Zudem hatte der Bürgerkrieg neue Konflikte ausgelöst – wie über die Ahndung von Verbrechen, die während des Krieges begangen worden waren, oder über die Machtverteilung und Herstellung von Sicherheit auf der lokalen Ebene. Die zentralen Akteure in diesen Konkurrenzkämpfen und Konflikten waren Vertreter einzelner Städte oder Stämme.

Schon bald nach dem Fall von Tripolis forderten Milizenführer aus Zintan und Misrata, dass sich die großen Opfer und Beiträge ihrer Städte für die Revolution in stärkerem Einfluss in der Regierung widerspiegeln müssten (Fahim und Kirkpatrick 2011b). Die Awaqir und Magharba in Bengasi, Berber in den Nafusa-Bergen und Vertreter des Fezzan in Sebha reagierten auf die Bekanntgabe der Übergangsregierung im November 2011 mit Protesten gegen die vermeintliche Marginalisierung ihrer Städte, Stämme und Regionen. In Bengasi begannen Politiker und Angestellte der staatlichen Ölfirmen, auf die Verlegung der Zentrale der National Oil Corporation (NOC) in die Stadt zu drängen (Blas 2011). Ein Mitglied des Übergangsrates versuchte im Dezember 2011, den Demonstranten in Bengasi entgegenzukommen, indem er einen Plan präsentierte, nach dem Bengasi zur ‚Wirtschaftshauptstadt' Libyens und Sitz der Ministerien für Erdöl und Wirtschaft werden solle; das Finanzministerium solle nach Misrata verlegt werden. Dass ein solcher Beschluss gefasst worden sei, wurde jedoch von Abdel Dschelil dementiert (Al-Manara 2011).

Die ehemaligen regionalen politischen Einheiten Libyens – Tripolitanien, Cyrenaica und Fezzan – boten für die meisten solcher Konkurrenzkämpfe keinen Referenzrahmen.[5] Politische Mobilisierung geschah zumeist auf lokaler Basis; einzig in der Cyrenaica gab es zudem auch Bestrebungen von Stammesführern auf der regionalen Ebene, die sich für ein zukünftiges föderales System stark machten (Al-Jazeera 2011b). Diese Bestrebungen mündeten im März 2012 in die Konferenz von Barqa (der arabische Name für die Cyrenaica), die den Nordosten Libyens zu einer autonomen föderalen Region erklärte und einen Rat einsetzte, der die Region verwalten sollte. Allerdings rief diese Erklärung heftige Reaktionen in der Cyrenaica wie auch in anderen Regionen Libyens hervor. Die Lokalräte sämtlicher Städte im Nordosten weigerten sich, den Barqa-Rat anzuerkennen, womit dessen Anspruch, die Region zu verwalten, gescheitert war. Viele Stammesführer, Milizen und politische Kräfte – wie etwa die Muslimbrüderschaft – wandten sich gegen die Autonomiebestrebungen (Lacher 2012). Dieser Widerstand gegen die Initiative für Föderalismus und regionale Autonomie machte deutlich, dass lokale Interessengruppen auch in der Cyrenaica eine zentrale Rolle spielen. Während der Revolution waren die Hochburgen einzel-

5 Nachdem die osmanischen Statthalter Tripolitanien und die Cyrenaica getrennt voneinander verwaltet hatten, war Libyen erst unter italienischer Kolonialherrschaft zu einer politischen Einheit geworden. Unter der Verfassung der Monarchie von 1951 war Libyen ein föderales System mit drei regionalen Einheiten, die jeweils ihre eigene legislative Versammlung besaßen. Nachdem der Beginn der Erdölproduktion die Macht der Zentralregierung gestärkt hatte, wurde das föderale System 1963 abgeschafft (Vandewalle, 2006).

ner Stämme in der Cyrenaica zu lokalen Machtzentren geworden; Stammespolitik leistete dort einen wesentlichen Beitrag zur Stabilisierung der regionalen Lage während des Bürgerkriegs (Hüsken 2011). Obgleich Spannungen zwischen lokalen Akteuren in Tripolitanien weitaus stärker ausgeprägt waren, nahmen diese aber auch in der Cyrenaica zu. Dies zeigten etwa die Drohungen der Obaidat, Erdölpipelines oder die Straße nach Ägypten zu blockieren, falls keine Fortschritte in der Mordsache Abdel Fattah Junes gemacht würden (Al-Jazeera 2011c).

Die Drohungen der Obaidat waren zudem bezeichnend für die zunehmenden Versuche lokaler Gruppen, die sich während des Bürgerkrieges bewaffnet hatten, ihre militärische Macht zur politischen Einflussnahme zu nutzen. Am deutlichsten war dies in Tripolis, wo revolutionäre Brigaden aus Misrata, den Nafusa-Bergen und der Hauptstadt miteinander um die Kontrolle der Hauptstadt konkurrierten. Der Militärrat von Tripolis des ehemaligen LIKG-Anführers Abdelhakim Belhadsch war dabei nur einer unter vielen Akteuren. Der in direkter Konkurrenz zu Belhadsch von Abdallah Naker gegründete Rat der Revolutionäre von Tripolis erwies sich bald als militärisch unbedeutend, schaffte es jedoch, durch Pressekonferenzen das Interesse ausländischer Medien aufrecht zu erhalten. Wesentlich mächtiger waren Milizen aus Zintan und Misrata. Im Gegensatz zu Brigaden aus kleineren Städten der Nafusa-Berge weigerten sich militärische Führungsfiguren der beiden Städte hartnäckig, ihre Stellungen in Tripolis aufzugeben (Quryna 2011b). Das Argument, dass ihre Präsenz nötig für die Stabilisierung der Sicherheitslage in der Hauptstadt sei, ist nicht gänzlich von der Hand zu weisen – schließlich waren die nationale Armee und Sicherheitskräfte kollabiert oder handlungsunfähig. Doch versuchten Brigaden aus beiden Städte offenbar auch, sich durch ihre militärische Präsenz als zentrale politische Akteure zu positionieren. Ähnliche Beweggründe dürften hinter der Weigerung Zintans liegen, den festgenommenen Qaddafi-Sohn Saif al-Islam dem Übergangsrat auszuliefern (Al-Manara 2012). Zudem nutzten Milizen beider Städte ihre Präsenz in Tripolis dazu, nach ehemaligen Entscheidungsträgern des Regimes oder Verdächtigen in Verbrechen des Bürgerkrieges zu fahnden. Auch im Januar und Februar 2012 kam es in diesem Zusammenhang weiter zu Entführungen, Ermordungen und Folter (Amnesty International 2012; Fetouri 2012).

Das vom Übergangsrat eingerichtete Oberste Sicherheitskomitee für Tripolis konnte sich nicht gegen die Brigaden durchsetzen. Daher kam es auch immer wieder zu Zusammenstößen zwischen den bewaffneten Gruppen in der Hauptstadt. Im Dezember 2011 brachen in der Nähe des internationalen Flughafens Gefechte aus zwischen Brigaden aus Zintan, die den Flughafen kontrollierten, und einer dem Armeegeneral Chalifa Heftar unterstehenden Einheit.[6] Heftar war nach Tripolis gekommen, um seinen Ambitionen für das Amt des Stabschefs der Armee Nachdruck zu verleihen (Quryna 2011b). Zumeist fehlte den bewaffneten Auseinandersetzungen in der Hauptstadt allerdings eine solch offensichtliche politische Dimension; bei den meisten Fällen handelte es sich um spontane Streitigkeiten, die vor allem durch die Indisziplin und Hitzköpfigkeit vieler Milizionäre zu erklären waren.

Außerhalb von Tripolis entwickelten sich dagegen ernsthafte Konflikte zwischen bewaffneten lokalen Akteuren. Zwischen November 2011 und Februar 2012 kam es in mehreren Regionen zu tagelangen Gefechten mit schweren Waffen: zwischen den Warshafana und Brigaden aus Zawiya; zwischen den Mashashiya und Brigaden aus Zintan; zwischen den Asabe'a und Brigaden aus Gharyan; zwischen Brigaden der Tubu und der Zuwayya in Kufra, sowie zwischen einer revolutionären Brigade in Bani Walid und bewaffneten Gruppen, die dem tribalen Establishment der Stadt unterstanden (Quryna 2011a; Quryna 2012a; Reuters 2011b; Reuters 2012). Dabei versuchte eine Konfliktpartei zumeist, ihre Gegner als Anhänger des Qaddafi-Regimes darzustellen, um Unterstützung vom Übergangsrat oder anderen revolutionären Brigaden zu erhalten. Der Konflikt in Kufra ging auf Spannungen zwischen den beiden Stämmen zurück, die schon unter Qaddafi eskaliert waren. In den anderen Fällen aber wurden die Zusammenstöße durch Versuche einer Seite ausgelöst, ein Mitglied der anderen Partei wegen Verdachts auf Mitwirkung in Kriegsverbrechen festzunehmen. Die Konflikte hingen also direkt mit den fehlenden Fortschritten des Übergangsrates in der Schaffung eines rechtlichen Rahmens für die Aufarbeitung der Kriegsverbrechen zusammen.

Hinzu kam, dass Stämme wie die Warshafana, Mashashiya und Asabe'a unter ihren Nachbarn als Unterstützer des Regimes gegolten hatten. Zawiya, Zintan und Gharyan versuchten nun, diese Gruppen zur Abgabe ihrer Waffen zu zwingen. Verbitterung herrschte indes unter den Einwohner von Bani Walid und Sirt – vornehmlich Warfalla und Gaddadfa – deren Städte während der Eroberung durch Brigaden aus Misrata und Tripolis stark zerstört und geplündert worden

6 Heftar, der in den 1980er Jahren ein führender Offizier Qaddafis im Tschad-Krieg gewesen war, leitete nach seiner Gefangenname im Tschad 1987 eine von der CIA unterstützte Oppositionsgruppe, die den Sturz des Qaddafi-Regime mit militärischen Mitteln herbeizuführen versuchte. Er kehrte kurz nach dem Ausbruch der Revolution aus dem US-amerikanischen Exil in den Nordosten Libyens zurück und versuchte dort vergeblich, eine militärische Führungsrolle zu übernehmen. Im November 2011 ließ er sich von 150 Offizieren aus dem Nordosten Libyens zum Stabschef einer neu zu bildenden Armee küren. Tatsächlich ernannte der Übergangsrat im Januar 2012 aber den im Februar 2011 desertierten Oberst Jussef Mangush zum neuen Stabschef.

waren. Da beide Stämme den Sicherheitsapparat Qaddafis dominiert hatten, waren außerdem viele ihrer Angehörigen von revolutionären Brigaden festgenommen worden (Haimzadeh 2011). So war während des Bürgerkrieges die Grundlage für Konflikte zwischen lokalen Akteuren gelegt worden, die sich nun entfalteten, ohne dass der Übergangsrat und seine Regierung ihnen Einhalt gebieten konnten.

4 Ausblick: Lokale Machtzentren und nationale politische Kräfte

Nach dem völligen Zusammenbruch des libyschen Staates und dem Aufstieg lokaler Machtzentren im Zuge des Bürgerkrieges befindet sich die politische Führung des Landes – der Übergangsrat und seine Regierung – in einer Situation außergewöhnlicher Schwäche. Dies wirft einerseits die Frage auf, ob und wie diese schwache politische Führung die akuten Herausforderungen bewältigen kann, denen Libyen gegenüber steht: allen voran die Entwaffnung und Demobilisierung der zahlreichen bewaffneten Gruppen und die Schaffung eines neuen, nationalen Sicherheits- und Militärapparats, sowie die Aufarbeitung von Verbrechen, die während und nach dem Bürgerkrieg von den Konfliktparteien begangen wurden. Andererseits stellt sich die Frage, ob Libyen unter dem Gewicht von Konkurrenzkämpfen und Konflikten zwischen lokalen Machtzentren ins Chaos abzugleiten droht, oder ob die Zentralregierung durch die Kontrolle der Erdöleinnahmen mittelfristig ihre politische Vormachtstellung zurückgewinnen kann. Externe Akteure dürften selbst in dieser sensiblen Übergangsphase nur wenig Einfluss auf den Lauf der Dinge haben: finanziell ist die Übergangsregierung unabhängig; zudem stellen lokale Akteure eine weitaus größere Herausforderung für den Rat und seine Regierung dar, als der Tadel von Menschenrechtsverletzungen durch die UN-Unterstützungsmission in Libyen (UNSMIL) oder internationale Nichtregierungsorganisationen. Zudem besteht großes Misstrauen gegenüber externen Versuchen der Einflussnahme. Dies zeigte sich etwa in einer Kontroverse über die katarische Unterstützung für einzelne politische Akteure, die das Ansehen letzterer beschädigte.

Es gibt zahlreiche Gründe anzunehmen, dass lokale Akteure ihre während der Revolution gewonnene Macht nicht so schnell wieder abgeben werden (Hüsken 2011). Viele der revolutionären Brigaden lehnen es ausdrücklich ab, ihre Waffen abzugeben, bevor nationale Institutionen Sicherheit herstellen können und eine gewählte, voll legitimierte Regierung im Amt ist. Doch auch wenn diese Bedingungen erfüllt sind, könnten manche Städte oder Stämme – oder einzelne Akteure innerhalb lokaler Machtzentren – weiterhin Milizen unterhalten, um bei

Bedarf politischen Druck ausüben zu können. Der Übergangsprozess könnte den lokalen Akteuren aber auch Gelegenheit bieten, ihre gegenwärtige militärische Macht dauerhaft in politischen Einfluss umzuwandeln. So werden nach dem Wahlgesetz 120 der 200 Mitglieder der Generalversammlung als unabhängige Vertreter ihres jeweiligen Bezirkes gewählt werden. Die restlichen achtzig Abgeordneten sollen über nationale Listen in die Generalversammlung kommen. Damit dürfte die Vertretung lokaler Interessen auch in der zweiten Phase des Übergangsprozesses im Vordergrund stehen. Die von der Generalversammlung zu ernennende Interimsregierung wird voraussichtlich noch stärker den Charakter einer Koalition konkurrierender lokaler Interessengruppen haben, als es bei der Übergangsregierung al-Kibs der Fall ist. Dementsprechend schwierig könnte sich auch die Bildung dieser Regierung gestalten. Vertreter lokaler Interessen könnten zudem ihre Macht langfristig zementieren, indem sie im Verfassungsprozess eine radikale Dezentralisierung der Verwaltung durchsetzen. Es ist also denkbar, dass die Verteilung eines Teils der Erdöleinnahmen in Zukunft auf die lokale Ebene verlagert wird, während in Tripolis Vertreter einzelner Städte und Stämme um das Budget der Zentralregierung konkurrieren würden. Die Diskussion um Dezentralisierung und Föderalismus begann schon nach der Barqa-Konferenz im März 2012; während Föderalismus in der öffentlichen Debatte mit einer drohenden Aufspaltung Libyens verbunden wird, zeichnet sich große Unterstützung für Dezentralisierung auf der lokalen Ebene ab.

Die Wahl eines Modells, bei dem ein Großteil der Vertreter der Generalversammlung direkt von ihrem Bezirk gewählt wird, war unausweichlich, da sich nationale Parteien erst seit Herbst 2011 entwickeln können und bisher nur wenig Zulauf haben. Selbst islamistische Strömungen, die über prominente Figuren und insgesamt wohl über das größte Potenzial verfügen, zu nationalen politischen Kräften zu werden, beginnen im Frühjahr 2012 erst damit, sich in klare politische Lager und Organisationen zu kristallisieren – so gründeten Mitglieder der libyschen Muslimbruderschaft Anfang März eine Partei. Allerdings befindet sich Libyen erst am Anfang einer tiefen Transformation seiner politischen Landschaft. Die Macht lokaler Akteure dürfte weniger durch die schwache Zentralregierung gefährdet werden als durch die Entstehung neuer, nationaler politischer Kräfte. So könnte die Hinterzimmerpolitik lokaler Eliten schnell zu Frustrationen unter den überwiegend jungen Mitgliedern der revolutionären Brigaden führen, aus denen mögliche nationale Bewegungen hervorgehen könnten. Auch politisch aktive Frauen – die im Übergangsrat und seiner Regierung bislang kaum eine Rolle gespielt haben – dürften eher auf der nationalen Ebene nach Einfluss verlangen als auf der lokalen Ebene, deren politische Kultur noch in weitaus stärkerem Maße patriarchalisch geprägt ist (Hüsken 2011). Auf Drängen libyscher Aktivistinnen und externer Akteure wie UNSMIL müssen nationale Listen in den Wahlen zur Generalversammlung ebenso viele Frauen wie Männer aufstellen.[7]

Solange aber die Abwesenheit des staatlichen Gewaltmonopols und die Schwäche der Übergangsregierung die Eskalation lokaler Konflikte begünstigt, dürfte die Vorherrschaft lokaler Rivalitäten deren Ausweitung auf die regionale und nationale Ebene verhindern. Die bewaffneten Konflikte des Übergangsprozesses haben zumeist lokale Ursachen, und die Konfliktparteien sind lokale Akteure. Sie haben bislang kaum Versuche unternommen, sich mit anderen Gruppierungen auf regionaler oder nationaler Ebene zu verbünden und so breitere gegnerische Fronten zu bilden. Solange dies nicht geschieht, sind selbst die stärksten unter den neuen bewaffneten Gruppen nicht mächtig genug, um mit Waffengewalt die Macht in Tripolis an sich zu reißen – sie können allenfalls als Vetomächte agieren. Die Verankerung von Interessengruppen und Konflikten in der lokalen Ebene dürfte also verhindern, dass Libyen in einen neuen Bürgerkrieg abgleitet.

Literatur

Al-Jazeera (2011a): Al-Sallabi: Wir werden es einer Minderheit nicht erlauben, unsere Zukunft zu bestimmen. Aljazeera.net, 15.9.2011 (auf Arabisch)

Al-Jazeera (2011b): Besorgniserregende tribale Tendenzen in Ostlibyen. Aljazeera.net, 4.10.2011 (auf Arabisch)

Al-Jazeera (2011c): Der Obaidat-Stamm droht damit, die Erdöllieferungen im Hafen von al-Hariqa zu blockieren. Aljazeera.net, 19.11.2011 (auf Arabisch)

Al-Manara (2011): Trotz der Dementi Abdel Dschalils: al-Arradi beteuert, dass die Wahl Bengasis zur wirtschaftlichen Hauptstadt Libyens ein einhelliger Beschluss des Rates war. Almanaralink.com/press, 19.12.2012 (auf Arabisch)

Al-Manara (2012): Zintan lehnt die Übergabe Saif al-Islams ab und Tausende Revolutionäre werden in die Armee integriert. Almanaralink.com/press, 15.2.2012 (auf Arabisch)

Amnesty International (2012): Militias Threaten Hopes for New Libya. London: Amnesty International

Anderson, Lisa (1986): The State and Social Transformation in Tunisia and Libya, 1830-1980. Princeton: Princeton University Press

Asseburg, Muriel (2011): Der Arabische Frühling. Herausforderung und Chance für die deutsche und europäische Politik. Berlin: Stiftung Wissenschaft und Politik

Beblawi, Hazem/Luciani, Giacomo (1987): The Rentier State. New York: Croom Helm

Blas, Javier (2011): Libya in Power Struggle Over Oil Group. In: Financial Times, 12.9.2011

Brnieq (2011): Zwischen Unterstützung und Opposition gegen den Rat: Die Demonstrationen für eine Kurskorrektur erheben die Forderungen auf eine neue Ebene…und der Rat prüft sie. Brnieq.com, 17.12.2011 (auf Arabisch)

Davis, John (1987): Libyan Politics. Tribe and Revolution. London: I.B. Tauris

7 Zuvor hatte der Entwurf des Wahlgesetzes lediglich vorgesehen, dass Frauen mindestens 10% der Sitze in der Generalversammlung bekommen sollten.

Economist (2011): All Too Friendly. 12.11.2011
Edlinger, Fritz (Hrsg.) (2011): Libyen. Hintergründe, Analysen, Berichte. Wien: Promedia Verlag
Fahim, Kareem/Kirkpatrick, David (2011a): Major Libyan Rebel Group Seeks Shake-Up in Ranks. In: New York Times, 4.8.2011
Fahim, Kareem/Kirkpatrick, David (2011b): Former Rebels' Rivalries Hold Up Governing in Libya. In: New York Times, 25.9.2011
Fetouri, Mustafa (2012): Friends Disappear as Vengeance Still Stalks Across Libya. In: The National, 13.2.2012.
Haimzadeh, Patrick (2011): Qui a gagné la guerre en Libye? In: Le Monde Diplomatique, Dezember 2011
Hüsken, Thomas (2011): Politische Kultur und die Revolution in der Cyrenaika. In: Edlinger (Hrsg.) (2011): 47-71
International Crisis Group (2011): Holding Libya Together. Security Challenges After Qadhafi. Brüssel: ICG
Lacher, Wolfram (2011): Families, Tribes and Cities in the Libyan Revolution. In: Middle East Policy 18. 2011. 140-154
Lacher, Wolfram (2012): Is Autonomy for Northeastern Libya Realistic? In: Sada, 21.3.2012, http://carnegieendowment.org/sada/2012/03/21/is-autonomy-for-northeastern-libya-realistic/a431
Luciani, Giacomo (1987): Allocation vs. Production States: A Theoretical Framework. In: Beblawi/Luciani (Hrsg.) (1987): 63-82
Mattes, Hanspeter (2004): Challenges to Security Sector Governance in the Middle East. The Libyan Case. Genf: Geneva Centre for the Democratic Control of Armed Forces
Mattes, Hanspeter (2008): Formal and Informal Authority in Libya since 1969. In: Vandewalle (Hrsg.) (2008): 55-81
Nationaler Übergangsrat (2011): Die Verfassungserklärung. Bengasi, 3.8.2011 (auf Arabisch).
Ouannes, Moncef (2009): Militaires, Élites et Modernisation dans la Libye Contemporaine. Paris: L'Harmattan
Pargeter, Alison (2008): Qadhafi and Political Islam in Libya. In: Vandewalle (Hrsg.) (2008): 83-104
Quryna (2011a): Zintan streitet ab, Shaqiqa mit Grad-Raketen bombardiert zu haben. Qurynanew.com, 12.12.2011 (auf Arabisch)
Quryna (2011b): Fernana: Die Ministerien für Inneres und Verteidigung sind nicht stark genug, um die Sicherheit von Tripolis zu gewährleisten. Qurynanew.com, 12.12.2011 (auf Arabisch)
Quryna (2012a): Die Lokalräte von Gharyan und Asabea klären die Gründe für die Unklarheiten und Ereignisse zwischen den beiden Seiten auf. Qurynanew.com, 14.1.2012 (auf Arabisch)
Quryna (2012b): Nach Protesten und Forderungen nach seinem Abtritt…Ghoga reicht seinen Rücktritt ein. Qurynanew.com, 22.1.2012 (auf Arabisch)
Reuters (2011a): Qatari Plane Supplies Ammunition to Libya Rebels. 7.8.2011
Reuters (2011b): Truce Agreed Between Rival Militias in Libya. 14.11.2011
Reuters (2012): Anger, Chaos but no Revolt after Libya Violence. 24.1.2012
Tilly, Charles (1978): From Mobilization to Revolution. New York: McGraw-Hill
Tilly, Charles (1993): European Revolutions, 1492-1992. Oxford: Blackwell

Vandewalle, Dirk (2006): A History of Modern Libya. Cambridge: Cambridge University Press

Vandewalle, Dirk (Hrsg.) (2008): Libya since 1969. Qadhafi's Revolution Revisited. Basingstoke: Palgrave Macmillan

Die syrische Revolte

Protestdynamik, Regimerepression und Internationalisierung

André Bank & Erik Mohns

1 Einleitung

Der syrische Aufstand als Teil der regionalen, arabischen Revolte begann im März 2011. Zu diesem Zeitpunkt waren die Präsidenten in Tunesien und Ägypten bereits gestürzt, der Aufstand in Bahrain gewaltsam niedergeschlagen und die NATO-Intervention in Libyen angelaufen.[1] Ein gutes Jahr nach Beginn der syrischen Revolte – im Mai 2012 – sind nach Angaben syrischer Menschenrechtsorganisationen circa 10.000 Menschen der gewaltsamen Repression des autoritären Regimes unter Präsident Bashar al-Asad zum Opfer gefallen. Zehntausende weitere Menschen werden vermisst (VDC 2012). Das UN-Flüchtlingskommissariat (UNHCR) hat bereits über 46.000 syrische Flüchtlinge in den Nachbarstaaten Türkei, Libanon, Irak und Jordanien registriert (UNHCR 2012).[2] Trotz einer sich intensivierenden Gewaltspirale und einer gravierenden Verschlechterung der humanitären Situation, insbesondere in den zentral- und südsyrischen Protesthochburgen, finden in fast allen Landesteilen weiterhin täglich Demonstrationen statt.

Auch ein Jahr nach Beginn des Aufstands hat das syrische Regime keine essentiellen politischen Zugeständnisse an die Protestierenden gemacht; Präsident Asad setzt weiterhin auf eine militärische Lösung des Konflikts. Der im Süden des Landes entfachte, zu Beginn von Seiten der Protestbewegung gewaltlos geführte

1 Dieser Beitrag stellt die aktualisierte Langfassung von Bank/Mohns (2012) dar.

2 Bei dieser Angabe des UNHCR handelt es sich um eine vorläufige Angabe, da viele Flüchtlinge, insbesondere in Jordanien, bis Mai 2012 nicht registriert sind. Zudem schrecken viele SyrerInnen, insbesondere geflüchtete AktivistInnen im Libanon, aus Furcht vor Repressionen vor einer Registrierung zurück. Über die Zahl von syrischen Binnenflüchtlingen existieren bisher keine genauen Angaben, man geht aber von mehr als 100.000 aus.

Volksaufstand hat sich sukzessive in eine bewaffnete Revolte transformiert, die in einigen Landesteilen Merkmale eines Bürgerkriegs angenommen hat. Die lokalen AktivistInnen der Protestbewegung sowie die exilierte Opposition scheinen nach einem Jahr mehrheitlich die Auffassung zu teilen, dass gewaltlose Protestaktionen allein den Sturz des Regimes nicht herbeiführen können, nachdem eine Militärintervention seitens der NATO oder einer Ad-Hoc Koalition ausgeschlossen bleibt.[3]

Die gegenwärtige Konfliktphase ist durch ein instabiles Patt zwischen Regime und Protestbewegung gekennzeichnet: Während das Regime seiner Strategie seit Beginn des Aufstands treu bleibt, durch massive Repression und die Ankündigung politischer Reformen die Ausweitung der Proteste zu verhindern, verweigert sich die Mehrheit der lokalen und exilierten Opposition jeglicher Verhandlungen mit dem Regime und fordert nichts weniger als dessen Sturz. Eine vollständige Niederschlagung der Protestbewegung mit den bisher gewählten Mitteln des Regimes erscheint unwahrscheinlich. Der Protestbewegung wiederum gelingt es aber auch nicht, weitere Bevölkerungsgruppen, insbesondere in den Zentren von Damaskus und Aleppo, zu mobilisieren. Außerdem sind die bewaffneten Regimegegner, die täglich weiteren Zulauf erhalten, bisher militärisch zu schwach, um dem Gewaltapparat des Regimes ernsthaft Paroli bieten zu können.

In diesem Beitrag wird – auf Grundlage der begrenzt verlässlichen Informationen aus und zu Syrien – der Versuch unternommen, entlang der folgenden fünf Leitfragen die syrische Revolte und ihre Entwicklungsdynamik 2011/12 nachzuzeichnen: Erstens, welche strukturellen Ursachen stehen hinter dem Ausbruch der landesweiten Proteste? Zweitens, welche Konfliktdynamik ergab sich im ersten Jahr der Revolte, vom März 2011 bis zum März 2012? Drittens, wer sind die zentralen Konfliktakteure und welche Interessen und Strategien verfolgen sie? Viertens, welche Auswirkungen haben die Mediationsversuche auswärtiger und regionaler Staaten und Akteure auf die Entwicklung des Aufstands und welche Interessen verfolgen diese? Und schließlich fünftens, welche politischen Entwicklungsszenarien ergeben sich nach einem Jahr der „unerwarteten" Revolte?

3 Innerhalb des oppositionellen Spektrums und zwischen den lokalen Akteuren der zivilen Protestbewegung bestehen bezüglich der Konfrontations- und Proteststrategie unterschiedliche und sich teilweise wiedersprechende Positionen; so z.B. „The Vision of the Local Coordination Committees on International Protection" (LCC 2011).

2 Strukturelle Ursachen der syrischen Revolte

Noch nach dem Sturz der tunesischen und ägyptischen Präsidenten galt das autoritäre Regime unter Präsident Bashar al-Asad trotz ähnlicher politischer und sozioökonomischer Strukturen als stabil. Selbst Syrien-ExpertInnen hielten den Ausbruch eines Aufstands in „Asads Syrien" noch Anfang 2011 für unwahrscheinlich (Haddad 2011). Diese Annahmen einer „syrischen Ausnahme" (Donati 2009) unter den autoritären Regimes im arabischen Raum fußten auf folgenden Argumenten: Syrien unter Präsident Asad besitze durch seine außenpolitische Positionierung gegenüber Israel und den USA und als Bestandteil der „Widerstandsachse" mit Iran, der libanesischen Hizbollah und der palästinensischen Hamas einen im regionalen Vergleich hohen Grad an innenpolitischer Legitimität (Bank 2010, Mohns/Cavatorta 2010). Ein Großteil der syrischen Bevölkerung vertraue der Integrität des jungen, „wohlwollenden" Präsidenten, der seit Beginn seiner Amtszeit 2000 zwar keine genuinen politischen Reformen durchgeführt hatte, aber dennoch einen Garant für graduellen Wandel darstelle (Lesch 2005). Die kontrollierte Liberalisierung der Wirtschaft habe einen Hauch von Modernisierung in Syrien verbreitet, an die insbesondere die urbanen Ober- und Mittelschichten Hoffnungen knüpften. Bashar al-Asad galt als pragmatischer, aber prinzipientreuer „Modernisierer", der sich während der ersten Jahren seiner Amtszeit erst einen politischen Freiraum gegen eine „alte Garde" verschaffen musste, um „Wandel durch Kontinuität" umzusetzen (Becker 2006, Perthes 2004). Insbesondere Mitglieder der konfessionell-religiösen Minderheiten verbänden mit der Regimestabilität die Aufrechterhaltung der nationalen Einheit, die sie angesichts konfessionell-religiöser Auseinandersetzungen in der Region als bedroht empfänden. Trotz mangelnder politischer Freiheit und fehlender Rechtssicherheit würde der herrschende Autoritarismus als „geringeres Übel" gegenüber „demokratischen Experimenten" wie im Irak vorgezogen, die externe Besatzung, Bürgerkrieg und Instabilität zur Folge hätten (Hinnebusch/Quilliam 2006). Man ging außerdem davon aus, dass die allgegenwärtige Präsenz des Sicherheitsapparats und die im regionalen Vergleich schwach ausgebildeten oppositionellen und zivilgesellschaftlichen Strukturen die Herausbildung einer breiten Protestbewegung nicht zuließen. Im Vergleich zu Ägypten oder dem Jemen herrsche zudem kein großflächig verbreiteter sozioökonomischer Notstand im Land.[4] Die wirtschaftliche Liberalisierung habe zwar weder zur Anhebung des allgemeinen Wohlstands beigetragen, noch seien deren Gewinne proportional verteilt worden; so mangele es

4 Tatsächlich ist Armut in den ruralen Landesteilen weit verbreitet, wie bereits der UNDP-Bericht *Poverty in Syria: 1996-2004* ausführte (UNDP 2005); vgl. auch Sara (2011: 6-10).

auch in Syrien an Arbeitsplätzen für die Kohorten von Schul- und Universitätsabsolventen (Haddad 2012: XV). Diese negativen Folgen der graduellen wirtschaftlichen Öffnung würden aber durch einen informellen Arbeitsmarkt, islamische Wohlfahrtsinstitutionen und Subventionen abgefedert werden.[5]

Trotz dieser herrschaftsstabilisierenden Aspekte brachen Mitte März 2011 Proteste in der südsyrischen Stadt Dara'a aus, die sich innerhalb weniger Wochen in ganz Syrien ausbreiteten. Die Ursachen der vorerst lokal begrenzten Proteste sind primär sozioökonomischer Natur, aber auf jeweils unterschiedliche Art und Weise mit autoritären Herrschaftsstrukturen vor Ort verzahnt: Als erstes sind hier die mit der wirtschaftspolitischen Liberalisierung einhergehenden massiven staatlichen Subventions- und Ausgabenkürzungen zu nennen, die die ärmeren Bevölkerungsteile in den peripheren ruralen Gebieten sowie die abstiegsbedrohten, urbanen Mittelschichten vor stetig wachsende Schwierigkeiten bei der Sicherung ihres Lebensunterhalts stellten. Die Wirtschaftsreformen, die ihrerseits die Wahrnehmung einer korrupten Staat-Unternehmer-Elite in der Bevölkerung verstärkte, hatten zudem eine erhebliche Auseinanderentwicklung zwischen den prosperierenden Stadtzentren von Damaskus und Aleppo einerseits und niedergehenden ländlichen Gebieten sowie den hierdurch rapide wachsenden, durch Informalität charakterisierten Vorstädten andererseits zur Folge (Goulden 2011). Die ruralen Gebiete wurden von korrupten Provinzgouverneuren und Sicherheitsdiensten beherrscht (ICG 2011b: 12-17) und, abgesehen von wenigen wirtschaftlichen Prestigeprojekten, systematisch vernachlässigt. Hinzu kam, dass insbesondere die lokale Repräsentanz der Ba'th-Partei seit Beginn der Präsidentschaft Bashar al-Asads sukzessive geschwächt wurde (Hinnebusch 2011, 2012). Der Prozess der Landflucht wurde noch durch eine jahrelange Dürrephase verschärft, der den landwirtschaftlich geprägten Süden und Nordosten Syriens besonders hart traf und die dortige Bevölkerung ihrer Lebensgrundlage beraubte. Das Ausbleiben der politischen Öffnung wurde flankiert von systematischer Diskriminierung, Verfolgung und Repression politischer Dissidenten.

Zusammenfassend lässt sich der Ausbruch des syrischen Aufstands als gescheiterte Transformation des „autoritären Herrschaftsvertrags" bezeichnen.[6] Die von Bashar al-Asad forcierte Zentralisierung der politischen und ökonomischen Macht in Damaskus und Aleppo führte zu einer Transformation der Strukturen

5 Eine kritischere Sichtweise vertreten Goulden (2011) und Zorob (2007).

6 Das Modell des autoritären Sozialvertrags und dessen Bruch durch die Regimeseite wird – v.a. mit Bezugnahme auf Ägypten – auch von Cilja Harders und übergreifend für die Region von Anja Zorob vertreten (Harders 2011; Zorob 2011 und in diesem Band).

des „post-populistischen“ Herrschaftssystems. Die ärmeren Bevölkerungsschichten, die bis in die 1990er Jahre durch die Ba‘th-Partei als wichtigstem Mobilisierungsinstrument des Regimes in die autoritäre Ordnung integriert wurden, konnten nicht mehr von begrenzten Optionen sozialer Mobilität profitieren. Der ökonomische Niedergang der unteren Mittelschichten, die Willkürherrschaft des Sicherheitsapparates, die endemische Korruption sowie das Auseinanderdriften zwischen Regime und seiner ursprünglichen sozialen Basis sind die Hauptfaktoren, die letztlich zum Ausbruch der Proteste führten (Hinnebusch 2012). Es erklärt auch die politische Geografie der Proteste in den ländlichen Klein- und Mittelstädten ebenso wie in den informellen Vorstädten. Obgleich diese strukturellen Konfliktursachen schon seit einigen Jahren vorherrschten, gaben erst der veränderte regionale Kontext der arabischen Revolte und die Beispiele von oppositioneller Massenmobilisierung und erfolgreicher Präsidentenstürze in Tunesien und Ägypten den entscheidenden Impuls zum Wandel in Syrien.

3 Konfliktdynamik: Eine ländlich-„rurbane“ Intifada in Zeitlupe

3.1 Auslöser und räumliche Ausbreitung der Proteste

Auslöser der Proteste waren Verhaftungen und vermeintliche Folterungen einer Gruppe von Teenagern in der südsyrischen Stadt Dara’a Anfang März 2011, die das regionale Motto der arabischen Revolte (al-scha‘b yurīd isqāt al-nizām, arab. „Das Volk will den Sturz des Regimes“) an Hauswände geschrieben hatten. Die engeren Familien der Teenager und lokale „Stammesführer“ verlangten deren Auslieferung, die seitens des lokalen Sicherheitsapparates zurückgewiesen wurde. Als Reaktion trugen die Familien ihren Protest auf die Straße. Sie wurden von Sicherheitsdiensten beschossen und es kam zu weiteren Protesten, denen zahlreiche Menschen zum Opfer fielen. DemonstrantInnen zerstörten daraufhin öffentliche Einrichtungen und Privateigentum.

In den Staatsmedien wurden die DemonstrantInnen in Dara’a als Brandstifter und Vandalen verunglimpft. Weitere Demonstrationen fanden statt, bei der Symbole des Regimes sowie die lokale Zentrale der Ba‘th-Partei zerstört wurden. Eine aus Damaskus entsandte Delegation unter Führung des aus Dara’a stammenden Vize-Außenministers Faisal al-Miqdad konnte die Proteste genauso wenig eindämmen wie die Entlassung des Chefs des lokalen Sicherheitsapparats, ein Cousin des Präsidenten, sowie des Provinzgouverneurs. Auf die Ausweitung der Proteste reagierte das Regime mit massiver Repression; Eliteeinheiten und

Scharfschützen kamen zum Einsatz und ein Belagerungsring wurde um einzelne Stadtteile Dara'as gelegt. Als Reaktion auf die Belagerung weiteten sich die Proteste in die umliegenden Dörfern und Städten im Hauran aus. Daraufhin setzte das Regime die gezielte Tötung unbewaffneter Demonstranten, Hausdurchsuchungen, die Vorenthaltung von Strom, Wasser und medizinischer Versorgung, Masseninhaftierungen sowie die systematische Folterung von Inhaftierten als repressive Methoden ein (ICG 2011b: 12-13).

Das in der Provinz Dara'a sichtbar werdende Protest-Repressions-Muster wiederholte sich, wenn auch unterschiedlich stark, in den meisten Landesteilen Syriens. Die Proteste haben sich seit März 2011 sukzessive auf sämtliche syrische Provinzen ausgeweitet. Die Protesthochburgen sind die Provinzhauptstädte Dara'a, Hama, Homs, Idlib und Deir ez-Zour sowie deren umliegende Städte und Dörfer. Ebenso finden in „rurbanen", das heißt in sozio-ökonomisch und infrastrukturell marginalisierten Vororten der Hauptstadt Damaskus und des Wirtschaftszentrums Aleppo, fast täglich Proteste statt. Bisher blieben nur die Innenstädte der beiden Metropolen von größeren Demonstrationen ausgespart; hier scheint das Aufgebot der Sicherheitskräfte zu groß. In der mehrheitlich von Kurden bevölkerten nordöstlichen Jazeera-Region, in Tartus am Mittelmeer, dem Küstengebirge (Dschabal al-Sāhil) sowie in der südlichen Provinz Suweida, in der viele Drusen leben, fanden proportional deutlich weniger Proteste statt. Die harschen Repressionsmaßnahmen, mit denen die Gewaltakteure des Regimes gegen die zivilen Proteste vorgingen, war zweifellos der treibende Mechanismus, der zur räumlichen und sozialen Ausbreitung der Proteste geführt hat. Dennoch gelingt es dem Regime nicht, die vielfältigen Proteste in allen Landesteilen gleichzeitig zu unterbinden und so werden militärische Einheiten von einer Provinz zur nächsten verschoben.

3.2 Vom zivilen Protest in den Bürgerkrieg

Im Laufe der Monate ist neben die zivilen, gewaltlosen Anti-Regime-Proteste eine militärische Dimension getreten. Das tatsächliche Ausmaß der Gewaltakteure und die genauen Konfliktlinien sind nur schwer einzuschätzen. Nimmt man die zivilen Todesopfer als Indikator für Struktur und Entwicklungsdynamik der Gewaltkonflikte, so geht der überwiegende Teil von den Regimeakteuren aus. Dennoch sind unter den Sicherheitskräften und Armeeeinheiten nach Regimeangaben mehr als 2000 Mitglieder zu Tode gekommen. Damit wurde das bis Ende 2011 hochgehaltende Narrativ der Protestbewegung als ausschließlich friedvoll obsolet. Tatsächlich waren bereits im Sommer 2011, wenige Monate nach

Ausbruch der Revolte, Teile der Protestbewegung bewaffnet. Diese lokalen Milizverbände, die insbesondere in grenznahen Gebieten verortet waren, wurden durch Schmugglernetzwerke aus dem Libanon, der Türkei und Jordanien mit Kleinwaffen versorgt. Sie wendeten typische hit and run-Taktiken an und führten Sabotageakte gegen militärische und staatliche Einrichtungen aus. In der zentralsyrischen Stadt Homs wurden bereits im Juni 2011 lokale Selbstverteidigungskomitees etabliert, die erst Angriffe des Regimes auf Demonstranten abwehrten, aber dann anscheinend auch zu Angriffen auf von Alawiten bewohnte Gebiete übergingen. Nach Angaben von Human Rights Watch kam es zu Entführungen, Folterungen und Exekutionen von Mitgliedern der Sicherheitsdienste, Soldaten und Milizionären (Human Rights Watch 2012). Ebenso sollen sich bereits zu diesem Zeitpunkt bewaffnete kleinere salafistisch-islamistische Gruppen in den Provinzen Homs und Idlib formiert haben. Weitere bewaffnete Akteure sind seit langem existierende Schmugglernetzwerke und auch die im Zuge der Proteste neu entstandenen, lokalen Bürgerwehren.

Im Mai 2012 besteht eine politische Pattsituation fort, die sich bereits im Sommer 2011 herausbildete. Die lokalen Protestbewegungen demonstrieren trotz anhaltend massiver Regimerepression und die bewaffnete Opposition kann den Sturz des Regimes auf militärischem Wege nicht herbeiführen. Der zunehmenden Militarisierung der Revolte setzt das Regime weiterhin eine massive Repression entgegen, die es aber wiederum nicht vermag, die Proteste zu beenden. Insbesondere in den zentralsyrischen Provinzen hat sich auf lokaler Ebene ein Gewaltkonflikt entlang konfessionell-religiöser Trennlinien herausgebildet, der gängige Definitionen eines Bürgerkriegs erfüllt.[7] Zeichnet man die strukturelle Entwicklung des Aufstands nach, so hat er sich in einem ersten Entwicklungsschritt von einem „rurbanen", mehrheitlich gewaltlosen Volksaufstand durch Herausbildung oppositioneller Strukturen zu einem professionalisierten Aufstand transformiert. In einem weiteren Schritt hat sich der Aufstand während der zweiten Jahreshälfte 2011 militarisiert und lokale, bewaffnete Anti-Regime-Akteure traten neben die zivile Protestbewegung. In der syrischen Diaspora bildeten sich simultan zivilgesellschaftliche oppositionelle Strukturen heraus, die durch politischen Aktivismus, Lobbying und Fundraising die AkteurInnen vor Ort unterstützen.

7 Gemäß des Analyseschemas der Arbeitsgemeinschaft Kriegsursachenforschung (AKUF) an der Universität Hamburg handelt es sich damit beim syrischen Konflikt um einen Krieg des Typs A, d.h. einen Anti-Regime-Krieg, bei dem um den Sturz der Regierung und die Veränderung bzw. den Erhalt des politischen Systems gekämpft wird. Damit wird die von Klaus Schlichte vorgeschlagene Kriegsdefinition als ein „bewaffneter Massenkonflikt mit staatlicher Beteiligung" (Schlichte 2006: 549) erfüllt.

Im Folgenden wird dem Regime die mindestens „dreigeteilte“ Opposition aus lokaler Protestbewegung, Exilopposition und bewaffneten Gruppen vor Ort gegenübergestellt.

4 Konfliktakteure und ihre Strategien

4.1 Die Aufstandsbekämpfung des Regimes

Die Strategie des „Krisenmanagements“ besteht aus zwei Komponenten: erstens der gewaltsamen Repression und zweitens der Ankündigung politischer und ökonomischer Reformen.[8] Mit der Repression soll die territoriale und soziale Ausweitung der Protestbewegung unterbunden beziehungsweise diese gänzlich niedergeschlagen werden. Gleichzeitig schürt eine exzessive und teilweise krude Propaganda nach dem Mantra „Wir oder Chaos“ die Angst vor Instabilität im Falle des Regimesturzes, insbesondere unter den traditionell regimeloyalen, religiösen Minderheiten. Die Protestierenden werden in staatlichen und privaten Medien als fremde Agenten, kriminelle Elemente, Saboteure und radikale Islamisten dargestellt (ICG 2011a: 2-3). Dem Sicherheitsapparat, Soldaten der Armee und irregulären Milizverbänden wurde bei der Niederschlagung der Proteste Immunität eingeräumt. Gemäß des Regime-Narrativs gehe jegliche Gewalt ausschließlich von Terroristen und aus dem Ausland eingeschleusten Akteuren aus, welche das Ziel verfolgten, das Land zu unterwerfen. Demgegenüber würden die Sicherheitskräfte lediglich versuchen, die aus den Fugen geratene Ordnung und Stabilität wiederherzustellen. Diese seitens der Regierung zugesicherte Immunität hat angesichts der weitreichenden Zerstörung und Plünderungen in umkämpften Gebieten maßgeblich dazu beigetragen, dass jegliche Reformversprechen des Regimes bei weiten Teilen der Bevölkerung auf Unglauben stößt. In seiner Aufstandsbekämpfung stützt sich das Regime auf einen weitverzweigten Sicherheitsapparat, Eliteeinheiten, Teile der Armee, bewaffnete Mitglieder der Ba'th-Partei und bewaffnete irreguläre Milizen, die sogenannten schabīha (arab. „Geister“), die sich aus zivilen Unterstützern des Regimes und Mitgliedern klandestiner, ehemals krimineller Netzwerke zusammensetzen.

Neben der Repressionskampagne kündigt das Regime regelmäßig Reformen an. So wurden bis Mitte 2011 beispielsweise die Aufhebung des Ausnahmezustandes, ein neues Medien- und Parteiengesetz sowie ein neues Lokalverwaltungs-

8 Für die ökonomische Komponente von Reformankündigungen, vgl. Anja Zorobs Beitrag in diesem Band.

gesetz verabschiedet. Insgesamt hinkten diese Reformschritte den Forderungen der Protestbewegung wenn nicht einen, sondern mehrere Schritte hinterher, so dass sie zum Zeitpunkt ihrer Ankündigung bereits auf taube Ohren stießen. Die Ankündigungen von Präsident Asad in seiner dritten Rede nach Beginn des Aufstandes am 20. Juni 2011, eine Verfassungsreform anzuberaumen sowie das Monopol der Ba'th-Partei zu überdenken, waren bei ihrer Bekanntgabe bereits obsolet, da die Protestierenden zu diesem Zeitpunkt nicht mehr allein politische Reformen, sondern bereits den Sturz des Regimes einforderten. Zudem stellen in einem Großteil der ländlichen Gebiete angesichts der virtuellen Abwesenheit von Lokalverwaltung und Ba'th-Partei die Gewaltakteure die einzigen Repräsentanten des Staates dar; angekündigte Reforminitiativen üben - wenn überhaupt - nur marginalen Einfluss auf die dortige Konfliktdynamik aus.

Diese Strategie aus Repression bei gleichzeitiger Ankündigung von Reformen scheint bei Teilen der Bevölkerung die vom Regime intendierten Wirkungen ausgelöst zu haben. Zudem kann es weiterhin auf eine nicht marginale Anzahl von Unterstützern zählen. Von einzelnen Ausnahmen abgesehen haben sich bisher keine höherrangigen Mitglieder der Ba'th-Partei, der Regierung sowie der obersten Armeeführung und der Geheimdienste öffentlich vom Regime distanziert. Durch die wachsende Abhängigkeit des Regimes von militärischen Kräften zur Aufrechterhaltung der Herrschaft dürfte sich die Machtbalance innerhalb des inneren Regimezirkels zunehmend hin zu militärischen Hardlinern verschoben haben. De facto stützt sich das Regime primär nicht mehr auf die Ba'th-Partei, sondern auf wenige Familien und Sicherheitsdienste. Hinzu kommt, dass die oberste Führungsebene der Armee, der Eliteeinheiten und des Sicherheitsapparates sich disproportional aus Alawiten zusammensetzen, was dem politischen Konflikt eine religiös-konfessionelle Komponente hinzufügt (Haddad 2012, ICG 2011, van Dam 2011). Insgesamt ist die Bilanz der Strategie aus Regimesicht allerdings negativ einzuschätzen. Das brutale und teilweise auch erratische Vorgehen des Sicherheitsapparates hat mehr Probleme geschaffen als gelöst und ist die Hauptursache für die territoriale Ausweitung und Militarisierung der Protestbewegung.

4.2 Die zivile Protestbewegung

Die innersyrische Protestbewegung hat zwar mit dem „Generalkomitee der Syrischen Revolution" eine Dachorganisation geschaffen, die die Proteste und ihre inhaltlich-politische Agenda koordiniert. Von akteurszentrierter Perspektive betrachtet agieren die lokalen, im Untergrund operierenden Komitees (LKK) aber ansonsten weitestgehend autonom. Sie stützen sich dabei auf unterschiedliche Ausprägungen lokaler Solidarität, wie Familien- und Freundeskreis, Nachbarschaft, „Stammeszugehörigkeit“ oder religiös-konfessionelle Glaubensgemeinschaft. Neben diesen lokalen Formen der Solidarität existiert eine nationale Ebene, die in Protestparolen und Solidaritätsbekundungen deutlich hervortritt (Ismail 2011).[9]

Zu Beginn der syrischen Revolte im März und April 2011 forderte die Mehrheit der auf lokaler Ebene organisierten Protestgruppierungen – anders als beispielsweise in Ägypten unter Mubarak – noch nicht den Sturz des Regimes. Vielmehr setzten sich die Aktivisten für eine Implementierung demokratischer Rechte ein, die von einer unabhängigen Untersuchung der Gewalttaten gegen lokale Kundgebungen über die Freilassung politischer Häftlinge, die Beendigung des Monopols der Ba'th-Partei für die Besetzung offizieller Positionen, ein neues Wahlgesetz, die Gewährleistung der Pressefreiheit, Unabhängigkeit der Justiz sowie eine nachhaltige Bekämpfung der Korruption reichten (ICG 2011b). Erst mit fortschreitender Regimerepression und dem Aufbau eigener Organisationsstrukturen trat die Forderungen nach dem Sturz des Regimes und der Aufbau einer demokratischen Ordnung in den Mittelpunkt – sie ist auch nach einem Jahr der kleinste gemeinsame politische Nenner der heterogenen Protestbewegung geblieben (LCC 2011a). Bis Anfang 2012 haben sich die lokalen Protestbewegungen und -komitees als weitgehend resistent gegenüber identitären Spaltungstendenzen gezeigt und damit die Prophezeiungen des Regimes vom baldigen Ausbruch eines religiös-konfessionellen Bürgerkriegs sowie einer deutlichen islamistischen Radikalisierung entgegengewirkt. Die LKK stellen weiterhin das eigentliche organisatorische Rückgrat der zivilen, unbewaffneten Protestbewegung dar und sind von der politischen Opposition zu differenzieren. Einige der auch im Ausland prominenten MenschenrechtsaktivistInnen wie Razan Zaituna oder Anwar al-Bunni, die bereits vor Ausbruch des Aufstands der Verfolgung des Regimes ausgesetzt waren, sind Teil der Protestbewegung.

4.3 Die politische Opposition: Auf der Suche nach Einigkeit

Der Mangel einer oppositionellen, unitären Führung erwies sich während der ersten Monate des Aufstands als Stärke und erleichterte die Ausbreitung der Proteste in Syrien. Mit zunehmender Dauer stellte sich die Abwesenheit einer Führung,

9 Bisher sind nur fragmentarische Informationen über die Organisations- und Bewegungsstrukturen der zivilen Protestbewegung bekannt. Einen Überblick über ihre Nothilfe- und Medienstrukturen vermitteln Berichte auf der LCC-Webseite (http://www.lccsyria.org/).

die eine kohärente politische Strategie vorgegeben und Einigkeit zwischen den lokalen und exilierten oppositionellen Gruppierungen hergestellt hätte, jedoch als Schwäche dar. Innerhalb des ideologisch und organisatorisch fragmentierten Spektrums der syrischen Opposition reklamiert der Syrische Nationalrat (SNR) – eine im August 2011 formierte Koalition heimischer und exilierter Gruppen – den Führungsanspruch für sich. Der SNR hat sich dem Sturz des Regime sowie der Mobilisierung internationaler Unterstützung für die „syrische Revolution" verschrieben. Im Sinne eines ethnisch-konfessionell-politischen Proporzes vereinigt er verschiedene Fraktionen, die von den Muslimbrüdern über den säkularen Nationalen Block und einen bei weitem nicht repräsentativem kurdischen Block sowie wenigen Repräsentanten von Minderheiten reichen. Die Hälfte der 310 Ratsmitglieder befinden sich außerhalb Syriens, während die Namen der im Land verbliebenden Rats-Mitglieder, insbesondere der Aktivisten der lokalen Koordinierungskomitees, aufgrund drohender Repressionen nicht öffentlich bekannt sind. Zwar haben die Staaten der sogenannten „Freunde des syrischen Volkes" den SNR im März 2012 als legitimen Vertreter der syrischen Opposition – nicht aber als Exil-Regierung – offiziell anerkannt, eine fehlende politische Programmatik, personelle Rivalitäten und Machtkämpfe prägen aber weiterhin das Bild (Lund 2012).

Mit dem mehrheitlich in Damaskus verorteten „Nationalen Koordinierungskomitee für demokratischen Wandel" (NKDW), einem Zusammenschluss säkular-liberaler, nationalistischer und linker Gruppierungen der „traditionellen" syrischen Opposition sowie politischen Dissidenten, besteht seitens des SNR keine Zusammenarbeit. Zwar konnten sich SNR- und NKDW-Vertreter im Dezember 2011 auf die Ziele des Regimesturzes und die Ersetzung durch ein pluralistisch-demokratisches Regime einigen, über die Mittel zur Erreichung derselben, wie die Bewaffnung der Protestbewegung, die Unterstützung einer Militärintervention und auswärtiger Sanktionen sowie die Bereitschaft zum Dialog mit dem Regime, ließ sich jedoch keine Einigkeit erzielen.[10] Nach diesen gescheiterten Vereinigungsversuchen beschuldigten sich Vertreter beider Gruppen gegenseitig der Spionage für das Regime bzw. für auswärtige Mächte sowie des Verrats an der syrischen Bevölkerung. So nahmen Mitglieder des NKDW an den Konferenzen der „Kontaktgruppe der Freunde Syriens" in Tunis im Februar 2012 und in Istanbul im März 2012 nicht teil, ebenso wie die zahlreichen kurdischen oppositionellen Gruppierungen, die ihre Interessen vom SNR nicht repräsentiert sehen (Natali 2012). Tatsächlich hat der SNR Schwierigkeiten, seine eigenen Ränge zusammen-

10 Zu den Hintergründen der auswärtigen Sanktionspolitik im Jahr 2011, vgl. Zorob/Said 2011.

zuhalten. Im ersten Quartal 2012 kam es so zu Abspaltungen kleinerer Gruppen mit jeweils prominenten Oppositionellen an der Spitze, die der SNR-Führungsebene fehlende Transparenz und Nichteinhaltung demokratischer Prozeduren vorwarfen. Säkular-liberale und linke SNR-Mitglieder beklagen intern die Dominanz der Muslimbrüder über die politische Ausrichtung des Rats, welche die letzte verbleibende „traditionelle" Oppositionspartei im SNR darstellt.

Tatsächlich laufen aber beide oppositionellen Akteure, der SNR und das NKDW, den Entwicklungen im Land hinterher und beeinflussen den Lauf der Ereignisse wie auch die lokalen Koordinierungskomitees nur marginal (Nahar 2012). Zusammenfassend stellt sich das syrische oppositionelle Spektrum, wie bereits vor Ausbruch des Aufstands, als politisch und ideologisch fragmentiert dar (Pace/Landis 2009). Es kennzeichnet sich durch folgende Brüche: (1) räumlich im Exil vs. „vor Ort", (2) programmatisch säkular vs. religiös, (3) „traditionelle" und zumeist ältere Opposition vs. „jugendliche" Protestbewegung sowie (4) Befürwortung vs. Ablehnung des gewaltsamen Regimesturzes. So geht die gegenwärtig größte Herausforderung für die politische Opposition nicht allein von Seiten des Regimes aus, sondern erwächst aus der sich seit Herbst 2011 abzeichnenden Militarisierung des Aufstands. Sollte sich dieser Trend vertiefen und es ihr nicht gelingen, die Kontrolle über die bewaffneten RegimegegnerInnen und damit ihren bisherigen eher marginalen Einfluss über lokale Dynamiken auszuweiten, so droht der politischen Opposition die Marginalisierung.

4.4 Die bewaffnete Opposition

Bei der bewaffneten Opposition handelt es sich um eine Vielzahl auf lokaler Ebene, dezentral organisierter Gruppen, die ihre Zugehörigkeit zur Freien Syrischen Armee (FSA) deklarieren, selbst wenn ihnen dies keine materielle und logistische Unterstützung einbringt. Die FSA, deren Gründung am 29. Juli 2011 bekannt gegeben wurde, stellt keine traditionelle Armee mit hierarchisch-organisierten Kommandostrukturen und Einheiten dar. Vielmehr fungiert sie als eine Art Dachorganisation, unter deren Namen sich eine Vielzahl kleiner, lokaler militärischer Bataillone und Verbände vereinigen, die mit Zivilisten und desertierten Soldaten niedriger Dienstgrade bemannt sind und unterschiedlich enge Beziehungen zur militärischen Führung in der Türkei unterhalten (White 2012). Sie verfolgen das gemeinsame Ziel, den Sturz des Regimes auf militärischem Wege herbeizuführen. Bis dato stellt die FSA aufgrund zahlenmäßiger Unterlegenheit, limitierter Kommunikationskapazitäten und weitgehend leichter Bewaffnung keinen militärisch gleichwertigen Gegner für die Streitkräfte des Regimes dar.[11] Ihre militärischen Erfolge, welche das FSA-Kommando für sich beansprucht, wurden nicht notwendigerweise von dieser geplant, sondern gehen auf das Konto lokaler Gruppierungen zurück.

Bis Mitte 2011 führten die bewaffneten Regimegegner mehrheitlich Sabotageakte gegen staatliche Einrichtungen aus und attackieren militärische Versorgungswege. Dann gingen sie zum Schutz von Wohnvierteln gegen Angriffe von Gewaltakteuren des Regimes über, was Soldaten der nationalen Armee das Überlaufen ermöglichte. „Befreite" Stadtteile wie in Homs, Rastan, Idlib, Hama, Zabadani, Madaiya und in östlichen Vororten von Damaskus konnten für kurze Zeiträume gehalten und die Regimekräfte in konventionell geführte, militärische Schlagabtausche verwickelt werden. Für länger andauernde Gefechte mit Mörsern und Geschützen aus weiterer Entfernung waren die FSA-Verbände aber nicht gewappnet. Zudem kosteten die teils wochenlangen Bombardierungen der Wohngebiete, in den FSA-Einheiten sich verschanzten, Hunderten Zivilisten das Leben, denn das Regime zeigte wenig Zurückhaltung, Wohngebiete, wie das Viertel Baba Amr in Homs, „kollektiver Bestrafungen" wie z.B. in Form von Stromabschaltungen auszusetzen. Lokale zivile Protestakteure übten daraufhin Druck auf die FSA aus, militärische Konfrontationen mit den Streitkräften des Regimes nur außerhalb von Städten zu führen.

Aus militärstrategischer Perspektive begingen die bewaffneten Anti-Regimekräfte den Fehler, mit der „Befreiung von Territorien" zu schnell von einer asymmetrischen in eine konventionelle Kriegsführung übergegangen zu sein, was einer ausreichenderen Vorbereitung, besseren Organisation und Disziplin sowie militärischen Kapazitäten bedurft hätte (Holliday 2012: 35-38).[12] Dafür scheinen einerseits der Mangel an hierarchischen Kommando- sowie Kommunikations-

11 Die militärische Schlagkraft der FSA ist je nach Lokalität unterschiedlich stark. Insbesondere in den syrischen Grenzgebieten scheinen ihre Kampfverbände und -bataillone größere militärische Schlagkraft aufgrund von besserer Bewaffnung und sicherer Rückzugsgebiete zu besitzen (Holliday 2012). Nimmt man die Bewaffnung der FSA als Indikator, so ist es bis Anfang 2012 nicht zu einer ausgeweiteten Bewaffnung durch auswärtige Staaten gekommen. Zahlreiche Waffen wurden aus den Nachbarstaaten ins Land geschmuggelt, ein Großteil scheint auf dem heimischen Schwarzmarkt erworben zu sein.

12 Der Begriff der asymmetrischen Kriegsführung bezeichnet eine Form der militärischen Auseinandersetzung zwischen Konfliktparteien mit waffentechnischem und strategischem Ungleichgewicht. Langfristig kann der überlegeneren Partei eine Niederlage zugefügt werden, indem die schwächere Konfliktpartei durch Vermeidung direkter militärischer Schlagabtausche und Einsatz unkonventioneller Waffen und Taktiken ihren strategischen Nachteil egalisiert (Arreguín-Toft 2005).

strukturen verantwortlich zu sein, andererseits aber auch die Annahme, dass sich in die Mehrheit der syrischen Bevölkerung innerhalb einer kurzen Zeitspanne auf die Seite der Regimegegner schlagen würde. Zudem schien man eine Ausgangslage für eine auswärtige Militärintervention herbeiführen zu wollen, die zwar von Seiten der NATO-Mitgliedsstaaten seit Beginn des Aufstands ausgeschlossen wurde, von französischen und türkischen Regierungsvertretern in Form der Etablierung von safe havens (Schutzzonen) jedoch immer wieder in die Diskussion eingebracht wird. Nach den militärischen Niederlagen der FSA-Einheiten in den „Protesthochburgen“ sowie der Gewissheit zu Beginn 2012, dass es bei der gegenwärtigen Konfliktkonstellation zu keiner auswärtigen Militärintervention kommen wird, ist im Frühsommer 2012 damit zu rechnen, dass die bewaffneten Anti-Regime-Kräfte zu einer asymmetrischen Kriegsführung übergehen, um die Moral der syrischen Armee zu schwächen und ihre Bewegungsfreiheit einzuschränken.

Die zukünftige Entwicklung der syrischen Revolte wird erheblich davon abhängen, wie sich in der Zukunft die Kooperation zwischen der zivilen Protestbewegung, der politischen Opposition und den bewaffneten Kräften gestaltet, die bis dato jenseits der lokalen Ebene nur marginal stattfand. Die anhaltende Regimerepression gegen die zivile Protestbewegung, die Zunahme von desertierenden Soldaten sowie der Zufluss von Waffen weisen in Richtung einer Militarisierung. Die Etablierung eines Militärbüros durch den SNR Anfang März 2012, mit dem ausgegebenen Ziel, die Bewaffnung der fragmentierten Regimegegner zu erleichtern, zu organisieren und politisch überwachen zu wollen, bedeutet nicht nur eine Kehrtwende von seiner bis Januar 2012 vertretenen Position der Befürwortung gewaltloser Proteste. Sie stellt außerdem den Versuch des SNR dar, die Kontrolle über die FSA und die restlichen bewaffneten Kräfte zu übernehmen, seine Rolle als primus inter pares innerhalb des oppositionellen Spektrums auszubauen sowie seinen Status als primärer Ansprechpartner für die westlichen und arabischen Verbündeten zu erhalten. Dies scheint ihm durch die Aufwertung als „legitimer Repräsentant der Syrer“ auf der Konferenz der „Kontaktgruppe der Freunde Syriens“ in Ankara auch kurzweilig gelungen zu sein. Es bleibt dennoch abzuwarten, ob die von Katar, Saudi-Arabien und den Vereinigten Arabischen Emiraten versprochenen Gelder für Bewaffnung und Besoldung der FSA-Kämpfer überhaupt eintreffen beziehungsweise dazu beitragen, die militärische Schlagkraft der FSA unter der Ägide des SNR zu erhöhen sowie der gegenläufigen Tendenz der Kräfteverschiebung von zivilen hin zu militärischen Anti-Regimeakteuren entgegenzuwirken (Black/Borger 2012).

Beobachter wie Joshua Landis prognostizieren, dass es in Syrien neben der Militarisierung zu einer „taktischen Islamisierung“ des Aufstands kommen könnte

(Landis 2012). Dies würde sich etwa an steigenden Bezugnahmen des „genuin alawitischen" Charakters des Regimes sowie an einer gezielten Rekrutierung von Sunniten seitens der bewaffneten Akteure zeigen lassen. Obwohl zweifellos bewaffnete, sich auf religiöse Motivation berufende Gruppen seit einiger Zeit in Syrien außerhalb des Rahmens der SFA militärisch agieren,[13] erscheint es im Mai 2012 (noch) unwahrscheinlich, dass es angesichts der sozialen und ideologischen Heterogenität des oppositionellen Spektrums zu einer umfassenden „Sunnitisierung" im Sinne einer absoluten Dominanz sunnitisch-islamistischer Vorstellungen der Revolte kommt.

5 Die internationale und regionale Ebene: Furcht vor Destabilisierung im Nahen Osten

Die Unnachgiebigkeit des syrischen Regimes, die militärische Repression einzustellen und einen nachhaltigen politischen Reformprozess einzuleiten, hat seit März 2011 sukzessive zu seiner regionalen und internationalen Isolation geführt. Die Veto-Haltungen Russlands und Chinas haben Resolutionen im UN-Sicherheitsrat, die ein Mandat für Strafmaßnahmen nach sich gezogen hätte, verhindert. Aber nicht nur die internationalen Akteure sind über die politischen Krise in Syrien gespalten. Auch zwischen den westlichen und den arabischen Staaten, die sich zu der Kontaktgruppe „Freunde des syrischen Volkes" zusammengeschlossen und der syrischen Opposition ihre Solidarität bekundet haben, besteht Uneinigkeit über die Form und Adressaten der Unterstützung des Aufstands. Die von Saudi-Arabien und Katar geforderte Bewaffnung der Aufständischen lehnen die europäischen Staaten wie auch die USA aufgrund potenzieller regionaler Destabilisierungstendenzen im Nahen Osten ab. Sie setzen weiterhin auf die politische und materielle Unterstützung der zivilen Protestbewegung und humanitäre

13 Die Selbstmordanschläge in Damaskus und Aleppo, die von Dezember 2011 bis Februar 2012 ausgeübt wurden, gehen nach Einschätzungen im Ausland ansässiger Terrorismus-Experten auf das Konto von mit al-Qa'ida affiliierten Gruppen zurück. Zu den Anschlägen bekannte sich im Internet Ende Februar 2012 die Gruppe „al-Nusra-Front zum Schutz der Levante", über deren Identität und Mitglieder bisher keine verifizierbaren Informationen existieren. Al-Qaida-Chef Ayman al-Zawahiri rief Anfang Februar 2012 zum Jihad gegen das syrische Regime auf, übrigens ebenso wie die jordanische Muslimbruderschaft (Holliday 2012, 31-35). Bei der Mehrheit der bewaffneten Aufständischen handelt es sich zweifelsohne um gläubige Muslime, nicht jedoch um radikale Jihadisten. Zur Rolle des Islam im syrischen Aufstand siehe Pierret (2011).

Hilfe, in der Überzeugung, dass nur eine endogene Konfliktlösung nachhaltige Stabilität gewährleisten kann.

Die Arabische Liga, in der Katar bis Ende März 2012 den Vorsitz inne hatte, zeigte im Verlauf des Syrien-Konflikts eine für die Regionalorganisation seltene Entschlossenheit; sie verhängte erst zum zweiten Mal in ihrer Geschichte Strafmaßnahmen gegen einen Mitgliedsstaat aufgrund eines internen Konflikts: Bereits im November 2011 suspendierte die AL so die Mitgliedschaft Syriens, nachdem die syrische Regierung den Forderungen der Liga nicht nachkam, die staatlichen Sicherheitskräfte aus Wohngebieten abzuziehen, inhaftierte Aktivisten freizulassen und auswärtigen Medien sowie humanitären Organisationen ungehinderten Zugang zu gewähren. Ende November 2011 verhängte die Liga Sanktionen gegen Syrien, welche u.a. Transaktionen mit der syrischen Zentralbank, die Einstellung von Investitionen und die Einfrierung von Vermögen von Regierungsmitgliedern bei Banken ihrer Mitgliedsstaaten beinhaltete. Nur die Vertreter der syrischen Nachbarstaaten Irak und Libanon stimmten gegen die Sanktionen und kündigten an, diese nicht einzuhalten; tatsächlich unterläuft auch Jordanien die Sanktionen, da es auf Stromlieferungen vom nördlichen Nachbarn angewiesen ist. Die am 26. Dezember 2011 entsendete AL-Beobachterdelegation zur Überwachung der Implementierung der Maßnahmen reiste Anfang Februar 2012 angesichts der zunehmenden Militarisierung wieder ab (League of Arab States Observer Mission to Syria 2012). Neben der einseitigen Dominanz der konservativen Golfmonarchien Katar und Saudi-Arabien scheiterte die AL-Beobachtermission letztlich wiederum an der fehlenden Bereitschaft des syrischen Regimes, eine politische Lösung für die Krise zu finden, sowie an der fehlenden Unterstützung der Mission von weiten Teilen der syrischen Opposition. Die Liga stellte daraufhin die eigenen Mediationsbemühungen ein und ernannte den ehemaligen UN-Generalsekretär Kofi Annan, in Kooperation mit dem UN-Generalsekretariat, zum Syrien-Sondergesandten.

Die türkische AKP-Regierung unter Premierminister Recep Tayyip Erdogan beansprucht die Führungsposition der Koalition der arabischen und westlichen Staaten gegen das Asad-Regime. Sie hat nicht nur dem SNR, Aktivisten der Protestbewegung und der SFA-Kommandoebene Zuflucht gewährt und zahlreiche Konferenzen der Opposition veranstaltet, sondern auch mehr als 23.000 syrischen Flüchtlingen Schutz geboten. Das 2007 in Kraft getretene bilaterale Freihandelsabkommen wurde im November 2011 aufgekündigt. Ankaras nur begrenzte Fähigkeit, die Entwicklung der syrischen Krise zu beeinflussen und die Regierung in Damaskus zu einem Einlenken zu bewegen, hat die exzellenten bilateralen Beziehungen beider Regierungen erheblich verschlechtert.

Die EU hat seit Mitte 2011 sukzessive Sanktionen gegen Mitglieder der Regierung, des Sicherheitsapparates, des Militärs, von staatlichen Banken sowie von

Unternehmen des privaten und öffentlichen Sektors ausgeweitet. Die noch ausstehende Unterzeichnung des EU-Assoziationsabkommens, das gemeinsame Wirtschaftskooperationsabkommen sowie sämtliche bilaterale Entwicklungshilfe wurde auf unbestimmte Zeit ausgesetzt. Insbesondere die Sanktionen gegen den Erdöl- und staatlichen Bankensektor haben signifikante Folgen für die Export- und Binnenwirtschaft und das schwindende staatliche Budget; nach Schätzungen kosten sie den syrischen Staat 400 Millionen US-Dollar monatlich (Landis 2012; Zorob/Said 2011).[14] Die EU folgte der Sanktionspolitik der US-Regierung, die ihre wirtschaftlichen und politischen Sanktionen ebenfalls Mitte 2011 ausweitete, und Präsident Asad nach einer eher anfänglich abwartenden Position zum Rücktritt aufforderte.

Eine direkte Militärintervention in Syrien wurde seit Beginn der Revolte seitens westlicher Staaten und der NATO ausgeschlossen (Al-Jazeera 2011). Diese Position wurde auf dem Chicagoer NATO-Gipfel im Mai 2012 noch einmal durch den NATO-Generalsekretär Rasmussen bekräftigt (Middle East Online 2012). Ebenso wurden die von Mitgliedern des SNR sowie dem französischem Außenminister Juppé zeitweilig geforderte Einrichtung von Flugverbotszonen, Sicherheitszonen und humanitären Korridoren zurückgewiesen, da auch diese Einsätze Verwicklungen in Kampfhandlungen mit syrischen Streitkräften zur Folge hätten und mit potenziell hohen Kosten verbunden wären (Oweis 2011). Vergleiche der syrischen Konfliktsituation mit Libyen vor dem NATO-Einsatz wurden seitens westlicher Regierungen mit dem Hinweis zurückgewiesen, dass in Syrien eine deutlich komplexere Konfliktkonstellation vorherrsche, die syrische Armee ein höheres militärisches Verteidigungspotenzial besitze und ein auswärtiger Eingriff der Militarisierung des Konflikts und eine Gewalteskalation in die direkt angrenzenden Konfliktkontexte Libanon, Türkei/Kurdengebiete, Irak, Jordanien und Israel/palästinensische Gebiete wahrscheinlich machen würde (EEAS 2011). Zudem sah man die Gefahr, dass eine auswärtige Militärintervention zu einem

---

14 Seit Ausbruch des Aufstands im März 2011 befindet sich die syrische Wirtschaft in einem rasanten Niedergang. Die Arbeitslosigkeit scheint rapide angestiegen und der Import-Export-Handel reduzierte sich mit drastischen Auswirkungen auf das staatliche Budget. Das Bruttosozialprodukt fiel nach Schätzungen um mehr als 50 Prozent. Außerdem kam es zu hohen Steuerausfällen, nachdem in den zentralstaatlichen Provinzen keine Steuern mehr gezahlt werden. Banken leiden unter Liquiditätsschwierigkeiten, da Privatpersonen kein Kapital mehr einzahlen und staatliche Banken sowie Unternehmen Kredite nicht mehr bedienen. Bisher ließ sich die Inflation eingrenzen, obwohl das syrische Pfund zeitweilig um fast 100 Prozent an Wert gegenüber dem US-Dollar im Vergleich zum Februar 2011 gesunken war. Viele Grundgüter und Nahrungsmittel sind Mangelware und ihre Preise sind inflationär angestiegen (Landis 2012, ICG 2011).

rally around the flag-Effekt in der syrischen Gesellschaft und damit zu einem Popularitätsgewinn für das Regime unter Präsident Asad führen könnte.

Vor dem Hintergrund des immensen Potenzials regionalpolitischer Destabilisierung wiesen die westlichen Regierungen auch die systematische Bewaffnung der FSA zurück, die von Saudi-Arabien und Katar nach dem Scheitern der AL-Initiative eingefordert und wohl auch vorgenommen wurde (Chulov 2012, Chulov/Weaver 2012). Auf der in Ankara stattfindenden 2. Konferenz der Kontaktgruppe der „Freunde des syrischen Volkes" Ende März 2012 wurde diese Position insofern revidiert, als dass Saudi-Arabien, Katar und die VAE durch einen Sprecher des SNR erklären ließen, dass sie die FSA finanziell mit 100 Millionen US Dollar unterstützen würden (Myers 2012). Die westlichen Regierungen kündigten finanzielle Unterstützung für humanitäre Hilfe an, die an internationale Hilfsorganisationen ausgezahlt werden solle. Die USA wollen Kommunikationsausrüstung an die Protestbewegung liefern, damit diese den „Angriffen des Regimes ausweichen" und „die reguläre syrische Armee besser infiltrieren" könne (Dombey/Daragahi 2012). Diese materielle und finanzielle Unterstützung der politischen Opposition, der lokalen Protestbewegung und der FSA deuten darauf hin, dass die Kontaktgruppe bemüht ist, die Anti-Regime-Kräfte zu stärken und besser zu koordinieren. Mittelfristig dürfte sich zeigen, wie sich diese auswärtige Unterstützung auf das anhaltende Patt zwischen Regime und Protestbewegung auswirkt. Diese Politik der syrischen Opposition und ihrer arabischen und westlichen Unterstützer untergräbt zweifellos den seitens UN- und AL-Unterhändler Annan Ende März 2012 ausgehandelten Sechs-Punkte-Plan und bedeutet eine Abkehr von der bis dahin verfolgten Strategie, auf eine Implosion des Regimes durch eine soziale Ausweitung der Protestbewegung zu setzen.[15]

15 Noch im Februar 2012 sahen Muriel Asseburg und Heiko Wimmen eine Implosion des Regimes als wahrscheinlichstes und politisch wünschenswertestes Szenario für Syrien an (Asseburg/Wimmen 2012). Der vom UN-Sondergesandten Annan ausgehandelte Sechs-Punkte-Friedensplan, der als wichtigsten Schritt den Rückzug schweren militärischen Geräts der Armee aus Wohnvierteln vorsah, wurde wenige Tage vor dem vereinbarten Termin des Waffenstillstands vom Regime torpediert. Zur Bedingung des militärischen Rückzugs forderte es eine Verpflichtungserklärung der Demobilisierung aller bewaffneten Anti-Regimeakteure, wofür ihnen Immunität in Aussicht gestellt. Obwohl bis Mai 2012 keine der sechs Punkte des Annan-Plans erfüllt wurden, hielt die UN daran fest, da dieser angesichts der im UN-Sicherheitsrat herrschenden „Pattsituation" zwischen Russland und China einerseits und den westlichen ständigen Ratsmitgliedsstaaten andererseits als alternativlos präsentiert wird (Al-Ahram 2012).

6 Fazit und Entwicklungsszenarien

Ein gutes Jahr nach Beginn der syrischen Revolte ist nicht zu erwarten, dass das autoritäre Regime unter Präsident Asad seine Repressionskampagne durch eine Erhöhung des internationalen Drucks einstellt. Auch eine umfassende Verhandlungslösung, die eine Transformation des autoritären Regimes einleiten würde, steht für Syrien wohl nicht an. Das russische und chinesische Veto im UN-Sicherheitsrat am 5. Februar 2012 wurde vom syrischen Regime im Gegenteil geradezu als carte blanche wahrgenommen, um die von FSA-Einheiten gehaltenen „Epizentren der Proteste“ Homs und Idlib wieder gewaltsam einzunehmen. Auch wenn Moskau und Peking von März bis Mai 2012 ein stückweit von Damaskus abgerückt sind, scheint das Regime unter Bashar al-Asad weiterhin über ausreichend Ausdauer und Zwangsmittel zu verfügen, um seinen Sturz mittelfristig hinauszuzögern. Dennoch kann es weder die Proteste in den verschiedenen Landesteilen vollständig eindämmen noch verfügt es über ausreichende Machtressourcen, um diese Gebiete zu regieren, geschweige denn deren Bevölkerung zu disziplinieren, was eine notwendige Bedingung für die Rückkehr zu einem politischen status quo ante wäre.

Vor diesem Hintergrund und angesichts der fehlenden Bereitschaft des Regimes wie auch der politischen Opposition, sich an die ausgehandelten Eckpunkte des Annan-Plans zu halten, sind für die nähere Zukunft längere, kleinräumige Gewaltkonflikte in Syrien wahrscheinlich. Die Auswirkungen des ökonomischen Niedergangs und der schwindenden staatlichen Einnahmen auf den Zusammenhalt des Regimes und die Loyalität des Sicherheitsapparates sind gegenwärtig schwer abzuschätzen. Bereits im April 2012 sah sich das Regime genötigt, Plünderungen von Privateigentum durch die militärischen Eliteeinheiten, irreguläre Verbände und den Sicherheitsapparat zuzulassen bzw. gar anzuordnen, da es ihnen seit einigen Monaten anscheinend keinen Sold mehr auszahlen konnte. Außerdem haben für Bürgerkriegsökonomien typische Phänomene, wie Entführungen, Waffenschmuggel und Steuerausfall seit Herbst 2011 deutlich zugenommen und weisen auf einen zunehmenden Zerfall staatlicher Strukturen hin.

Der Lauf der Dinge dürfte so neben der Loyalität des Sicherheitsapparates und des Zusammenhalts des Regimes vor allem von denjenigen sozialen Kräften abhängen, die die syrische Revolte im Frühjahr 2011 ausgelöst und entscheidend zu ihrer räumlicher Ausweitung in alle Landesteile beigetragen haben: die Bevölkerung der ländlichen Provinzen und die „rurbanen“, unteren Mittelschichten. Zu erwarten ist auch, dass die FSA zu einer asymmetrischen Kriegsführung übergeht, um ihre militärische Unterlegenheit gegenüber den Gewaltakteuren des Regimes zu kompensieren. Damit könnte sie auch die zivile Protestbewegung in ihrer Rolle als Hauptakteur der Revolte weiter zurückdrängen, wie sich bereits seit Anfang 2012 andeutet. Angesichts des Verlusts staatlicher Regierungsautorität in Teilen des syrischen Territoriums könnte dies zentrifugalen Tendenzen Vorschub leisten und bewaffnete Akteure an verschiedenen Orten über das Land verstreut an Macht gewinnen. Dies dürfte wiederum eine politische Transition für ganz Syrien erheblich erschweren, wenn nicht auf absehbare Zeit fast unmöglich machen. Die syrische Revolte hätte dann binnen kurzer Zeit die Transformation von einem zivilen Protest in einen lokalisierten Bürgerkrieg gänzlich vollzogen.

Literatur

Al-Ahram (2012): Syria mounts death, but no alternative to Annan plan. In: Al-Ahram Online, 18. Mai, online: http://english.ahram.org.eg/NewsContent/2/8/41952/World/Region/Syria-deaths-mount,-but-no-alternative-to-Annan-pl.aspx (23.5.2012).

Al-Jazeera (2011): NATO rules out Syria intervention. In: Al-Jazeera English, 1. November, online: http://www.aljazeera.com/news/middleeast/2011/11/20111103948699103.html (23.5.2012).

Arbeitsstelle Politik des Vorderen Orients (Hrsg.) (2011): Proteste, Revolutionen, Transformationen – die arabische Welt im Umbruch, Working Paper No. 1, Juli, online: http://www.polsoz.fu-berlin.de/polwiss/forschung/international/vorderer-orient/publikation/Working_Paper_Series/wp_1.pdf (23.5.2012).

Arreguín-Toft, Ivan (2005): How the Weak Win Wars: A Theory of Asymmetric Conflict. Cambridge: Cambridge University Press.

Asseburg, Muriel/Wimmen, Heiko (2012): Der gewaltsame Machtkampf in Syrien. Szenarien und Einwirkungsmöglichkeiten der internationalen Gemeinschaft, SWP-Aktuell 12, Berlin: Stiftung Wissenschaft und Politik.

Bank, André (2010): Partner oder „Paria"? Syriens Nahostpolitik unter Bashar al-Asad. GIGA Focus Nahost, 6, Hamburg: GIGA German Institute of Global and Area Studies.

Bank, André/Mohns, Erik (2012): Die syrische Revolte: Vom zivilen Protest zum Bürgerkrieg? In: Der Bürger im Staat 62(1/2): 44-47.

Becker, Carmen (2006): Strategies of Power Consolidation in Syria under Bashar al-Asad: Modernizing Control over Resources. In: Arab Studies Journal XIV(1): 65-91.

Black, Ian/Borger, Julian (2012): Gulf states warned against arming Syria rebels. In: Guardian, 5. April, online: http://www.guardian.co.uk/world/2012/apr/05/gulf-states-warning-arming-syria (23.5.2012).

Chulov, Martin/Weaver, Matthew (2012): Saudi Arabia back arming Syrian opposition. In: Guardian. 24. Februar, online: http://www.guardian.co.uk/world/2012/feb/24/saudi-arabia-backs-arming-syrian-opposition (23.5.2012).

Chulov, Martin (2012): Qatar crosses the Syrian Rubicon: £63m to buy weapons for the rebels. In: Guardian. 1. März, online: http://www.guardian.co.uk/world/2012/mar/01/syria-conflict-rebels-qatar-weapons (23.5.2012).

Dombey, Daniel/Daragahi, Borzou (2012): US signals support for arming rebels. In: Financial Times, 1. April, online: http://www.ft.com/intl/cms/s/0/3a8057e8-7bf1-11e1-9100-00144feab49a.html (23.5.2012).

Donati, Caroline (2009): L'exception syrienne entre modernisation et résistance. Paris: L'Harmattan.

European External Action Service (EEAS) (2011): FAQ on EU restrictive measures against the Syrian regime, 13. September, online: http://eeas.europa.eu/syria/docs/faq_en.pdf (23.5.2012).

Fürtig, Henner (Hrsg.) (2007): The Arab Authoritarian Regime between Reform and Persistence, Newcastle: Cambridge Scholars Publishing.

Goulden, Robert (2011): Housing, Inequality, and Economic Change in Syria. In: British Journal of Middle Eastern Studies 38(2): 187-202.

Haddad, Bassam (2011): Why Syria is not next ... so far. Jadaliyya Website. 9. März, online: http://www.jadaliyya.com/pages/index/844/why-syria-is-not-next (23.5.2012).

Haddad, Bassam (2012): Business Networks in Syria: The Political Economy of Authoritarian Resilience. Stanford: Stanford University Press.

Harders, Cilja (2011): Neue Proteste, alter Krisen: Ende des autoritären Sozialvertrags. In: Aus Politik und Zeitgeschichte 61(39): 9-15.

Hinnebusch, Raymond (2011): The Ba'th Party in Post-Ba'thist Syria: President, Party and the Struggle for 'Reform'. In: Middle East Critique 20(2): 109-125.

Hinnebusch, Raymond (2012). Syria: from authoritarian upgrading to revolution. In: International Affairs 88(1): 95-113.

Hinnebusch, Raymond/Quilliam, Neil (2006): Contrary Siblings: Syria, Jordan and the Iraq War. In: Cambridge Review of International Affairs 19(3): 513-528.

Holliday, Joseph (2012): Syria's Armed Opposition. Middle East Security Report 3, Washington, D.C.: Institute for the Study of War.

Human Rights Watch (2012): Syria: Armed Opposition Groups Committing Abuses. 20. März 2012.

International Crisis Group (2011): Uncharted Waters: Thinking Through Syria's Dynamics. Middle East Policy Briefing Nr. 31, Damaskus/Brüssel.

International Crisis Group (2011a): The Syrian Regime's Slow-motion Suicide. Middle East Report Nr. 109, Damaskus/Brüssel.

International Crisis Group (2011b): The Syrian People's Slow-motion Revolution. Middle East Report Nr. 110, Damaskus/Brüssel.

Ismail, Salwa (2011): The Syrian Uprising: Imagining and Performing the Nation. In: Studies in Ethnicity and Nationalism 11(3): 538-549.

Landis, Joshua (2012): The Syrian Uprising of 2011: Why the Asad Regime is Likely to Survive in 2013. In: Middle East Policy 19(1): 72-84.

Lawson, Fred (Hrsg.) (2009): Demystifying Syria. London: Saqi.

LCC (2011): The Vision of the Local Coordination Committees on International Protection. 5. November, online: http://www.lccsyria.org/2322 (23.5.2011).

LCC (2011a): The Syrian Local Coordination Committees in Syria on Taking Up Arms and Foreign Intervention. Jadaliyya Website, 29. August, online: http://www.jadaliyya.com/pages/index/ 2539/syrian-local-coordinating-committees-on-taking-up- (23.5.2012).

League of Arab States Observer Mission to Syria (2012): Report of the Head of the League of Arab States Observer Mission to Syria for the period from 24 December 2011 to 18 January 2012. 27. Januar 2012.

Lesch, David (2005): The New Lion of Damascus: Bashar al-Asad and Modern Syria. New Haven: Yale University Press.

Lund, Aron (2012): Divided they stand: An overview of Syria's political opposition factions. Brüssel: Foundation for European Progressive Studies.

Middle East Online (2012): Rasmussen: NATO has 'no intention' to intervene in Syria. In: Middle East Online, 21. Mai, online: http://www.middle-east-online.com/english/?id=52360 (23.5.2012).

Mohns, Erik/Cavatorta, Francesco (2010): 'Yes, he can': a reappraisal of Syrian foreign policy under Bashar al-Asad. In: Mediterranean Politics 15(2): 289-298.

Myers, Steven Lee (2012): U.S. Joins Effort to Equip and Pay Rebels in Syria. In: New York Times, 1. April: 1.

Nahar, Hazem (2012): The Discourse and Performance of the Syrian Opposition since the Beginning of the Revolution, Beirut: Heinrich Böll Stiftung Middle East.

Natali, Denise (2012): Syrian Kurdish Cards. MERIP Online, 20. März 2012.

Oweis, Khaled (2011): France urges protection zone in Syria. In: Independent, 24. November, online: http://www.independent.co.uk/news/world/middle-east/france-urges-protection-zone-in-syria-6267075.html (23.5.2012).

Pace, Joe/Landis, Joshua (2009): The Syrian opposition: The struggle for unity and relevance, 2003-2008. In: Lawson, Fred (Hrsg.), 120-143.

Perthes, Volker (2004): Syria under Bashar al-Asad: Modernisation and the Limits of Change, Adelphi Paper 366, London: International Institute of Strategic Studies.

Pierret, Thomas (2011). Syrie: l'islam dans la révolution. In: Politique étrangère 4: 879-891.

Sara, Fayez (2011): Poverty in Syria: Towards a Serious Policy Shift in Combating Poverty. London: Strategic Research & Communication Center.

Schlichte, Klaus (2006): Staatsbildung oder Staatszerfall? Zum Formwandel kriegerischer Gewalt in der Weltgesellschaft. In: Politische Vierteljahresschrift 47(4): 547-570.

UNDP (2005): Poverty in Syria: Diagnosis and Pro-Poor Policy Considerations. Entwicklungsprogramm der Vereinten Nationen, online: http://www.undp.org.sy/ publications/national/Poverty/Poverty_In_Syria_en.pdf.

UNHCR (2012): Syria Regional Refugee Response: Humanitarian Information Sharing Portal. Website UNHCR, online: http://data.unhcr.org/syrianrefugees/regional.php.

van Dam, Nicolas (2011): The Struggle for Power in Syria: Politics and Society under Asad and the Ba'th Party. London: I.B. Tauris.

VDC (2012): Center for Documentation of Violations in Syria Webseite [http://www.vdc-sy.org/].

White, Jeffrey (2012): The Tides of Battle in Syria. PolicyWatch #1912. Washington, D.C.: The Washington Institute for Near East Policy, 23. März, online: http://www.washingtoninstitute.org/policy-analysis/view/the-tides-of-battle-in-syria (23.5.2012).

Zorob, Anja (2007): Reform without Adjustment: The Syrian Style of Economic Opening. In: Fürtig, Henner (Hrsg.), 57-86.

Zorob, Anja (2011): Aufstand in der arabischen Welt: Wirtschaftliche Hintergründe und Perspektiven. In: Arbeitsstelle Politik des Vorderen Orients (Hrsg.), 62-81.

Zorob, Anja/Said, Salam (2011): Krieg mit wirtschaftlichen Mitteln? Sanktionen gegen das Assad-Regime, In: Qantara.de, 12. Dezember, online: http://de.qantara.de/Krieg-mit-wirtschaftlichen-Mitteln/18017c18665i0p/index.html (23.5.2012).

Jenseits ‚monarchischer Stabilität'

Jordanien in Bewegung[1]

Malika Bouziane & Katharina Lenner

1 Einleitung

> Eine Demonstration ist eine Demonstration. Aber eines steht fest: Der König ist die rote Linie. Niemand außer König Abdallah regiert das Land – nur die Haschemiten. Es gibt niemand anderes, weil es keine Alternative gibt. Wer sollte ihn ersetzen?
> Interview mit Abu F., Wadi Araba, 16.04.2011 (Übers. d. Autorinnen)

Mit dieser Meinung ist Abu F. nicht alleine. Wie für andere arabische Länder ging auch für Jordanien 2011 ein turbulentes Jahr zu Ende, das von wiederkehrenden Protesten gekennzeichnet war; auch im neuen Jahr ist noch keine Protestmüdigkeit zu verzeichnen. Zwar lässt sich eine Verschärfung in Forderungen wie Reaktionen der Sicherheitskräfte verzeichnen. Im Gegensatz zu den Nachbarstaaten wurden allerdings bisher kaum öffentlich Forderungen nach einer Absetzung der Monarchie artikuliert. Dies scheint die Argumentation zahlreicher politischer Analysen zu bestätigen, die annehmen, dass die Monarchien in ihren Strategien, Proteste einzudämmen, erfolgreicher sind als die krisengeschüttelten Republiken. Dies wird vorwiegend mit einer der monarchischen Herrschaft inhärenten Flexibilität erklärt, welche es den Monarchen ermögliche, über dem politischen System zu stehen und verschiedene soziale und politische Gruppen gegeneinander

1 Dieser Beitrag ist eine aktualisierte und revidierte Version eines Working Papers vom Juli 2011 (Bouziane & Lenner 2011). Er beruht auf Interviews und informellen Gesprächen, die insb. seit Feb 2011 bis inkl. April 2012 mit Aktivist_innen und nicht politisch organisierten Teilen der Bevölkerung in verschiedenen Teilen des Landes, besonders in Amman und den südlichen Provinzen, geführt wurden. Unser besonderer Dank für intensive begleitende Diskussionen gilt Bashar al-Khatib, Khalid al-Khawaldeh, Mohammad Shamma und Tariq Tell, wobei die Autorinnen selbst natürlich die volle Verantwortung für die Argumentation und etwaige Irrtümer darin tragen.

auszuspielen, um die Bildung einer gemeinsamen, gegen sie gerichteten Front zu verhindern (Lucas 2011; Hamid 2011).

Während diese Argumentation durchaus auf einige in Jordanien beobachtbare Phänomene zutrifft, hinterfragt der vorliegende Artikel eine strukturalistische Interpretation der These von der monarchischen Stabilität. Anstatt Protestdynamiken und deren bisher recht ‚erfolgreiche' Eindämmung der Monarchie als Herrschaftsform zuzuschreiben, argumentieren wir, dass die historische Entwicklung von Herrschafts- und Kompromissbildungsstrategien in die Analyse integriert werden müssen, um Kontinuitäten und Veränderungen angemessen zu erfassen. Am Beispiel der Entwicklung ausgewählter politischer Zusammenschlüsse seit 2010 zeigen wir, dass gegenwärtig neue Dynamiken in Jordanien beobachtet werden können, die bestehende Herrschaftsmechanismen herausfordern. Als Konsequenz lassen sich sowohl die Weiterführung etablierter Formen der Eindämmung von Kritik als auch Veränderungen von Herrschaftsstrategien erkennen. Vor allem letztere verweisen darauf, dass die gegenwärtigen politischen Dynamiken nicht primär eine Kontinuität der monarchischen Herrschaftsformen markieren. Vielmehr deuten sie auf eine relative strategische Neuausrichtung angesichts der aktuellen Krisen hin. Bislang tragen sie dazu bei, dass die haschemitische Herrschaft weithin als alternativlos betrachtet wird. Dennoch ist diese Situation fragiler, als es die ‚monarchische Stabilitäts-These' vermuten lässt.

2 Neue Dynamiken des Protests

2.1 Protest auf Jordanisch: Vielfältig und Heterogen

Ähnlich wie im ägyptischen und anderen Kontexten beginnt die Zeitrechnung der jordanischen Protestbewegung nicht erst mit der erhöhten internationalen Aufmerksamkeit Anfang 2011.[2] Besonders 2010 markiert ein Jahr des Umbruchs. Arbeiter_innen, Lehrer_innen und Studierende zogen in diesem Jahr auf die Straßen und forderten die Verbesserung ihrer Lebensbedingungen (Labor Watch 2012). Der Ton dieser ersten Protestbewegungen verschärfte sich mit der Veröffentlichung eines Statements des Nationalen Komitees für pensionierte Militärangehörige Anfang Mai 2010. In einer bis dato ungewöhnlichen Offenheit prangerte es die jordanische Privatisierungspolitik und die Dominanz einer nicht-repräsentativen, engen Interessenskoalition in der jordanischen Politik an.

2 Zur Geschichte von Protesten in Jordanien vor 2010, vgl. Bank 2009.

Mit der Verbindung zur Frage des Status palästinensischer Jordanier_innen[3] und der Warnung, dass Jordanien sich graduell zur „alternativen palästinensischen Heimat“ entwickle, schafften die Autor_innen bereits zu diesem Zeitpunkt eine Polarisierung, welche die Folgezeit prägen sollte (vgl. 2.2. und 2.3). Mit den Ereignissen in Tunesien und Ägypten Anfang 2011 erhielt die Mobilisierung neuen Aufschwung und die Zahl von Protesten stieg enorm an (Ammannet 2011). Die Protestwelle 2011 begann mit der von *Jayeen* („Wir kommen“), einer aus vornehmlich linken Transjordanier_innen bestehenden Gruppe, Mitte Januar organisierten Demonstration, die ihre Stimme gegen steigende Lebenserhaltungskosten und korrupte Privatisierungspolitik erhob. Weitere Demonstrationen folgten, in denen die Demonstrant_innen die Absetzung des Premierministers Samir al-Rifa'i forderten, der in ihren Augen die Symbiose wirtschaftlicher und politischer Macht symbolisierte (Bustani 2011). Seither versammeln sich fast jeden Freitag unterschiedliche Gruppierungen, um ihren Forderungen auf der Straße Nachdruck zu verleihen. Am 24./25. März 2011 erlebte die Protestbewegung einen neuen Höhepunkt, der sich vor allem durch die Organisiertheit und die Breite der Koalition auszeichnete.

Im Laufe des Jahres 2011 entwickelten sich vielfältige Gruppen, die ihre politischen und ökonomischen Anliegen öffentlich artikulierten. Jugendgruppen organisierten sich über Facebook und Twitter und forderten politische Reformen. Neben Online-Aktivismus und Sit-ins haben diese Gruppen auch neue Offline-Diskussionsforen geschaffen. Beispielhaft hierfür sind die so genannten “Hashtag-Debatten” (*niqashāt#*), die von einer jungen Bloggergemeinschaft rund um die Plattform 7iber.com in Amman organisiert werden und ein Forum für öffentliche Diskussion über bislang wenig debattierte politische und ökonomische Themen bieten.[4] Als Reaktion auf die vermehrte Einmischung des Geheimdienstes (*muchabarāt*) in die Angelegenheiten der Studierenden ist auch die neue studentische Kampagne *Dhabahtūnā* (‚Ihr habt uns massakriert') entstanden. Neben der Versicherheitlichung studentischen Lebens problematisiert die Kampagne

3 Die historisch unterschiedlich präsente Zweiteilung der Bevölkerung in Jordanier_innen palästinensischer Abstammung und Transjordanier_innen ist eine der Herkunft, nicht der Staatsangehörigkeit. Unabhängig vom tatsächlichen Geburtsort führen Transjordanier_innen ihre Herkunft auf das Gebiet des heutigen Jordanien (östlich des Jordans) zurück; palästinensische Jordanier_innen identifizieren ihre Ursprünge in der Westbank, dem Gazastreifen, oder in den gegenwärtigen Staatsgrenzen Israels.

4 So wurde beispielsweise am 6.4.2011 die Frage nach der Rolle des Geheimdienstes im politischen Alltag und Leben der Bürger_innen diskutiert, die bis dato ein Tabuthema für öffentliche Diskussio-nen bildete.

auch die häufigen gewalttätigen Auseinandersetzungen zwischen verschiedenen *'aschā'ir*[5] an den Universitäten (Thab7toona 2011).

Jugendgruppen sind jedoch nicht die einzigen, die die Straße als Forum für sich entdeckt haben. Angesichts des bestehenden Protestklimas haben salafistische Gruppen ihre Chance ergriffen und im gesamten Land – erfolgreich – für die Freilassung inhaftierter Mitglieder demonstriert (Luck 2012a). Die Proteststimmung ließ auch transjordanische Koalitionen (vgl. 2.3.) erneut laut werden, die sich in den letzten zwei Jahren in Gruppen wie dem o.g. Nationalen Komitee für pensionierte Militärangehörige zusammengefunden hatten (Ahram Online 2011). Sie fokussieren besonders auf die sozialen und wirtschaftlichen Zustände im Land, die vor allem der korrupten neoliberalen Wirtschaftspolitik zugeschrieben werden. Zahlreiche Korruptionsaffären sorgten dafür, dass diese Thematik immer neuen Stoff erhielt. Schließlich finden fast täglich diverse kleinere Proteste statt, die von verschiedenen Berufsgruppen organisiert werden, um Verbesserungen ihres Lebensstandards einzufordern.

Die jordanischen Protestbewegungen haben sich im Verlauf räumlich verschoben: Hatten die Proteste im Januar 2011 als landesweite Demonstrationen begonnen, so prägten im Frühjahr 2011 zunehmend Großdemonstrationen in Amman das Bild. Ab Mitte 2011 gab es dann wieder eine Verlagerung auf die Provinzen; seither finden regelmäßig Demonstrationen in Provinzstädten im Süden sowie im Norden statt. Damit gelangten auch Themen, die insbesondere die Landbevölkerung umtreiben, stärker auf die Agenda, etwa die Frage der Anerkennung von kollektiven Landrechten (*wādschahāt 'aschā'iriyya*) oder die Zahl und Ausstattung von Kommunen. Diese Vielfalt der Proteste macht deutlich, dass regionale und nationale Ereignisse neue Räume geschaffen haben, die viele Gruppen als Anlass wahrnehmen, um sich öffentlich zu artikulieren. Wie die dargestellte Karikatur zeigt, ist das Protestieren mittlerweile zu einer alltäglichen Option geworden, um Unzufriedenheit mit wahrgenommenen Missständen auszudrücken und entsprechende Forderungen zu stellen.

5 Um den homogenisierenden und essentialisierenden Begriff ‚Stämme' zu vermeiden und die Wandelbarkeit dieses Konzept in verschiedenen Kontexten zu betonen, wird hier auf die gängige arabische Selbstbezeichnung jordanischer Familiennetzwerke zurückgegriffen (z.B. Layne 1994:12-3).

Abbildung 1 Abu Mahjoob, 13.3.2011: Zanga Zanga www.abumahjoob.com (spezifische Adresse: http://www.mahjoob.com/en/archives/view.php?cartoonid=3363

(„Hallo... Also, endgültig: wenn der Bus nicht in 10 Minuten kommt, dann verwandeln wir es in ein Sit-In! Und wir sind mittendrin!! (reimend) Wir stehen und stehen!!... Und wir sind so oder so zu spät!!... Und wir haben Stifte und Mobiltelefone und Kartons bei uns!“)

In der Regel stehen jedoch politische und ökonomische Themen im Vordergrund. Über zehn Jahre der Diskussion über politische Reformen haben meist nur kosmetische Veränderungen gebracht. Trotz relativ stetigen BIP-Wachstums (vgl. Zorob in diesem Band) – auf dessen Basis Jordanien von internationalen Organisationen als erfolgreicher Reformer angepriesen wird – haben neoliberale Wirtschaftspolitiken[6] in Verbindung mit Praxen der persönlichen Bereicherung

6 Im jordanischen Kontext sind damit vor allem die Deregulierung und Liberalisierung des Außenhandels und des Finanzregimes, der Abbau von Subventionen auf Alltagskonsumgüter, der Rückbau des öffentlichen Sektors, die Privatisierung ehemaliger Staatbetriebe sowie die Schaffung öffentlich-privater Regulierungsinstitutionen und Sonderwirtschaftszonen gemeint, die der stärkeren Welt-marktöffnung und Exportorientierung dienen sollen. Diese Politiken wurden ab der ökonomischen Krise Ende der

zur Erosion des alten Sozialvertrags und zur allgemeinen Verschlechterung des Lebensstandards geführt. Armut und Arbeitslosigkeit steigen stetig, der Mittelstand verschwindet allmählich und politische Maßnahmen zur Verbesserung der Lebensumstände greifen kaum (Lenner 2009a,b). Dies bietet einen bleibenden Nährboden für diverse Proteste (vgl. 5.). Die Frage ist jedoch, welche Qualität und Schlagkraft sie jeweils besitzen.

2.2 Die 24. März-Jugend: Starke Opposition oder tote Bewegung?

Für eine neue Qualität von Protesten und die Formen des politischen Umgangs damit steht das Beispiel der 24. März-Jugend. Inspiriert von der ägyptischen Strategie, via Online-Medien zu einem Massenprotest für ein bestimmtes Datum zu mobilisieren, rief eine Koalition junger Jordanier_innen aus diversen sozialen und politischen Kontexten[7] zu einem offenen Sit-in auf dem Ammaner Jamal Abdul Nasser Platz (lokal bekannt als *duār dāchiliya*) auf, zu dem sich am 24. und 25. März 2011 über 3.000 Menschen versammelten. Im Vergleich zu früheren wöchentlichen Demonstrationen mit begrenzter Dauer und allgemeinen Forderungen nach ‚Reformen' und ‚Verbesserung der Lebensumstände' markiert dieses Ereignis ein neues Format von Protesten und eine bemerkenswerte Koordination spezifischer Reformforderungen (Shabab 24 Adhar 2011). Die neue Qualität der Proteste ging nicht unbemerkt am herrschenden Establishment vorbei, was sich in der heftigen Reaktion auf das Sit-in spiegelte. Am 25. März verwandelte sich die zunächst friedliche Versammlung in Folge von Angriffen durch selbsternannte ‚Loyalist_innen' sowie der Einmischung der Gendarmerie (*darak*) in gewaltsame Zusammenstöße zwischen Demonstrant_innen, Loyalist_innen und Sicherheitskräften, die zu einem Toten und über hundert Verletzten führte (The Black Iris 2011; eigene teilnehmende Beobachtung).

Am folgenden Tag sprach Premierminister Ma'rouf Al-Bakhit eine Warnung an die Muslimbruderschaft aus, welche er für die gewaltsamen Ereignisse verant-

---

1980er Jahre von den internationalen Finanzinstitutionen IWF und Weltbank vorangetrieben, werden jedoch – besonders seit der Thronbesteigung von König Abdallah II. 1999 – von wichtigen Teilen der jordanischen politischen und ökonomischen Eliten getragen.

7 An dem Sit-In nahmen politische Aktivist_innen unterschiedlicher Couleur (von der IAF bis zu Jayeen), Politiker_innen, Journalist_innen, Mitglieder des Nationalkomitees für eine Lehrer_innenvereinigung sowie Berufsverbände aus verschiedenen Provinzen teil (Ammon News 2011a).

wortlich machte. Er mahnte sie, „nicht mit dem Feuer zu spielen“ und zu einem konstruktiven Dialog zurück zu kehren (Jordan Times 2011). Damit wurde die 24. März-Jugend diskursiv als extremistische Gruppe gebrandmarkt, die von Islamisten dominiert werde. Dies spiegelte weitgehend die Stimmen der loyalistischen Angreifer des 25. März, die die Demonstrant_innen als „illoyale Palästinenser, die eine islamische Palästinenserregierung errichten und den König stürzen wollen“ identifizierten (The Black Iris 2011). Obwohl die Muslimbrüder und die Islamic Action Front – ihr parteipolitischer Arm – nur eine der zahlreichen Gruppen ausmachten, die am Sit-In teilnahmen, und die Gleichsetzung von Muslimbrüdern mit Palästinenser_innen oder gar Extremist_innen eine unangemessene Vereinfachung darstellt (Bank 2010), fand diese Interpretation der Ereignisse auch in der Folgezeit landesweit großen Anklang. So beschimpfte z.B. ein *Sheikh* in Wadi Araba die Muslimbruderschaft als Leiter der Demonstrationen und als “Brüder des Teufels” (*ichwān as-schaytān),* die das Land zu destabilisieren versuchten. Er beendete seine Anmerkung mit dem Satz: „Wir [die Beduinen] sind bereit die Monarchie zu verteidigen“.[8] Die wahrgenommene Notwendigkeit, für die Monarchie zu kämpfen, wurde auch durch die Entstehung zahlreicher Facebook-Gruppen sichtbar, die sich dezidiert gegen die Proteste richteten und eine große Zahl von Anhänger_innen gewinnen konnten (z.B. Nida' al-Watan 2011). Die weit verbreitete Assoziation der Proteste mit islamistischen, anti-royalistischen Palästinenser_innen wurde verzweifelt von den Demonstrant_innen bekämpft, die die Diversität ihrer Koalition betonten. Allerdings hatte sich die Debatte bereits stark polarisiert.

Im Nachgang der März-Demonstration etablierte die jordanische Regierung zudem einen zweiten Diskurs, um Proteste einzudämmen. In seiner Reaktion auf die Ereignisse ermutigte Premierminister Bakhit Demonstrant_innen, ihre Meinung frei zu äußern, ohne aber dadurch den Verkehr zu beeinträchtigen (*duār dāchiliya* ist ein wichtiger Verkehrsknoten). Diese Fokussierung auf die Raumdimension kann als Versuch interpretiert werden, Proteste in ein technisches Problem zu verwandeln, um die Aufmerksamkeit von ihrer politischen Agenda abzulenken. In der Folgezeit wurde dieses Argument beständig vorgetragen, um weitere Demonstrationen an zentralen öffentlichen Orten in Amman zu verhindern oder vorzeitig aufzulösen. Spätere Proteste wurden z.B. auf den Platz vor der Ammaner Kommunalverwaltung (GAM) in Ras Al-'Ayn verlagert; einem Ort, der weder die hohe Sichtbarkeit und den Störeffekt von *duār dāchiliya* hat, noch die

8 Interview in Wadi Araba, 26.04.2011.

symbolische Bedeutung anderer Standorte im Zentrum Ammans.[9] Auf der größten Nachfolgedemonstration der 24.März-Jugend am 15. Juli 2011 umstellten hunderte von Sicherheitskräften die dort Protestierenden und verhinderten so, dass sich Umstehende oder Zuspätkommende den Protesten anschließen konnten (Fahim 2011). Die Technokratisierung, Verlagerung und räumliche Eingrenzung der Proteste ermöglichte es, die Sichtbarkeit von Demonstrationen deutlich zu schwächen. Parallel dazu gab es seither eine Vielzahl loyalistischer Kundgebungen und Autoparaden, die einige der wichtigsten Verkehrsknotenpunkte in der Stadt zum Erliegen brachten, ohne dass Verkehrsbehinderungen beklagt wurden.

Die Delegitimierungs- und die räumliche Eindämmungsstrategie haben stark zu einer verringerten öffentlichen Sichtbarkeit der 24. März-Koalition geführt. Elektronische Diskussionen sind weitgehend abgeklungen und die Koalition hat sich gespalten. Wie Aktivist_innen aus dem Umfeld der 24. März-Jugend berichten, sind alle bisherigen Versuche, sich mit den Bewegungen im Süden des Landes zu vereinen, zum einen an der Frage gescheitert, ob die Muslimbruderschaft an Koalitionen teilnehmen kann. Zum anderen brachen sich die Positionen in Bezug auf den rechtlichen Status palästinensischer Jordanier_innen. Dennoch ist der Versuch, gruppen- und strömungsübergreifende Reformkoalitionen zu bilden, nicht gänzlich zum Erliegen gekommen.

2.3 Gemeinsame Forderungen einer gespaltenen Bevölkerung

Die Entwicklung der 24.-März-Koalition im Kontext massiver Interventionsversuche von oben verweist auf Konfliktlinien innerhalb der Bevölkerung, die leicht politisiert werden können, um die Entstehung einer breit angelegten und inklusiven Bewegung für substantiellen Wandel zu verhindern. Insbesondere haben sich im Lauf der letzten Jahrzehnte Ressentiments zwischen palästinensischen Jordanier_innen, die faktisch die Mehrheit der jordanischen Bevölkerung ausmachen[10], und Transjordanier_innen herausgebildet, die in Krisenzeiten immer

9 Für eine detailliertere Analyse der rechtlichen und räumlichen Dimension von Protesten in Jordanien, vgl. Schwedler und Fayyaz 2010.

10 Aufgrund der Sensibilität des Themas und der nominellen Begründung, dass die meisten Palästinenser_innen in Jordanien jordanische Staatsbürger_innen und daher ununterscheidbar vom Rest der Bevölkerung seien, gibt es keine offiziellen Zahlen darüber, sondern nur Schätzungen. Die Befürchtung ist, dass der Diskurs der israelischen Rechten bgzl. Jordanien als alternative palästinensische Heimat (al-watan al-badeel) noch mehr Zuspruch gewinnen würde, wenn es ein offizielles Zugeständnis in Bezug

wieder an die Oberfläche kommen. Nach dem kurzen Bürgerkrieg im Jahr 1970 (Schwarzer September), in dem das jordanische Militär die palästinensischen Fida'iyīn aus dem Land vertrieb, hat sich die Situation der jordanischen Palästinenser_innen, die bis zu einem gewissen Grad in das jordanische System integriert wurden, allmählich verändert: sie wurden zunehmend aus dem öffentlichen Sektor sowie den Sicherheitsapparaten entfernt und öffentliche Zuwendungen wie der freie Zugang zu staatlichen Universitäten wurden ihnen verwehrt.[11] Auch wenn gemäß des offiziellen Nationalismus sowohl Transjordanier_innen als auch palästinensische Jordanier_innen Teil der ‚jordanischen Familie' sind, die durch die haschemitische Monarchie geschützt wird, wurde der jordanische Nationalismus ‚beduinisiert", d.h. die Rolle von Beduinen als Repräsentanten der Nation wurde zunehmend betont (Massad 2001:246-275). Politisch entwickelte sich eine klare Überrepräsentation ländlicher Transjordanier_innen im Vergleich zu städtisch basierten Palästinenser_innen, vor allem durch die Einteilung der Wahlbezirke und andere Bestimmungen des im Jahr 1993 eingeführten Wahlgesetzes (Bouziane 2010a). In den letzten Jahren wurde zudem zahlreichen Palästinenser_innen die jordanische Staatsangehörigkeit entzogen, was zur wachsenden Unsicherheit über die Dauerhaftigkeit ihres rechtlichen Status' führte. Als Folge entstand bei vielen von ihnen der Eindruck, dass ihre Stimme in der jordanischen Politik nicht zählt und dass sowohl das Parlament als auch der öffentliche Sektor lediglich ein Spielfeld der transjordanischen Bevölkerung darstellen. Doch die vermeintlich bevorzugten Transjordanier_innen erfahren ebenfalls zunehmend Prekarisierung. Mit dem Beginn der neoliberalen Wirtschaftspolitik ab den frühen 1990er Jahren hat sich die Lebenssituation der (überwiegend transjordanischen) Angestellten des öffentlichen Dienstes, die seit den 1970er Jahren die privilegierte jordanische Staatsklasse ausmachten, drastisch verschlechtert (Lenner 2008). Entgegen der weit verbreiteten Wahrnehmung sind die palästinensischen Jordanier_innen jedoch nicht die eindeutigen Gewinner_innen des zunehmend geförderten Privatsektors. Einige Wirtschaftseliten mit palästinensischen Wurzeln haben in der Tat profitiert und neue Geschäftsfelder für sich erschlossen. Gleichzeitig lässt sich aber ein Anstieg informeller ökonomischer Aktivitäten und Institutionen beobachten. Sie begleiten die zunehmende Verarmung in und um die großen Städte Amman, Zarqa und Irbid, in denen palästinensische Jordanier_innen mehrheitlich leben (Bouziane 2010b). Allerdings hat die Wahrnehmung, dass palästinensische Jordanier_innen die Früchte der neoliberalen Politik

auf diese Zahlen gäbe, und dass dies zudem zu einer Entfremdung des transjordanischen Bevölkerungsteils führen könnte.

11 Interviews in Amman, 28.10.2006

ernten, zum Wiederaufleben eines anti-palästinensischen transjordanischen Nationalismus' beigetragen. Heutzutage bezeichnen sich immer mehr Transjordanier_innen als diskriminiert, weil sie aus dem Privatsektor ausgeschlossen seien und eignen sich damit eine Terminologie an, die bisher der Situationsbeschreibung palästinensischer Jordanier_innen vorbehalten war (Ryan 2010). Kritik an der neoliberalen politischen und wirtschaftlichen Elite konzentriert sich zudem besonders auf Personen mit palästinensischem Ursprung, wie den langjährigen Berater des Königs Bassem ʻAwadallah oder den abgesetzten Premierminister Samir Al-Rifaʻi (Bustani 2011).

Konflikte zwischen den beiden größten Bevölkerungsgruppen sind daher bedeutend, aber keineswegs natürlich oder eindeutig. In den 1950er Jahren waren beide an der jordanischen Nationalbewegung beteiligt, einer städtischen, bürgerlich dominierten Bewegung, die weitreichenden politischen und wirtschaftlichen Wandel im Namen des arabischen Nationalismus forderte und fast die Monarchie zu Fall brachte (Anderson 2005). Und auch heute sind politische Bewegungen nicht so gespalten, wie man annehmen könnte. Die 24. März-Koalition bestand sowohl aus palästinensischen Jordanier_innen als auch Transjordanier_innen; die Islamische Aktionsfront (IAF) – angeblich die wichtigste Vertreterin der palästinensischen Frage in Jordanien – wird überwiegend von Transjordaniern geleitet. Wie in den verschiedenen Protesten sichtbar wird, teilen beide Bevölkerungsgruppen ähnliche Anliegen: Forderungen nach Auflösung des Parlaments und gewählten Regierungen, Kritik an neoliberalen Politiken oder die Anklage korrupter Praktiken kamen von städtischen wie ländlichen, transjordanischen wie palästinensischen Stimmen. Zudem gibt es weiterhin organisierte Versuche, die ethnisierten Konfliktlinien zu überwinden und gemeinsame Positionen zu formulieren. Mit der Entstehung der Nationalen Front für Reform (NFR) unter dem ehemaligen Premierminister Ahmad ʻObeidat, die ähnlich wie die 24.März-Koalition ein vielfältiges Spektrum oppositioneller transjordanischer und palästinensisch-jordanischer Akteur_innen umfasst, ist eine neue Bewegung aufgekommen, die durch die Formulierung konkreter Politikinhalte und Reformprogramme versucht, einen Konsens zwischen den verschiedenen politischen Kräften zu erzielen (ICG 2012: 17).

Trotz der geteilten Unzufriedenheit haben die Protestdynamiken allerdings nicht, wie z.B. in Ägypten oder Tunesien, den Grad eines vereinheitlichten oppositionellen Nationalismus angenommen, der sich gegen Spaltungsversuche von oben behaupten könnte. Auch wenn fast alle Demonstrationen seit 2011 die aus diesen Kontexten bekannte Taktik verwendeten, als Zeichen des Patriotismus mit der nationalen Flagge zu protestieren, wirkt die Behauptung palästinensisch angeführter Proteste effektiv als Delegitimierungsinstrument.

2.4 Frauen: (k)ein frischer Wind für die Protestbewegung?

Während identitätspolitische Fragen breit diskutiert werden, bleiben öffentliche Auseinandersetzungen mit der Geschlechterordnung weitestgehend aus. Wie so viele Bereiche in Jordanien ist auch die „Protestwelt" von Männern dominiert; dies gilt umso mehr für die Demonstrationen in der Provinz. In Amman und anderen Städten beobachtet man das Phänomen der geschlechtergetrennten Demonstrationen, bei denen die meist sehr viel geringere Anzahl von Frauen als Block hinter den Männern marschiert. Angesichts der starren Geschlechterordnung ist es umso bemerkenswerter, dass der erste von Frauen initiierte und geführte Protest in Jordanien gerade in der Provinz stattgefunden hat. Ausgelöst durch die Verhaftung von sechs Aktivisten der Freien Tafileh-Bewegung (*Ahrār at-Tafīlah*) demonstrierten ca. 150 Frauen für die Freilassung ‚ihrer Söhne'. Die Mutter eines der Inhaftierten erklärte, man wolle mit dem Protest nicht nur die Freilassung fordern, sondern den Frauen Jordaniens in einer männerdominierten Reformbewegung eine Stimme geben. Zugleich protestierten die Frauen aus Tafileh ähnlich wie ihre Männer gegen Korruption, für politische Freiheiten und Reformen (Luck 2012b). Die politische Aktivistinnen-Szene ist jedoch grundsätzlich sehr klein und umfasst kaum prominente Akteurinnen. Eine Ausnahme bilden z.B. die politischen Aktivistinnen im Umfeld der Bloggerszene um 7ibr.com, in denen junge Frauen tragende Rollen einnehmen. Im Rahmen der Initiative „*Umī Urduniya, Wa dschinsiyatihā Haqī*" (Meine Mutter ist Jordanierin und ihre Staatsbürgerschaft ist mein Recht) finden in Amman seit März 2011 zudem zahlreiche Sit-Ins und Proteste von Frauen statt, die sich für die Änderung des Staatsangehörigkeitsrechts einsetzen und fordern, dass Kinder jordanischer Frauen und ausländischer Väter die Staatsbürgerschaft ihrer Mutter erhalten dürfen.

Frauen erscheinen damit als eine der vielen Einzelgruppen, die gegenüber der Monarchie ihre vermeintlich partikularen Anliegen formulieren dürfen. Dabei dienen Frauenrechte als Verhandlungsmasse, die im Spannungsfeld zwischen konservativem Widerstand und internationalen Forderungen steht. So hatten Frauenrechtlerinnen ursprünglich vom königlichen Ausschuss für eine Verfassungsrevision die Zusicherung erhalten, dass das Wort "Gender" in Artikel 6 der Verfassung einbezogen werde, der andere Formen von Diskriminierung untersagt. Allerdings wurde das Wort dann erneut aus dem endgültigen Entwurf gestrichen, was das Nachgeben gegenüber konservativen Kräften verdeutlicht (Husseini 2012). Zugleich bilden Frauenrechte jedoch ein internationales Symbol für Modernität und Progressivität und sind insofern relevant für das Image Jordaniens im Umgang mit westlichen Geberländern. Vor diesem Hintergrund werden wenige symbolische Zugeständnisse vor allem in Bezug auf politische

Repräsentation gemacht. So verabschiedete im Juli 2011 das Parlament die neue Kommunalcharta, welche die Frauenquote von 20 auf 25 Prozent anhob. In Bezug auf substantiellere Forderungen wie soziale und ökonomische Teilhaberechte oder den Schutz vor Gewalt hat sich demgegenüber wenig verändert. Mit 20,7% (2004) ist die Partizipation von Frauen am Arbeitsmarkt weiterhin eine der niedrigsten weltweit (MoPIC / UNDP 2011:49;177), obwohl gerade Frauen aus sozial schwachen Verhältnissen nach abhängiger Beschäftigung suchen.

3 Monarchie als Rettungsanker

3.1 Die Wiederbelebung des Teile-und-Herrsche

Der beschriebene Umgang mit unterschiedlichen gesellschaftlichen Gruppen beschränkt sich nicht auf geschlechtsspezifische oder ethnisierte Trennlinien. In der Literatur über dynastische Herrschaft in arabischen Staaten haben Autor_innen wie Shryock (2000) Jordanien als Staatswesen beschrieben, in dem der König als Patron und Beschützer verschiedener sozialer Gruppen agiert, denen jeweils spezifische Rechte und Privilegien zugesprochen werden. Entlang dieser Logik werden die Subjekte nicht als homogene Nation oder als gleiche Bürger_innen behandelt, sondern als Ansammlung separater Gemeinschaften, die von einer königlichen Vaterfigur zusammengehalten werden, welche im Umgang mit jeder von ihnen unterschiedliche Terminologien und Repräsentationen verwendet.[12] Auf diese Weise adressiert der König sie symbolisch als Zweige der jordanischen Familie. Darüber hinaus richtet sich die Inszenierung der jordanischen Könige als oberste Modernisierer oder Entwickler ihres Landes nicht nur an ein internationales Publikum, sondern auch an die global orientierte städtische Mittelschicht.

Auch wenn diese Beschreibung wichtige politische Dynamiken fassen kann, ist die hier beschriebene personalisierte Strategie des ‚Teile und Herrsche' keine, die sich kontinuierlich durch die Dekaden zieht. Während sie unter dem verstorbenen König Hussein sehr ausgeprägt war (Layne 1994), nahm sie seit der Thronbesteigung König Abdallahs II. 1999 an Relevanz ab. Besonders die ersten Jahre seiner Herrschaft waren durch eine deutliche Revision politischer Prioritäten geprägt: neue Schwerpunkte wurden beispielsweise sichtbar in der Integration

12 Diese Strategie des Teile-und-Herrsche ist vielfach als herausstechendes Charakteristikum arabischer Monarchien beschrieben worden (z.B. Anderson 2002). Es kann allerdings auch in den Republiken beobachtet werden (Wedeen 1999) und ist insofern kein exklusives Kennzeichen monarchischer Herrschaft.

angloamerikanisch sozialisierter unternehmerischer Eliten in die Staatsapparate, in wiederholten Phasen des Regierens per Dekret oder in der vorübergehenden Ernennung (statt Wahl) von Bürgermeistern. Derartige Umstrukturierungen lassen sich als Versuch lesen, personalisierte Politik, die auf Verwandtschaftsnetzwerken basiert, zu schwächen und stattdessen einen ‚technokratischen' Politikstil zu stärken (Al-Husban 2005). Die seither verfolgte Wirtschaftspolitik konzentrierte sich zudem stärker darauf, neoliberale makro-ökonomische Reformen, Privatisierungsprozesse und öffentlich-private Megaprojekte voranzutreiben (Harrigan u.a. 2006; Parker 2009). Personalisierte Patronageformen wurden allerdings nie ganz aufgegeben, was in der hartnäckigen Beibehaltung des viel kritisierten Einstimmenwahlrechts von 1993 sichtbar wird, das ein Wahlverhalten nach familiären Loyalitäten und klientelistischen Gesichtspunkten befördert (Bouziane 2010b). Auch die ab April 2012 diskutierte Gesetzesvorlage der jordanischen Regierung, die erstmals 27 von 140 Parlamentssitzen für Parteien vorsieht, wird daran kaum etwas ändern. Dennoch hat die personalisierte Politik ihre Vorrangstellung und ihre integrative Funktion weitgehend verloren. Mit der zunehmenden Verschlechterung der Lebensstandards breiter Bevölkerungsteile haben sich insbesondere unter der oft als ‚Rückgrat der Monarchie' bezeichneten ländlichen Bevölkerung Beschwerden darüber breit gemacht, dass der neue König der persönlichen Kommunikation nicht genügend Zeit einräumt (Ryan 2010).

Angesichts des politischen Aufruhrs in vielen Ländern der Region seit 2011 erfährt dieser Politikmodus wieder ein relatives Comeback. Seit dem Beginn der Proteste im Januar 2011 besuchten sowohl der König als auch hochrangige Politiker zahlreiche Orte im ganzen Land, bei denen sie zusätzliche finanzielle Ressourcen zusagten. Neben Städtebesuchen hat König Abdallah auch die Praxis wiederaufgenommen, wichtige 'aschā'ir zu treffen und sich persönlich nach ihren Bedürfnissen zu erkundigen (Ammon News 2011b).

Solche Demonstrationen von ‚Volksnähe' bestärken das Bild, dass der jordanische König persönlich um das Wohl seiner Untertanen besorgt ist und schürt zudem die Hoffnung, an der Verteilung staatlicher Mittel teilhaben zu können. Indem sie direkte vertikale Verbindungen schaffen, tragen sie auch zu einer weiteren Heterogenisierung der jordanischen Gesellschaft bei. Ein königlicher Besuch zieht normalerweise einen Mittelzufluss nach sich, sei es in der Form von königlichen Gaben (*makrama malakiya*) oder der Initiierung von Entwicklungsprojekten. In Ma'an etwa beschrieb ein Gesprächspartner diese Logik folgendermaßen: „Wenn man etwas fordern will, muss man, um es zu bekommen, es direkt vom König fordern".[13] Nicht jeder Gruppe ist allerdings diese Form von Aufmerksam-

13 Interview in Ma'an, 13.5.2009.

keit vergönnt. Es gibt zahlreiche vernachlässigte Gebiete, seien es dünn besiedelte Steppengegenden, informelle Siedlungen oder Flüchtlingslager. Dennoch sind auch Jordanier_innen, die bislang keine solchen Begünstigungen erfahren haben, davon überzeugt, dass die persönliche Kontaktaufnahme mit der Königsfamilie den effektivsten Weg darstellt, Forderungen erfolgreich zu artikulieren. Diese Atomisierung und der damit einhergehende Mangel an horizontalen Solidaritäten lässt sich auf das Erbe des alten Sozialvertrags zurückführen, der Beschäftigung im öffentlichen Sektor und andere Formen der materiellen Zuwendung im Gegenzug zu politischer Loyalität bot. In der gegenwärtigen Situation der Konkurrenz um knappere öffentliche Ressourcen, welche die Jahre der Strukturanpassungspolitik seit 1989 charakterisiert, hat sich die Suche nach individuellen Lösungen durch persönliche Verbindungen (*wasta*) noch weiter verstärkt (Bayat 2002). In einer Situation, in der eine Anstellung im öffentlichen Dienst kaum mehr ausreicht, um eine Familie zu ernähren, ist es nicht nur der Zugang zum öffentlichen Sektor, sondern zum König oder seinem Berater_innenstab, der ein höheres Maß an Inklusion und Ressourcenfluss verspricht. Die Revitalisierung der Teile-und-Herrsche-Politik trägt, gekoppelt mit der Erosion sozialer Sicherheit, dazu bei, die Bildung breiter Koalitionen zwischen verschiedenen Gruppen zu verhindern. Dies gilt nicht nur für das Verhältnis zwischen palästinensischen Jordanier_innen und Transjordanier_innen, sondern ebenso für die Beziehungen zwischen verschiedenen transjordanischen Regionen oder Verwandtschaftsnetzwerken.

Ein prägnantes Beispiel für die Sorge um die Beibehaltung dieser Option sind die Ereignisse in Tafileh, einer Provinzhauptstadt im Süden des Landes, im Sommer 2011. Internationale Medien berichteten, dass es bei einem Besuch des Königs im Juni einen Angriff auf seinen Konvoi gegeben habe. Damit wurde die Frage aufgeworfen, ob sich Jordanien nun in die Liste der Staaten in der Region einreihen würde, in denen die Staatsoberhäupter in Frage gestellt werden (AP 2011). In der Provinz selbst erzählt man eine andere Geschichte. Anwesende berichteten, es sei nur zu Rangeleien zwischen Jugendlichen und der Gendarmerie (*darak*) gekommen, weil zu viele Personen gleichzeitig dem König persönlich begegnen wollten. Vielfach wurde betont, dass es sich nicht um eine anti-royalistische Aktion gehandelt habe.[14] In der Folge des Besuchs und der Berichterstattung begannen zahlreiche betont loyalistische Aktivitäten, um dem vermeintlich schlechten Ruf der Provinz, den sie auch durch die seit Monaten gegen Korruption und sinkende Lebensstandards protestierenden Ahrār at-Tafīlah erlangt habe, etwas

14 Gespräche in Dana/Qadesiyah, Juni & Sept. 2011.

zu entgegnen.[15] Die Episode zeigt, dass es eine große Besorgnis darüber gibt, als regimekritisch eingestuft und daher von (eventuellen) königlichen Zuwendungen ausgeschlossen zu werden.

3.2 Keine Alternative zur Monarchie?

Neben Hoffnungen auf materielle Privilegien haben Divide et Impera-Strategien auch zu der weit verbreiteten Einschätzung beigetragen, dass es keine Alternative zur haschemitischen Herrschaft gibt. Angesichts der Tatsache, dass die Kritik des Königs in Jordanien gesetzlich unter Strafe steht, ist es schwer, seine tatsächliche Popularität einzuschätzen. Was dennoch festgestellt werden kann ist, dass die haschemitische Herrschaft über die Grenzen einzelner Gruppen hinaus als Garant für Stabilität und Sicherheit im Land betrachtet wird. Dies mag eine Erklärung dafür bieten, warum es, trotz weitverbreiteter Kritik an Regierungspraktiken bisher kaum direkte Angriffe auf die Institution der Monarchie gegeben hat. In den Szenarien, die verschiedene gesellschaftliche Gruppen dazu entwerfen, würde Jordanien ohne die haschemitische Monarchie entweder durch eine der lokalen 'aschā'ir regiert (was als inakzeptabel gilt), steuert auf einen Bürgerkrieg (zwischen palästinensischen Jordanier_innen und Transjordanier_innen oder zwischen verschiedenen jordanischen *'aschā'ir*) zu oder würde zum alternativen palästinensischen Staat.[16] Allerdings war die Vorstellung, dass es keine Alternative zum Ist-Zustand gibt, auch in Staaten wie Ägypten oder Tunesien lange verbreitet und sollte von daher nicht als unveränderlich betrachtet werden. Im letzten Jahr ist das Ausmaß der Kritik an der Monarchie merklich gestiegen. So wurde beispielsweise Königin Rania in einer Erklärung 36 transjordanischer wudschahā' (Repräsentant_innen) beschuldigt, öffentliche Gelder zu verschwenden, um ihr persönliches Image zu polieren, und ,gegen den Willen von Jordaniern und Haschemiten Zentren aufzubauen, um ihre Macht zu stärken und ihre Interessen zu bedienen' (Ahram Online 2011). In der Kritik an der palästinensischstämmigen Königin, die auch von vielen demonstrativ königstreuen Jordanier_innen toleriert wird, scheint die simplifizierende Assoziationskette ,Palästinenser_innen – Privatsektor – Ausverkauf des öffentlichen Sektors' auf. Indem ihr Regieren hinter den Kulissen und ihre Vernetzung mit ökonomischen Eliten angeprangert werden, kann der König selbst als davon unabhängige, neutrale Figur bestehen

15 Gespräche in der Provinz Tafileh, Sept 2011.

16 Interviews und Gespräche in Amman sowie in den Provinzen Aqaba, Ma'an und Tafileh, April und Sept. 2011.

bleiben. Neben Diskussionen über Königin Rania gibt es immer wieder Gerüchte über Pläne innerhalb des Establishments, Prinz Hamza, den jüngeren Bruder Abdallahs II., als Kronprinz zu installieren und dadurch die Erbfolge zu verändern (Damra 2011). Dadurch würde sichergestellt, dass kein ‚halber Palästinenser' zum nächsten jordanischen König wird, wie sich hinter vorgehaltener Hand gelegentlich hören lässt.[17] Der König selbst ist nur in Ausnahmefällen Zielscheibe der Kritik; auch diese ist jedoch im letzten Jahr artikulierter geworden. Im Frühjahr 2012 begannen z.B. einige Demonstrant_innen bewusst, die allseits bekannte ‚rote Linie' zu überschreiten und bezeichneten den König u.a. als Kopf der Korruption (HRW 2012a).[18]

Während also die Kritik an der Königsfamilie eine neue Dimension angenommen hat und bis auf die bloße Existenz des Königs all seine Entscheidungen (inkl. seiner Wahl von Frau und Thronfolger) in Frage gestellt werden (Ryan 2011), wird die haschemitische Herrschaft an sich weiterhin als einzige Option betrachtet. Bislang hat die fehlende Alternativvorstellung, wer sonst das Land wie regieren könnte, dazu beigetragen, die Grundstrukturen des Staatswesens intakt zu halten.

4 Instrumente der Eindämmung und Kontrolle

4.1 Regierungswechsel als Puffermechanismus

Neben Teile-und-Herrsche-Strategien und personalisierten Formen von Interaktion hat die jordanische Monarchie weitere Instrumente entwickelt, um Transformationsprozesse zu kontrollieren und in Zeiten politischer Spannung eine Infragestellung des Systems zu verhindern. Ein etablierter Puffermechanismus, von dem seit 2011 wieder stark Gebrauch gemacht wird, ist der Austausch der Regierung. Es handelt sich hierbei um einen Routinevorgang, der nicht nur in Krisenzeiten zu beobachten ist – seit der Thronbesteigung König Abdallahs II. vor dreizehn Jahren wurden mittlerweile zehnmal neue Premierminister ernannt (Muasher 2011). Gerade in einer angespannten politischen oder ökonomischen Situation dient es jedoch als Sicherheitsventil, ‚ineffiziente' Premierminister oder Regierungen für gesellschaftliche Unzufriedenheit verantwortlich zu machen. Seit der ersten Serie größerer Demonstrationen im Januar 2011 wurden bereits drei neue Premierminister ernannt. Ihr unterschiedliches Profil – Ma'rouf al-Bakhit als prominenter transjordanischer Vertreter des Sicherheitsestablishments,

17 Gespräche in Wadi Musa, Okt. 2010

18 Gespräch mit Aktivist in Amman. Apr. 2012

der Richter 'Awn Al-Khasawneh als von außen kommender Professioneller, und Fayez Tarawneh als etabliertes Mitglied des engsten königlichen Beraterstabs – spiegelt die Strategie wider, durch die periodisch wechselnde Ernennung von Repräsentant_innen verschiedener Elitensegmente öffentlicher Kritik zu begegnen. Die Regierungswechsel führten zu einer kurzzeitigen Beruhigung der Situation und einem zeitweiligen Abschwellen von Demonstrationen. Dennoch haben auch sie nicht zu einem großen Vertrauenszuwachs geführt. Unter organisierten Oppositionellen ist die Einschätzung verbreitet, dass Regierungswechsel angesichts der Bedeutungslosigkeit der Regierung gegenüber anderen Entscheidungszentren relativ irrelevant sind (ICG 2012: 20).

4.2 Das Königreich des Dialogs

Eine zweite Strategie der Eindämmung, die sich im letzten Jahr mehrfach beobachten ließ, ist die Politik der Verschleppung durch Institutionalisierung. Einen wichtigen Aspekt hierbei bildet die Schaffung von Reformkommissionen, die allerdings kein Novum ist. Seit 1989 wurden zahlreiche nationale Kommissionen ins Leben gerufen, um politische Zukunftsvisionen zu entwickeln – die meisten mit allenfalls symbolischen Folgen (Muasher 2011). Die zahlreichen 2011 und 2012 initiierten Foren führen diese Tradition fort.

Der Prozess begann im März 2011, im Zuge der Regierungsumbildung, mit der Einrichtung eines Nationalen Dialogkomitees (NDK), das Empfehlungen für ein neues Wahl- und Parteiengesetz sowie weitere Reformvisionen erarbeiten sollte. Das Komitee stand von zahlreichen Seiten unter Beschuss (Watkins 2011). Da es zudem einen rein beratenden Charakter hatte, ist der Status der Vorschläge, die im Juni 2011 präsentiert wurden, bislang ungeklärt. Die zentrale Frage der Verfassungsreform, die viele Oppositionelle angemahnt hatten, wurde aus dem NDK aus- und in eine königliche Kommission verlagert, die parallel zum NDK hinter verschlossenen Türen tagte. Die schließlich beschlossenen Verfassungsänderungen blieben weit hinter den von Aktivist_innen erhofften Maßnahmen zurück (Jordanoholic 2011). Die Dialogoffensive beschränkte sich jedoch nicht auf diese institutionenbezogenen Fragen, sondern nahm auch gesellschaftspolitische Forderungen auf, die in den Provinzen aufkamen. Hierzu zählt die Forderung nach der Anerkennung kollektiver Landrechte (*wādschahāt 'aschā'iriyya*). Mit ihr befasste sich ebenfalls ein Komitee, um das es jedoch bald recht still wurde.

Über die Schaffung konkreter Reformkommissionen hinaus sind die Reaktionen auf oppositionelle Forderungen seit 2011 geprägt von Maßnahmen der Verzögerung, Verschiebung und institutionellen Verunsicherung. Oft werden unmittelbar nach Demonstrationen als Reaktion Maßnahmen angekündigt, die dann jedoch nicht durchgeführt werden oder institutionell versickern. Diese Vorgehensweise bietet die Möglichkeit, Themen symbolisch zu bearbeiten, sie zeitweise auf Eis zu legen und bei akuten Anlässen den Faden wieder aufzunehmen. Insgesamt stellen derartige Dialogoffensiven eine Form dar, Konflikte zu entschärfen oder zumindest zu vertagen. Sie können als Versuch analysiert werden, einigen oppositionellen Forderungen zu begegnen und sie damit zugleich weg von der Straße in einen kontrollierbaren, dialogorientierten Raum zu verlagern. Auch wenn sich viele Beobachter_innen einig sind, dass diese Komitees eher dem Zeitschinden als der ernsthaften Reform dienen (ICG 2012:19-23), haben sie doch eine gewisse stabilisierende Wirkung, indem sie von oben definieren, was wann und in welchem Rahmen thematisiert werden darf. Sie füllen den öffentlichen Raum mit Leitlinien dafür, was gewünschte Reformen und damit legitime Diskussionsthemen sind. Wann jedoch die dadurch vertagten Konflikte wieder aufbrechen, ist eher eine Frage der Zeit.

4.3 Baltagiya auf Jordanisch

Wenn diese Leitlinien unterwandert werden, stößt der Dialog allerdings an klare Grenzen. Gewaltausübung und die Unterdrückung freier Meinungsäußerung sind Aspekte, die in dem Narrativ des Teile-und-Herrsche als Charakteristikum monarchischer Herrschaftsformen relativ wenig Beachtung finden. Zwar liegt die Zahl von Verletzten und Toten bei regimekritischen Demonstrationen weit unter Tunesien, von Syrien ganz zu schweigen (vgl. Preysing, Bank / Mohns in diesem Band). Auch findet der historisch etablierte Mechanismus der königlichen Begnadigung inhaftierter Oppositioneller derzeit verstärkt Anwendung. Allerdings betonen Aktivist_innen die zunehmende Gewaltförmigkeit im Umgang mit oppositionellen Aktivitäten. Vor allem zwei neue Entwicklungen sind zu beobachten. Zum einen wird das besonders aus Ägypten bekannte Phänomen der regimetreuen *baltagiya* (Schläger) sichtbar, die Demonstrant_innen angreifen, ohne dass Sicherheitskräfte einschreiten. Diese Dynamik zeigte sich erstmals deutlich anlässlich der Demonstrationen am 24./25. März 2011, wiederholte sich jedoch auch in den Folgemonaten mehrmals (z.B. Ammon News 2011c). Zum anderen hat die Toleranz gegenüber Protesten und Kritik spürbar abgenommen. Die bereits erwähnten Versuche, die Grenzen des Sagbaren zu erweitern, werden verhältnismäßig hart bestraft, um ein Exempel zu statuieren und die existierenden ‚roten Linien' zu bekräftigen (HRW 2012a, b). Eine zweite Aktivität, die scharf geahndet wird, ist das Abhalten von Demonstrationen mit offenem Ende. Im Gegensatz zu zeitlich und räumlich begrenzten Demonstrationen, werden diese potentiell unkontrollierbaren Ereignisse nicht toleriert. Beispielhaft für eine Kombination beider Grenzüberschreitungen sind die Ereignisse in Tafileh im Frühjahr 2012. Ausgelöst durch die nicht eingehaltene Zusage, hunderte Arbeitsstellen in der Region zu schaffen, riefen lokale Aktivist_innen ein zeitlich unbegrenztes Sit-in aus. In diesem Rahmen wurden auch indirekte Drohungen des Regimesturzes artikuliert (HRW 2012b). Die gewaltsame Auflösung des Sit-ins endete in zahlreichen Verhaftungen, die ein hartes Durchgreifen signalisierten. Das repressive Vorgehen, das mit der Kriminalisierung der Aktivist_innen einherging, hat zu einer breiten Solidarisierung beigetragen und für die Wiederbelebung einer allmählich einschlafenden Protestbewegung gesorgt.

5 Sozio-ökonomische Aushandlungsprozesse und die Grenzen des neoliberalen Modells

5.1 Korruption als umkämpftes Leitmotiv

Ein Aspekt, der in der Literatur zu monarchischer Herrschaft oft sehr strukturalistisch behandelt wird, sind sozio-ökonomische Politiken. In dieser Hinsicht wird vorrangig auf den Zusammenhang zwischen Rentenfluss und Verteilungslogiken hingewiesen (kritisch hierzu: Peters / Moore 2009). Die Themensetzung durch oppositionelle Aktivist_innen verweist jedoch darauf, dass konkrete wirtschaftspolitische Ausrichtungen und die damit verknüpfte Frage des sozioökonomischen Ein- und Ausschlusses stärker im Vordergrund stehen müssen.

Die Forderung nach Korruptionsbekämpfung bildet das zentrale Leitmotiv oppositionellen Aktivismus' seit 2011. Dabei stehen spezifische Figuren aus Politik und Wirtschaft am Pranger, denen Misswirtschaft und Veruntreuung öffentlicher Gelder vorgeworfen wird. Wie andere politische Großbegriffe bildet auch Korruptionsbekämpfung ein Konzept, dessen potentielle Schlagkraft in seiner Vagheit liegt. Diverse Praxen können je nach sozialer und politischer Positionierung wahlweise als korrupt oder als angemessen identifiziert werden. Dies bringt vielfältige Aneignungs- und Anwendungsmöglichkeiten mit sich. Auf der Seite von Aktivist_innen schafft es ein verbindendes Mobilisierungspotential; auf der Seite der Machthabenden bietet es Möglichkeiten der gezielten Intervention. Wie in anderen Kontexten zeigt sich auch in Jordanien, dass sich in der Interaktion zwischen den verschiedenen Akteur_innen zahlreiche Räume für Aushandlung und Kompromissbildung bieten (Di Puppo 2010).

Jordanische oppositionelle Aktivist_innen konzentrieren sich derzeit besonders auf drei Aspekte: zum einen wird der Regierung vorgeworfen, massive Veruntreuung und Bereicherung durch einzelne prominente Politiker_innen und Unternehmer_innen zu tolerieren, während das Gros der Bevölkerung unter immer größeren ökonomischen Problemen leidet; zum anderen wird Korruption mit der Privatisierung ehemaliger Staatsbetriebe verknüpft und deren Renationalisierung gefordert (ICG 2012). Nach einigen Skandalen um anmaßende Gesetzesbeschlüsse des Parlaments sind nun auch Abgeordnete verstärkt auf die Liste der Angeklagten gerückt (The Black Iris 2012). Die Forderung nach Korruptionsbekämpfung dient dabei als Chiffre für den sozio-ökonomischen Ausschluss breiter Bevölkerungsteile und die Forderung nach erneuter Inklusion in den Verteilungskreis. Damit wird vor allem die Auflösung des Sozialvertrags durch neoliberale ‚Reformmaßnahmen' und die Demontage des öffentlichen Sektors beklagt.

An einzelnen Episoden wird sichtbar, dass die Grenzen des ‚Korrupten' fließend sind. Von Seiten der Machthabenden wurden im letzten Jahr einige demonstrative Maßnahmen der Korruptionsbekämpfung unternommen. Prominent gewordene Korruptionsskandale wurden an die Antikorruptionskommission übergeben und teilweise an Gerichte weitergeleitet. Einige Fälle mündeten in demonstrativen Verhaftungen. Allerdings zeichnet sich die Korruptionsbekämpfung durch eine deutliche Selektivität aus – kein einziger hochrangiger Politiker ist bislang einer Gerichtsuntersuchung unterzogen worden. Dies verweist darauf, dass z.B. für Parlamentsabgeordnete, die solche Maßnahmen wiederholt abwehrten, die Aussicht auf Privilegien und die Einbindung in Verteilungsnetzwerke wichtiger zu schein scheint als der Kampf gegen Korruption (Jordan Reform Watch 2012: 9-12). Auch Demonstrant_innen sind in ihrer Ablehnung von Korruption nicht immer eindeutig. Im letzten Jahr fanden sich auch immer wieder Demonstrant_innen zusammen, um die Integrität von Korruptionsbeschuldigten zu beteuern (Ammon News 2012). Aus solchen Ereignissen lässt sich erschließen, dass Korruptionsbekämpfung keine universale Forderung bildet, sondern dass die Handlungen von Mitgliedern der eigenen Solidargemeinschaft durchaus anders bewertet werden, wenn sie als Teil von (potentiellen) Verteilungskoalitionen identifiziert werden. Verurteilt wird also nicht die Tatsache, dass über persönliche und Verwandtschaftsbeziehungen Ressourcen verteilt werden, sondern vor allem die Fälle, in denen die Bereichung einzelner keine spürbare integrative Wirkung hat.

5.2 Abkehr vom neoliberalen Modell oder neuer Sozialvertrag?

Neben Verhandlungen um die Grenzen von Korruption wird um materielle Zugeständnisse gerungen. Eine wichtige Maßnahme, die den Anschuldigungen der selektiven Bevorzugung zu begegnen versucht, ist die Reform des öffentlichen Sektors, die Ende 2011 begonnen hat. Hier stand besonders der Umgang mit den in den letzten 15 Jahren etablierten ‚unabhängigen Institutionen' im Vordergrund, die im Zuge der (Teil-)Privatisierung ehemaliger Staatsbetriebe und der Etablierung neuer Entwicklungszonen geschaffen wurden. Viele dieser Institutionen haben sich in den letzten Jahren zu Auffangbecken für globalisierte Expert_innen entwickelt, deren Gehälter ein Vielfaches über denen einfacher Ministeriumsangestellter liegen. Die im Winter 11/12 beschlossene Reform gleicht nun die Gehaltsstrukturen an und gliedert einige ehemals unabhängige Institutionen in die regulären bürokratischen Strukturen ein (Hazaimeh 2012). Zugleich wird die Maßgabe der administrativen Angleichung dazu genutzt, sich unliebsamer Institutionen zu entledigen.[19] Zu den symbolischen Zugeständnissen gehört auch die Schließung einiger Institutionen, die besonders stark im Zentrum der Kritik an der neoliberalen Wirtschaftspolitik standen. Dazu zählt die Auflösung des Amman Institute, eines an die Stadtverwaltung von Amman angegliederten Think Tanks, dessen Mitarbeiter_innen mit teilweise exorbitanten Gehältern den Wandel nicht nur Ammans, sondern Jordaniens zu einem Knotenpunkt neoliberaler Globalisierung vorantrieb (Debruyne u.a., i.E).

Einige links orientierte Beobachter_innen sehen in der Demontage derartiger Institutionen sowie der Wiedererstarkung des öffentlichen Sektors und der Subventionspolitik bereits ein Ende der neoliberalen Hegemonie und die Entstehung eines neuen Modells am Horizont, das nicht mehr von westlichen Geberinstitutionen und ihren wirtschaftspolitischen Maßgaben abhängig ist, sondern vor allem in Folge der Unterstützung der Golfstaaten lebensfähig wird.[20] De facto haben sowohl Saudi Arabien als auch die USA angesichts der schwierigen innenpolitischen Situation ihre schon seit Jahrzehnten reichlich fließende finanzielle Unterstützung wesentlich erhöht (Ammon News 2011d; Neimat 2011).

Die Lautstärke, Kontinuität und Artikuliertheit der Forderungen nach sozioökonomischer Gerechtigkeit lässt sich zwar tatsächlich als Novum hervorheben.

19 Gespräche mit ehemaligen Mitarbeitern der aufgelösten Koordinationskommission für soziale Solidarität (CCSS) in Amman, April 2012.

20 Gespräch mit Aktivist in Amman, Sept 2012. Auch die Einbindung von Jordanien in den Golfkooperationsrat (GKR) wird hier immer wieder als Potential hervorgehoben.

Sie stellt den bis dato relativ unwidersprochenen Reformdiskurs der Modernisierung, Effizienzsteigerung und Stärkung des Privatsektors öffentlich in Frage. Ob es jedoch eine materielle Grundlage für ein neues Modell gibt, muss sich noch erweisen. Offensichtlich werden hier sensible Themen angesprochen, die den Kern der wirtschaftspolitischen Ausrichtung der letzten 15 Jahre angreifen. Teils werden, ähnlich wie in vielen anderen Staaten der Region, bemerkenswerte materielle Zugeständnisse gemacht. Dabei lässt sich eine stärkere Betonung der Versorgerrolle des Staates erkennen.

Es bleibt jedoch ein widersprüchliches Bild. So verweist z.B. die Entwicklung staatlicher Subventions- und Preiskontrollpolitik auf die hohe Bedeutung staatlicher Unterstützungsmaßnahmen, zugleich aber auch auf die Grenzen materieller Zugeständnisse. Als Reaktion auf den Beginn der Protestwelle 2011 gab es einige (direkte und indirekte) Subventions- und Lohnerhöhungen. Diese stehen allerdings im Widerspruch zur Deregulierungspolitik der letzten zwei Dekaden, die bleibende Spuren hinterlassen hat (Abu-Rish 2011). Beispielhaft hierfür ist das Ringen um die Elektrizitätspreise: ihre geplante Erhöhung wurde in Folge von Protesten wiederholt zurückgenommen, um jetzt aber doch schleichend erhöht zu werden (Luck 2012c). Auch die scharfen Auseinandersetzungen um den Lehrer_innenstreik Anfang 2012 zeigen, dass die Regierung nicht bereit bzw. in der Lage ist, alle sozio-ökonomischen Forderungen zu erfüllen (Luck 2012d).

Die Zusammenschau sozio-ökonomischer Maßnahmen seit 2011verweist auf eine gewisse Verschiebung der Gewichte und eine Stärkung des fürsorgestaalichen Moments. Daran wird klar, dass die Machthabenden bemüht sind, durch symbolische und materielle Zugeständnisse die Entstehung einer breiteren soziopolitischen Basis für Aufstände zu verhindern. Bislang handelt es sich jedoch eher um eine Gewichtsverschiebung innerhalb des etablierten Neben- und Ineinanders gegenläufiger sozio-ökonomischer Politiken (Lenner 2009a) als um ein neues Modell. Dieses Ringen um wirtschafts- und sozialpolitische Strategien lässt sich jedoch nicht angemessen mit dem bloßen Verweis auf Distributionspolitik erfassen.

6 Fazit

In diesem Beitrag haben wir die Formen von Herrschaft und Protest in Jordanien der letzten zwei Jahre analysiert, um Veränderungen und Kontinuitäten herauszuarbeiten. Der Blick auf die derzeitige Situation offenbart mehrere Anzeichen für die relative Stabilität der Herrschaftsform. Trotz sich verschlechternder Lebensumstände und weit verbreiteter Unzufriedenheit mit der ökonomischen und politischen Regierung des Landes wurden bislang Versuche, eine substantielle

Veränderung von Ökonomie, politischer Repräsentation und Partizipation herbeizuführen, relativ erfolgreich in Schach gehalten. Verantwortlich hierfür ist in erster Linie die Teile-und-Herrsche-Strategie, die sich besonders auf die Konfliktlinie zwischen Transjordanier_innen und jordanischen Palästinenser_innen auswirkt. Die Praxis, verschiedene politische und soziale Gruppen durch personalisierte Formen von Entgegenkommen und Eindämmung gegeneinander auszuspielen, bestätigt scheinbar die These der monarchischen Flexibilität und Stabilität. Bislang tragen diese Strategien in der Tat zu der weit verbreiteten Wahrnehmung bei, dass es keine Alternative zur haschemitischen Monarchie gibt, zumal der König als potentieller Rettungsanker und als Symbol der Stabilität in ökonomisch harten Zeiten betrachtet wird. Dies führt zu dem weit verbreiteten Diskurs, dass der König selbst das Ausmaß und die ‚richtige' Form von Reform bestimmen solle. Unser Beitrag argumentiert dennoch, dass eine Betrachtung durch die Brille der ‚monarchischen Stabilitätsthese' neue Dynamiken des Protests vernachlässigt, welche die etablierten Herrschaftsformen zugleich herausfordern und bestätigen. Zudem wird darin die Vielfalt sozialer, ökonomischer und politischer Regierungsformen nicht sichtbar. Die bisherige Vereitelung eines ‚jordanischen Frühlings' bedeutet nicht, dass keine bedeutsamen Veränderungen stattfinden. Neue Formen politischer Artikulation lassen sich erkennen, und das Ausmaß politischer Kritik hat sich bedeutend erweitert. Kritik und Forderungen konzentrieren sich nicht mehr nur auf die Regierungen, sondern beziehen auch die Rolle der Königsfamilie mit ein, womit ein wichtiger Puffermechanismus in Frage gestellt wird. Zudem gibt es immer mehr Bemühungen, Spaltungsstrategien zu überwinden und über Gruppengrenzen hinweg gemeinsame Forderungen zu stellen. Nach einer Dekade der relativen Vernachlässigung scheinen politische Entscheidungsträger_innen zu realisieren, dass sie Antworten auf die Anliegen breiter Bevölkerungsteile finden müssen. Darauf reagieren sie mit verschiedenen Strategien, nicht zuletzt mit der Re-Animierung personalisierter Interaktionsformen mit verschiedenen Gruppen, der stärkeren Betonung fürsorgestaatlicher Maßnahmen, aber auch der Intensivierung von Repression. Dies verweist darauf, dass monarchische Herrschaftsformen sich angesichts der gegenwärtigen Krise maßgeblich verändert haben und keine durchgehende Kontinuität aufweisen. Ob diese neuen Dynamiken zu substantiellen Veränderungen führen, wird die Zeit zeigen.

Literatur

Abu-Rish, Ziad: What Happened to Protests in Jordan? Jadaliyya, 07.05.2011. Online at: http://www.jadaliyya.com/pages/index/1469/what-happened-to-protests-in-jordan (03.07.2011)

Ahram Online (2011): Jordan Tribes Slam 'Crisis of Authority'. Ahram Online, 7.2.2011. Online: http://english.ahram.org.eg/News/5095.aspx (3.7.2011)

Al-Husban, Abdel Hakim (2005): The Place of Local Councils in the Power Network: A Case Study of the North of Jordan. In: Orient 46. 4. 565-80

Ammannet (2011): (arabisch) 829 Proteste im Jahr 2011. Ammannet Documentary, o.D. Online: http://ar.ammannet.net/documentary/?p=873 (15.4.2012)

Ammon News (2011a): 1 Dead in Amman Protest Attacks (Watch Videos). Ammon News, 25.03.2011. Online: http://en.ammonnews.net/print.aspx?Articleno=11766 (3.7.2011)

Ammon News 2011b (arabisch): Der König trifft Repräsentanten (wujaha'), Sheikhs und Mitglieder der 'Adwan. Ammon News, 11.4.2011. Online: http://ammonnews.net/print.aspx?Articleno=84786 (3.7.2011)

Ammon News (2011c) 30 Injured in Riots in Salhoob 'Video'. AmmonNews, 15.10.2011. Online: http://en.ammonnews.net/article.aspx?articleNO=14143 (6.4.2012)

Ammon News (2011d): King Expresses Gratitude to Saudi Monarch for Economic Aid. Ammon News, 25.7.2011. Online: http://en.ammonnews.net/print.aspx?Articleno=13022 (28.7.2011).

Ammon News (2012): (arabisch) Bani Ma'rouf demonstrieren vor dem Sitz des Premierministers und fordern die Freilassung von Abu Hamdan und Al-'Aqbani. Ammon News, 17.3.2012. Online: http://www.ammonnews.net/article.aspx?articleno=114345 (18.3.2012)

Anderson, Betty (2005): Nationalist Voices in Jordan. The Street and the State. Austin: University of Texas Press.

Anderson, Lisa (2002): Dynasts and Nationalists – Why Monarchies Survive. In: Kostiner, Joseph (2002), 53-69.

AP, Associated Press (2011): Tossed Bottles or Warm 'Welcome' for Jordan's King. Foxnews, 13.6.2011. Online: http://www.foxnews.com/world/2011/06/13/motorcade-jordanian-king-attacked-king-unharmed/ (20.6.2011)

Bank, André (2009): Brotunruhen, arabische Solidarität, tribaler Islamismus. In: Inamo 59. 20-23

Bank, André (2010): Wahlen in Jordanien: Islamistischer Boykott und autoritäre Kontinuität. GIGA Focus Nahost, Nr. 12/2010.

Bayat, Asef (2002): Activism and Social Development in the Middle East. In: International Journal of Middle East Studies 34. 1. 1-28

Bouziane (2010a): Parlamentswahlen in Jordanien: Ein Déja Vue der Ereignisse. In: Inamo 16. 46. 46-49

Bouziane, Malika (2010b): The State from Below. Local Governance Practices in Jordan. In: Journal for Economic and Social Studies 12. 1. 33-61

Bouziane, Malika / Lenner, Katharina Lenner (2011). Protests in Jordan: Rumblings in the Kingdom of Dialogue. In: Protests, Revolutions and Transformations – the Arab World in a Period of Upheaval. Working Papers for Middle Eastern and North African Politics 1. Berlin. Online: http://www.polsoz.fu-berlin.de/polwiss/forschung/international/vorderer-orient/publikation/Working_Paper_Series/index.html.

Bustani, Hisham (2011): The Alternative Opposition in Jordan and the Failure to Understand the Lessons of the Tunisian and Egyptian Revolutions. Jadaliyya, 22.03.2011. Online: http://www.jadaliyya.com/pages/index/959/the-alternative-opposition-in-jordan-and-the-failu (03.07.2011)

Damra, Anas (2011): Hundreds in Downtown & Madaba Call for Sacking Gov't, Journalist's Release (video). Ammon News, 3.6.2011. Online: http://en.ammonnews.net/article.aspx?articleNO=12189 (03.07.2011)

Debruyne, Pascal; Janssens, Sylvie; Parker, Christopher & Vermaelen, Annemie (i.E): Jordanië: Renaissance van de politiek? In: Zemni (i.E.)

Di Puppo, Lili (2010): Anti-corruption interventions in Georgia. In: Global Crime 11. 2. 220–36

Fahim, Kareem (2011): Jordanian Police Break Up a Peaceful March With Beatings. The New York Times, 15.7.2011. Online: http://www.nytimes.com/2011/07/16/world/middleeast/16jordan.html (30.04.2012)

Hamid, Shadi (2011): Why Middle East Monarchies Might Hold On. The Atlantic, 08.03.2011. Online: http://www.theatlantic.com/international/archive/2011/03/why-middle-east-monarchies-might-hold-on/72170/ (30.06.2011)

Harrigan, Jane / El-Said, Hamed / Wang, Chengang (2006): The IMF and the World Bank in Jordan. In: Review of International Organizations 3. 1. 263-92

Hazaimeh, Hani (2012): Public Sector Restructuring to Save Millions, Ensure equality — Khawaldeh. Jordan Times, 21.2.2012. Online: http://jordantimes.com/public-sector-restructuring-to-save-millions-ensure-equality----khawaldeh (1.3.2012)

HRW, Human Rights Watch (2012a): Jordan: Publisher, Journalist Charged in State Security Court. HRW, 25.4.2012. Online: http://www.hrw.org/news/2012/04/25/jordan-publisher-journalist-charged-state-security-court (28.4.2012)

HRW, Human Rights Watch (2012b): Jordan: Demonstrators beaten in custody. HRW, 3.4.2012. Online: http://www.hrw.org/news/2012/04/03/jordan-demonstrators-beaten-custody (28.4.2012)

Husseini, Rana (2012): Jordanian Women's Right Activists Protest for Citizenship Rights. Albawaba, 27.02.2012. Online: http://www.albawaba.com/editorchoice/jordanian-womens-rights-activists-protest-citizenship-rights-414643 (6.4.2012)

ICG, International Crisis Group (2012:) Popular Protest in North Africa and the Middle East (IX): Dallying with Reform in a Divided Jordan. Middle East/ North Africa Report 118, 12 March 2012.

Jordanoholic (2011): Jordan Constitutional Amendments. Jordanoholic, 15.8.2011. Online: http://www.jordanoholic.com/blog/news/jordan-constitution-amendments-2011 (15.4.2012)

Jordan Times (2011): Amman Protest Turns Violent; PM Blames Islamists. Jordan Times, 25.03.2011. Online: http://www.jordantimes.com/?news=35838 (03.07.2011)

Jordan Reform Watch (2012): Reform in Jordan. Report Nr. 1, März 2012. Online: http://www.reformjo.net/reports (4.4.2012)

Khalili, Laleh und Schwedler, Jillian (Hrsg.) (2010): Policing and Prisons in the Middle East. Formations of Coercion. London: Hurst & Co.

Kostiner, Joseph (Hrsg.) (2002): Middle East Monarchies. The Challenge of Modernity. Boulder: Lynne Rienner.

Labor Watch (2012): Labor Protests in Jordan 2010. Online: http://www.labor-watch.net/en/files/2010/pdf/Labor_protests_in_Jordan_2010.pdf (04.04.2012)

Layne, Linda L. (1994): Home and Homeland. The Dialogics of Tribal and National Identities in Jordan. Princeton: Princeton University Press.

Lenner, Katharina (2008): Abhängige Staatlichkeit als umkämpftes Terrain – Politische Ökonomie und Repräsentationsformen in Jordanien seit 1989. In: Journal für Entwicklungspolitik 2008. 2. 63-91

Lenner, Katharina (2009a): Ein Land - zwei Pfade? 20 Jahre ökonomische und sozialpolitische Reformen. In: Inamo 2009. 59. 9-13

Lenner, Katharina (2009b): Die lokale Übersetzung globaler politischer Paradigmen: Armutsbekämpfung in Jordanien. In: Peripherie 2009. 114/115. 215-240

Lucas, Russel: Is the King's Dilemma Only for Presidents? Arab Reform Bulletin, 08.04.2011. Online: http://www.carnegieendowment.org (30.06.2011)

Luck, Taylor (2012a): Releases Mark New Era in Jordan-Jihadist Relations – Analysts. Jordan Times, 12.02.2012. Online: http://jordantimes.com/releases-mark-new-era-in-jordan-jihadist-relations-analysts (06.04.2012)

Luck, Taylor (2012b): All-Women Demonstration Calls for Tafileh Activists' Release. Jordan Times, 17.03.2012. Online: http://jordantimes.com/all-women-demonstration-calls-for-tafileh-activists-release. (06.04.2012)

Luck, Taylor (2012c): Gov't Change to Delay Electricity Price Hike — Energy Officials. Jordan Times, 29.4.2012. Online: http://jordantimes.com/govt-change-to-delay-electricity-price-hike----energy-officials (29.4.2012)

Luck, Taylor (2012d): Teachers Strike a 'Make or Break' Situation for All Parties. Jordan Times, 16.2.2012. Online: http://jordantimes.com/teachers-strike-a-make-or-break-situation-for-all-parties (16.4.2012)

Massad, Joseph (2001): Colonial Effects. The Making of National Identity in Jordan. New York: Columbia University Press.

MoPIC / UNDP (2011): Jordan Human Development Report 2011. Amman: Ministry of Planning and International Cooperation / United Nations Development Programme.

Muasher, Marwan (2011): A Decade of Struggling Reform Efforts in Jordan. The Resilience of the Rentier System. The Carnegie Papers, Washington DC, May 2011.

Neimat, Khaled (2011): US Approves $150m in Supplemental Aid to Jordan. Jordan Times, 11.8.2011. Online: http://www.jordantimes.com/?news=29100 (12.8.2011)

Nida' al-Watan' (2012): Unterstütze Jordanien - Nida' al-Watan (Aufruf der Nation). Online: https://www.facebook.com/home.php?sk=group_114357988642016 (23.05.2011)

Parker, Christopher (2009). Tunnel Bypasses and Minarets of Capitalism. Amman as Neoliberal Assemblage. In: Political Geography 28. 2. 110-20

Peters, Anne Marie / Moore, Pete W. (2009): Beyond Boom and Bust: External Rents, Durable Authoritarianism, and Institutional Adaptation in the Hashemite Kingdom of Jordan. In: Studies for Comparative International Development 44. 256–85

Ryan, Curtis (2010): 'We are all Jordan' – But Who is We? Middle East Report Online, 13.07.2010. Online: http://www.merip.org/mero/mero071310.html (03.07.2011)

Ryan, Curtis (2011): The King's Speech. Foreign Policy - The Middle East Channel, 17.6.2011. Online: http://mideast.foreignpolicy.com/posts/2011/06/17/the_kings_speech (03.07.2011)

Schwedler, Jillian und Fayyaz, Sam (2010): Locating Dissent. Space, Law, and Protest in Jordan. In: Khalili und Schwedler (2010), 279-94.

Shabaab 24 Adhar (24. März Jugend). Online: https://www.facebook.com/shbab.march.24?sk=info (10.06.2011)

Shryock, Andrew (2000): Dynastic Modernism and Its Contradictions: Testing the Limits of Pluralism, Tribalism, and King Hussein's Example in Hashemite Jordan. Arab Studies Quarterly 22. 3. 57-79

Thab7toona (2011): (arabisch) Aufruf auf dem Thabahtuna Workshop, eine nationale Konferenz zur Bekämpfung des Phänomens der Gewalt an Universitäten einzuberufen. Thab7toona, 23.01.2011. Online: http://www.thab7toona.org/?p=43 (30.06.2011)

The Black Iris (2011): The Quick Death of Shabab March 24 And What It Means for Jordan. The Black Iris, 26.3.2011. Online: http://www.black-iris.com/2011/03/26/the-quick-death-of-shabab-march-24-and-what-it-means-for-jordan/ (03.07.2011)

The Black Iris (2012): How Jordanian Parliament Lost its Mind and why it's Time to Dissolve it. The Black Iris, 25.4.2012. Online: http://www.black-iris.com/2012/04/25/how-jordanian-parliament-lost-its-mind-and-why-its-time-to-dissolve-it/ (28.4.2012)

Watkins, Jessica (2011): MPs: Mass-Resignation Motion, Rejection of Election Law Changes. Ammon News, 23.5.2011. Online: http://en.ammonnews.net/print.aspx?Articleno=11877 (03.07.2011)

Wedeen, Lisa (1999): Ambiguities of Domination. Politics, Rhetoric, and Symbols in Contemporary Syria. Chicago: University of Chicago Press.

Zemni, Sami (Hsrg.) (i.E.): De Arabische Revolutie. Brüssel: EPO.

Kalt erwischt?

Die Arabellion und ihre Auswirkung auf Israel und Palästina

Stephan Stetter

1 Einleitung

Internationale Konflikte ähneln in mancherlei Hinsicht einem Mikadospiel: Wer sich zu früh bewegt, hat verloren – oder glaubt vielmehr, weniger gut gewinnen zu können. Konfliktparteien sind oft, selbst wenn sie grundsätzlich eine einvernehmliche und friedliche Lösung des Konflikts begrüßen, von der Sorge oder sogar Angst beseelt, dass ein zu frühes Bewegen zu taktischen und strategischen Nachteilen führen könnte. Sie sind aus diesem Grunde oft auf den Status Quo hin fixiert, der zumindest die eine Gewähr bietet, ihn zu kennen. Daher werden grundlegende politische und gesellschaftliche Veränderungen im Umfeld eines internationalen Konflikts durch Konfliktparteien auch gerne dahingehend kritisch überprüft, wie die Auswirkungen dieser Veränderungen auf das eigene standing im Konflikt sind. Der israelisch-palästinensische Konflikt ist hier keine Ausnahme (vgl. Stetter 2008). Und keine Ausnahme ist es daher, wie in Israel und Palästina – zwei Ländern[1], die durch einen jahrzehntelangen Konflikt auf engstem Raum im wahrsten Sinne des Wortes eng miteinander verbunden sind – auf den wohl bedeutsamsten politischen und gesellschaftlichen Umbruch im Nahen Osten seit der Iranischen Revolution, namentlich der „Arabellion" reagiert wurde. Wie ich im Folgenden zeigen werde, wurden weite Teile von Politik und

1 Die palästinensischen Autonomiegebiete sind kein Staat. Allerdings haben sich sowohl die internationale Gemeinschaft als auch Israel und die Palästinensische Autonomiebehörde (PA) offiziell dem Ziel einer Zwei-Staaten-Lösung – Israel und Palästina – verschrieben. Außerdem wird die PA auf diplomatischer Ebene, sowohl in multilateralen als auch bilateralen Kontexten, oft als „Quasi-Staat" adressiert. In diesem Sinne spricht auch das vorliegende Kapitel von einem Land bzw. staatlichen Strukturen Palästinas nach Innen und Außen.

Gesellschaft in Israel und Palästina durch die Arabellion kalt erwischt, der Umbruch wurde nicht vorhergesehen und beide Länder waren, aus unterschiedlichen Gründen, schlecht auf diesen Wandel vorbereitet. Sie sind es weiterhin, denn bis heute dominiert auf beiden Seiten der Versuch, die aktuellen Entwicklungen von Tunesien über Ägypten, von Libyen bis Syrien für die Stärkung der eigenen taktisch-strategischen Position im Konfliktzusammenhang zu nutzen. Es dominiert taktisches Agieren in Bezug auf eine Stärkung der eigenen Position auf Kosten der anderen Konfliktpartei, und weniger das aufrichtige Bemühen um eine umfassende, dauerhafte Konfliktlösung – der eigentlichen prioritären nationalen Aufgabe Israels und Palästinas.

Die israelische und die palästinensische Seite haben es, so soll deutlich werden, bis heute nicht verstanden, die richtigen Antworten auf den arabischen Transformationsprozess zu finden, sprich: Schnelle und mutige Schritte zu einem dauerhaften israelisch-palästinensischen Frieden zu unternehmen, inner-palästinensische Aussöhnung und Demokratisierung voranzutreiben sowie der Gefahr einer schleichenden Aushöhlung von Demokratie und Rechtstaat in Israel entgegenzutreten. Diese Defizite sind auf Seiten beider Konfliktparteien ausgeprägt, sind aber derzeit vor allem in Bezug auf Entwicklungen in Israel als besonders problematisch einzuschätzen. Im vorliegenden Beitrag werde ich auf einige der zentralen Auswirkungen der Arabellion auf Israel und Palästina eingehen und hier sowohl innenpolitische Entwicklungen als auch den bilateralen Konflikt in den Fokus nehmen. Nach einer kurzen Hinführung zum Thema, die eine aktuelle Bestandsaufnahme zentraler Entwicklungen in der israelischen und palästinensischen Politik sowie in Bezug auf den Nahostkonflikt vornimmt (2), werde ich grundlegende Chancen und Risiken des arabischen Transformationsprozesses für Israel und Palästina skizzieren (3). Im Folgenden werde ich die konkreten Auswirkungen der Arabellion auf Palästina (4) und Israel (5) diskutieren und abschließend (6) zusammenfassen.

2 Israel und Palästina: Eine Bestandsaufnahme

Im israelisch-palästinensischen Kontext sind in den vergangenen Jahren drei zentrale Dynamiken zu beobachten:

Erstens ist der mit den Osloer-Abkommen von 1993 und 1995 verbundene und bis heute formal existierende Friedensprozess in eine schwere, eventuell sogar existentielle Krise geraten (Brandeis 2012). Nach einer kurzen Phase der Euphorie in den Jahren 1993 und 1994, in der die Vision eines friedlichen Nahen Ostens sowie befriedeter innenpolitischer Verhältnisse in Israel und Palästina greifbar schien, ist der Friedensprozess, dessen zentrale bilaterale Vertragselemente (v.a. Oslo I und Oslo II Abkommen zwischen Israel und der PLO) nach wie vor in Kraft sind und durch die internationale Staatengemeinschaft in Form des Nahost-Quartetts (vgl. Elgindy 2011) seit 2002 auch durch eine formelle Institution unterstützt werden, zunehmend beschädigt worden. Ohne an dieser Stelle vertieft auf zentrale Ereignisse eingehen zu können, die auf das anhaltend hohe Konfliktniveau und der unter anderem hiermit verbundenen Krise des Friedensprozesses verweisen, seien einige dieser Ereignisse kursorisch genannt: Die Ermordung des israelischen Ministerpräsidenten Yitzchak Rabin durch den jüdischen Terroristen Yigal Amir, die ungebrochene Fortsetzung des israelischen Siedlungsbaus in der Westbank und Ost-Jerusalem sowohl unter Mitte-Links als auch Rechtsregierungen, palästinensische Selbstmordattentate gegen Israelis vor allem zwischen 1995 und 2005 und bis heute andauernde Anschläge mit Raketen auf Israel insbesondere aus Gaza und dem Sinai (vgl. Schweitzer und Dryndin 2011), die beidseitige Gewalteskalation im Kontext der 2. Intifada und des Gaza-Krieges, der Bau der Sperrmauer sowie die israelische Blockade Gazas. Zwar gab es in der vergangenen Dekade mehrere Versuche auf politischer und gesellschaftlicher Ebene, einer Konfliktlösung ernsthaft näher zu kommen, letztlich waren aber die Verhandlungen von Camp David und Taba (2000 und 2001) und Annapolis (2007) oder die sogenannte Genfer Initiative[2] – eine zivilgesellschaftliche Friedensinitiative ehemaliger palästinensischer und israelischer Politiker – nicht in der Lage, den Friedensprozess in substantieller Hinsicht wieder in Gang zu bringen.[3]

Zweitens bleibt die innerpalästinensische Entwicklung vor allem durch den Konflikt der zwei führenden politischen Parteien – der Fatah und der Hamas – gekennzeichnet. Nach dem Wahlerfolg der Hamas in den palästinensischen Parlamentswahlen des Jahres 2006 eskalierte dieser Konflikt, da weder die etablierte Fatah, noch Israel und die internationale Staatengemeinschaft (v.a. die EU und die USA) bereit waren, den Wahlsieg der Hamas aufgrund deren ablehnender und Gewalt befürwortender Haltung gegenüber Israel anzuerkennen. Dies war aber gleichzeitig insoweit problematisch, als dass insbesondere die EU und die USA die Vorbereitung und Durchführung der Wahlen massiv unterstützt und deren demokratischen Charakter ausdrücklich bestätigt hatten. Nach einer kurzen, gewaltintensiven Eskalation zwischen den zwei führenden palästinensischen Fraktionen – die durchaus Formen eines Bürgerkrieges annahmen – etablierte sich schnell eine durch die räumliche Trennung der Westbank und Gazas bis heute

2 http://www.geneva-accord.org/.

3 Zu den Auswirkungen der Arabellions auf den israelisch-arabischenKonflikt vgl. den Beitrag von Muriel Asseburg in diesem Band.

relativ stabile Machtteilung. Die Hamas regiert mit ihrem Ministerpräsidenten Ismail Haniyeh in Gaza, die Fatah unter ihrem Präsident Mahmud Abbas (Abu Mazen) und ihrem Ministerpräsident Salam Fayyad die Westbank. Versöhnungsgespräche zwischen beiden Fraktionen – insbesondere in Kairo in den Jahren 2009 und 2011 – werden zwar geführt, leiden aber an der fehlenden Bereitschaft zur Implementierung der erzielten Grundsatzbeschlüsse (vgl. Al-Hayat 2011a; International Crisis Group 2011b; Brom 2011). Die Gespräche haben den innerpalästinensischen Konflikt bis heute nicht beenden können, der Graben zwischen Hamas und Fatah bleibt tief und die beidseitigen Beziehungen sind von großem Misstrauen geprägt.

Drittens ist die politische und gesellschaftliche Entwicklung in Israel in den vergangenen Jahren durch eine Erosion der politischen Mitte und einem Erstarken nationalistischer und fundamentalistischer politischer Akteure gekennzeichnet. Seit dem Regierungsantritt Benjamin Netanjahus im Jahre 2009 ist im israelischen Parlament (der Knesset) eine Vielzahl von Gesetzen anhängig, die massiv in Freiheits- und Bürgerrechte eingreifen oder einzugreifen drohen und den demokratischen Charakter Israels schwer schädigen könnten. Der gegen internationales Recht und einschlägige Forderungen der internationalen Gemeinschaft verstoßende Siedlungsbau wurde während des gesamten Friedensprozesses fortgesetzt und es lässt sich feststellen, dass dieser unter der derzeitigen Regierung zunehmend auch mit einer nationalistischen und fundamental-religiösen Rhetorik offensiv gerechtfertigt und legitimiert wird. Diese schleichende Fundamentalisierung der israelischen Innenpolitik geht damit einher, dass in den vergangenen Jahren nicht mehr die Besatzung der palästinensischen Gebiete und deren negative Auswirkungen auf Palästinenser – und auch auf Israel – im Zentrum der außenpolitische Debatten stand, sondern dass vielmehr eine einseitige Fokussierung auf das iranische Atomprogramm und die aggressive iranische Rhetorik gegenüber Israel den innenpolitischen Diskussionskontext bestimmt.

Zusammengefasst lässt sich mit Blick auf die drei hier kurz beschriebenen Entwicklungen festhalten: Die Erosion des Friedensprozesses, ein zunächst offener und seither latenter Konflikt zwischen den führenden palästinensischen Parteien sowie eine Aushöhlung demokratischer Fundamente in Israel sind die zentralen politischen und gesellschaftlichen Entwicklungen der letzten Jahre. Diese Entwicklungen stellen nicht nur die Erreichbarkeit der offiziell nach wie vor von den Konfliktparteien und der internationalen Gemeinschaft angestrebten Zwei-Staatenlösung in Frage, sie sind auch eine Gefahr für die Demokratie in Israel und Palästina. Mit anderen Worten: Zu Beginn des Jahres 2011 waren Israel und Palästina weit von mutigen Schritten hin zu einem dauerhaften Frieden zwischen beiden Seiten oder der Bereitschaft zu gesellschaftlicher und politischer Aussöhnung und Demokratisierung sowie der Stärkung demokratischer Institutionen und Prozesse entfernt. Und dies just als der Arabische Frühling – und der hiermit verbundene Ruf nach Frieden, Freiheit, Demokratie und Gerechtigkeit – in der Region Einzug hielt. Israel und Palästina wurden insoweit kalt erwischt, als die mit dem arabischen Frühling verbundenen Entwicklungen die oben skizzierten Dynamiken zum einen nicht außer Kraft gesetzt haben, zum anderen deren negative Konsequenzen für den Friedensprozess einerseits und demokratische Entwicklung in Palästina und Israel andererseits nunmehr umso deutlicher zum Vorschein kommen lassen.

3 Die Arabellion, Israel und Palästina

3.1 Proteste auch in Israel und Palästina

Das zentrale Signum des arabischen Frühlings, namentlich der öffentliche Protest auf Straßen und Plätzen von Rabat bis Sana'a, von Kairo bis Damaskus, gerichtet gegen etablierte, autoritäre Herrschaftsstrukturen, hat Palästina und Israel – das zwar kein arabisches Land ist, aber dessen Staatsbevölkerung aus immerhin 20 Prozent christlichen und muslimischen Bürgern palästinensischer Herkunft sowie mehreren Millionen Juden arabischer Herkunft (*mizrahim*) besteht – nur in seinen Ausläufern erfasst. Von einem Überschwappen der nahöstlichen Protestbewegung auf Israel und Palästina kann daher nicht gesprochen werden. Es fällt aber dennoch auf, dass im Laufe des Jahres 2011 sowohl in Israel als auch in Palästina verschiedene Formen des öffentlichen gesellschaftlichen Protests gegen als verkrustet oder als ungerecht empfundene politische Strukturen zunahmen, die explizit oder implizit auf das Vorbild des arabischen Frühlings rekurrierten. So hat in Palästina die Legitimität gewaltfreier Formen des Widerstandes zumindest partiell an Stärke gewonnen – etwa die wöchentlichen Protestkundgebungen gegen die israelische Sperrmauer in Bil'in/Nil'in oder gegen jüdische Siedlungen im Ost-Jerusalemer Stadtteil Sheikh Jarrah. Diese Proteste, bei denen neben Palästinensern auch regelmäßig israelische und internationale Demonstranten teilnahmen (Theonlinedemocracy 2011), haben zwar bereits in den Jahren vor 2011 Zulauf gefunden, das Vorbild eines erfolgreichen kreativen und zivilen Widerstandes erlangte aber durch den arabischen Frühling weiteren Auftrieb. Ein direkter Bezug auf die Arabellion lässt sich auch innenpolitisch aufzeigen. So riefen verschiedene palästinensische Gruppen für den 15. März 2011 zu Protestbewegungen in palästinensischen Städten auf, sowohl in Gaza als auch der Westbank. Ein wesentlicher Unterschied zur Situation in Tunesien und Ägypten war allerdings, dass die zentrale Forderung der Demonstranten nicht der Ruf nach einem Macht- und Herrschaftswechsel war, sondern vielmehr die Aufforderung an die führenden palästinensischen Parteien, Fatah und Hamas, die politische Spaltung Palästinas zu überwinden und die „nationale Einheit" wiederherzustellen. Wie ich im folgenden Abschnitt noch ausführlicher aufzeige, hatten diese Demonstrationen aber aufgrund ihrer begrenzten politischen Strahlkraft und der Unterdrückung durch die palästinensischen Sicherheitsbehörden nur geringe politische Auswirkungen. Die Proteste ebbten im Verlauf des Frühjahres 2011 wieder ab.

Israel wurde im Sommer 2011 ebenfalls von einer größeren Protestbewegung erfasst, den sogenannten Sommerprotesten, die auch international breite Beachtung fanden. Noch im Juni 2011 erregten Nachrichten über den gestiegenen Preis eines in Israel sehr beliebten Hüttenkäses eher süffisante Kommentare in Medien und Politik (Jerusalem Post 2011). Wie sich aber bereits kurze Zeit später zeigte, war das gesellschaftliche Konfliktpotential der Hüttenkäse-Krise hoch, verbanden sich doch hiermit umfassendere sozio-ökonomische Fragen nach Gerechtigkeit und sozialem Ausgleich angesichts einer unter anderem durch liberale Wirtschaftsreformen seit den 1990er Jahren und auch der allgemeinen Kosten des Konflikts (z.B. hohe Militärausgaben; Subventionierung des Siedlungsbaus und des religiösen Sektors) zunehmenden Bedeutung sozialer Ungleichheit in Israel. Die israelische Protestbewegung, die sich in ihren Aktionsformen explizit vom arabischen Frühling aber auch der Occupy-Bewegung inspirieren ließ, wurde vorrangig von Teilen der gut ausgebildeten, jungen jüdisch-israelischen Mittelschicht getragen, in der angesichts steigender Lebenshaltungskosten vor allem im Bildungs- und Immobiliensektor soziale Abstiegsängste aufkamen. Diese Sorge entlud sich im Sommer in einer mehrere Wochen andauernden „Besetzung" israelischer Innenstädte, etwa des Rothschild-Boulevards in Tel Aviv. Die israelische Regierung erließ in Folge dieser Proteste einige sozialpolitische Reformmaßnahmen, die aber – so sind sich die meisten Beobachter einig – die sozio-ökonomischen Grundsatzfragen, die in den Protesten angesprochen wurden, nicht umfassend adressieren.

Diese kurze Skizzierung gesellschaftlichen Protests im Jahre 2011, die in Bezug zu den im vorherigen Abschnitt aufgeführten drei Analyseebenen steht – namentlich den Ebenen des Konfliktes, sowie der israelischen und der palästinensischen Innenpolitik– verweist deutlich auf wichtige Unterschiede zu den Protesten in den „Kernländern" des arabischen Frühlings. Während sich der gesellschaftliche Protest im Kontext der Arabellion gegen autokratische Herrschaftshäuser und korrupte Herrschaftsklassen richtete, kanalisierte sich der Protest in Israel und Palästina, entweder direkt (Protest gegen Sperrmauer, Siedlungen) oder indirekt (Märzproteste, Teile der Sommerprotestbewegung) gegen politische Dynamiken, die mehr oder weniger offensichtlich mit dem israelisch-palästinensischen Konflikt und insbesondere der israelischen Besatzung der palästinensischen Gebiete in Verbindung stehen. Mit anderen Worten, die Proteste des Jahres 2011 in Israel und Palästina hatten nicht die Ablösung eines Staatsoberhauptes oder einer korrupten Staatspartei als Kernforderung. Während sich etwa die palästinensischen Parlamentswahlen des Jahres 2006 durchaus als Protest gegen die von vielen Palästinensern als korrupt empfundene Fatah verstehen lassen, so war im Jahre 2011 die Forderung nach nationaler Einheit und einem nationalen Konsens der beiden führenden palästinensischen Parteien Kernpunkt des Forderungskatalogs, wenngleich freilich auch öffentliche Kritik an autoritären Herrschaftspraktiken von Fatah und Hamas geäußert wurde. In Bezug auf Israel ist die oft gebrauchte Formel von der einzigen Demokratie im Nahen Osten in Anbetracht der sich zunehmend verstetigenden Besatzung der Palästinensischen Gebiete und ihrer 5 Millionen nicht-jüdischen Einwohner und angesichts der in den vergangenen Jahren zunehmenden Zahl anti-liberaler Gesetze nicht unproblematisch (vgl. Friedrich-Ebert-Stiftung 2011: 1-4). Dennoch steht der demokratische und rechtsstaatliche Charakter Israels in der Gesamtschau derzeit nicht zur Disposition. Auch hier also ein wichtiger Unterschied zu den Kernländern der Arabellion, die sich im Jahre 2011 erst auf den Weg in eine demokratische Ordnung gemacht haben.

3.2 Chancen und Risiken der Arabellion für Palästina und Israel

Diese eingeschränkte Vergleichbarkeit des arabischen Frühlings einerseits mit der durch den „geteilten“ Konflikt und die größere innenpolitische Pluralität andererseits geprägten Situation in Israel und Palästina sollte freilich nicht dazu verleiten, die Auswirkungen des arabischen Frühlings auf diese Länder als gering zu erachten. Die Strahlkraft des arabischen Frühlings nach Israel und Palästina ist auf ideeller und geostrategischer Ebene hoch und deswegen sollte vor der weiter unten vorgenommenen vertieften Analyse der Situation in Palästina und Israel kurz auf drei zentrale politische Chancen und Risiken des arabischen Frühlings eingegangen werden (vgl. Stetter 2012).

Die erste Chance des arabischen Frühlings ist zweifelsohne die Aussicht auf eine dauerhafte Überwindung autoritärer politischer Herrschaft im Nahen Osten, verbunden mit der Etablierung pluralistischer politischer Strukturen in der Region. Wie bereits angesprochen, ist dies für Israel und Palästina auf den ersten Blick weniger virulent, da dort pluralistische gesellschaftliche und politische Strukturen fester verankert sind, als dies für das Gros der arabischen Staaten gilt. Wie sich am Beispiel anderer Transformationskontexte – etwa Europa nach dem 1. Weltkrieg, Lateinamerika in den 1970er Jahren oder Osteuropa nach 1990 – zeigt, ist ein solcher Demokratisierungs- und Pluralisierungsprozess aber nicht ohne Risiken, denn größere Unsicherheit und Instabilität in Transformationsstaaten dienen oft als Begründung für ein autoritäres Roll-Back zum vermeintlichen Schutz von Ordnung und Stabilität, zumindest in einem Teil sich demokratisierender Länder.

Zweitens und hiermit eng verbundenen ist die Chance auf eine stärkere Einbindung einer sich zunehmend weniger radikal generierenden islamistischen Bewegung, die sich zukünftig zumindest in einigen Ländern vielleicht eher an der europäischen Christdemokratie der 1950er Jahre oder der türkischen AKP orientieren könnte.[4] Damit einher geht jedoch das Risiko, dass eine solche Entwicklung nicht zwangsläufig ist und fundamental-islamistische Parteien mögliche politische Mehrheiten zur Unterminierung liberaler Freiheitsrechte und demokratischer Strukturen sowie aggressiver Außenpolitik nutzen könnten – oder säkulare Kräfte, wie etwa Militärräte, zur „Verteidigung" der Ordnung zum Mittel der gewaltvollen Unterdrückung islamistischer Parteien greifen.

Eine dritte Chance ist schließlich die Aussicht auf eine nachhaltige Veränderung der sozio-ökonomischen Situation in arabischen Staaten. Denn im Rahmen der Arabellion waren es oft gut ausgebildete, junge Menschen aus der Mittelschicht, die zum Mittel des öffentlichen Protests griffen. Ihre Forderungen erinnerten nicht von ungefähr an die Arab Human Development Reports der UN aus den 2000er Jahre, in denen bereits deutlich herausgearbeitet wurde, dass die arabischen Staaten neben fehlender politischer Freiheiten auch an fehlenden ökonomischen Entwicklungschancen leiden, die sich vor allem auf mangelhafte Wissensbasierung der Gesellschaft, Gleichberechtigung und Umverteilung zurückführen lassen (vgl. Hatem 2012). Die Chance auf einen neuen sozialpolitischen und ökonomischen Gesellschaftsvertrag, der den in vielen arabischen Ländern vorhandenen Reichtum gerechter auf mehr Schultern verteilt, ist mithin gegeben.[5] Ebenso aber auch das Risiko, dass die in arabischen Staaten in der Regel weit geöffnete Schere der Einkommensverteilung nicht zu schließen sein wird. Dann ist die Wahrscheinlichkeit groß, dass eine Kombination aus mehr politischer Freiheit und anhaltend hoher sozialer Ungleichheit eher in politische Frustration, zunehmende Exklusion und Stärkung extremistischer politischer Kräfte

4 Zur dynamischen Entwicklung islamistischer Parteien vgl. den Beitrag von Ivesa Lübben in diesem Band.

5 Vgl. Zu den sozio-ökonomischen Determinanten der Arabellions vgl. ausführlich den Beitrag von Anja Zorob in diesem Band.

mündet. Diese drei zentralen Chancen und Risiken stehen, wie die folgenden beiden Kapitel aufzeigen werden, in direktem Bezug zu Entwicklungen in Israel und Palästina.

4 Auswirkungen der Arabellion auf Palästina?

4.1 Politischer Protest in Palästina

Der Frühling des Jahres 2011 auf den Straßen Tunis' und Kairos hatte auch belebende Auswirkungen auf Palästina. Auch dort entstand im Frühjahr 2011 eine Protestbewegung zumeist junger, sich sozialer Medien wie Facebook, Twitter oder der SMS-Dienste von Mobilfunkanbietern bedienender Palästinenserinnen und Palästinenser. Öffentliche Proteste fanden in mehreren Städten in Palästina statt, mit dem Al-Manara-Platz im Zentrum Ramallahs als ihrem ideellen und personellen Schwerpunkt. Allerdings, wie schon angesprochen, richtete sich der Protest nicht primär gegen die herrschende Partei. Zwar existieren auch in Palästina Vorbehalte gegen die die Westbank beherrschende Fatah, vor allem der Vorwurf von Korruption und Vetternwirtschaft wiegt schwer. Dies wurde bereits während der Parlamentswahlen 2006 deutlich, in der diese Unzufriedenheit einer der zentralen Gründe für den Wahlerfolg der Hamas gewesen ist, wobei nicht unerwähnt bleiben darf, dass die Unzufriedenheit in Palästina mit der seit 2007 Gaza beherrschenden Hamas ebenfalls nicht zu unterschätzen ist. Protest gegen autoritäre Tendenzen bei den herrschenden politischen Kräften motivierte auch die öffentlichen Demonstrationen in Palästina im Frühjahr 2011, war aber nicht deren zentrales Merkmal. Wichtiger war vielmehr die Forderung der Demonstranten an die beiden führenden Parteien, die politische Spaltung zu überwinden und eine starke Regierung der nationalen Einheit zu bilden. Es ging also, im Vergleich mit den arabischen Aufständen, nicht um die Forderung einer Reform des politischen Systems und des Rücktritts führender Politiker. Die Forderung nach nationaler Einheit – die von der Protestbewegung als Voraussetzung für den Weg hin zu einem konsolidierten politischen System gesehen wurde – war aber, hier vergleichbar mit der Arabellion in anderen Ländern, insoweit mit einer generellen Unzufriedenheit gegenüber der politischen Klasse verbunden, als weder die Verhandlungsbereitschaft der Fatah, noch die oft militante Widerstandsrhetorik der Hamas ein Ende der israelischen Besatzung näher gebracht hätte (vgl. zu vorsichtigten Absatzbewegungen bei der Hamas in Bezug auf militärischen Widerstand Brom 2012, Brown 2012, Al-Quds al-Arabi 2011a). Die politischen Konsequenzen der Frühjahrsproteste in Palästina waren allerdings gering. So konnte die Protestbewegung nicht über längere Zeit eine größere Anzahl von Demonstranten mobilisieren. Zur zentralen Demonstration in Ramallah am 15. März 2011 erschienen nur ca. 500 Teilnehmer, die allerdings von mehreren hundert Sicherheitskräften mit oder ohne Uniform überwacht wurden. Diese Strategie, die Protestbewegung klein zu halten, war bisher erfolgreich: Sowohl in der Westbank als auch in Gaza konnten die Sicherheitskräfte – hier der Fatah, dort der Hamas – schon frühzeitig eine Ausbreitung der Protestbewegung verhindern (Ha-Aretz 2011a).

Die sich aus dieser Gemengelage ergebenden Grenzen politischer Mobilisierung in Palästina zeigten sich dann ebenfalls exemplarisch anhand anderer Ereignisse im Frühjahr 2011. Im Januar 2011 veröffentliche der arabische Fernsehsender Al-Djazeera (2011) die sogenannten „Palestine Papers", eine Sammlung von Schriftstücken mit teilweise vertraulichen Dokumenten über die Friedensverhandlungen der PA mit Israel. Brisant an diesen Dokumenten war vor allem, dass offensichtlich wurde, wie weit die PA bereit war, der israelischen Seite in Verhandlungen entgegen zu kommen – dies widersprach zumindest der etwas weniger konzilianten offiziellen Rhetorik der PA. Der von vielen – sicherlich auch von Al-Djazeera – erwartete öffentliche Aufschrei und Protest in Palästina blieb aber aus und dies, ohne dass wie im Falle der März-Proteste die Sicherheitskräfte aktiv werden mussten. Analysen legen nahe, dass die palästinensische Bevölkerung über die Divergenz zwischen den Enthüllungen der Palestine Papers einerseits und der offiziellen politischen Linie der PA andererseits wenig überrascht waren. Die Parallelen zum arabischen Frühling zeigen sich mithin nur eingeschränkt in innenpolitischen Entwicklungen wie den März-Protesten oder der Reaktion auf die Palestine Papers. Der deutlichste Bezug wird vielmehr im Kontext des gesellschaftlichen Protests gegen die israelische Besatzung sichtbar. Hier setzte sich im Jahre 2011 ein Trend fort, der auf friedliche – an die arabischen Protestbewegungen in anderen Ländern erinnernde – Formen des zivilen und kreativen Protests anschließt. Einschränkend muss aber angemerkt werden, dass die Raketenangriffe vor allem salafistischer Gruppen auf Israel aus Gaza oder die nach wie vor vorhandene Glorifizierung militärischen Widerstandes in Teilen der palästinensischen Öffentlichkeit zeigen, dass friedlicher Widerstand keineswegs eine von allen politischen Kräften geteilte Strategie ist (International Crisis Group 2011c). Zu nennen wären als Beispiele für zivile Formen des Widerstandes etwa die Proteste von Palästinensern – oft gemeinsam mit Israelis und internationalen Demonstranten – gegen die verheerenden Auswirkungen der Sperrmauer auf das alltägliche Leben der Palästinenser in der Westbank und Ost-Jerusalem, in der sich die Demonstranten etwa in einer medial sehr beachteten Aktion in Bil'in/Nil'in nördlich von Jerusalem als Avatare verkleidet gegen die israelische Besatzung richteten (Guardian 2010). Oder die jeden Freitag stattfindenden Demonstrationen gegen ein jüdisches Siedlungsprojekt im Ost-Jerusalemer Stadtteil Sheikh Jarrah, die ebenfalls auf die Legitimität ziviler Widerstandsformen setzen. Was mithin am Beispiel Palästinas deutlich wird ist, dass es zwar in der Methode des zivilen Widerstandes und der Nutzung sozialer Medien zahlreiche Parallelen zur Arabellion in anderen arabischen Ländern gibt, in inhaltlicher Hinsicht sich die Proteste und ihre Stoßrichtung aber deutlich unterscheiden: In Palästina geht es nicht primär um den Protest gegen die herrschende politische Klasse, sondern vielmehr um Protest gegen die Besatzung und die Forderung nach nationaler Selbstbestimmung sowie dem Ruf nach wirkungsvollen Schritten zu einer Auflösung des diesen Zielen entgegenstehenden Schismas zwischen Hamas und Fatah. Die Forderung nach mehr Demokratie und Freiheitsrechten in Palästina stand dagegen bisher nicht im Zentrum.

4.2 Innerpalästinensische Aussöhnungsgespräche

Neben diesen innenpolitischen, beziehungsweise die Besatzung berührenden Aspekten, sind im Falle Palästinas vor allem aber auch die außenpolitischen Konsequenzen zu beachten, die sich aus den Umbrüchen im Kontext der Arabellion ergeben. Dies berührt zum einen die Frage, wie sich die hiermit einhergehenden Veränderungen auf die Position der beiden führenden palästinensischen Parteien im Kontext des Friedensprozesses auswirken. Zum anderen die Frage, was die Auswirkungen der Arabellion auf den Aussöhnungsprozess zwischen Hamas und Fatah sind. Bedeutsam sind in dieser Hinsicht vor allem die Umbrüche in Syrien und Ägypten. In Bezug auf Syrien ist vor allem die Hamas betroffen, die seit Beginn der 2000er Jahre ihr Hauptquartier in Damaskus hatte. Die ideologisch eigentlich immanenten Spannungen zwischen der islamistischen Hamas und dem säkularen Baath-Regime, die durch die gemeinsame Opposition gegen Israel allerdings lange ausbalanciert wurden, bestimmten im Laufe des Jahres 2011 zunehmend das Bild. Zentral waren hierbei die öffentlichen Proteste in Syrien gegen die autokratische Herrschaft Bashar Al-Assads, die im Frühjahr 2011 begannen und im Laufe des Jahres weiter eskalierten[6]. Das strategische Problem für die Hamas war, dass sie sich ideologisch als „Anti-Establishment-Partei" sowie als Partei des Volkes versteht und sich daher etwa im Falle Ägyptens oder Tunesiens schon frühzeitig als Unterstützerin der Protestbewegung zeigte. Auf der anderen Seite aber stand die bewährte politische Allianz mit der syrischen Regierung. Dieser

6 Zu Protestdynamik, Regimerepression und Internationalisierung der syrischen Revolte vgl. den Beitrag von André Band und Erik Mohns in diesem Band.

Spagat konnte letztlich nicht ausgehalten werden, eine zunehmende Distanz zwischen der Assad-Regierung und der Hamas unter Führung ihres Generalsekretärs Khalid Mesh'al war zu beobachten und führte schließlich Ende 2011 zur Schließung des Hamas-Auslandsbüros in Damaskus (Al-Hayat 2011b). Die Hamas ist derzeit – eine gewisse Parallelität zur Geschichte der Palästinensischen Befreiungsorganisation (PLO) in den 1970er und 80er Jahren deutet sich hier an – auf der Suche nach einem neuen „Gastland". Mit Blick auf den arabischen Frühling und des in diesem Kontext erfolgten Bedeutungsgewinns islamistischer Parteien in vielen arabischen Ländern ist eine zweite interessante Entwicklung festzustellen. So baut die Hamas derzeit ihre diplomatischen Beziehungen zu arabischen Regierungen aus und ihre Führer – sowohl Meshal, als auch der Ministerpräsident von Gaza, Ismail Haniya – waren im Laufe des Jahres 2011 auf mehreren, viel beachteten Auslandsreisen, in denen sowohl gegenüber arabischen Regierungen (etwa die Visite Haniyas in Tunesien im Januar 2012 oder in Jordanien im Juni 2012), als auch nicht-arabischen Regierungen (etwa der Besuch Haniyes in Russland und der Türkei) die Auslandskontakte der Hamas gepflegt und ausgebaut wurden (Al-Hayat 2011c). Es ist sicherlich nicht überzogen zu sagen, dass der arabische Frühling in dieser Hinsicht ein „diplomatisches Gelegenheitsfenster" für die Hamas geöffnet hat.

Die aus der Arabellion resultierenden geostrategischen Veränderungen für Palästina, die[7] hier am Beispiel Syriens skizziert wurden, zeigen sich noch deutlicher in Bezug auf die Konsequenzen, die sich für die beiden führenden palästinensischen Parteien durch den Sturz Mubaraks und den komplexen Transformationsprozess in Ägypten ergeben. Unter der Ägide Mubaraks – und seines Geheimdienstchefs und Kurzzeitpräsidenten Omar Suleiman – war Ägypten der zentrale arabische Vermittler im israelisch-palästinensischen Konflikt und dem innerpalästinensischen Aussöhnungsprozess zwischen Fatah und Hamas. Ägypten war unter Mubarak allerdings eben immer auch gleichzeitig enger strategischer Verbündeter der Fatah. Mit der Fatah – sowie dem Westen und Israel – teilte die ägyptische Staatsführung das Interesse an der Bekämpfung islamistischer Parteien. Dies wurde bereits nach dem Wahlsieg der Hamas in den palästinensischen Parlamentswahlen des Jahres 2006 deutlich, indem der Westen, Israel aber auch, wenngleich nicht mit offiziellen Verlautbarungen, arabische Staaten wie etwa Jordanien und Ägypten nicht bereit waren, diesen Wahlsieg anzuerkennen. Angesichts der weit verbreiteten Erwartung im Frühjahr 2011, dass die Arabellion auch in Ägypten zu einer Stärkung islamistischer Parteien führen würde, war die

7 Für eine Analyse der Revolution in Ägypten vgl. den Beitrag von Cilja Harders in diesem Band.

Sorge auf Seiten der Fatah groß, dass sie einen zentralen Verbündeten verlieren würde. Diese Sorge korrespondierte mit der Hoffnung der Hamas, dass Ägypten zukünftig nicht nur ein mehr oder wenig „ehrlicher Makler“, sondern vielmehr ein neuer, mächtiger Verbündeter, sowohl im innerpalästinensischen Konflikt, als auch im Konflikt mit Israel, werden könnte. Die Dynamik, die sich aus diesen Entwicklungen ergab, war im Frühjahr 2011 deutlich zu spüren. Während Ägypten offiziell schon seit vielen Jahren Vermittler im innerpalästinensischen Konflikt gewesen ist, waren die Gespräche doch immer vom Misstrauen der Hamas geprägt, die nicht zu Unrecht eine unausgesprochene Allianz zwischen Fatah und ägyptischer Regierung vermutete. Die Versöhnungsgespräche kamen so in den Jahren vor 2011 wenig voran. Dies veränderte sich in einem gewissen Umfang nach der ägyptischen Revolution. Während die Hamas – auch durch die Erwartung einer zunehmenden politischen Bedeutung der Muslimbrüder – nunmehr ägyptischen Vermittlungsversuchen offener gegenüberstand, herrschte in der Fatah die Meinung vor, sich lieber vor als nach einem Wahlsieg islamistischer Parteien auf ägyptische Vermittlung einzulassen. Das Ergebnis dieser hiermit zumindest kurzfristig zwischen Hamas und Fatah konvergierenden strategischen Interessenlage war die Unterzeichnung des Kairoer Versöhnungsdokuments im Mai 2011 durch Präsident Abbas und Generalsekretär Meshal. Dieses Dokument ging in Form und Inhalt über vorherige Absichtserklärungen hinaus, konnte aber die Grundproblematik fehlenden Vertrauens zwischen Hamas und Fatah nicht überwinden, das sich insbesondere aus der Sorge beider Parteien nährt, die andere Partei würde einen Wahlsieg zur Unterdrückung der politischen Opposition nutzen. Das Problem des Kairoer Abkommens ist daher nicht so sehr sein Inhalt, für den es mittlerweile eine relativ breite Zustimmung in beiden Lagern gibt. Das Problem ist vielmehr, diese Ziele – etwa die Bildung einer Einheitsregierung, die Aufnahme der Hamas in die PLO, die Durchführung von Parlaments- und Präsidentenwahlen – auch zu implementieren. Diese fehlende Umsetzung ist neben fehlendem Vertrauen auf beiden Seiten auch auf bisweilen stark divergierende politische Ziele im Kontext des Israel-Palästina Konflikts zurückzuführen – etwa die Frage der Anerkennung der Grenzen von 1967 sowie der seit Oslo durch die PLO und die PA geschlossenen Abkommen mit Israel, inklusive der Absage an Gewalt sowie der intensiven sicherheitspolitischen Kooperation zwischen der PA und Israel in der Westbank (vgl. Crooke 2011), wobei für Teile der Hamas hier durchaus eine leichte, wenngleich sicherlich nicht nachhaltige Entradikalisierung zu konstatieren ist.

Es taten sich mithin Schwierigkeiten auf, dem Versöhnungsdokument und medial viel beachteter Treffen der führenden politischen Kräfte Palästinas etwa in Kairo im Dezember 2011 Taten folgen zu lassen, die den gesellschaftlichen Erwartungen nach nationaler Einheit – die sich ja nicht zuletzt in den Frühjahrsprotesten 2011 in Ramallah und anderen Städten gezeigt haben – entsprechen. Dies verweist auf ein grundsätzliches Problem palästinensischer Politik, namentlich die Einschränkung politischer Handlungsfähigkeit im Kontext einer hochgradig fragmentierten innenpolitischen Landschaft. Dies ist unzweifelhaft zum einen die Konsequenz der israelischen Besatzung, aber eben auch durch die fehlende Bereitschaft der führenden palästinensischen Parteien bedingt, sich auf einen geregelten und demokratischen politischen Prozess dauerhaft einzulassen. Die Sorge, die jeweils andere Partei würde im Falle eines Wahlsieges den politischen Wettbewerb aushebeln, hemmt die Bereitschaft zu politischen Reformen und Demokratisierung in Palästina. Der arabische Frühling hat zwar, wie gezeigt, Anstöße gegeben, diese innenpolitische Fragmentierung zu überwinden, hat aber, außer einer höheren Gesprächsbereitschaft zwischen Fatah und Hamas, bisher wenig konkrete Auswirkungen gehabt. Es steht zu erwarten, dass keine der beiden Parteien das Risiko eingehen wird, ihre jeweilige Machtbasis in Gaza beziehungsweise auf der Westbank preiszugeben. Die Chancen auf eine umfassende Implementierung der im Kairoer Versöhnungsdokument skizzierten Ziele sind daher relativ gering.

4.3 Auswirkungen auf den israelisch-palästinensischen Konflikt

Der arabische Frühling war schließlich insbesondere für eine veränderte globale Strategie der palästinensischen Regierung in Bezug auf den moribunden Friedensprozess von Bedeutung, insbesondere dem Antrag der PA auf Vollmitgliedschaft Palästinas in den Vereinten Nationen, der im September 2011 bei der Generalversammlung der UN eingereicht wurde (vgl. International Crisis Group 2011a). Dieser Antrag steht zwar nicht in unmittelbarem Zusammenhang mit der Arabellion, denn er wurde bereits im Laufe des Jahres 2010 angedacht. Die veränderte Strategie der PA, nicht mehr primär auf direkte Verhandlungen mit Israel, sondern vielmehr auf eine zunehmende Internationalsierung des Konfliktes und einer sich durch den Status als Vollmitglied ergebenen „Waffengleichheit" souveräner Staaten zu setzen, profitierte aber insoweit von der Arabellion, als Präsident Abbas in seiner Rede vor der Generalversammlung explizit auf den Freiheitswunsch der Menschen in arabischen Staaten verwies und gleiche Rechte für sein Volk einforderte (Abbas 2011). Der Legitimitätspusch durch den arabischen Frühling – und die hiermit zumindest teilweise zurückgedrängte, seit 9/11 die internationale Politik dominierende, eindimensionale Wahrnehmung der arabischen Region als Hort fundamentalistischer oder terroristischer Tendenzen – verlieh den Worten Abbas zusätzliches normatives Gewicht und sicherte eine breite internationale Unterstützung von mehr als 100 UN-Mitgliedstaaten, darunter auch zahlreichen Staaten aus der EU. Auch wenn durch die Drohung der USA, ihr Veto gegen eine palästinensische Vollmitgliedschaft einzulegen, die Frage der Vollmitgliedschaft derzeit lediglich in Ausschüssen des Sicherheitsrates behandelt wird (As-Sharq al-Awsat 2011), so zeigt die Aufnahme Palästinas als Vollmitglied der UNESCO im Oktober 2011 (Al-Quds 2011b), dass die PA im Laufe des Jahres 2011 globale politische Erfolge erzielen konnte, die ohne die Strahlkraft der arabischen Revolutionen nur schwer vorstellbar gewesen wären.

Dieser Überblick über die Auswirkungen des arabischen Frühlings auf Palästina zeichnet ein gemischtes Bild (vgl. auch Konrad-Adenauer-Stiftung 2011). Auf der einen Seite ist eine zunehmende Bereitschaft der „palästinensischen Straße" zu konstatieren, mehr Freiheitsrechte einzufordern und verstärkt auch auf Formen des friedlichen Widerstandes gegen die Besatzung zu setzen. Ebenso sind, zumindest auf der rhetorischen Ebene, Schritte hin zu einer Überwindung des innenpolitischen Schismas zu beobachten. Ebenso konnte die palästinensische Diplomatie den arabischen Frühling überzeugend mit der Forderung nach Staatlichkeit verbinden. Realiter konnten aber im Laufe des Jahres 2011 weder in Bezug auf den Friedensprozess, noch in Bezug auf eine Überwindung des innerpalästinensischen Schismas entscheidende Fortschritte erzielt werden. Palästina bleibt trotz der Ausstrahlungskraft des arabischen Frühlings bis auf weiteres gefangen in seiner limitierten Staatlichkeit, die sich durch die Besatzung einerseits und die tiefe innenpolitische Spaltung andererseits ergibt.

5 Auswirkungen der Arabellion auf Israel

5.1 Gespaltene Reaktionen in Israel

Die unmittelbare Reaktion in Israel auf den arabischen Frühlings war, vor allem auf Seiten der Regierung und der Boulevardpresse, ein weit verbreitetes Gefühl der Skepsis (vgl. Chatham House 2011). Die in großen Teilen der (transnationalen) arabischen, aber auch in der westlichen öffentlichen Meinung vorherrschende Betonung der Freiheitsdimension der Arabellion – etwa durch den viel bemühten Vergleich mit Entwicklungen in Mittel- und Osteuropa 1989/1990 – fand in Israel wenig Nachahmer. In Israel dominierte vielmehr die Sorge vor einer möglichen Bedeutungszunahme nationalistischer, anti-israelischer Tendenzen der „arabischen Straße", der Schwächung alter Verbündeter – die entweder wie Mubarak gestürzt wurden oder sich wie König Abdallah von Jordanien zunehmender Forderungen nach innenpolitischen Reformen ausgesetzt sehen – sowie den Konsequenzen einer gestärkten politischen Rolle islamistischer Parteien. Diese Sorge wurde durch die israelische Regierung insoweit bestärkt, als dass dort sehr eindimensional fast nur über die Risiken, aber wenig über die Chancen der Arabellion gesprochen wird. Insgesamt wurde in Israel die Bedeutung der Arabellion als Freiheitsrevolution, beziehungsweise als Ergebnis des Freiheitswunsches der Menschen in den arabischen Staaten vergleichsweise wenig thematisiert. Es dominiert bis heute ein latentes Bedrohungsgefühl vor der gewachsenen Macht der „arabischen Straße" und islamistischer Parteien. Es wurde vor diesem Hintergrund im Laufe des Jahres 2011 ein beliebtes Wortspiel in Israel, den arabischen Frühling als Beginn eines „arabischen Winters" zu bezeichnen (Ha-Aretz 2011b; siehe für die arabische Presse Al-Mustaqbal 2011). Diese Wahrnehmung der Arabellion als Bedrohung wurde 2011 durch Massenproteste und gewaltvolle Zusammenstöße zwischen israelischen Sicherheitskräften und palästinensischen Demonstranten während des Land-Days (Protest palästinensischer Israelis gegen staatliche Enteignungen von Grundstücken) sowie des Naksa-Days (Erinnerung an den Ausbruch des 6-Tages-Krieges von 1967) bestärkt. Gleichzeitig wurde sie durch Wahlerfolge islamistischer Parteien in Tunesien vor allem aber in Ägypten befördert, was so weit ging, dass in Israel selbst die konservativ-demokratische AKP in der Türkei – neben Israel die zweite Demokratie im Nahen Osten – von manchen Analysten zu einem Teil dieser vermeintlichen Einkreisungskräfte erklärt wurde (Feiler und Harel 2009).

Dieses Gefühl, von außen eingekreist zu werden, ging mit einer zunehmenden innenpolitischen Radikalisierung seit der Regierungsübernahme Benjamin Netanjahus im Jahre 2009 einher. Das durch die derzeitige rechts-nationalistische israelische Regierung verbreitete Dogma, es gebe weder in Palästina noch in anderen Staaten der Region verlässliche Partner, legitimiert nicht nur die derzeitig de facto stattfindende Abkehr Israels vom Friedensprozess und der Zwei-Staaten Lösung, sondern auch die hiermit verbundene, beinahe vollkommene Nichtbeachtung der Arabischen Friedensinitiative in der innerisraelischen Debatte (Ha-Aretz 2011c). Dieses Dogma dient neben der offensiven Legitimierung des Siedlungsbaus in Ost-Jerusalem und der Westbank auch der Legitimierung einer Vielzahl von Gesetzen, die seit 2009 in die Knesset eingebracht wurden, die wichtige demokratische Fundamente des Staates nachhaltig zu beschädigen drohen. Diese Gesetze berühren etwa die Frage der Richterwahl zum Obersten Gerichtshofes, die Rechte vor allem friedenspolitischer und vermeintlich „linker", d.h. menschenrechtsorientierter NGOs, die Rechte der Medien im Kontext investigativer Berichterstattung sowie die Rechte insbesondere der palästinensischen Minderheit, etwa in Bezug auf Meinungsfreiheit (Ynet 2011a).

5.2 Protest in der israelischen Gesellschaft

Diese schleichende Aushöhlung tragender demokratischer Fundamente (Reuters 2011) hat bisher in Israel wenig effektiven politischen Protest, etwa in Form einer Formierung einer starken politischen Opposition, hervorgebracht. Protest zeigte sich im Verlauf des Jahres 2011 in Israel, das traditionell über eine engagierte Zivilgesellschaft verfügt, allerdings auf drei anderen Ebenen. Die größte Ähnlichkeit mit dem arabischen Frühling zeigte sich zweifelsohne im Kontext des sogenannten „israelischen Sommers“. Im Juli 2011 formierte sich in Israel eine große soziale Protestbewegung, die die wachsende Ungleichheit und die für die Mittelschicht kaum noch zu tragenden Lebenshaltungskosten zu ihrem Kernanliegen machte. Insbesondere die Form des Protestes, der vorrangig durch jüngere Protestierende aus der Mittelschicht,[8] die, ähnlich wie die Protestierenden in Ägypten, zentrale Plätze in Israel besetzten, getragen wurde, erinnerte an den arabischen Frühling, was von den Organisatoren der israelischen Demonstrationen auch durchaus so intendiert war. Im Gegensatz zu den arabischen Protesten waren die Sommerproteste in Israel aber insoweit weniger politisch ausgerichtet, als dass es primär um sozio-ökonomische Fragen ging. Die von vielen Kommentatoren hervorgehobene Verbindung zwischen sozio-ökonomischer Entwicklung in Israel einerseits und den Kosten des Siedlungsbaus (Nathanson u.a. 2009) sowie der Alimentierung der Haredim andererseits wurde, um weniger politische Angriffsflächen zu bieten, in den Demonstrationen kaum thematisiert. Auf dieser Grundlage konnte die Regierung relativ leicht die Protestbewegung eindämmen. Im Laufe des Sommers berief die Regierung Netanjahu eine Kommission ein, die sich mit den Forderungen der Protestbewegung befasste und nach kurzer Zeit recht pragmatische, aber wenig weit reichende Vorschläge zu den drängenden sozio-ökonomischen Problemen des Landes vorstellte. Die politische Relevanz der Protestbewegung blieb hierdurch vorerst gering, auch wenn einige Oppositionspolitiker – wie die im Herbst 2011 neu gewählte Vorsitzende der Arbeitspartei Sheli Yachimowitsch, der unabhängige Kandidat Yair Lapid oder der im Frühjahr 2012 der Regierung Netanjahu beigetretene Vorsitzende der zentristischen Kadima-Partei Shaul Mofaz – die Anliegen der Protestbewegung nach wie vor thematisieren.

8 Zur Rolle der Mittelschichten in den Arabellions vgl. ausführlich den Beitrag von Rachid Ouaissa in diesem Band.

Zweitens ist, ähnlich wie in Palästina, auch die politische Auseinandersetzung um die in direktem Bezug zu den im arabischen Frühling so präsenten Freiheitsrechten stehende Frage der israelischen Besiedlung der Westbank und Ost-Jerusalems als Teil der öffentlichen Protestkultur Israels zu verstehen. Wie bereits angesprochen, sind israelische Protestierende seit Jahren aktiv an den zentralen, in der Regel wöchentlich stattfindenden Protesten gegen die Sperrmauer in Bil'in/Nil'in oder gegen Siedlungsprojekte in Ost-Jerusalem beteiligt. Eine wichtige gesellschaftliche Basis hierfür ist die Rolle friedensorientierter NGOs in Israel, deren Vertreter häufig an diesen Demonstrationen teilnehmen. Oft sind es diese NGOs, die durch ihre Analysen und Berichte die israelische und die globale Öffentlichkeit über die Auswirkungen des Siedlungsbaus auf die palästinensische Bevölkerung in Ost-Jerusalem und der Westbank informieren. Die bereits angesprochene Welle anti-liberaler Gesetze, die seit 2009 in die Knesset eingebracht wurden, richten sich unter anderem auch gegen diese im israelischen politischen Diskurs oft als „links" bezeichneten, de facto aber eher menschenrechtsorientierten NGOs. Nach dem Gesetz sollen, wie von Lobbyorganisationen aus dem nationalistischen Lager Israels schon lange gefordert, finanzielle Zuwendungen an „politische" israelische Nichtregierungsorganisationen aus dem Ausland eingeschränkt werden und so eine „Einmischung" von außen unterbunden werden. Im Kontext der Debatte wurde schnell deutlich, dass es unter der gegenwärtigen Regierung insbesondere NGOs im Bereich der Menschenrechtsarbeit und der israelisch-palästinensischen Kooperation (und kaum nationalistische oder religiöse Gruppen) sind, die von dem Gesetz und dem Ermessensspielraum des zuständigen Ministeriums betroffen wären.

Wenn das gesamte Spektrum des sozialen Protestes in Israel betrachtet wird, dann wäre es aber verkürzt, hierunter lediglich liberale Gruppen wie die Sommerprotestbewegung oder Organisationen im Bereich der Menschenrechtspolitik zu verstehen. Im Verlauf des Jahres 2011 waren es ebenso Aktivitäten des nationalreligiösen Lagers, die hohe öffentliche Aufmerksamkeit auf sich gezogen haben – und hier vor allem Aktionen der lose organisierten Bewegung junger Siedler, der sogenannten Hügeljugend. Diese stark ideologisierte Bewegung machte 2011 vor allem mit ihren „Price-Tag-Aktivitäten" auf sich aufmerksam. „Price Tag" [Preisschild] bezieht sich auf das aktivistische Anliegen der Hügeljugend, jeder politischen Maßnahme, die sich gegen den Siedlungsbau richtet – egal, ob es sich um Aktivitäten von Palästinensern, israelischen NGOs oder der israelischen Sicherheitskräfte handelt – eine Gegenaktion folgen zu lassen. Mit anderen Worten: Für Maßnahmen gegen den Siedlungsbau soll unmittelbar ein merkbarer Preis gezahlt werden. Die Aktionen der Hügeljugend reichen von Gewalttaten gegen Objekte, wie etwa das Zerstören von Olivenhainen palästinensischer Landwirte oder Anschlägen auf palästinensische Kirchen und Moscheen, bis hin zu Drohgraffitis mit Morddrohungen an Autos oder Privathäusern von israelischen Mitgliedern von Menschenrechtsorganisationen. Die Aktionen gingen im Jahre 2011 so weit, dass in der israelischen Regierung vereinzelt bereits von einem neuen jüdischen Terrorismus gesprochen wurde (Perry 2011).

5.3 Außenpolitik Israels und der israelisch-palästinensische Konflikt nach der Arabellion

In Bezug auf Israels Außenpolitik wurde die Arabellion – von Ausnahmen im liberalen politischen Lager abgesehen – mehrheitlich in Bezug auf die hiermit verbundenen Risiken wahrgenommen. Dies berührte zum einen die starke Fokussierung auf unzweifelhaft vorhandene radikale Tendenzen in islamistischen Parteien, dies allerdings bei gleichzeitiger Nichtbeachtung reformerischer Zweige in diesen Parteien. Zum anderen wurde auf für Israel vermeintlich negative Veränderungen hingewiesen, die sich aus dem gewachsenen Gewicht der „arabischen Straße" ergeben. Hier stand vor allem der Umbruch in Ägypten, das unter Präsident Mubarak über Jahrzehnte hinweg der zentrale Verbündete Israels in der Region war, im Vordergrund. Der zum Zeitpunkt des Rücktritts Mubaraks großen Sorge, dass Ägypten eventuell den Friedensvertrag mit Israel aufkündigen würde, wich im Laufe des Jahres 2011 eine eher abwartende Haltung. Es wurde deutlich, dass in zentralen außenpolitischen Fragen – und hierzu zählt insbesondere das Camp David-Abkommen – der Oberste Militärrat Ägyptens (SCAF) die Zügel weiterhin fest in der Hand hält. Dennoch wurde in Israel aufmerksam registriert, dass Demonstrationen gegen Israel schnell in Gewalt umschlagen können – wie etwa im Kontext der Demonstrationen vor der israelischen Botschaft in Kairo im September 2011 – und dass im entmilitarisierten Sinai militante islamistische Gruppen aktiv gegen Israel vorgehen, so durch Raketenangriffe auf Südisrael oder durch Anschläge auf die Pipeline, die Israel bis zur Aussetzung des Liefervertrages im April 2012 mit ägyptischem Gas versorgte (Al-Akhbar 2011). Gleichzeitig wurde im Jahre 2011 aber auch deutlich, dass Ägypten vorerst weiter eine starke Rolle als Vermittler einnehmen wird, wie sich etwa im Kontext des maßgeblich durch Ägypten vermittelten Gefangenenaustausches um den israelischen Soldaten Gilat Shalit oder der Vermittlung eines Waffenstillstands zwischen Israel und der Hamas in Gaza im März 2012 zeigte.

Das bereits angesprochene Einkreisungsgefühl wird durch zwei weitere Entwicklungen bestärkt. Dies berührt einerseits die Krise, die sich im Verhältnis Israels zu traditionell engen Partnerländern in der Region, vorrangig der Türkei entwickelt hat. Während die türkische Regierung unter Ministerpräsident Erdogan ein starker Fürsprecher der Protestbewegung in arabischen Ländern ist und mehr Demokratie und Säkularismus einfordert (Ynet 2011b), wurde die türkische Rolle in Israel verbreitet als Beleg für eine vermeintliche Allianz islamistischer Kräfte in arabischen Staaten mit der AKP dargestellt. Als Beleg hierfür dienten auch die diversen Krisen in den türkisch-israelischen Beziehungen, die von der „Stuhlkrise" im Frühjahr 2010 – als der stellvertretende israelische Außenminister den türkischen Botschafter in sein Büro einbestellte, ihn bat auf einem sichtbar kleineren Stuhl Platz zu nehmen und gegenüber der Presse über diese undiplomatisch-brüskierende Vorgehensweise prahlte – über die „Flottillaffäre" um den israelischen Militäreinsatz gegen das unter türkischer Flagge Gaza ansteuernde Schiff „Mavi Marmara" (vgl. Palmer 2011) bis hin zur wiederholt scharfen Kritik Erdogans an der israelischen Siedlungspolitik reichte. In Israel wurde diese Kritik weniger unter dem Gesichtspunkt divergierender Meinungen in Bezug auf die Konsolidierung der israelischen Besatzung beziehungsweise auf die Blockade Gazas gedeutet, als vielmehr als Beleg für die vermeintliche Einkreisung Israels. Die beinahe ausschließliche Fixierung der außenpolitischen Debatten in Israel im Jahre 2011 auf die Bedrohungen, die sich durch das iranische Nuklearprogramm und die iranischen Drohungen gegenüber Israel ergeben, ergänzt dieses Bild und passt zu geostrategischen Planspielen, die als Folge des arabischen Frühlings eine neue Zweiteilung der Region zwischen Israel einerseits und feindlich gesinnten Staaten mit muslimischer Mehrheitsbevölkerung andererseits aufziehen sehen. Ein 2011 beliebter Vorschlag – unterstützt durch die Entdeckung von Rohstoffvorkommen im östlichen Mittelmeer – war es daher, dass Israel neue strategische Bündnispartner in der Region bräuchte – was angesichts der skizzierten Konstellation nur die griechisch-dominierte Republik Zypern und Griechenland sein konnten (Inbar 2011).

Wie schließlich auch die Rede Benjamin Netanjahus vor der Generalversammlung der UN in Zusammenhang mit dem Antrag der PA auf Vollmitgliedschaft Palästinas zeigte (Netanjahu 2011), hatte die israelische Regierung wenige Antworten auf die neuen regionalen Dynamiken, die sich durch den arabischen Frühling ergeben haben. Die Rede Netanjahus griff nicht die Chancen des arabischen Frühlings oder die Frage der Freiheitsrechte der Palästinenser auf. Er stellte vielmehr die einseitige Betonung von Gefahren in den Vordergrund, wie etwa die auch 2011 aus Gaza fortgeführten Raketenangriffe islamistischer Gruppen auf Israel sowie die Kritik an dem unilateralen Schritt der PA in der Anerkennungsfrage. Dies ließ freilich außer Acht, dass Israel durch den illegalen Siedlungsbau in Ost-Jerusalem und der Westbank selbst seit Jahren eine unilaterale Politik verfolgt, die hochgradig problematisch ist.

Zusammengefasst kann für Israel eine doppelte Reaktion auf den arabischen Frühling konstatiert werden, in deren Zentrum das hier skizzierte Einkreisungsgefühl stand. Im Kontext der außenpolitischen Auswirkungen wurde der arabische Frühling von vielen politischen Akteuren in Israel als Beleg für eine zunehmende regionale Isolation gedeutet und als Rechtfertigung für die einseitige Fixierung auf die Bedrohung durch Iran gesehen.[9] Hierdurch geriet freilich in weiten Teilen der öffentlichen Debatte vollkommen aus dem Blick, dass nicht so sehr Iran, sondern vielmehr die fortgesetzte israelische Besatzung Palästinas das zentrale Sicherheitsproblem Israels ist. Dies auch innenpolitisch, denn politische Entwicklungen seit dem Amtsantritt Netanjahus machen deutlich, dass die Siedlungspolitik nicht nur Israels internationale Reputation gefährdet, sondern auch eine Gefahr für die israelische Demokratie darstellt, wie die Welle anti-liberaler Gesetze und der machtpolitische Aufstieg nationalistischer bzw. religiös-fundamentalistischer Gruppierungen und Ideologien eindrücklich belegt (vgl. ACRI 2011).

6 Fazit

Wie der vorliegende Beitrag aufgezeigt hat, erwischte der arabische Frühling Israel und Palästina in dem Sinne kalt, als dass er sichere Grundannahmen auf beiden Seiten in Frage stellte. So etwa das Vertrauen darauf, ein autokratisches Ägypten bleibe zentraler Verbündeter Israels und der Fatah oder das baathistische Syrien zentraler Verbündeter der Hamas. Gleichzeitig rückte die Freiheitsbewegung in arabischen Staaten die innenpolitische Spaltung in Palästina sowie anti-liberale Entwicklungen in Israel in neues Licht. In Palästina verlieh der arabische Frühling der Frage einer innenpolitischen Aussöhnung kurzfristig an Konjunktur, wobei es weiter an ernstgemeinter Implementierung und einem klaren Bekenntnis der beiden führenden Parteien zu dauerhaftem demokratischen Wettbewerb sowie ein Bekenntnis aller Teile der Hamas zu friedlichen regionalen Beziehungen auch mit Israel fehlt. In Israel wird der arabische Frühling verbreitet als Bedrohung gesehen und ist eng mit einem Einkreisungsgefühl verbunden. All diese Entwicklungen verhindern schließlich, dass die israelische Regierung und die palästinensischen Parteien den arabischen Frühling als Anregung aufgegriffen hätten. Etwa als Anregung und Ansporn dafür, weitreichende Schritte zu einem israelisch-palästinensischen Frieden zu unternehmen – wobei Israel durch die unter Netanjahu schleichend vollzogene Abkehr vom Friedensprozess und der

9 Zur Bedeutung Irans im Kontext der Arabellions vgl. ausführlich den Beitrag von Henner Fürtig in diesem Band.

Zwei-Staaten-Lösung der derzeit aktivere Part im Prozess der Abkehr von Oslo ist.

Es gab freilich auch emphatische Reaktionen auf den arabischen Frühling, wie sich etwa im Rahmen der Sommerproteste in Israel oder der Proteste in Palästina im Frühjahr 2011 gezeigt hat. Ein zentrales Signum des arabischen Frühlings erreichte Israel und Palästina bisher aber nicht und dies ist die Stärkung neuer politischer Kräfte. In Palästina dominieren nach wie vor Fatah und Hamas die politische Landschaft, während in Israel der rechts-nationalistischen Regierung unter Benjamin Netanjahu keine kraftvolle Opposition gegenübersteht, die ein alternatives politisches Programm aufstellen könnte. In diesem Sinne lässt sich sagen, dass die führenden politischen Kräfte in Palästina und Israel bis heute nur in der Lage waren, ein taktisches Verhältnis zum arabischen Frühling aufzubauen, sich dessen ideellen Kern – Freiheit für alle Staatsbürger, Demokratisierung, und zumindest indirekt auch friedliche regionale Beziehungen – aber nicht zu eigen gemacht haben.

Literatur

Abbas, Mahmoud 2011: Rede bei den Vereinten Nationane, http://www.haaretz.com/news/diplomacy-defense/full-transcript-of-abbas-speech-at-un-general-assembly-1.386385, zuletzt eingesehen 1. Juli 2012.

ACRI 2011: Knesset Roundup: Summary of the Knesset Session – Summer 2011, presented by the Association for Civil Rights in Israel (ACRI).

Al-Akhbar 2011: Israel is Speeding Up Construction of Steel Monster on Borders with Egypt, 17. November 2011.

Al-Djazeera 2011: http://www.aljazeera.com/palestinepapers/, zuletzt eingesehen 1. Juli 2012.

Al-Hayat 2011a: Reconcilation agreement no longer sufficient, 21. November 2011.

Al-Hayat 2011b: We Did not Ask to Open Offices in Jordan, 2. Dezember 2011.

Al-Hayat 2011c: Hamas has Become a Member in International Organization of M[uslim] B[brotherhood], 10. Dezember 2011.

Al-Mustaqbal 2011: Hamas and the Islamic Spring, 16. Dezember 2011.

Al-Quds al-Arabi 2011a: Hamas Pledges to Abbas to Freeze the Armed Struggle, 26. November 2011.

Al-Quds al-Arabi 2011b: Our Flag on the UNESCO Building, 14. Dezember 2011

As-Sharq al-Awsat 2011: Erekat: Our Battle in Security Council is not Over, 16. November 2011.

Brandeis 2012: Middle East Experts to Look at Viability of the Two-State Solution. Brandeis Now, http://www.brandeis.edu/now/2012/march/twostate.html, zuletzt eingesehen 1. Juli 2012.

Brom, Shlomo 2011: The Abbas-Meshal Meeting in Cairo, INSS Insight, 299, Tel Aviv: INSS.

Brom, Shlomo 2012: The Mashal Pronouncement on Popular Struggle: Revolutionary Indeed?, INSS Insight, 308, Tel Aviv: INSS.
Brown, Nathan 2012: Is Hamas Mellowing, Carnegie Commentary, Washington: Carnegie Endowment.
Chatham House 2011: Israel and the Arab Spring, London: Chatham House.
Crooke, Alistair 2011: Die Palästina-Papiere enthüllen die Fiktion des Friedensprozesses. Inamo, 67: 42-45.
Elgindy, Khaled 2011: Is the Middle East Quartet Dead? The Israel-Palestine Peace Process Revisited, Washington: Brookings.
Feiler, Gil und Edo Harel 2009: The Political Logic of Prime Minister Erdogan's Attacks on Israel, Perspectives, 65, Tel Aviv: BESA.
Friedrich-Ebert-Stiftung 2011: Schlaglicht Israel, 21, Herzliya: FES Israel Office.
Guardian 2010: Avatar Protest at West Bank Barrier, 14. Februar 2010.
Ha-Aretz 2011a: Palestinians: "Fatah thugs" ransack Ramallah protest tents, 31. März 2011.
Ha-Aretz 2011b: The Arab Spring Turned into Arab Winter, 19. Dezember 2011.
Ha-Aretz 2011c: Arab Peace Initiative is Another Missed Opportunity for Israel", 28. März 2011.
Hatem, Mervat 2012: Globalization in a Middle Eastern Regional Perspective: A Postcolonial Reading of the Arab Human Development Reports, in Stephan Stetter (Hrsg.): The Middle East and Globalization: Fractures and Horizons, New York: Palgrave.
Inbar, Efraim 2011: The Threats in the Eastern Mediterranean Sea, BESA Center Perspectives Paper, 156, Tel Aviv: BESA.
International Crisis Group 2011a: Curb Your Enthusiasm: Israel and Palestine after the UN, Middle East Report, 112.
International Crisis Group 2011b: Palestinian Reconciliation: Plus ça change…, Middle East Report, 110.
International Crisis Group 2011c: Radical Islam in Gaza, Middle East Report, 104.
Jerusalem Post 2011: The Great Cottage Cheese Uprising, 24. Juni 2011.
Konrad-Adenauer-Stiftung 2011: Neue Dynamiken in Nahost, KAS Office Palestine: Ramallah.
Nathanson, Roby, Shaul Arieli, Ziv Rubin und Hagar Tzameret-Kertcher 2009: Historical, political and economic impact of Jewish settlements in the Occupied territories, IEPN Working Papers, Herzliya: Israeli-European Policy Network.
Netanjahu, Benjamin 2011: Full Transcript of Netanjahu's Speech at UN General Assembly, Ha-Aretz, 24. September 2011.
Palmer, Geoffrey u.a. 2011: Report of the Secretary General's Panel of Inquiry on the 31 May 2010 Flotilla Incident, New York: UN.
Perry, Mark 2011: Israel's Emerging Jewish Hezbollah, ForeignPolicy.com, http://mideast.foreignpolicy.com/posts/2011/12/19/israels_emerging_jewish_hezbollah, 19. Dezember 2011, zuletzt eingesehen 1. Juli 2012.
Reuters 2011: Right-wing Legislation Stirs Democracy Debate in Israel, 16. Dezember 2011.
Schweizer, Yoram und Ilona Dryndin 2011: Evil Develops in the South, INSS Insight, 295, Tel Aviv: INSS.
Stetter, Stephan 2008: World Society and the Middle East: Reconstructions in Regional Politics, Houndsmill: Palgrave.
Stetter, Stephan (Hrsg.) 2012: The Middle East and Globalization: Fractures and Horizons, New York: Palgrave.

Theonlinedemocracy 2011: Report from Sheikh Jarrah's 65th weekly demo, http://theonlydemocracy.org/2011/02/report-from-sheikh-jarrahs-65th-weekly-demo/, zuletzt eingesehen 1. Juli 2012.

Ynet 2011a: Clinton Concerned over Israeli Democracy, http://www.ynetnews.com/articles/0,7340,L-4156562,00.html, 12. April 2011, zuletz eingesehen 1. Juli 2012.

Ynet 2011b: Egypt's Islamists Criticize Erdogan over Calls for a Secular State", http://www.ynetnews.com/articles/0,7340,L-4122413,00.html, 14. September 2011, zuletzt eingesehen 1. Juli 2012.

Der Arabische Frühling und die Zuspitzung des israelisch-arabischen Konflikts[1]

Muriel Asseburg

Auch wenn die Umbrüche in der Region längerfristig dazu führen könnten, dass Frieden im Nahen Osten nicht nur ein Geschäft zwischen den politischen Führungen ist, sondern auch von den Bevölkerungen mitgetragen wird: Bislang haben sie kein Momentum entfaltet, das eine Friedensregelung zwischen Israel und seinen arabischen Nachbarn befördert hätte. Ganz im Gegenteil: Die Situation im östlichen Mittelmeerraum hat sich seit Anfang 2011 deutlich zugespitzt. Dabei waren die Auswirkungen des Arabischen Frühlings ein wichtiger, wenn auch nicht der einzige Faktor. Andere Entwicklungen, wie die Spannungen wegen der jüngst entdeckten Erdgasvorkommen im Levante-Becken und eine selbstbewusstere türkische Außenpolitik, haben ebenfalls zu einer Verschärfung der Situation beigetragen. Israel ist in Folge in der Region isoliert wie seit Langem nicht mehr, und seine Beziehungen zu den Nachbarn sind extrem angespannt.

Dies birgt nicht nur die Gefahr einer gewaltsamen Eskalation. Auch die Aussichten für eine Zwei-Staaten-Regelung zur Befriedung des israelisch-palästinensischen Konflikts haben sich weiter verschlechtert. Gleichzeitig wird ein Andauern des Konflikts negative Auswirkungen auf die Transformationsprozesse in den arabischen Staaten haben, vor allem in den Nachbarstaaten Israels – insbesondere, wenn der Konflikt erneut gewaltsam eskalieren sollte. Darüber hinaus birgt dies negative Konsequenzen für die Glaubwürdigkeit und die Interessen Europas in der arabischen Welt. Nicht zuletzt haben EU und USA die Gelegenheit verpasst, im Zuge der palästinensischen UN-Initiative das palästinensische Recht auf Selbstbestimmung zu realisieren, die Rahmenbedingungen einer Zwei-Staaten-Regelung abzustecken und so ausgewogenere Ausgangsbedingungen für Verhandlungen zu schaffen (vgl. Asseburg 2011a).

---

1 Dieser Beitrag beruht auf einem Vortrag an der Helmut-Schmidt-Universität Hamburg vom 7.6.2011 sowie auf: Asseburg, Muriel (2011): „Der Arabische Frühling und der Nahostkonflikt: Freiheit ohne Frieden?“, in: dies. (Hg.), *Proteste, Aufstände und Regimewandel in der arabischen Welt: Akteure, Herausforderungen, Implikationen und Handlungsoptionen*. SWP-Studien 2011/S 27. Berlin: Stiftung Wissenschaft und Politik, 42-45.

1 Israels Verlust von Partnern in der Region

Die Umbrüche in der arabischen Welt haben insbesondere vier Auswirkungen auf die Konfliktkonstellation im Nahen Osten.

Erstens hat Israel auf Regierungsebene weitere Partner in der Region verloren und ist dort zunehmend isoliert. In Folge des Gaza-Krieges zur Jahreswende 2008/2009 und der Flotilla-Affäre[2] im Mai 2010 war *Israels strategische Allianz mit der Türkei*[3] bereits deutlich angegriffen. Weiter verschlechterte sich das Verhältnis Anfang September 2011, als eine von den Vereinten Nationen eingesetzte Kommission einen Bericht (den so genannten „Palmer Report") zur Untersuchung der Affäre veröffentlichte (United Nations 2011c). Israel verweigerte nach wie vor eine Entschuldigung für den Tod der neun türkischen Aktivisten. Die Türkei wies den israelischen Botschafter aus, kündigte sämtliche Militärabkommen und kündigte an, in Zukunft im östlichen Mittelmeer militärisch stärker präsent sein zu wollen.

Dabei ist die drastische Reaktion des türkischen Premiers nicht nur vor dem Hintergrund politischer und wirtschaftlicher Ambitionen der Türkei in der arabischen Welt zu sehen. Vielmehr geht es auch um den Streit über exklusive Wirtschaftszonen im östlichen Mittelmeer. Im Ergebnis ist die Allianz mit der Türkei, bislang Israels einziger strategischer und zunehmend einflussreicher Partner in der Region, zutiefst zerrüttet (Seufert 2011, Eran 2011, Sandikli 2011). Daraus resultierend sind auch engere israelisch-griechisch-zypriotische und türkisch-arabische Beziehungen hervorgegangen. Zwar besteht durchaus Spielraum für die Verbesserung der Beziehungen zwischen Israel und der Türkei. So hat die Türkei durch die Errichtung einer zentralen Radaranlage der NATO-Raketenabwehr auf ihrem Territorium Mitverantwortung für Israels Sicherheit übernommen, da die Abwehranlage vor allem Israel vor iranischen Raketen schützt. Dennoch ist eine Rückkehr der Beziehungen zum Status quo ante in absehbarer Zeit kaum zu erwarten.

---

2 Ende Mai 2010 wurden bei einer israelischen Militäroperation gegen eine Solidaritätsflotte, die in der Türkei gestartet und auf dem Weg zu dem unter Blockade stehenden Gaza-Streifen war, neun türkische Aktivisten getötet. Weitere Aktivisten sowie sieben israelische Soldaten wurden verletzt. Der Vorfall erregte insbesondere deshalb internationales Aufsehen, weil er sich in internationalen Gewässern ereignete.

3 Seit Mitte der 1990er Jahre hatte sich eine zunehmend enge israelisch-türkische Kooperation, insbesondere im Bereich von Rüstung, Militär und Nachrichtendiensten, herausgebildet, die von den USA unterstützt und gefördert wurde. Zudem intensivierte sich auch der Handel von Konsumgütern zwischen Israel und der Türkei zusehends – auch unter der AKP-Regierung..

Zudem hat Israel mit dem *Ende der Mubarak-Ära* im Februar 2011 einen seiner wichtigsten und zuverlässigsten arabischen Partner verloren. Nach der Formierung der ägyptischen Übergangsregierung ist es zu einer beträchtlichen Verschlechterung im bilateralen Verhältnis gekommen. Nicht nur sind die ägyptischen Gaslieferungen an Israel, die vorher rund vierzig Prozent des dortigen Bedarfs deckten, infolge von Anschlägen auf die Pipelines im Sinai immer wieder ausgefallen (Sadeh 2011). Auch hat die Übergangsregierung angekündigt, Kooperationsabkommen – insbesondere über die Qualifying Industrial Zones (QIZ) und Gaslieferungen – mit Tel Aviv neu verhandeln zu wollen (Ynetnews 2011). Darüber hinaus distanzierte sich die Militärregierung unter dem Druck der Öffentlichkeit von der bisherigen israelisch-ägyptischen Kooperation in Bezug auf die Blockade des Gaza-Streifens. De facto wurde die Blockade mit der Öffnung des Personenübergangs in Rafah durch Ägypten Ende Mai 2011 zwar leicht gelockert, sie besteht aber grundsätzlich fort. Denn in der Realität sind Warenimporte und -exporte, für die nicht der Rafah-Übergang sondern die von Israel kontrollierten Warenübergänge vorgesehen sind, nach wie vor stark beschränkt.4 Auch existieren weiterhin seitens Ägyptens zahlenmäßige Beschränkungen sowie ein Genehmigungsvorbehalt für ausreisewillige Palästinenser, die nicht nur Transitreisende bzw. Pilger sind.

Selbst die *Schwächung des Assad-Regimes* durch die syrische Protest- und Aufstandsbewegung hat sich für Israel als problematisch erwiesen. Zwar sind die beiden Staaten offiziell nach wie vor im Kriegszustand. Auch baute Syrien unter Baschar al-Assad in den letzten Jahren seine Allianz mit dem Iran sowie seine Rhetorik als Vorkämpfer gegen israelische und amerikanische Ordnungspläne für die Region aus und unterstützte militante Bewegungen, insbesondere Hamas und Hisbollah. Dennoch hat sich Syrien als zuverlässig erwiesen, was die Sicherung der israelisch-syrischen Grenze angeht. Diese hat Syrien fast vierzig Jahre lang (seit dem Krieg 1973) ruhig gehalten. In den letzten Jahren hat es zudem mit

4 2011 konnten durchschnittlich 4.038 LKW-Ladungen pro Monat über Israel nach Gaza eingeführt werden. Im Vergleich zum monatlichen Durchschnitt im Jahr 2010, der bei 3.302 Ladungen lag, war dies eine Steigerung. Er liegt aber weiterhin deutlich unter der Menge, die während der ersten fünf Monate des Jahres 2007, also vor der Machtübernahme der Hamas im Gaza-Streifen, eingeführt werden konnte: 12.350 LKW-Ladungen (United Nations 2011d). Das Exportvolumen betrug zwischen Januar und November 2011 insgesamt 190 LKW-Ladungen. Dies entspricht weniger als zwei Prozent des Volumens 2005 (United Nations 2011e).

Israel zumindest insofern kooperiert, als es Exporte von den besetzen Golanhöhen nach Syrien zugelassen hat.[5]

Auch wenn der Fall des Assad-Regimes mittelfristig die Chance für eine Entspannung des israelisch-syrischen und israelisch-libanesischen Verhältnisses birgt, ist eine solche keineswegs automatisch gegeben. So ist es eher unwahrscheinlich, dass eine neue syrische Führung ihre Ansprüche auf das von Israel besetzte Gebiet verringern würde, wie etwa in einem Interview mit dem damaligen Vorsitzenden des Syrischen Nationalrates deutlich wird (Wall Street Journal 2011). Außerdem erscheint im Frühjahr 2012 ein rascher und weitgehend friedlicher Machttransfer in Syrien zunehmend unrealistisch (vgl. Porat/Lindenstrauss 2011, Asseburg/Wimmen 2012). Vielmehr entwickeln sich die Konfrontationen zwischen Regime, Deserteuren und Demonstranten zunehmend zu einem bewaffneten Machtkampf, der auch die akute Gefahr eines umfassenden Bürgerkriegs mit Vergeltungs- und Racheakten zwischen ethnischen und konfessionellen Gruppen beinhaltet. Bereits wenige Wochen nach Beginn waren die Nachbarstaaten Syriens von den Auseinandersetzungen durch Flüchtlinge und (wenn auch in beschränktem Umfang) grenzüberschreitende Gewalt betroffen – insbesondere die Türkei und der Libanon. Die Zuspitzung der Konfrontationen zwischen Protestbewegung und Regime, die auch das Risiko einer verstärkten regionalen Einmischung und eines Stellvertreterkrieges in Syrien mit sich bringt, könnte weiter massive destabilisierende Rückwirkungen haben, auch für Israel (s.u.).

2 Zunahme des Einflusses der Bevölkerungen auf die Außenpolitik

Zweitens hat der Einfluss der Bevölkerungen auf die regionalen Beziehungen zu- bzw. der außenpolitische Handlungsspielraum der arabischen Regime abgenommen. Zwar haben die Proteste, Aufstände und Rebellionen des Arabischen Frühlings in erster Linie innenpolitische und sozioökonomische Forderungen zum Ausdruck gebracht. So wurden bei den Demonstrationen auch nur selten israelische bzw. US-amerikanische Fahnen verbrannt. Ebenso sind die arabischen Bevölkerungen nicht mehr länger bereit, innenpolitische Repression mit Verweis auf den arabisch-israelischen Konflikt hinzunehmen bzw. sich durch ihn von den Missständen im eigenen Land ablenken zu lassen. Allerdings hat es zwischen Is-

5 Dies betrifft in erster Linie Äpfel. Nach Pressenangaben wurden in den letzten Jahren rund acht Prozent der israelischen Apfelernte nach Syrien exportiert (Sadeh 2011).

rael und seinen Nachbarn kein warmer Frieden entwickelt. Damit hat es auch keine „Normalisierung“ der Beziehungen auf der gesellschaftlichen Ebene gegeben. Eine solche Annäherung wird von den arabischen Bevölkerungen auch ganz überwiegend abgelehnt, solange die israelische Besetzung arabischer Territorien andauert.[6] Daher ist die Zunahme des Einflusses der Bevölkerungen auf die regionalen Beziehungen zunächst ein Problem für Israel. Denn repräsentativere Regierungen werden ihre Politik stärker an der Mehrheitsmeinung in ihrem Land ausrichten müssen statt an dem, was externe Akteure wie die USA nahelegen oder was lediglich Regimeeliten nützt. Doch auch diejenigen Regime, die nicht bereit sind, mehr Partizipation zuzulassen, werden sich in der jetzigen Situation vor unpopulären Schritten hüten.

Daher wird keine arabische Regierung in der jetzigen Situation mit Angeboten vergleichbar der Arabischen Friedensinitiative von 2002 auf Israels Rechtsregierung zugehen oder sich auf Israels Seite positionieren wollen. Letzteres gilt auch für die Verhinderung von Demonstrationen und Märschen auf Israels Grenzen. Hier ist zu erwarten, dass sich Israels Nachbarn, falls solche Demonstrationen künftig zunehmen sollten, ungern als Grenzschützer einspannen lassen. Im Gegenteil: Auseinandersetzungen zwischen Palästinensern und israelischem Militär an Israels Außengrenzen könnten für die Regime in der Region als willkommene Ablenkung von ihren internen Problemen gesehen werden – wie die Demonstrationen an Israels Grenzen im Mai und Juni 2011, anlässlich des Naqba- bzw. Naksa-Jubiläums, zeigten. Besonders dramatisch eskalierten diese an der syrisch-israelischen Grenze (Benn 2011).

Eine weitere Spannungsquelle liegt in der äußerst fragilen Sicherheitslage im Sinai (Yaari 2012), wo es 2011 nicht nur wiederholt Anschläge auf die nach Israel (sowie nach Jordanien und Libanon) führende Erdgasleitung gab, sondern auch grenzüberschreitende Angriffe auf Zivilisten und Soldaten in Israel und, in Folge, die Tötung von ägyptischen Grenzschützern. Die Eskalation der Rhetorik zwischen Israel und Ägypten in Folge der Tötung der Grenzsoldaten und der Stürmung und Belagerung der israelischen Botschaft in Kairo konnte Dank amerikanischer Vermittlung rasch beruhigt werden. Aber die angespannte Sicherheitslage im Sinai birgt nach wie vor die Gefahr weiterer ernsthafter Krisen sowie einer Erosion des israelisch-ägyptischen Friedens. Dies gilt auch, wenn sich das

6 In einer Umfrage der Brookings Institution vom Oktober 2011 waren 43 Prozent der Befragten in fünf arabischen Ländern (Ägypten, Jordanien, Libanon, Marokko und den VAE) bereit für einen Frieden mit Israel, wenn dieses sich aus den besetzten Gebieten zurückzöge. Allerdings hielten sie dies für unwahrscheinlich. Weitere 24 Prozent waren für einen Frieden mit Israel unter dieser Voraussetzung bereit und forderten zugleich größere Bemühungen der arabischen Staaten in dieser Hinsicht. (Telhami 2011: 33-34).

bilaterale Verhältnis vor dem Hintergrund der ägyptischen Vermittlung des Gefangenenaustausches zwischen Israel und der Hamas im Oktober 2011 zunächst entspannte.

Insbesondere sind israelische Entscheidungsträger angesichts des Wahlsiegs der Muslimbrüder und der überraschend hohen Stimmenzahl für die Salafisten bei den ägyptischen Unterhauswahlen (November 2011-Januar 2012) beunruhigt und fragen sich, ob die künftige ägyptische Regierung eine populistischere Politik fahren wird, die für Israel gefährlich sein wird. Dabei ist insbesondere eine Aufkündigung des seit 1979 bestehenden Friedensvertrages zwischen Israel und Ägypten oder gar ein militärischer Angriff auf Israel von Kairo kaum zu erwarten. Selbst wenn mehr als 50% der Ägypter eine Aufkündigung des Friedenvertrages fordern, wie im April 2011 eine PEW-Umfrage zeigte (Pew Research Center 2011: 26),[7] werden auch künftige ägyptische Regierungen die nationalen Interessen vor Augen haben und daher am Friedensvertrag festhalten wollen. Denn regionale Stabilität und gute Beziehungen mit dem Westen (insbesondere den USA) sind für die umfangreichen Militär- und Entwicklungshilfeleistungen sowie Einnahmen aus dem Suez-Kanal und aus dem Tourismus, und damit für den ägyptischen Staatshaushalt, essentiell.[8] Interessant ist in diesem Zusammenhang, dass sich Vertreter aller wichtigen Gruppierungen, also auch der Muslimbruderschaft, nach dem Umsturz zum Friedensvertrag mit Israel bekannten, um ihre internationale Akzeptanz zu unterstreichen. Auch lud der vorübergehende ägyptische Außenminister, Nabil al-Arabi, Vertreter der sogenannten „Israelischen Friedensinitiative“ (IFI) nach Kairo ein, um mögliche Ansatzpunkte für einen Wiedereinstieg in den Friedensprozess zu diskutieren.[9] Allerdings gilt auch, dass der Druck auf eine demokratisch verantwortliche ägyptische Regierung, sich, etwa im Falle einer israelischen Militärinvasion im Gaza-Streifen, stärker mit den Palästinensern zu solidarisieren, eine sehr schwierige Herausforderung sein wird.

---

7 Bei der Umfrage vom April 2011 sagten 54% der Befragten, Ägypten solle den Friedensvertrag mit Israel aufkündigen; 36% sagten, es sollte ihn beibehalten; 10% waren unentschieden. Bei einer Umfrage der Brookings Institution vom Oktober 2011 befürworteten 37 Prozent der befragten Ägypter eine Beibehaltung des Friedensvertrags; sechs Prozent plädierten für eine Modifizierung und 35 Prozent sprachen sich für die Aufkündigung des Vertrages aus (Telhami 2011: 38-40).

8 Im Haushaltsjahr 2009/2010 betrugen die Einnahmen insgesamt rund 45 Mrd. US-Dollar, davon waren Einnahmen aus dem Suez-Kanal 4,5 Mrd, aus dem Tourismus 11,5 Mrd, US-Militärhilfe 1,3 Mrd. (Egyptian Ministry of Finance 2011).

9 Die IFI wurde als Antwort auf die Arabische Friedensinitiative von 2002 im April 2011 veröffentlicht und von prominenten Vertretern aus Politik und Sicherheitsestablishment unterstützt (Israeli Peace Initiative 2011).

3 Verstärkung der israelischen Wagenburg-Mentalität

Die Umbrüche in der Region, die Stärkung des Einflusses der Hisbollah im Libanon, die anti-israelische Rhetorik des türkischen Premierministers sowie das iranische Atomprogramm gekoppelt mit der Wahrnehmung eines gestiegenen iranischen Einflusses in der Region haben *drittens* die Wagenburg-Haltung der israelischen Regierung weiter verstärkt. Teile der israelischen Linken, der Opposition des Zentrums (Kadima) und Vertreter des Sicherheitsestablishments forderten zwar durchaus, gerade angesichts der Umbrüche in der Region Schritte auf die arabischen Nachbarn zuzumachen und die Bemühungen um ein Friedensabkommen mit den Palästinensern zu verstärken. Die Koalition unter Premierminister Benjamin Netanjahu sah sich aber durch den Arabischen Frühling in ihrer Haltung bekräftigt, dass die Zeit für Friedensinitiativen oder einen Friedensschluss nicht reif sei. Stattdessen konzentrierte sich die Regierung auf den Ausbau des militärischen Vorsprungs gegenüber den arabischen Nachbarn und dem Iran sowie eine Kampagne zur Verhinderung der Aufnahme Palästinas in die Vereinten Nationen. In dieser Politik konnte sie sich auch auf Meinungsumfragen in Israel stützen. Denn rund zwei Drittel (68 Prozent) der jüdischen Israelis waren der Ansicht, dass sich die israelische Sicherheitslage durch die Umbrüche in der arabischen Welt verschlechtert habe. Zudem waren knapp 63 Prozent der befragten jüdischen Israelis davon überzeugt, dass die arabische Welt auch nach einem Friedensschluss mit den Palästinensern Israel gegenüber feindlich gesinnt sein würde (Yaar / Hermann 2011). Letzten Endes unternahm die israelische Regierung keine ernsthaften Versuche, die Veränderungen in der regionalen Umwelt für eine Verbesserung der Beziehungen zu den arabischen Nachbarn zu nutzen.

Im Sommer 2011 wurde die israelische Regierung innenpolitisch durch eine landesweite Protestbewegung herausgefordert (Haaretz 2011b). Allerdings ging es den Protestierenden in erster Linie um bezahlbaren Wohnraum und andere Lebenshaltungskosten – immerhin ist Israel nach den USA dasjenige OECD-Land, in dem die Einkommensunterschiede am größten sind. Und auch wenn die jungen Israelis zumindest teilweise durch den Arabischen Frühling inspiriert waren, stellten sie (mit wenigen Ausnahmen) weder den Zusammenhang zwischen staatlichen Ausgaben für Bildung und Soziales auf der einen und den Kosten von Besatzung und einer Politik militärischer Stärke auf der anderen Seite her, noch ermutigten sie ihre Führung, auf die arabischen Gesellschaften zuzugehen.

4 Palästinensische Aussöhnung und UN-Initiative

Viertens brachte der Arabische Frühling Bewegung in die Überwindung der innerpalästinensischen Spaltung (vgl. insbesondere Shikaki 2011) und bestärkte die Palästinensische Autonomiebehörde (PA) darin, den Weg zur Unabhängigkeit über die UN zu suchen. Anfang Mai 2011 unterzeichneten die beiden größten palästinensischen Gruppierungen, Fatah und Hamas, sowie kleinere PLO-Fraktionen nach etlichen gescheiterten Vermittlungsversuchen in Kairo ein entsprechendes Machtteilungsabkommen (Palestine Monitor 2011). Das Abkommen sieht eine Übergangsregierung vor, die im Konsens gebildet werden soll; die Rede ist von einem Kabinett aus politisch unabhängigen Technokraten. Seine Hauptaufgaben sollen die Vorbereitung von Wahlen, die Beendigung der seit Juni 2006 andauernden Blockade des Gaza-Streifens und der dortige Wiederaufbau sowie die Überwindung der Spaltung sein. Zugleich sollen die Kompetenzen des PLO-Exekutivkomitees dadurch nicht angetastet werden. Dies impliziert insbesondere, dass sein Vorsitzender, der derzeitige palästinensische Präsident Mahmud Abbas, auch in Zukunft mit Israel über ein Friedensabkommen verhandeln kann. Die Übergangsregierung hätte in diesem Bereich keine Vorgaben zu machen. Der Palästinensische Legislativrat, das Quasi-Parlament der Palästinensischen Autorität, soll reaktiviert werden – nachdem der Rat seit 2006 de facto funktionsunfähig ist. Wahlen für den Legislativrat, die Präsidentschaft und den Palästinensischen Nationalrat (der alle Palästinenser weltweit vertritt) sollen ein Jahr nach Unterzeichnung des Abkommens stattfinden (Asseburg 2011b). Der Vorsitzende des Politbüros der Hamas, Khaled Meshaal, ließ bei der Unterzeichnungszeremonie auch verlauten, dass man den Verhandlungen mit Israel ein weiteres Jahr Zeit gebe und der Waffenstillstand zunächst ebenfalls um diesen Zeitraum verlängert werden sollte, dass man demokratische Wahlen anstrebe und einen palästinensischen Staat in den Grenzen von 1967.

Doch die vorliegenden Abkommen waren nicht mehr als ein erster, wenngleich wichtiger und pragmatischer Schritt, um gegenüber der eigenen Bevölkerung Fortschritt zu signalisieren, während sich zunächst an der jeweiligen territorialen Kontrolle von Hamas und Fatah nichts änderte. Damit spiegelten sie die Einsicht der Führungen in Ramallah und Gaza-Stadt (bzw. Damaskus) wider, dass die Bevölkerungen in der West Bank und im Gaza-Streifen nicht länger willens waren, die Unversöhnlichkeit der Kontrahenten und die Verfestigung zweier zunehmend autoritärer Systeme zu akzeptieren. Denn im Zentrum von Bürgerprotesten in den palästinensischen Gebieten Mitte März 2011 stand nicht, wie in anderen arabischen Staaten, die Forderung nach einem Sturz des Regimes, sondern nach einer Überwindung der innerpalästinensischen Spaltung. Diese Forderung kommt auch seit Jahren konsistent in Meinungsumfragen als eine der Prioritäten der Palästinenser zum Ausdruck (vgl. z.B. Palestinian Center for Policy and Survey Research 2011).

Zudem hatten die Umwälzungen in der arabischen Welt Einfluss auf die beiden Gegner. Denn die regionalen Hauptverbündeten der beiden Gruppierungen waren geschwächt bzw. weggefallen: Das syrische Regime, der Hauptsponsor der Hamas, wankte, und das Mubarak-Regime, der Hauptunterstützer der Fatah, war bereits abgelöst. Das Abkommen vom Mai war darüber hinaus auch das Ergebnis einer zumindest vorübergehend unabhängigeren, selbstbewussteren und konstruktiveren ägyptischen Außenpolitik – die im Gegensatz zu ihrer Vorgängerin weder eine der palästinensischen Gruppierungen klar bevorzugte noch USamerikanische bzw. israelische Bedenken vornan stellte.

Zum Machtteilungsabkommen, dessen Umsetzung freilich rasch ins Stocken geriet, trug zudem der mangelnde Fortschritt im nahöstlichen Friedensprozess bei. Denn palästinensisch-israelische Verhandlungen hatten bislang von der PA erfordert, die israelisch-westliche Isolationspolitik gegenüber der Hamas mitzutragen. Nun aber konnten durch eine innerpalästinensische Annäherung Friedensgespräche nicht gefährdet werden. Denn bereits seit dem Ende des ohnehin nur teilweisen israelischen Siedlungsbaumoratoriums im September 2010 hatten keine bilateralen Verhandlungen mehr stattgefunden (LaFranchi 2010). Im Mai 2011 legte der US-Vermittler George Mitchell sein Amt nieder. Die Obama-Reden zur arabischen Welt und zum Nahen Osten im State Department[10] und vor der AIPAC-Konferenz (American-Israel Public Affairs Committee)[11] (White House 2011a, 2011b) sowie die Rede Benjamin Netanjahus vor beiden Häusern des US-

10 In seiner Rede im State Department betonte US-Präsident Barack Obama insbesondere: Frieden könne nicht oktroyiert werden, sondern müsse aus Verhandlungen hervorgehen. Angestrebt werde eine Zweistaatenregelung auf Basis der Grenzen von 1967 mit einem vereinbartem Landtausch. Die Regelung solle zu einem souveränen, zusammenhängenden und nicht-militarisierten palästinensischen Staat und zu Sicherheit für Israel durch effektive Sicherheitsarrangements führen. Verhandlungen sollten zunächst über Grenzen und Sicherheit geführt werden, zu einem späteren Zeitpunkt über Jerusalem und Flüchtlinge. Die palästinensische Regierung werde letztlich Fragen beantworten müssen, wie sie zu Israels Existenzrecht stehe.

11 In seiner Rede bei der AIPAC-Konferenz wiederholte der Präsident die gleichen Prinzipien, betonte aber deutlich stärker seine Unterstützung für Israels Sicherheit und verwahrte sich gegen dessen Delegitimierung und Isolierung. Das Abkommen zwischen Fatah und Hamas stellte er als Hürde für den Frieden dar: „No country can be expected to negotiate with a terrorist organization sworn to its destruction."

Kongresses Prime Minister's Office 2011a)[12] (alle im Mai 2011) wurden in Israel im Sinne einer Bestätigung der unverbrüchlichen israelisch-amerikanischen Freundschaft überwiegend willkommen geheißen. Bei den Palästinensern wurde zwar positiv aufgenommen, dass Präsident Barack Obama auf zwei Staaten auf Basis der Grenzen von 1967 und einem vereinbartem Landtausch beharrte. Aber die palästinensische Führung sah die Reden auch als Bestätigung, dass in Zukunft von der US-Administration keine aktive, konsistente und ausgewogene Vermittlung im Nahostkonflikt zu erwarten und dass mit der Netanjahu-Regierung eine verhandelte Friedensregelung unmöglich sei – denn nicht nur lehnt letztere es ab, mit den Palästinensern zu verhandeln, solange es ein Machtteilungsarrangement gibt,[13] auch sind die von Premier Netanjahu definierten „roten Linien" für die Palästinenser inakzeptabel und fallen weit hinter die Angebote, die die Olmert-Regierung 2008 machte (Al Jazeera Transparency Unit 2011) zurück.

Die PA konzentrierte ihre politischen Aktivitäten folglich darauf, über eine Vollmitgliedschaft in den Vereinten Nationen internationale Unterstützung zu erlangen, die eigene Verhandlungsposition zu verbessern und ihre Popularität im Innern zu vergrößern. Dabei konnte sie sich zwar auf breite internationale Empathie sowie die Anerkennung der Fortschritte bei der Staats- und Institutionenbildung durch internationale Organisationen wie den Internationalen Währungsfonds (IWF), die Weltbank (WB) und die UN stützen (Asseburg 2011a, IMF 2011, Worldbank 2011, United Nations 2011a). Allerdings war auch klar, dass eine Vollmitgliedschaft schon aufgrund des angekündigten US-Vetos im Sicherheitsrat zum jetzigen Zeitpunkt nicht zu erreichen sein würde. Schlussendlich wurde Palästina zwar durch eine große Mehrheit als Vollmitglied in die UNESCO aufgenommen, konnte aber nicht die für die UN-Vollmitgliedschaft erforderlichen neun Stimmen im Sicherheitsrat aufbringen (vgl. auch International Crisis Group 2011).

Auch bei der Überwindung der Spaltung wurden 2011 kaum greifbare Fortschritte erzielt. Dies lag nicht nur am gegenseitigen Misstrauen, am Interesse der beiden Führungen die Kontrolle über den jeweiligen Teil der Gebiete zu erhalten

12 Vor dem US-Kongress betonte Netanjahu seine Bereitschaft zu schmerzhaften Kompromissen für Frieden mit den Palästinensern. Das Problem sei nicht die Etablierung eines palästinensischen Staates, sondern die palästinensische Ablehnung eines jüdischen Staates. Israel werde nicht zu den „indefensible borders of 1967" zurückkehren, aber großzügig sein, was das Territorium eines palästinensischen Staates angehe. Das Flüchtlingsproblem müsse außerhalb der Grenzen Israels gelöst werden. Jerusalem bleibe ungeteilt und unter israelischer Kontrolle. Ein palästinensischer Staat müsse demilitarisiert sein und es müsse eine langfristige israelische Präsenz im Jordangraben geben.

13 So betonte Premier Netanjahu: „The Palestinian Authority needs to choose between peace with Israel and peace with Hamas" (Prime Minister's Office 2011b).

und an der ablehnenden Haltung ihrer jeweiligen externen Unterstützer. Auch schienen sich Hamas-Vertreter im Gaza-Streifen und in Damaskus nicht über die Analyse der regionalen Ereignisse, ihre Bedeutung für die Hamas sowie die daraus für die Strategie zu ziehenden Schlüsse einig gewesen zu sein. Zunehmend deutlich wurde im Laufe des Jahres 2011, dass sich die Hamas-Exilführung, die sich im Gegensatz zur libanesischen Hisbollah nicht auf Seiten des Asad-Regimes positionieren wollte, einen neuen Standort für ihr Hauptquartier suchen musste und deutlichen Druck verspürte, sich um internationale und regionale Anerkennung zu bemühen. Die Hamas-Führung im Gaza-Streifen setzte hingegen darauf, dass sich das regionale Umfeld durch Wahlsiege von Parteien der Muslimbrüder ohnehin zusehends zu ihren Gunsten verändern würde und es daher galt, vorschnelle Aktionen zu vermeiden, die die Kontrolle über den Gaza-Streifen gefährden könnten.[14]

Beide Führungen versuchten ihre Legitimität auch durch andere Maßnahmen zu erhöhen: Die Hamas-Führung konnte durch den Gefangenenaustausch, bei dem im Oktober-Dezember 2011 rund 1000 palästinensische Häftlinge freikamen, deutlich punkten, nachdem zuvor der palästinensische Präsident durch den Gang vor die UN an Popularität zugelegt hatte. Im Dezember 2011 machten die Konfliktparteien dann einen neuen Anlauf und avisierten für 2012 konkrete Schritte, um die Aussöhnung voranzutreiben. Allerdings steht zu bezweifeln, dass der politische Wille bei den Kontrahenten vorhanden ist, nun tatsächlich aufeinander zuzugehen. Auf jeden Fall blieben auch im Frühjahr 2012 viele Fragen offen: Gelingt es, sich auf die Zusammensetzung einer Übergangsregierung und auf einen Premierminister zu einigen, dem beide Seiten vertrauen? Wie wird das Wahlsystem aussehen, so dass die Abstimmung von keiner Seite als Nullsummenspiel gesehen wird? Auf welche Art und Weise wird Hamas im Zuge des Aussöhnungsprozesses in die PLO integriert? Welche Grundsätze der PLO werden dabei als unverrückbar angesehen? Wie kann es mittelfristig gelingen, die Sicherheitsapparate in der West Bank und im Gaza-Streifen wieder zusammenzuführen?

5 Ausblick

Das Zusammenwirken der Umbrüche in der Region mit dem Stillstand im Nahostfriedensprozess hat dazu geführt, dass sich der arabisch-israelische Konflikt weiter zugespitzt hat. Er wird zudem von israelisch-türkischen Spannungen

14 Gespräche der Autorin im Gaza-Streifen im Juli 2011.

überlagert und verschärft. Israel ist nicht nur in der Region sondern – vor dem Hintergrund des palästinensischen UN-Antrags – auch international zunehmend isoliert, sieht man von der Unterstützung der USA und der Europäer ab. Die innenpolitische Zuspitzung in Staaten der Region, insbesondere in Syrien, könnte sich weiter konfliktverschärfend auswirken. Und nachdem es nicht gelungen ist, die UN-Initiative konstruktiv zu wenden und damit eine konkrete Perspektive für ein Ende der israelischen Besatzung und palästinensische Unabhängigkeit zu schaffen, ist auch das Risiko einer dritten Intifada gegeben, die, selbst wenn sie als „ziviler Widerstand“ begänne, bis hin zu einem regionalen Krieg eskalieren könnte. Diese Gefahr wird weiter verschärft durch die Schwächung der PA in Folge der israelischen und US-amerikanischen Reaktionen auf die palästinensische UN-Initiative: die Verringerung finanzieller Hilfe für die PA durch die USA, die wiederholte Einbehaltung von Steuern und Zöllen durch Israel sowie den verstärkten Siedlungsbau, der das für den palästinensischen Staat vorgesehene Territorium immer stärker fragmentiert und ein Regelung für Jerusalem zusehends unmöglich macht.

Eine Option, die zunehmend unter Palästinensern diskutiert wird, ist die Auflösung der PA und die Konzentration auf den Kampf für gleiche Rechte innerhalb des Staates Israel, statt für die Unabhängigkeit von ihm. Ein solcher Ansatz, selbst wenn er gegen die Interessen der palästinensischen Eliten verfolgt werden sollte, würde das endgültige Ende des Oslo-Prozesses markieren. Sein Erfolg wäre jedoch äußerst unwahrscheinlich, da Israel keinen Anreiz hat, die Gebiete zu annektieren, in denen der Großteil der palästinensischen Bevölkerung lebt, und diese zu israelischen Staatsbürgern zu machen. Damit würde er weder zur Durchsetzung palästinensischer Rechte noch zu einer Befriedung des Konflikts beitragen.

Das Fortdauern des israelisch-arabischen Konflikts, und insbesondere eine erneute gewaltsame Eskalation, wird auch negative Rückwirkungen auf die Umbrüche in der arabischen Welt haben und eine Konsolidierung offener und partizipatorischer politischer Systeme in Israels Nachbarschaft weniger wahrscheinlich machen. Denn der Konflikt bringt überdimensionierte Armeen und eine Zuteilung von Ressourcen mit sich, die die Sicherheitsapparate gegenüber menschlicher Entwicklung begünstigt, eine widerspruchsintolerante Atmosphäre, ein ungünstiges Investitionsklima, eine Stärkung radikaler Kräfte und nichtstaatlicher bewaffneter Gruppen und die weitere Schwächung von Staaten. Er wird auch das demokratische Zusammenleben in Israel weiter beeinträchtigen (Krebs 2011). Und er dürfte sich negativ auf die Beziehungen des Westens zu den Staaten und Bevölkerungen der Region auswirken. So standen etwa europäische Versuche, die Palästinenser von ihrer UN-Initiative abzubringen sowie die Ablehnung der palästinensischen UNESCO-Mitgliedschaft durch einige europäische Staaten im November 2011 im eklatanten Gegensatz zur enthusiastischen europäischen Unterstützung für das Streben nach Freiheit und Selbstbestimmung anderer arabischer Völker.

(Stand: 1. April 2012)

Literatur

Asseburg, Muriel (2011): „Der Arabische Frühling und der Nahostkonflikt: Freiheit ohne Frieden?", in: dies. (Hg.), Proteste, Aufstände und Regimewandel in der arabischen Welt: Akteure, Herausforderungen, Implikationen und Handlungsoptionen. SWP-Studien 2011/S 27. Berlin: Stiftung Wissenschaft und Politik, 42-45. Online: http://www.swp-berlin.org/fileadmin/contents/products/studien/2011_S27_ass_ks.pdf (30.01.2012).

Asseburg, Muriel (2011a): Palästina bei den Vereinten Nationen: Optionen, Risiken und Chancen eines palästinensischen Antrags auf Vollmitgliedschaft und Anerkennung. SWP-Aktuell 2011/A 36, Berlin: Stiftung Wissenschaft und Politik. August 2011. Online:http://www.swp-berlin.org/fileadmin/contents/products/aktuell/2011A36_ass_ks.pdf (30.01.2012.

Asseburg, Muriel (2011b): „Fatah-Hamas-Abkommen: Ein wichtiger Schritt zu einer Zwei-Staaten-Regelung", Kurz gesagt, Berlin: Stiftung Wissenschaft und Politik, Mai 2011. Online: http://www.swp-berlin.org/de/kurz-gesagt/fatah-hamas-abkommenzwei-staaten-regelung-in-nahost.html (26.01.2012).

Asseburg, Muriel/Wimmen Heiko (2012): Der gewaltsame Machtkampf in Syrien. Szenarien und Einwirkungsmöglichkeiten der internationalen Gemeinschaft. SWP-Aktuell 2012/A 12, Berlin: Stiftung Wissenschaft und Politik. Februar 2012. Online: http://www.swp-berlin.org/fileadmin/contents/products/aktuell/2012A12_ass_wmm.pdf.

Al Jazeera Transparency Unit (2008): „Summary of Olmert's "Package" Offer to Abu Mazen", 31.08.2008. Online: http://transparency.aljazeera.net/files/4736.pdf (26.01.2012).

Benn, Aluf (2011): „The Arab Revolution is knocking at Israel's door", in: Haaretz, 16.05.2011. Online: http://www.haaretz.com/print-edition/new s/the-arab-revolution-is-knocking-at-israel-s-door-1.361969 (20.05.2011).

Egyptian Ministry of Finance (2011): The Financial Monthly, Januar 2011. Online: http://www.mof.gov.eg/MOFGallerySource/English/Reports/monthly/2011/Jan2011/full%20version.pdf (30.01.2012).

Eran, Oded (2011): "Turkey and Israel: The Wrong Crisis at the Wrong Time", in: Israel Journal of Foreign Affairs 5, 3, 9-11.

Haaretz (2011a): "Prominent Israeli figures urge Europe to Recognize Palestinian State", 27.5.2011. Online: http://www.haaretz.com/news/diplomacy-defense/prominent-israeli-figures-urge-europe-to-recognize-palestinian-state-1.364361 (26.01.2012).

Haaretz (2011b): "More than 150,000 take to streets across Israel in largest housing protest yet", 30.07.2011. Online: http://www.haaretz.com/news/national/more-than-150-000-take-to-streets-across-israel-in-largest-housing-protest-yet-1.376102 (26.01.2012).

International Crisis Group (2011): Curb Your Enthusiasm: Israel and Palestine after the UN. Middle East Report 112. Ramallah/ Jerusalem/ Washington/ Brussels: International Crisis Group. Online: http://www.crisisgroup.org/~/media/Files/Middle%20East%20

North%20Africa/Israel%20Palestine/112%20Curb%20Your%20Enthusiasm%20-%20 Israel%20and%20Palestine%20after%20the%20UN.pdf (30.01.2012).

International Monetary Fund (2011): Macroeconomic and Fiscal Framework for the West Bank and Gaza: Seventh Review of Progress, Staff Report for the Meeting of the Ad Hoc Liaison Committee, Brussels, 13 April 2011, http://www.imf.org/external/country/WBG/RR/2011/041311.pdf (08.06.2011).

Israeli Peace Initiative (2011): The Israeli Peace Initiative (IPI) – in response to the Arab Peace Initiative (API), Proposal, 6.4.2011. Online: http://israelipeaceinitiative.com/israeli-peace-initiative-english/the-israeli-peace-initiative-english (20.5.2011).

Krebs, Ronald R. (2011): "Israel's Bunker Mentality. How the Occupation is Destroying the Nation", in: Foreign Affairs, Vol. 90, Nr. 6, November/Dezember 2011.

LaFranchi, Howard (2010): "After failure of direct Middle East talks, does Obama have a 'Plan B'?", in: Christian Science Monitor, 08.12.2010. Online: http://www.csmonitor.com/USA/Foreign-Policy/2010/1208/After-failure-of-direct-Middle-East-talks-does-Obama-have-a-Plan-B (26.01.2012).

Palestine Monitor (Hrsg.) (2011): „Text of the Agreement between Fatah and Hamas, 3 May 2011". Online: http://www.palestinemonitor.org/spip/spip.php?article1787 (30.01.2012).

Palestinian Center for Policy and Survey Research (2011): Palestinian Public Opinion Poll No (41), 15-17 September 2011, Press Release. Online: http://pcpsr.org/survey/polls/2011/p41efull.html (26.01.2012).

Palestinian National Authority (2009): „Ending the Occupation - Establishing the State. Program of the Thirteenth Government", August 2009. Online: http://www.mop-gov.ps/web_files/issues_file/090825%20Ending%20Occupation,%20Establishing%20 the%20State%20-%20Program%20of%20the%2013%20government.pdf (26.01.2012).

PewResearchCenter (2011): Egyptians Embrace Revolt Leaders, Religious Parties and Military, As Well, 25.04.2011. Online: http://www.pewglobal.org/files/2011/04/Pew-Global-Attitudes-Egypt-Report-FINAL-April-25-2011.pdf (Zugriff: 25.01.2012).

Porat, Liad / Lindenstrauss, Gallia (2011): "The Syrian Regime: Protests at Home and Criticism from Abroad", INSS Insight No. 273, 08.08.2011. Online: http://www.inss.org.il/upload/(FILE)1312805874.pdf (26.01.2012).

Prime Minister's Office (2011a): Speech by PM Netanyahu to a Joint Meeting of the U.S. Congress, 24.05.2011. Online: http://www.pmo.gov.il/PMOEng/Communication/PM-Speaks/speechcongress240511.htm (26.01.2012).

Prime Minister's Office (2011b): PM Netanyahu Responds to the Palestinian Authority-Hamas Agreement. 27.04.2011. Online: http://www.pmo.gov.il/PMOEng/Communication/Spokesman/2011/04/spokepeace270411.htm (26.01.2012).

Sadeh, Shuki (2011): "Days of uncertainty", in: Haaretz, 27.5.2011, S. B6.

Sandikli, Atilla (2011): „Turkey-Israel Relations Have Hit Rock Bottom", Bilgesam, 15.09.2011. Online: http://www.bilgesam.org/en/index.php?option=com_content&view=article&id=381:turkey-israel-relations-have-hit-rock-bottom&catid=77:ortadogu-analizler&Itemid=147 (26.01.2012).

Seufert, Günter (2011): „Der türkische Weg", Kurz gesagt. Berlin: Stiftung Wissenschaft und Politik, 15.2.2011. Online: http://www.swp-berlin.org/de/kurz-gesagt/der-tuerkische-weg.html (18.5.2011).

Shikaki, Khalil (2011): Coping with the Arab Spring. Palestinian Domestic and Regional Ramifications, Waltham MA (Brandeis University, Crown Center for Middle East

Studies: Middle East Brief: 58), 22. Dezember 2011. Online: http://www.brandeis.edu/crown/publications/meb/MEB58.pdf (27.01.2012).

Telhami, Shibley (2011): Annual Arab Public Opinion Survey. Brookings Institution, Oktober 2011. Online: http://www.brookings.edu/~/media/Files/events/2011/1121_arab_public_opinion/20111121_arab_public_opinion.pdf (27.01.2012).

United Nations (2011a): Palestinian State-Building: A Decisive Period, Office of the United Nations Special Coordinator for the Middle East Peace Process, Ad Hoc Liaison Committee Meeting, Brussels, 13 April 2011. Online: http://www.unsco.org/Documents/Special/UNs%20Report%20to%20the%20AHLC%2013_April_2011.pdf (08.06.2011).

United Nations (2011b): UN Special Coordinator for the Middle East Peace Process warns Security Council of "Dramatic" Deadlock in Peace Process, Calls for "Credible Political Path Forward" and Bold Actions on the Ground, Press Release, 26.07.2011. Online: http://www.unsco.org/Documents/Statements/SC/2008/Press%20release%2026%20July%202011.pdf (26.01.2012).

United Nations (2011c): Report of the Secretary-General's Panel of Inquiry on the 31 May 2010 Flotilla Incident, September 2011. Online: http://www.un.org/News/dh/infocus/middle_east/Gaza_Flotilla_Panel_Report.pdf (26.01.2012).

United Nations (2011d): The Monthly Humanitarian Monitor: December 2011. Office for the Coordination of Humanitarian Affairs, Occupied Palestinian Territory, Dezember 2011. Online: http://www.ochaopt.org/documents/ocha_opt_the_humanitarian_monitor_2012_01_19_english.pdf (26.01.2012).

United Nations (2011e): The Monthly Humanitarian Monitor: November 2011. Office for the Coordination of Humanitarian Affairs, occupied Palestinian territory, November 2011. Online: http://www.ochaopt.org/documents/ocha_opt_the_humanitarian_monitor_2011_12_15_english.pdf (26.01.2012).

Wall Street Journal (2011): "Syria Opposition Leader Interview Transcript", 02.12.2011, http://online.wsj.com/article/SB10001424052970203833104577071960384240668.html (26.01.2012).

White House (2011a): Remarks by the President on the Middle East and North Africa, Office of the Press Secretary, State Department, Washington D. C. 19.05.2011. Online: http://www.whitehouse.gov/the-press-office/2011/05/19/remarks-president-middle-east-and-north-africa (25.01.2012).

White House (2011b): Remarks by the President at the AIPAC Policy Conference 2011, Walter E. Washington Convention Center, Washington, D.C., 22.05.2011. Online: http://www.whitehouse.gov/photos-and-video/video/2011/05/22/president-obama-2011-aipac-policy-conference#transcript (25.01.2012).

World Bank (2011): Building the Palestinian State: Sustaining Growth, Institutions, and Service Delivery. Economic Monitoring Report to the Ad Hoc Liaison Committee, April 2011. Online: http://siteresources.worldbank.org/INTWESTBANKGAZA/Resources/AHLCReportApril2011.pdf (08.06.2011).

Yaar, Ephraim / Hermann, Tamar (2011): The Peace Index – November 2011. Israel Democracy Institute, November 2011. Online: http://www.peaceindex.org/files/The%20Peace%20Index%20Data%20-%20November%202011.pdf (26.01.2012).

Yaari, Ehud (2012): "Sinai: A New Front", Polics Notes 9. Washington Institute for Near East Policy, Januar 2012. Online: http://www.washingtoninstitute.org/pubPDFs/PolicyNote09.pdf (26.01.2012).

Ynetnews (2011): “Egypt sees new Israel gas deal soon”, 04.10.2011. Online: http://www.ynetnews.com/articles/0,7340,L-4131000,00.html (26.01.2012).

Iran: Nutznießer oder Leidtragender der arabischen Umbrüche?

Henner Fürtig

1 Einleitung

Am 11. Februar 2011 standen die zentralen Feierlichkeiten zum Jahrestag der iranischen Revolution in Teheran unter einem neuen Zeichen: den Umbrüchen in der arabischen Nachbarschaft. Zu Jahresbeginn war der tunesische Machthaber Ben Ali außer Landes geflohen, just am Tag der Feierlichkeiten in Iran kapitulierte der ägyptische Präsident Hosni Mubarak vor dem Volkszorn. Der „arabische Frühling" hatte begonnen und kaum ein Staat im Nahen Osten und Nordafrika konnte sich seinem Sog entziehen. Die Staatsspitze der Islamischen Republik Iran frohlockte an jenem Tag. Revolutionsführer Ali Khamenei hatte schon während der Freitagspredigt in der Vorwoche – sich an die „Glaubensbrüder" in Tunesien und Ägypten wendend – erklärt, dass die Ereignisse in ihren Ländern eine „natürliche Fortsetzung der iranischen Revolution von 1979" (Alfoneh 2011: 36) seien. „Die gegenwärtigen Ereignisse haben für Iran eine besondere Bedeutung … sie sind das ‚islamische Erwachen', das der Sieg der großen Revolution des iranischen Volkes ermöglicht hat" (Kurzman 2012: 162). Am 11. Februar 2011 wiederholte Khamenei diese Äußerungen auf der Festtagstribüne, eifrig assistiert von Präsident Ahmadinejad, der den „arabischen Frühling" ebenfalls zur direkten Folge der islamischen Revolution von 1979 erklärte (Alfoneh: 2011: 36). Aus diesen und vielen ähnlichen Äußerungen spricht weniger Sympathie und Anerkennung für den Mut und die Entschlossenheit der Demonstranten in Tunesien und Ägypten, sondern vielmehr das unbedingte Bestreben, die Umwälzungen ausschließlich als ebenjenes „islamische Erwachen" zu definieren und damit in einen Entwicklungsbogen zu zwängen, der mit der eigenen Revolution von 1979 seinen Anfang genommen hatte. Trotz aller Rückschläge und Verunglimpfungen durch westliche und regionale Gegner würde das iranische Modell offensichtlich immer noch soviel Attraktivität besitzen, dass es anderen als Beispiel dienen könne. Damit hätte es nicht nur eine nachträgliche Bestätigung erfahren, sondern die Islamische Republik Iran wäre als Initiator und „Ferment" des „islamischen Erwachens" folgerichtig in eine Führungsposition gerückt.

Die iranische Führung hätte sich also als eindeutiger Nutznießer des „arabischen Frühlings“ sehen können, wenn diese Sichtweise nicht durch die Opposition im eigenen Land in Frage gestellt worden wäre. Die im Gefolge der umstrittenen Präsidentenwahlen von 2009 unnachsichtig verfolgte „Grüne Bewegung“ interpretierte die Ereignisse in der arabischen Nachbarschaft gänzlich anders. Einer ihrer bekanntesten Führer, Mir Hossein Mussawi, hatte schon Ende Januar 2011 verlautbart, dass die Ereignisse in Tunis, Sana, Kairo, Alexandria und Suez ihre Wurzeln sehr wohl auf die zweite Junihälfte 2009 zurückführen können, als Millionen Demonstranten in Iran die Einhaltung ihrer demokratischen Rechte gefordert hatten (Kurzman 2012: 162). Gemeinsam mit Mehdi Karrubi, einem anderen bekannten Führer der „Grünen Bewegung“ rief er deshalb für den 14.2.2011 zu machtvollen Solidaritätskundgebungen mit den protestierenden Menschen in der arabischen Welt auf, weil diese die gleichen Ziele verfolgen würden wie die drangsalierten Oppositionellen in Iran – die Beseitigung einer autokratischen Herrschaft. Prompt verbot das Innenministerium die Demonstrationen; eine landesweite Verfolgungswelle setzte ein. Es ließ sich jedenfalls nicht leugnen, dass die offizielle Interpretation des „arabischen Frühlings“ – zumindest im Inland – auf Widerstand stieß. Die folgenden Abschnitte sollen Wesenszüge wie Folgen dieses Widerstands genauer untersuchen und vor allem auch außenpolitische Aspekte des Gegensatzes einbeziehen.

2 Iranische Außenpolitik und „arabischer Frühling“

Die Islamische Republik Iran stellt letztlich auch deshalb einen so prägnanten Sonderfall in der internationalen Staatengemeinschaft dar, weil die ihrer Gründung vorausgehende Revolution von 1978/79 zu den wenigen genuinen Massenrevolutionen der Neuzeit gehört. Sie teilt vergleichbare Entwicklungsetappen und Eigenschaften mit der französischen Revolution von 1789 und der russischen von 1917. Vor allem ein starkes Sendungsbewusstsein hat einer der Nestoren der US-amerikanischen Politikwissenschaften, Crane Brinton, bereits 1953 (Brinton 1953: 196) allen sozialen Massenrevolutionen zugeschrieben: das Bestreben, die gesamte Welt von der Wahrhaftigkeit der eigenen Vision zu überzeugen. Waren das 1789 die bürgerlichen Freiheiten und 1917 der Kommunismus, so machte der charismatische Führer der iranischen Revolution, Ayatollah Khomeini, 1979 keinen Hehl aus seiner Absicht, dem Islam (wieder) zur Weltgeltung zu verhelfen.

2.1 Faktoren und Motive des iranischen Führungsanspruchs

Da der Islam für Ayatollah Khomeini ein vollständiges und vollkommenes System war, das für alle Aspekte des Lebens Normen setzte und Hinweise bereithielt, besaß es für ihn universelle Geltung. Demzufolge rief er die Muslime in aller Welt auf, sich gegen ihre mächtigen, aber „degenerierten" Herrscher zu erheben und einen islamischen Staat zu errichten (Husain 1995: 234). Sein Ideal für das politische Wirken des Islam war die ʿumma zu Zeiten des Propheten und Imam Alis. Als deren Gegenstück in der Gegenwart betrachtete er die islamische Welt in ihrer Gesamtheit, d.h. alle Nationalstaaten, in denen die Muslime die Mehrheit der Bevölkerung stellen.

Khomeini sah die iranische Revolution so lediglich als Ausgangspunkt für eine weltweite Ausbreitung der islamischen Staatsidee an. Sie sollte Kern dieser Bewegung und gleichzeitig Beispiel sein. „Die iranische Revolution gehört nicht allein Iran, denn der Islam gehört nicht einem bestimmten Volk. Der Islam ist der gesamten Menschheit offenbart worden, nicht nur Iran ... Eine islamische Bewegung kann sich daher nicht nur auf ein bestimmtes Land beschränken, nicht einmal nur auf islamische Länder, denn die ist die Fortsetzung der Revolution des Propheten."[1] Damit hatte er eine wesentliche Aufgabe der Außenpolitik des iranischen islamischen Staates umrissen, nämlich die Revolution zu „exportieren." Revolutionsexport (*Sudūr-e Enqelāb*) wurde zum bestimmenden Credo der frühen, von Khomeini direkt bestimmten iranischen Außenpolitik. „Wir werden unsere Revolution in alle Welt exportieren, weil sie eine islamische ist ... Solange Menschen auf dieser Erde unterdrückt werden, wird unser Kampf fortgesetzt." (Khomeini 1979: 28) Die Paragraphen 11, 152 und 154 der iranischen Verfassung nehmen direkten Bezug auf diese Aufgabe und sind unvermindert gültig.

Für Khomeini war die Revolution deshalb auch keine schiitische. Er sah die iranischen Muslime und sich selbst quasi von Gott auserwählt, dem Islam die ihm vorenthaltene Weltgeltung wiederzubeschaffen und nicht etwa der schiitischen Konfession. In diesem Sinne ergänzte er die revolutionäre Aufgabe eher noch um die Befreiung – auch nichtmuslimischer – Unterdrückter (mostazafin), als um die Durchsetzung schiitischer Partikularinteressen.

Nach Khomeinis Tod (1989) nahm sein Nachfolger im Amt des Revolutionsführers, Ayatollah Khamenei, das Ende des Ost-West-Konflikts als Ausgangspunkt für eine Neuinterpretation des islamischen Sendungsbewusstseins. Er apostrophierte bewusst und mit Bedacht eine neue Bipolarität in der Weltpolitik, auf deren einem Pol er die Islamische Republik Iran als Kern eines revitalisierten und

1 Ettelaʿat, Teheran, 3.11.1979

politisierten Islam ausmachte, während der andere Pol dem Westen und insbesondere seiner amerikanischen Führungsmacht zugeschrieben wurde. Khamenei behauptete: „In der Vergangenheit hat der Westen der Sowjetunion und dem Marxismus Priorität eingeräumt, aber jetzt ist seine Aufmerksamkeit auf unsere Region konzentriert, die allein deshalb zur wichtigsten Region wurde, weil hier die islamische Revolution ihren Platz in der Welt einnahm.“[2] Die Herausforderung sah er als gewaltig an, denn „wir müssen beweisen, dass westliche Werte und Lebensweise nicht universell gültig sind, sondern durch bewusstes Befolgen islamischer Normen ersetzt werden können. Die Augen anderer Länder sind auf uns gerichtet, Erfolg und Misserfolg werden genau abgewogen. An uns liegt es, den Islam als mögliche Alternative attraktiv zu machen.“[3] Enthusiastisch unternahm Khamenei erste praktische Schritte in diese neue Richtung. Dazu gehörte nicht zuletzt der am 7.4.1993 verkündete offizielle Verzicht der Islamischen Republik Iran auf jegliche Form des Revolutionsexports.

Er gestand damit das Scheitern dieses Konzepts ein, das nie über Anfangserfolge im Libanon, in Bahrain, Saudi-Arabien, Irak und Afghanistan hinausgekommen war. Sein Vorgänger Khomeini hatte den Misserfolg mit „finsteren Machenschaften“ des Westens und seiner regionalen Verbündeten erklärt, die letztlich auch Saddam Hussein zum Krieg gegen Iran (Erster Golfkrieg, 1980-1988) aufgestachelt hätten, um die Kraft der Revolution zu bändigen. Khomeini war dabei vollständig entgangen, dass sein Credo vom „Export der Revolution“ auch diejenigen Adressaten abstieß, um die er eigentlich beharrlich warb: die muslimischen, mehrheitlich aber sunnitischen Unterdrückten. Denen war das Hegemoniestreben des kaiserlichen Iran noch zu gut im Gedächtnis, sie bewerteten – in weitgehender Übereinstimmung mit ihren sonst eher kritisch gesehenen Regierungen – das *islamische* Sendungsbewusstsein als *iranische* Großmannssucht, dieses Mal im schiitischen Gewand.

2.2 Probleme und Ambitionen

Mit Beginn der Amtszeit Khameneis türmten sich weitere Probleme auf. Nach Khomeinis Tod, faktisch verlorenem Krieg gegen Irak und damit zusammenhängender Systemkrise sah sich das Regime 1989/90 nach einem neuen Ansatz für die Durchsetzung des unvermindert gültigen Sendungsbewusstseins um, der ohne den direkten Revolutionsexport auskam. Es verkündete, dass dem ökono-

2 BBC-SWB, Reading, ME/1284A/1, 22.1.1992.

3 Ettela'at, Teheran, 3.6.1990.

mischen Wiederaufbau zukünftig das Primat zukomme: mit dem Prosperieren der Wirtschaft stünde und fiele auch die Revolution. Eine islamische Republik als politische, wirtschaftliche und kulturelle „Erfolgsstory" würde sich dann in der islamischen Welt quasi im Selbstlauf durchsetzen. Deshalb sollte in Iran eine „Modellgesellschaft" (madīne-ye nemūneh) entstehen. Damit müsste die Revolution nicht exportiert werden wie eine Ware, sondern sie böte sich als nacheifernswerte Alternative für die Muslime an.

Ganz in diesem Sinne, wenn auch mit unterschiedlicher Schwerpunktsetzung, handelten die ersten beiden Präsidenten unter der Ägide Khameneis. Rafsanjani verfocht einen pragmatischen Kurs, der die Außenpolitik primär in den Dienst der wirtschaftlichen Genesung Irans nach dem verheerenden Krieg mit Irak stellte. Khatami setzte den Kurs zwar im Kern fort, ergänzte ihn jedoch in Gestalt des „Dialogs der Zivilisationen" um eine Komponente, die durch beharrliches Umwerben der politischen und nicht nur der wirtschaftlichen Entscheidungsträger europäischer Staaten sowie Chinas und Japans die USA indirekt unter Handlungszwang stellen sollte und damit geeignet war, die politische Isolation Irans langfristig zu durchbrechen. Es bedeutete deshalb mehr als Symbolik, als Mahmud Ahmadinejad im August 2005, unmittelbar nach seiner ersten Wahl zum Präsidenten, das Grabmal Khomeinis aufsuchte und danach verkündete: „Der Weg des Imams ist der absolute Weg der Islamischen Republik ... Er war nicht nur der Führer der Revolution, er bleibt ihre Richtschnur."[4] Der neue Präsident erweckte damit den Anschein, als sei die iranische Revolution – quasi nach einer Spiralbewegung – auf etwas höherer Ebene wieder an ihren Ausgangspunkt zurückgekehrt. Vorbei der Pragmatismus der beiden Amtszeiten Rafsanjanis, vergessen die Öffnung und die Dialogbereitschaft Khatamis, Ahmadinejad und sein Mentor Khamenei reaktivierten dagegen wieder Khomeinis Rollenverständnis der Islamischen Republik Iran als des „wahren Verteidigers des Islam gegenüber dem Westen", wobei nicht zuletzt eine enge Verzahnung zwischen Herrschaftssicherung und Regionalmachtambitionen sichtbar wird.

Nicht von ungefähr machte Revolutionsführer Khamenei ebenfalls 2005 das Grundsatzdokument der „20-Jahre-Vision" zur verbindlichen Richtschnur für die Außenpolitik. Demnach soll Iran bis 2025 wirtschaftlich, wissenschaftlich und technologisch den Spitzenplatz in der Region erreicht haben. Die Islamische Republik Iran wäre damit Entwicklungsmodell für die islamische Welt; das seit Khomeinis Tod gepflegte Projekt der Modellgesellschaft wäre endlich Wirklichkeit geworden. Eine Vorbildfunktion ergäbe sich zudem aus Irans Vorreiterrolle im antiimperialistischen Widerstand, getreu dem Motto: Gerechtigkeit unter den

4 International Herald Tribune, Paris, 21.12.2005.

Völkern und Staaten. Diese Mission ließe sich nicht nur auf die Schiiten, nicht einmal nur auf die islamische Welt beschränken (Reissner 2008: 6). Zum Zweck der Festigung des Bildes von der Vorreiterrolle erinnert Iran die islamische Welt beständig an seine „Verdienste" im Kampf gegen „Imperialismus" und „Zionismus". Je mehr z.B. das Palästinaproblem aus seinem vornehmlich arabischen Kontext herausgelöst wird, desto stärker wachsen aus iranischer Sicht die Chancen für die Verwirklichung des eigentlichen außenpolitischen Ziels: Führerschaft der und Meinungshoheit über die politisch aktiven Muslime der Welt. Mit aggressiver Kritik an den USA und Israel buhlt Ahmadinejad – angesichts der bisherigen prowestlichen Haltung der meisten autoritären arabischen Regimes bis zum Beginn des „arabischen Frühlings" nicht ohne Erfolg – um die Zustimmung der „islamischen Straße". Aus diesen Gründen hat er auch die Normalisierungsofferten seines US-amerikanischen Amtskollegen Barack Obama ausgeschlagen; er benötigt die Gegnerschaft der USA und Israels für die Umsetzung seiner außen- und sicherheitspolitischen Strategie.

Iran soll die durch den Sturz Saddam Husseins und den Krieg im Irak vakant gewordene Position des nahöstlichen Widerstandszentrums gegen „amerikanische und zionistische Willkür" einnehmen. Gestützt auf die guten Beziehungen zur Hisbollah, die exzellenten Kontakte zum palästinensischen Widerstand, die Verwurzelung in den schiitischen Bevölkerungsgruppen der Region, die hohen Einnahmen aus dem Erdölexport und nicht zuletzt durch die Fähigkeit, massiven Einfluss auf das Geschehen in Irak zu nehmen, strebt Iran an, unter seiner Ägide einen „Widerstandsbogen", beginnend in Teheran und dann durch Bagdad, Damaskus, Beirut, Ramallah und Gaza verlaufend (Hroub 2006: 32), zu errichten, der westliche Politikziele substantiell zu konterkarieren vermag. Trotzdem bleibt festzuhalten, dass das wiedererstarkte Selbstbewusstsein Teherans weniger aus neuen Konzepten resultierte, sondern vielmehr aus der eklatanten Schwäche arabischer Regierungen, die vor allem auf Grund gravierender Legitimitätsprobleme nicht in der Lage waren, der iranischen Offensive Paroli zu bieten.

Insgesamt blieb die Durchsetzung des iranischen Führungsanspruchs jedoch hinter den Erwartungen des Regimes zurück. Deshalb sah es im Februar 2011 eine enorme Chance, die Umbrüche in der Nachbarschaft für das eigene Projekt zu usurpieren.

2.3 Das Echo in der arabischen Welt

Das iranische Regime baute seine Erwartungen durchaus auf einer realen Basis auf. Seit Jahrzehnten hatten viele Bewohner Nordafrikas und des Nahen Ostens festgestellt, dass sie von der beschleunigten, zunehmend den gesamten Erdball umfassenden politischen, wirtschaftlichen und technologischen Entwicklung weitgehend „abgekoppelt" waren. Wirtschaftsaufschwung, Wohlstand und Fortschritt fanden anderswo statt, während sich die elenden Verhältnisse in den Armenvierteln von Khartum, Algier oder Kairo de facto nicht änderten. Für die Ursachen machten sie einerseits die kolonialistische Vergangenheit und neokolonialistische Gegenwart westlicher Politik in der islamischen Welt und andererseits die Übernahme westlicher Entwicklungs- und Modernisierungsmodelle durch die eigenen Regierungen verantwortlich. Letztere seien „grandios" gescheitert und hätten verarmte und in ihrer kulturellen und religiösen Identität gefährdete Menschen zurückgelassen. Folgerichtig hätten sich auch aus dem Westen importierte oder entlehnte Ideologien wie Nationalismus, Sozialismus und Kommunismus als nutzlos erwiesen, an den autokratischen politischen und stagnierenden wirtschaftlichen Verhältnissen etwas zu ändern. Auf der Suche nach einem eigenen, der tatsächlichen Lage und Befindlichkeit entsprechenden Lösungskonzept, entdeckten viele Menschen ihre Religion, den Islam neu bzw. wieder. Seine Bedeutung nahm – auch in der Alltagskultur – erheblich zu; vor diesem Hintergrund erhielten Aktivisten Zulauf, die behaupteten, dass der Islam, als das ursächlich Eigene, nur von seinen „folkloristischen Zutaten" und „fremden Hinzufügungen" befreit werden müsste, um als den Muslimen gemäßer, dynamischer und progressiver Reformfaktor zu wirken. Diese, üblicherweise als „Islamisten" firmierenden Kräfte wurden zur einflussreichsten organisierten Oppositionskraft in der Region.

Während Muslimbrüder, Salafisten und andere islamistische Gruppen in der arabischen Welt zwar als konsequente und authentische Vertreter der „islamischen Lösung" ständig an Zuspruch und Ansehen gewannen, blieben sie jedoch in der Oppositionsrolle; nur in Iran war 1979 die Machtübernahme gelungen. Es lag deshalb auf der Hand, dass sich die Führung der Islamischen Republik Iran in einer Vorreiterrolle und ihr Land in eine Beispielfunktion wähnte. Außenminister Salehi verwies in einem Interview auf die „Macht des Faktischen". Die Menschen der Region würden nicht in einem Vakuum leben. Selbst wenn sie nicht immer und explizit an Iran dächten, sei ihnen doch zu jedem Zeitpunkt in den vergangenen dreißig Jahren bewusst gewesen, dass ein Staat in ihrer Nachbarschaft existiert, in dem der Islam politische Macht geworden sei: der Einsatz lohne sich also (Salehi 2011: 3). Um diesen Eindruck zu festigen, hatte die iranische Führung schon für den 27.2.2011 zu einer Konferenz über Fortgang und Folgen des „islamischen Erwachens" nach Teheran eingeladen. Besonders willkommen waren ihr dabei die Einschätzungen von Kamal al-Helbawy, dem Vertreter der ägyptischen Muslimbruderschaft, der ältesten und einflussreichsten aller islamistischen Organisationen. Entsprechend iranischer Medien habe er sich voller Dankbarkeit und Anerkennung über die „revolutionäre Führungsrolle Irans" geäußert.[5]

Kein iranischer Spitzenpolitiker hatte aber bis dahin den Fakt thematisiert, dass die Demonstrationen und Protestkundgebungen, die in Tunesien und Ägypten bis Ende Februar 2011 zu Machtwechseln geführt hatten, ohne islamische Symbole bzw. islamistische Losungen und Forderungen ausgekommen waren. „Brot", „Freiheit" und „Menschenwürde" waren die zentralen Forderungen der Demonstranten in Tunis und Kairo gewesen und keinesfalls Wünsche nach der Einführung einer „islamischen Ordnung" oder etwa eines „Gottesstaates" nach iranischem Muster. Tatsächlich zeigte sich der iranische Einfluss vor Ort noch geringer als in Teheran befürchtet. Eine Auswertung von Blogs der ersten beiden Aufstandswochen in Ägypten ergab, dass sich nur 69 von 42.466 Tweeds auf Iran bezogen hatten, davon nur drei in arabischer Sprache. Eine Umfrage in Alexandria und Kairo hatte eine Woche vor dem Sturz Mubaraks ergeben, dass nur 18 Prozent der Befragten Sympathie für die Islamische Republik Iran hegten, während sie 47 Prozent vehement ablehnten. Die übrigen Befragten äußerten, „kein Interesse" an Iran zu haben (Kurzman 2012: 162). Selbst die von Iran umworbene Muslimbruderschaft zeigte sich außerordentlich reserviert. Der noch in Teheran gefeierte Kamal al-Helbawy erklärte bei anderer Gelegenheit, dass seine Organisation Iran für die Unterstützung danke, dass sich die Bedingungen in Ägypten aber erheblich von denen in Iran unterschieden, und dass die ägyptische Revolution keine islamische sei (Kurzman 2012: 163). Der spätere Präsidentschaftskandidat der Muslimbruderschaft, Muhammad Mursi, sprach sich dagegen prononciert gegen jegliche iranische Einflussnahme aus. „Wir sind nicht verantwortlich für die Erklärungen in Teheran … wir sind gegen einen religiösen Staat, … weil der Islam dagegen ist."[6] Gleichzeitig verwies er auf die pluralistischen, demokratischen Positionen, die die Muslimbruderschaft seit langem vertrete (Wickham 2011). In ähnliche Richtung hatte sich zuvor auch schon Rashid Ghannouchi, der Führer der islamistischen Al-Nahda-Partei in Tunesien geäußert. Seine Partei stehe für ein ziviles System und keinesfalls für einen „islamischen Staat" (Granmayeh 2011: 2). Einzig salafistische Islamisten sprachen sich dezidiert für die

5 Conference on Islamic awakening held in Tehran. http://www.mehrnews.com/en/newsdetail.aspx?NewsID=1263085 (Zugriff: 25.6.2012).

6 Al-Shuruq, Kairo, 10.2.2011.

Errichtung eines islamischen Staates aus. Diese Positionierung birgt allerdings keinerlei politische Vorteile für Iran, weil die Salafisten extrem antischiitisch eingestellt sind. Für sie sind Schiiten „vom wahren Glauben abgefallen", der Führungs- und Beispielanspruch Irans wäre daher der kaum verdeckte Versuch, den „wahrhaften" Muslimen nach den gescheiterten westlichen Modellen eine weiteres „unislamisches System" aufzuzwingen.[7]

Zeigte sich also schon das erste Echo auf den iranischen Plan, mittels der Deutung des „arabischen Frühlings" als „islamisches Erwachen" eine politische Aufwertung zu erfahren wenig vielversprechend, so ließ er sich mit jedem weiteren Monat immer weniger aufrechterhalten. Die Entwicklungen in Tunesien und Ägypten nahmen komplexere Züge an, Ereignisse in Libyen, Bahrain und Jemen verliefen anders als nach den Umstürzen in Tunesien und Ägypten von Teheran erhofft. Die UN-Sicherheitsratsresolution 1973 und der darauf aufbauende NATO-Militärschlag gegen das Gaddafi-Regime in Libyen war der Führung in Iran ein erster Anlass, die Propaganda vom „islamischen Erwachen" zu drosseln und wieder gewohnte und erprobte antiamerikanische und antiwestliche Parolen zu verbreiten. Teheran brandmarkte den Einsatz als Fortsetzung wiederholter westlicher Hinwegsetzung über das Völkerrecht, hinter dem kaum verborgene Interessen nach der Kontrolle über das libysche Erdöl steckten (Hanau-Santini/Alessandri 2011: 1). Der Einmarsch saudi-arabischer Truppen in Bahrain im März 2011 zur Niederschlagung des Volksaufstands gegen die Familienherrschaft der Al Khalifa verschaffte Iran die Gelegenheit, einen weiteren Schauplatz im Propagandakrieg zu eröffnen. Angesichts der schiitischen Bevölkerungsmehrheit in Bahrain argwöhnten die saudischen Invasoren vor allem einen Sieg Irans, sollten sich die Aufständischen durchsetzen. Bisweilen ist das Verhältnis Bahrains zu Saudi-Arabien wie das Puerto Ricos zu den USA beschrieben worden: ein assoziierter Freistaat. Wie würde wohl Washington auf einen antiamerikanischen Machtwechsel in San Juan reagieren (Teitelbaum: 2011: 2)? Iran versuchte dagegen ostentativ, den schiitischen Aspekt aus dem Konflikt auszuklammern und warf der saudischen Führung und den mit ihr verbündeten Golfmonarchen immer wieder vor, sich dem auch auf der Arabischen Halbinsel deutlich wahrnehmbaren Wunsch nach Veränderung im Interesse des eigenen und des westlichen Machterhalts entgegenzustellen (Hanau-Santini/Alessandri 2011: 2).

Der begrenzte Wert dieser Propaganda wurde offensichtlich, als die Ereignisse in Syrien Iran in eine ähnliche Position brachten wie Saudi-Arabien in Bahrain. Obwohl Iran nicht mit eigenen Truppen in Syrien intervenierte, ließ es keinen Zweifel daran, auf der Seite des verbündeten syrischen Regimes, auf der Seite Bas-

7 Ebenda, 6.3.2011.

har al-Assads zu stehen. Prompt fragten Gegner süffisant, ob Iran den „Volkswillen" nur in Ländern unterstütze, deren Regierungen mit dem Westen verbunden seien und nicht in jenen, die es zu seinen eigenen Verbündeten zähle (Alfoneh 2011: 35)? Syrien war andererseits der einzige Fall, in dem die iranische Führung eine Parallele mit den Ereignissen im eigenen Land von 2009 nicht nur zuließ, sondern sogar offensiv propagierte: in beiden Fällen seien die Unruhen durch „ausländische Elemente" hervorgerufen worden (Granmayeh 2011: 2).

Per Saldo kann Iran bisher propagandistisch trotzdem nicht zu den Nutznießern des „Arabischen Frühlings" zählen. Die Losung des „islamischen Erwachens" blieb bei den arabischen Aufständischen ohne Widerhall, die Parteinahme für einzelne Aufstandsbewegungen wurde dagegen in der Regel eher als selektive Maßnahme in Verfolgung eigener Vormachtambitionen interpretiert.

3 „Arabischer Frühling" und iranische Innenpolitik

Die sofortige Unterbindung der „grünen" Solidaritätskundgebungen für den „arabischen Frühling" am 14.2.2011 und die Verhaftung bzw. Verfolgung der Wortführer stellte zweifelsohne eine rigide Maßnahme des Regimes dar, um die „Grüne Bewegung" Irans von den arabischen Protestbewegungen zu isolieren. Immerhin vereinnahmte die „Grüne Bewegung" die arabischen Unruhen geschickt für ihre Zwecke, indem sie ihr eigenes Wirken in den größeren Kontext eines die gesamte Region erfassenden Aufbegehrens gegen autokratische Strukturen stellte.

Diese diametral unterschiedlichen Aneignungsversuche der arabischen Umbrüche zeigen einmal mehr die tiefen Risse in der iranischen Gesellschaft. Letztlich hat sich Iran immer noch nicht von den Folgen der Präsidentschaftswahlen vom 12. Juni 2009 erholt, die die schwerste innenpolitische Krise der Islamischen Republik Iran seit ihrer Gründung einleiteten. Das Regime konnte das Protestpotential zwar eindämmen, aber nicht beseitigen. Letztlich jedoch waren es nicht einmal die Risse und Widersprüche in der Gesellschaft als solche, die die Krise kennzeichneten, sondern ihre Tiefe und ihr veränderter Charakter; denn der Dualismus, der Widerspruch, ist im Regierungssystem der Islamischen Republik Iran selbst angelegt.

3.1 Das Herrschaftssystem der Islamischen Republik Iran

Das aus der Revolution von 1979 hervorgegangene Staatswesen wird seit seiner Gründung von einem Grundwiderspruch begleitet, der schon im Staatsnamen zum Ausdruck kommt. Der Mehrheit der zahlreichen Konflikte und Richtungskämpfe in der Islamischen Republik Iran liegt der bisher unüberbrückbare Gegensatz zwischen islamischem (Gottessouveränität) und republikanischem (Volkssouveränität) Staatsverständnis zugrunde. So klagte der ehemalige Oberste Richter der Islamischen Republik Iran, Ayatollah Yazdi, während einer in Rundfunk und Fernsehen übertragenden Freitagspredigt einmal, dass der Islam zwar über eine 1.400 Jahre alte Tradition der Gelehrsamkeit verfüge, aber keinerlei Fingerzeige oder gar „Handlungsanweisungen" für die Errichtung einer islamischen Republik in der Gegenwart bereithalte.[8] Dieser „Stoßseufzer" illustriert nur – wenn auch anschaulich – die extrem uneinheitliche Meinung innerhalb der iranischen Revolutionäre, was den islamischen Staat eigentlich in der Gegenwart ausmache. Die Islamische Republik war nun einmal in den Grenzen entstanden, die das westlich inspirierte Nationalstaatssystem einem Land zustand. Diese Staatskonstruktion besaß aber nicht nur keine Wurzeln in der islamischen Geschichte, sondern sie lief der islamischen Vision der *'umma*, der Gemeinschaft der Gläubigen, zuwider. Auf der anderen Seite konnte die iranische Führung nicht ignorieren, dass sich Staatsgründungen in der islamischen Welt bis dato am Nationalstaatsmodell orientiert hatten (Eaton 1993: 34).

Das Fehlen einer „Blaupause" für die Errichtung einer islamischen Republik am ausgehenden 20. und beginnenden 21. Jahrhundert führte zu dem erwähnten ausgeprägten Dualismus zwischen „islamischer" (Revolutionsführer, Freitagsprediger, religiöse Stiftungen, Revolutionsgarden/Pasdaran, Freiwilligenmilizen/Basij) und „republikanischer" (Regierung, Ministerien, reguläre Armee und Sicherheitskräfte) Seite des Herrschaftssystems. Dieser Dualismus verursachte nicht zuletzt den beispiellosen Zickzackkurs in der postrevolutionären Entwicklung, dessen jeweilige Wendepunkte klar voneinander abgrenzbar sind, und die in der Regel mit den Amtszeiten der bisherigen Präsidenten verbunden werden können.

So wird eine erste, *visionäre* Phase im wesentlichen durch den Enthusiasmus der siegreichen Revolution und das Wirken ihres charismatischen Führers, Ayatollah Khomeini, gekennzeichnet. Dieser setzte in der Innenpolitik vor allem auf die individuelle und kollektive islamische Vervollkommnung mittels Bildung, Erziehung und Einkehr. Die Wirtschaftspolitik idealisierte den Egalitarismus. Das Primat des staatlichen Sektors sollte eine „gerechte" Verteilungswirtschaft

8 BBC-Summary of World Broadcasting, Reading, ME/1318A/15, 2.3.1992.

sichern. Dieser Politikansatz verband sich, neben dem Khomeinis, vor allem mit dem Namen des damaligen Ministerpräsidenten und gegenwärtigen Oppositionsführers Mir Hossein Mussawi. In der Außenpolitik dominierte das erwähnte Sendungsbewusstsein, komprimiert im Konzept vom „Export der Revolution".

Als 1988 der achtjährige Krieg gegen Irak de facto verloren, die Wirtschaft ausgeblutet und Iran international isoliert war, stand längst nicht mehr die Vision des islamischen Weltstaates, sondern die Existenz der Islamischen Republik Iran auf dem Spiel. Deshalb sorgte Khomeini noch in seinen letzten Lebensmonaten für den Beginn einer *pragmatischen* Phase, in der nationalstaatliche Interessen Irans das Primat bekommen sollten. Nüchterne Realisten wie der neue Präsident Rafsanjani und nicht „Visionäre" sollten das Fortbestehen des Staates sichern. Zur Stärkung der Präsidialmacht wurde u.a. das Amt des Ministerpräsidenten abgeschafft. Für den neuen Präsidenten stand die wirtschaftliche Gesundung des Landes an erster Stelle (Menashri 1990: 52). Auf der „islamischen" Seite unterstützte der neue „Oberste Rechtsgelehrte", Ayatollah Khamenei, Rafsanjani zunächst, weil auch er die Existenzkrise der Islamischen Republik Iran erkannte. Im Zuge der erneuten Stabilisierung des Staates konnte sich aber die „republikanische" Seite gegenüber der „islamischen" immer weniger durchsetzen. Rafsanjani befand sich in seinen beiden Amtszeiten auf dem stetigen Rückzug vor Khamenei. Infolgedessen verschlechterte sich die wirtschaftliche Lage weiter, Rafsanjani versagte in seiner ureigentlichen Domäne.

Hier liegen die Wurzeln für den zweimaligen Erfolg Mohammad Khatamis bei Präsidentschaftswahlen, weil er – vor anderen im Regime – unmittelbaren Reformbedarf erkannt hatte und Lösungen versprach. In der mit seinem Namen verbundenen *Reformphase* musste aber auch Khatami ähnliche Erfahrungen machen wie sein Amtsvorgänger Rafsanjani: Reformversuche verliefen mühsam, jede einzelne Maßnahme musste gegen den Widerstand der geistlichen Führung durchgesetzt werden, Rückschläge waren an der Tagesordnung. In Khatamis Präsidentschaft traten die Nachteile der dualistischen Herrschaftsstrukturen der Islamischen Republik Iran besonders krass zutage. Im politischen Alltag griffen vor allem die Maßnahmen der national orientierten reformwilligen „Republikaner", während bei Grundsatzentscheidungen die „islamische" Seite, die klerikale Führung auf ihrem Privileg der Entscheidungshoheit bestand. Diese Hoheit bleibt solange unantastbar wie das Prinzip der Herrschaft des Rechtsgelehrten (velayat-e faqih) Bestand hat. Die Studentenunruhen von 1999 (wiederholt 2002) gerieten für Khatami zum Lackmustest. Weil die Demonstranten erstmals öffentlich die Abschaffung der Herrschaft des Rechtsgelehrten forderten, musste sich Khatami als Präsident und islamischer Rechtsgelehrter entscheiden. Aus Sicht der Studenten bestand er den Test nicht. „Reform", mit dem Ziel, die Islamische Republik zu erhalten, hieß sein Motto; nicht „Revolution", um eine neue politische und soziale Ordnung zu errichten. Danach war Khatami kein politischer Hoffnungsträger mehr.

Mahmud Ahmadinejad leitete vor diesem Hintergrund im August 2005 eine *Restaurationsphase* ein. Unter ihm herrschen wieder, wie in den frühen 1980er Jahren, egalitärer Populismus im Inneren und missionarisches Sendungsbewusstsein in den Außenbeziehungen. Ahmadinejad gerierte sich als „Held der Armen und Unterdrückten" und versprach, die sprudelnden Erdöleinnahmen ausschließlich zu ihrem Nutzen zu verwenden.[9] In der Außenpolitik blieb Khomeinis Lieblingsbegriff des „Exports der Revolution" zwar tabu, in seinen Reden verhielt sich der neue Präsident trotzdem so, als sei er ausgemachte Sache. Einmal mehr zeigte sich jedoch die Unwiederholbarkeit von Geschichte. Die Islamische Republik unter Ahmadinejad ist nicht mehr die des Jahres 1979, auch Khomeini erwies sich als nicht kopierbar. Ahmadinejad ist sogar nicht einmal Geistlicher, sondern – im Gegenteil – erster nichtklerikaler Präsident Irans seit Abolhassan Banisadrs Intermezzo 1981. Der Präsident behalf sich in dieser Situation einerseits mit einer aggressiven Außenpolitik, insbesondere hinsichtlich der USA und Israels, sowie andererseits mit ungehemmter wirtschaftlich/finanzieller und politischer Patronage für seine Gefolgsleute. Die wirtschaftlichen Folgen dieser Verschwendung trug aber die gesamte Gesellschaft. Eine verschärfte Wirtschaftskrise war das Ergebnis.

3.2 Die Krise von 2009

Obwohl ein rigides Auswahlsystem verhindert, dass Kandidatinnen und Kandidaten, die Zweifel an ihrer Verfassungstreue zulassen, sich in Iran einer Wahl stellen können, gehören kompetitive Wahlen von der Gemeindeversammlung bis hin zum Präsidentenamt doch seit 1979 zu den grundlegenden Erfahrungen der iranischen Bürger. Deshalb sahen viele die Präsidentenwahlen von 2009 als probates Mittel an, um Ahmadinejad eine zweite Amtszeit zu verweigern und damit das Ende seiner außenpolitischen Isolations- und innenpolitischen Klientelpolitik zu erwirken. Erwartungsgemäß verzeichneten Wahlbüros in allen Landesteilen am Wahltag einen regelrechten Ansturm. Ein Kopf-an-Kopf-Rennen zwischen Ahmadinejad und seinem wichtigsten Herausforderer, Mir Hossein Mussawi, wurde immer wahrscheinlicher.

9 Tehran Times, Teheran, 13.07.2006.

Am Abend des Wahltags wurde aus der ersten Erwartung Gewissheit. Die Wahlkommission des Innenministeriums gab eine Rekordwahlbeteiligung von 85 Prozent an. Die zweite Erwartung erfüllte sich hingegen nicht. Bereits drei Stunden nach Schließung der Wahllokale gab die Kommission bekannt, dass Ahmadinejad 62,6 Prozent der Stimmen gewonnen habe, Mussawi dagegen nur 33,8 Prozent.[10] Der völlig unerwartete Wahlausgang rief umgehend massive Zweifel hervor. Je weiter die Analyse der Ergebnisse voranschritt, je drängender wurde der Verdacht auf Wahlfälschung. Demnach habe Ahmadinejad in allen 30 Provinzen gewonnen. Dafür hätte er, im Vergleich zu 2005, 13 Millionen zusätzliche Stimmen erhalten müssen, mehr als alle Gegenkandidaten von 2005 zusammen. Woher sollte dieser Zuwachs gekommen sein? Faktisch hieße das, dass sich das gesamte Plus der höheren Wahlbeteiligung zugunsten von Ahmadinejad ausgewirkt hätte. In 10 der 30 Provinzen hätte er sämtliche Jung- und Erstwähler genauso gewonnen, wie alle ehemaligen Stimmen für Rafsanjani und 44 Prozent der ehemaligen Reformstimmen. Ahmadinejad hatte seine Gegner durchweg in deren Heimatprovinzen geschlagen, teilweise „haushoch". Per Saldo wurde eine „alarmierende Diskrepanz" zwischen den offiziellen Wahlergebnissen und dem über Dekaden üblichen Verhalten der iranischen Wähler festgestellt (Berman/Rintoul 2009: 2-4). Jede weitere Unregelmäßigkeit erhärtete den Verdacht auf Wahlbetrug. Trotzdem, noch bevor der Wächterrat, das eigentlich dafür zuständige Gremium, den Wahlausgang bestätigen konnte, erklärte Revolutionsführer Khamenei am 13.6.2009 das Ergebnis zu einer „göttlichen Entscheidung" und forderte alle Iraner auf, sich hinter dem gewählten Präsidenten zu vereinen.[11]

Schock und Unglauben über die Wahlergebnisse wichen bald spontanen, nichts desto trotz massiven Protesten. Für die kritische Öffentlichkeit galt als sicher, dass die Rekordwahlbeteiligung vor allem auf die Mobilisierung von Protestwählern zurückzuführen war. Deshalb wurde der Slogan „Wo ist meine Stimme?" (auf vielen Plakaten auch in englisch: where is my vote?) zu einem der populärsten in den sich nun formierenden Demonstrationen von Millionen Menschen in Teheran, aber auch in fast allen anderen Landesteilen. Mir Hossein Mussawi gab dem Widerstand Gesicht und Stimme. Unmissverständlich erklärte er: „Ich werde mich der Manipulation nicht beugen. Das Verhalten der dafür Verantwortlichen greift die Säulen der Islamischen Republik direkt an und wird am Ende Tyrannei bedeuten" (Gerges 2009). Am 14.6.2009 legte er beim Wächterrat offiziellen Protest gegen das Wahlergebnis ein und forderte Neuwahlen. Das Regime reagierte zunächst mit Abwiegelung und Verleugnung, bald darauf aber mit gewaltsamer

10 Islamic Republic of Iran Broadcasting (IRIB), Teheran, 12.6.2009.

11 Middle East Economic Survey (MEES), Nicosia, 52 (2009) 25, S. 22.

Repression. Den Zusammenstößen zwischen den sich gegenseitig mit grünen Symbolen zu erkennen gebenden Demonstranten (Grüne Bewegung) und Sicherheitskräften sowie deren Helfern fielen in der Woche nach den Wahlen mindestens ein Dutzend Menschen zum Opfer, Hunderte wurden verletzt, verhaftet oder unter Hausarrest gestellt.

Der Ausgang der Präsidentschaftswahlen vom 12. Juni 2009 leitete die bisher schwerste innenpolitische Krise der Islamischen Republik Iran seit ihrer Gründung ein. Die Auseinandersetzungen zwischen Regime und Opposition erinnerten in ihrer Härte und Intensität an die ersten postrevolutionären Jahre. Gelang es der klerikalen Führung zwischen 1979 und 1983 – erheblich befördert durch den nahezu zeitgleichen Krieg mit Irak – zunächst die bürgerlich-liberale und danach peu a peu auch die linke Opposition auszuschalten, so musste sie sich knapp dreißig Jahre später mit der „Grünen Bewegung" zum ersten Mal wieder auf einen Gegner einstellen, der ihre Macht zunehmend in Zweifel zog. Folgerichtig bestand ein entscheidendes innenpolitisches Merkmal für die Zeit ab dem zweiten Halbjahr 2009 in der gnadenlosen Verfolgung des Widerstands. Tausende tatsächliche oder vermeintliche Oppositionelle wurden verhaftet, viele gefoltert und getötet. Der „Grünen Bewegung" nahestehende Organisationen und Medien wurden verboten, ihre beiden populärsten Führer, Mir Hossein Mussawi und Mehdi Karrubi, stehen seit Februar 2011 unter strengem Hausarrest. Das staatliche Fernsehen berichtete live von mehr als einhundert Schauprozessen, in denen den Angeklagten im Kern immer wieder „Aufwiegelung" und „Konspiration gegen die Islamische Republik" vorgeworfen wurde. Ein weiteres Merkmal offenbarte sich im beschleunigten Machtzuwachs aller Institutionen, die für die Sicherheit des Staates/Regimes zuständig sind. Das betraf in erster Linie den Geheimdienst, dessen Mitarbeiter nahezu ungestraft schalten und walten können, sowie die paramilitärischen „Freiwilligen"-Verbände (Basij) und – nicht zuletzt – die Revolutionsgarden (Pasdaran), die neben ihrem erheblichen ökonomischen Einfluss als „Hüter der Revolution" auch einen enormen politischen Machtzuwachs erzielten (Bakhash 2011: 4).

Das in seiner Wirkung wohl weitreichendste politische Krisenmerkmal zeigte sich jedoch in den zahlreicher und breiter gewordenen Rissen im Regime selbst. In der von Ayatollah Khomeini, dem „Vater der Revolution" angelegten dualen Konstruktion seiner Islamischen Republik liegt die Ursache für die seit 1979 andauernden, heftigen – bisweilen fast paralysierenden – Kämpfe zwischen den verschiedenen Fraktionen des Regimes um Tempo und Kurs der Revolution, aber natürlich auch um eigene Machtpositionen. Summarische Zuweisungen unterschieden zunächst zwischen „Rechten" und „Linken", später zwischen „Visionären" und „Pragmatikern", danach zwischen „Konservativen" und „Modernisierern" und zuletzt zwischen „Konservativen" und „Reformern". Das Richtungsschema wird durch weitere Unterscheidungsmerkmale in seiner Wirkung je nach Konstellation sowohl verstärkt, als auch abgemildert. So unterscheidet die Regimeprominenz sehr wohl zwischen In- und Outsidern. Die „politischen Familien" der Islamischen Republik sind trotz heftiger Zwiste durch gemeinsame Erfahrungen und das grundlegende Interesse am Regimeerhalt fest miteinander verwoben, sie besetzen die wichtigsten Schaltstellen der Macht. Auf der anderen Seite brachten die Dekaden der revolutionären Entwicklung seit 1979 einen „natürlichen" Generationswechsel mit sich, der sich nicht nur biologisch, sondern auch politisch ausdrückt. Während die erste, durch viele Geistliche besetzte Generation vor allem durch die Revolution selbst geprägt wurde, machte die zweite Generation, in der die Anzahl von Laien viel größer ist, ihre entscheidenden Erfahrungen eher im irakisch-iranischen Krieg (Parsi 2012: 10). Die 2009 manifeste Krise war nicht zuletzt durch die Tatsache geprägt, dass die latenten Widersprüche zwischen diesen Generationen eine neue Qualität erreichten.

Die erste Generation, die „alte" Elite, zu der die Gründerväter der Republik und die Mehrheit des Klerus' zählen, war durch die zweite Generation, die „neue" Elite, bestehend aus Kommandeuren und Veteranen der Revolutionsgarden, der Sicherheitskräfte des Innenministeriums und der Basij-Verbände, in der Regel Laien, herausgefordert worden. Eine kleine, aber machtvolle klerikale Minderheit, zu der u.a. auch Revolutionsführer Khamenei, Wächterratsvorsitzender Jannati und der geistige Mentor Ahmadinejads, Ayatollah Mesbahi-Yazdi gehörten, schlugen sich in den kritischen Tagen der Erhebung gegen das Wahlergebnis auf die Seite der „neuen" Elite, weil sie unter ihresgleichen zu viele „unsichere Kantonisten", das heißt Reformer vermuteten. Die Galionsfiguren dieser regimeinternen Reformer, Mussawi und Karrubi, wurden kaltgestellt, weitere prominente Vertreter wie die Ex-Präsidenten Rafsanjani und Khatami stehen seitdem unter Dauerbeobachtung und -kritik. Die Reformgegner haben nun unter dem Begriff der „Prinzipientreuen" (osulgaran) ein eigenes Lager gebildet. Im Dezember 2010 gaben sie sich eine Charta, zu deren zwölf Grundsätzen die Rettung und Bewahrung der von Khomeini formulierten Grundprinzipien des islamischen Staates gehört; das Modell dieses Staates kulminiert unverändert in der „Herrschaft des Rechtsgelehrten". Folgerichtig zählt die aktive Unterstützung des „herrschenden Rechtsgelehrten" inklusive der Anerkennung seiner Anordnungen und Hinweise als nicht verhandelbar ebenfalls zu den Grundsätzen der Charta.

Die Flügelkämpfe um Alternativen der revolutionären Entwicklung haben diese bisweilen behindert und verlangsamt, dem Revolutionsregime aber auch Flexibilität und einen beträchtlichen Spielraum verschafft. Die seit 2009 erfolgte „Austreibung" der Reformer hat das Regime nun auf nur eine seiner ursprünglichen Komponenten, das heißt die Konservativen reduziert. Die rasante personelle und programmatische Verengung verhindert einerseits keinesfalls neue Reibereien und Machtkämpfe innerhalb der verbleibenden Komponente, mindert aber andererseits die Anpassungsfähigkeit des gesamten Regimes.

3.3 Der Kampf um die Deutungshoheit des „arabischen Frühlings"

Das unter Druck geratene Regime hätte auch innenpolitisch eine Entlastung erfahren können, wenn es ihm glaubhaft gelungen wäre, den „arabischen Frühling" als längst überfällige Bestätigung seiner „revolutionären" Politik darzustellen. Von einer diametral entgegengesetzten Position war aber auch die gnadenlos verfolgte „Grüne Bewegung" daran interessiert, dem Regime diesen Anspruch nicht nur zu verweigern, sondern es als ebenso „anachronistisch" zu brandmarken wie die Diktaturen, die in der arabischen Nachbarschaft gerade gestürzt worden waren. Schon die Demonstranten, die sich – trotz Verbots – am 14.2.2011 in zahlreichen Städten Irans versammelt hatten, waren in ihren Forderungen und Losungen eindeutig: „Mubarak, Ben Ali, jetzt ist es an Dir, Khamenei" hieß es unzweideutig, oder, in Anlehnung an die gewaltsamen Unterdrückungsversuche: „Ob in Iran mit Motorrädern oder in Ägypten mit Kamelen; der Sturz des Diktators ist nicht aufzuhalten" (Alfoneh 2011: 37f.). Wichtig war, das Bild einer stabilen Verbindung zwischen der „Grünen Bewegung" in Iran und der Protestbewegung in der arabischen Welt herzustellen. So war etwa auf einer Website der „Grünen Bewegung" zu lesen: „2009 haben die Ägypter die Protestkundgebungen von Millionen Iranern gesehen und sich gesagt: ‚Warum können wir das nicht?', ‚Warum sind wir schwach und kraftlos?'" (Borszik 2011: 5). Die „Grüne Bewegung" sei ein Vorläufer des „arabischen Frühlings", sie habe die Menschen in Ägypten und Tunesien „inspiriert", so die logische Schlussfolgerung. Der Erfolg der Proteste in der arabischen Welt hätte nun umgekehrt einen „Katalysatoreffekt" für die iranische Oppositionsbewegung. Einige Blogger gingen sogar so weit, die „nach Freiheit strebenden Menschen in Iran, Ägypten, Tunesien, Jordanien und Algerien" als „Grüne Bewegungen der regionalen Nationen" zu bezeichnen (Borszik 2011: 5). Mit zunehmender Verfolgung durch das Regime wich die überaus selbstbewusste Analyse der „Grünen Bewegung" einer gewissen Nüchternheit, aber es war ihr doch dauerhaft wichtig, die Protestbewegungen als regionales und nicht nur als arabisches Phänomen darzustellen. „Die Protestbewegung mag verschiedene Komponenten haben, aber ihr gemeinsamer Nenner ist die tiefe Verwurzelung im Volk und das Streben nach Demokratie … Weder eine einzelne Partei, noch eine spezifische Ideologie bestimmen die Proteste, auch prominente Führer sind nicht auszumachen … so sind es die gemeinsamen Forderungen, die sie als eins definieren" (Mohammadi 2011). Die Geschwindigkeit, mit der als stabil geltende Regime wie in Tunesien, Ägypten und Libyen hinweggefegt wurden und in Syrien oder Jemen unter Druck gerieten, hat die iranische Führung zweifellos in Sorge versetzt und entscheidend dazu beigetragen, dass umgehend und mit großer Härte reagiert wurde. Die Alternative des Eingehens auf (Teil)Forderungen der „Grünen Bewegung" wurde aber nicht einmal erwogen.

Vor einer ähnlichen Entscheidung standen auch die Präsidenten Ben Ali und Mubarak. Ihr Kalkül, die Opposition sei unorganisiert, kopflos, ohne Programm und daher schwach, bewahrte sie bekanntlich nicht vor dem Sturz. So mag sich auch die Führung in Teheran mit ihrem unnachsichtigen Repressionskurs am Ende verspekulieren; sie sieht sich aber weiterhin in einer fundamental anderen Position als die gestürzten Potentaten in Kairo, Tunis und Tripolis, weil die Revolution gegen diesen Regimetyp aus ihrer Sicht in Iran bereits 1979 stattgefunden habe. Die „Grüne Bewegung" wäre mithin „Konterrevolution". Die Deutung des „arabischen Frühlings" durch Regime und Opposition in Iran wird deshalb unvereinbar bleiben.

4 Ausblick

Den „arabischen Frühling" als zeitversetzte Wiederholung der iranischen Revolution von 1979 deuten zu wollen, war von Beginn an „abenteuerlich". Die internationalen Rahmenbedingungen zeigten sich Ende der 1970er Jahre noch weitgehend vom Ost-West-Konflikt geprägt, in Iran selbst monopolisierte die Geistlichkeit die revolutionäre Agenda in einem Maße, an das selbst die Muslimbruderschaft zu keinem Zeitpunkt heranreichte. Getragen von einem messianischen Märtyrerkult implementierte Ayatollah Khomeini binnen eines Jahres nach dem Sturz des Schahs ein programmatisch in sich geschlossenes islamisches Staatsmodell. Auch wenn Khomeini nicht müde wurde, den ökumenischen, „gesamtislamischen" Charakter der iranischen Revolution zu betonen, war es doch nicht zuletzt der Schiismus, der den Erfolg von 1979 erleichterte. Der iranische Zwölferschiismus verpflichtet die Gläubigen geradezu, sich der Lehrmeinung eines Rechtgelehrten anzuschließen. Damit war das Gefolgschaftsprinzip fest verankert, Khomeini musste es nur noch in einem revolutionären Akt aus der religiösen in die politische Sphäre transportieren. Dem Sunnismus ist eine derart herausgehobene Position von Geistlichen fremd, die Führer der Muslimbruderschaft haben mit Ausnahme von Gründer Hassan al-Banna und Sayyid Qutb keine oder nur eine rudimentäre theologische Ausbildung erhalten (Keddie 2012: 151). Die iranische Führung hat daraus spätestens nach dem Ableben Khomeinis die Schlussfolgerung gezogen, dass es kontraproduktiv wäre, die eigene Revolution „exportieren" zu wollen, sondern dass es vielmehr darauf ankäme, eine modellhafte Erfolgsgeschichte zu präsentieren, an der sich Nachahmer orientieren könnten. Auch unter diesen Bedingungen stünde Iran als Urheber des „islamischen Erwachens" außer Frage.

Sehr zum Missvergnügen der iranischen Führung, schlossen sich die arabischen Revolutionäre dieser Auffassung nicht an. Aus den Reihen moderater Islamisten kamen bestenfalls höfliche Sympathiebekundungen, die Salafisten gebärdeten sich explizit antiiranisch bzw. antischiitisch. Natürlich folgte auch die Analyse des „arabischen Frühlings" durch die „Grüne Bewegung" eher propagandistischen Nutzenerwägungen als akademischem Aufklärungswillen, aber es lässt sich nicht leugnen, dass die Parallelen zwischen Iran 2009 und der arabischen Welt 2011 – nicht zuletzt im Bereich internationaler Rahmenbedingungen – weitaus offensichtlicher waren als zwischen 1979 und 2011. Die „Grüne Bewegung" forderte, wie die arabischen Aufständischen, in erster Linie Freiheit, die Einhaltung der Menschenrechte, soziale Gerechtigkeit, sowie ein Ende von Korruption, Vetternwirtschaft und Isolation von der Weltgemeinschaft. Gerade im Bereich von Korruption, Misswirtschaft und Unterdrückung schneidet Iran laut Einschätzungen von Freedom House, Transparency International und der Weltbank noch schlechter ab, als die gestürzten Regime in Tunesien und Ägypten (Sadjadpour 2011: 3). Diese Forderungen entspringen aber eher den Interessen der Mittelschichten in den urbanen Zentren Nordafrikas und des Nahen bzw. Mittleren Ostens als denen der vage beschriebenen „Unterdrückten" und „Benachteiligten", die Khomeini und seine Anhänger als Zielgruppe ihrer Botschaft definierten.

Bei soviel Übereinstimmung vergisst die „Grüne Bewegung" allerdings immer zu erwähnen, dass es ihr zunächst nur um die Korrektur eines Wahlergebnisses und nicht um den Regimewechsel ging. Mussawi und Karrubi sind nicht nur prominente Galionsfiguren der „Grünen Bewegung", sondern auch der Islamischen Republik Iran: ersterer diente ihr bekanntlich als Ministerpräsident, letzterer als Parlamentssprecher. Sie streben Reformen, Korrekturen und nicht die Abschaffung des Systems der Islamischen Republik an. Im Zuge der Verfolgung hat sich auch die „Grüne Bewegung" radikalisiert, aber die Mitglieder und Anhänger, die für ein Ende der „Herrschaft des Rechtsgelehrten" und damit für eine andere Republik kämpfen, verfügen weder über ein konzises Alternativprogramm, noch über Führungspersonen mit hinreichender Integrationskraft. Deshalb blieb letztlich auch ihre Strahlkraft auf und die Beispielwirkung für den „arabischen

Frühling" begrenzt. Wael Ghonim, einer der bekanntesten Aktivisten der ägyptischen Aufstandsbewegung, wurde einmal gefragt, ob er sein grünes Armband aus Solidarität mit den iranischen Oppositionellen trage. Überrascht antwortete er: „Das ist purer Zufall, aber ich freue mich, dass Sie die Verbindung herstellen" (Kurzman 2012: 162). Ein Mitkämpfer Ghonims reihte die „Grüne Bewegung" dagegen in eine Kette ähnlicher Protestbewegungen ein, die vom „Salzmarsch" in Indien, über Solidarnosz in Polen zu der „orangenen" Revolution in der Ukraine, der „Zedernrevolution" im Libanon und der „Lilienrevolution" in Kirgisien reichte. Das spricht von Wertschätzung, aber keinesfalls von einer herausgehobenen Beispielfunktion. Vielleicht sollten sich deshalb sowohl das Regime als auch die „Grüne Bewegung" von dem Anspruch verabschieden, einen prägenden Einfluss auf die Geschehnisse in der arabischen Nachbarschaft ausgeübt zu haben. Zumindest für das Regime befand Ex-Präsident Rafsanjani hellsichtig: „Ich behaupte weiterhin, dass die islamische Revolution vielen Muslimen in aller Welt als Inspiration dient. Unsere gegenwärtige Politik macht es ihnen aber über alle Maßen schwer, das auch zuzugeben."[12]

Nutznießer des „arabischen Frühlings" mag die Islamische Republik Iran eher auf unverhoffte Weise werden: die Unruhen und Umstürze verändern die strategische Gesamtkonstellation in der Region. Alte Lager lösen sich auf, neue formieren sich. Insgesamt wurde die arabische Außenpolitik selbstbewusster und lässt sich nicht mehr so leicht extern dirigieren. Der vom Westen über Iran verhängte Pariastatus wird von den neuen arabischen Regierungen nicht als selbstverständlich hingenommen. Ihre Außenpolitik folgt nun eher nationalen als westlichen Interessen; von dieser pragmatischen Abwägung profitiert Iran per Saldo. So stellt sich die Islamische Republik Iran keinesfalls als Leidtragender der arabischen Umbrüche dar, aber eben auch nicht als Nutznießer gemäß den Wunschvorstellungen des Regimes. Insgesamt spielt Iran eine weitaus marginalere Rolle im „arabischen Frühling" als in Teheran vorstellbar war. Der Nutzen der Veränderungen zeigt sich eher indirekt und ist bestenfalls langfristiger Natur.

Literatur

Alfoneh, A. (2011): Middle Eastern Upheavals; Mixed Response in Iran, Middle East Quarterly, Summer, 35-39.
Bakhash, S. (2011): The Security State and its Fractured Elites. Washington D.C.: Woodrow Wilson Middle East Program Occasional Paper Series, Winter.
Berman, D./Rintoul, T. (2009): Preliminary Analysis of the Voting Figures in Iran's 2009 Presidential Elections. London: Chatham House.Borszik, O. (2011): "Islamisches Erwa-

12 Jomhori-ye Eslami, Teheran, 9.8.2011.

chen" statt Selbstbefreiung: Irans Aneignungsversuche der arabischen Revolte. GIGA-Focus Nahost, Hamburg, 3.

Brinton, C. (1953): The Anatomy of Revolution, New York: Vintage Books.

Eaton, R. M. (1993): Islamic History as Global History. In: Adas, Michael (ed.): Islamic & European Expansion; The Forging of Global Order. Philadelphia: Temple University Press, 1-37.

Gerges, F. A. (2009): Iran's hardliners are the real losers. CNN-Commentary, Atlanta, 15.6.

Granmayeh, A. (2011): Iran und die "Arabellions". Qantara, Bonn, 10.12.

Hanau-Santini, R./Alessandri, E. (2011): Iran and Turkey after Egypt: Time for Regional Re-alignments? Washington D.C.: Brookings Institution.

Hroub, K. (2006): Ein Sieger, mit dem keiner rechnete. Internationale Politik, Berlin, 61/6.

Husain, M (1995): Global Islamic Politics, New York: I.B. Tauris.

Keddie, N.R. (2012): Arab and Iranian Revolts 1979-2011: Influences or Similar Causes? International Journal of Middle East Studies, 44, 150-152.

Khomeini, R. (1979): Rahnemudha-ye Imam, Teheran: Vezarat-e Ettela'at.

Kurzman, C (2012): The Arab Spring: Ideals of the Iranian Green Movement, Methods of the Iranian Revolution, International Journal of Middle East Studies, 44, 162-165.

Menashri, D. (1990): Khomeini's Vision: Nationalism or World Order? Ders. (ed.), The Iranian Revolution and the Muslim World, Boulder: Westview, 40-58.

Mohammadi, A. (2011): Zwei Sichten auf die Proteste in den arabischen Ländern. Mardom Salari, Teheran, 7.4.

Parsi, R. (2012): Iran at a critical juncture. Ders. (ed.): Iran: A Revolutionary Republic in Transition, Paris: EU Institute for Security Studies Chaillot Papers, February.

Reissner, J (2008): Irans Selbstverständnis als Regionalmacht, Berlin: SWP.

Sadjadpour, K. (2011): Arabs Rise, Tehran Trembles. Washington D.C.: Carnegie Endowment for International Peace.

Salehi, A.A. (2011): No Redundany in the Talks. Jam-e Jam, Teheran, 30.8.

Teitelbaum, J. (2011): Saudi Arabia, Iran and Amerika in the Wake of the Arab Spring. BESA Center Perspective Paper, Tel Aviv, 140, 23.5., 1-5.

Wickham, C. R. (2011): The Muslim Brotherhood after Mubarak. Foreign Affairs, Washington D.C., 3.2.

Politischer Wandel im Nahen Osten

Versuch einer Analyse des „Arabischen Frühlings"[1]

Martin Beck / Simone Hüser

1 Einleitung

Der „Arabische Frühling"[2], verstanden als ein zu Beginn des Jahres 2011 eingeleiteter Prozess politischen Wandels im Nahen Osten[3], ist unabhängig von seinem weiteren Verlauf schon heute als Ereignis von welthistorischer Bedeutung zu charakterisieren. Hatten sich in der arabischen Welt im 20. Jahrhundert als einziger großer Weltregion flächendeckend autoritäre Herrschaften etabliert und bis über die Schwelle des 21. Jahrhunderts hinaus globalen Trends getrotzt, wurden deren Spitzen in Tunesien und Ägypten durch interne Massenproteste innerhalb weniger Wochen zur Abdankung gezwungen. Inspiriert von diesen Erfolgen erhielten im gesamten Nahen Osten Bürgerbewegungen Aufschwung, die nach Jahrzehnten autoritärer Herrschaft und politischer Stagnation einen Regimewandel oder gar Regimewechsel forderten und etliche der autoritären Systeme zu destabilisieren, in einigen Fällen sogar zu stürzen vermochten.

Eine der Hauptaufgaben der theoretisch orientierten Sozialwissenschaften der nächsten Jahre wird es sein, den Arabischen Frühling zu erklären und kritisch zu begleiten. Hierfür können sie auf ein breiteres sozialwissenschaftliches Fundament zurückgreifen, als dies auf den ersten Blick erscheint. Der Sturz Zine el-Abidine Ben Alis, Hosni Mubaraks und der Wandel der Regime in weiteren

1 Beim vorliegenden Beitrag handelt es sich um eine stark gekürzte Fassung des GIGA Working Paper No. 203 „Political Change in the Middle East: An Attempt to Ananlyze the ‚Arab Spring'", das unter www.giga-hamburg.de abrufbar ist.

2 Dieser Ausdruck wird aus pragmatischen Gründen verwendet: Er hat sich eingebürgert, und die Suche nach einem theoretisch anspruchsvolleren Begriff ist angesichts dessen müßig, dass der Gegenstand noch sehr im Fluss ist.

3 Im vorliegenden Aufsatz wird der Terminus "Naher Osten" synonym zu „arabische Welt", d.h. die Staaten mit überwiegend arabischer Bevölkerung, verwendet.

Ländern wurden von der Wissenschaft nicht vorhergesagt – sofern man notorisch vagen Formulierungen in Schlussabschnitten akademischer Beiträge, dass es angesichts der Vielfalt der Probleme so mit der arabischen Welt nicht weitergehen könne, den Charakter von Prognosen versagt. Vorhersagen über Art und Zeitpunkt sozialen Strukturwandels sind in den Sozialwissenschaften allerdings aus objektiven Gründen schwer zu treffen: Die „Gegenstände" der Sozialwissenschaften besitzen im Gegensatz zu jenen der Chemie und Physik Intentionen und haben Wahlmöglichkeiten, deren Zustandekommen und Wirkungen nur schwer zu fixieren sind.

Die vornehmste Aufgabe der Sozialwissenschaften ist die Erklärung abgeschlossener Ereignisse und bestehender Strukturen. Deshalb war es bis zum Arabischen Frühling in der Tat das prioritäre Geschäft sozialwissenschaftlicher Forschung, sich den kausalen und intentionalen Hintergründen des außerordentlichen Beharrungsvermögens autoritärer Strukturen im Nahen Osten zu widmen. Gleichwohl führt kein Weg an der Feststellung vorbei, dass die Sozialwissenschaften im Allgemeinen die Potentiale nicht-islamistischer Bürgerbewegungen unterschätzt haben. Im Besonderen ist zu konstatieren, dass sich – als Reflex auf die „Sonderrolle" der arabischen Welt – zum Teil deterministische Ansätze etablierten, die vernachlässigten, dass auch die Akteure im Nahen Osten Wahlmöglichkeiten besitzen. Es hieße aber das Kind mit dem Bade auszuschütten, wollte man aus dem offensichtlichen Versagen deterministischer Ansätze pauschal schlussfolgern, dass sozialwissenschaftliche Ansätze insgesamt für die Analyse des Arabischen Frühlings keinen Nutzwert besäßen. Seriöse sozialwissenschaftliche Forschung – und so auch jene, die den Nahen Osten vor dem Arabischen Frühling analysiert – arbeitet auf der Folie der Ceteris-Paribus-Klausel: Aussagen, dass bestimmte Ereignisse und Strukturen bestimmte Wirkungen entfalten, werden mit der Einschränkung getroffen, dass dies nur unter sonst gleichen Bedingungen gilt. So wie der Satz, dass Rauchen tötet, nicht deshalb falsch ist, weil viele RaucherInnen nicht an dessen unmittelbaren Folgen sterben (oder gar weil auch NichtraucherInnen sterben), so sind auch sozialwissenschaftliche Ansätze zum Nahen Osten nicht bereits deshalb erledigt, weil sie den Arabischen Frühling nicht prognostizierten.

Ziel des vorliegenden Aufsatzes ist es, Wege zu skizzieren, wie zentrale sozialwissenschaftliche Ansätze für die Analyse des Arabischen Frühlings nutzbar gemacht werden können. Es geht also darum, unter Rückgriff auf einschlägige sozialwissenschaftliche Theorien und Ansätze einen Beitrag zur Beschreibung und Erklärung politischen Wandels im Nahen Osten zu leisten. Da sich der Gegenstand des Aufsatzes im Fluss befindet, ist zu konzedieren, dass der vorliegende Beitrag stark explorativen Charakter besitzt.

Empirischer Ausgangspunkt der Analyse ist folgende spannungsgeladene Beobachtung. Zum einen ist offensichtlich, dass der Arabische Frühling ein regionales Phänomen bildet: In vielen nahöstlichen Ländern hat er die aktuellen Herrschaftssysteme machtpolitisch herausgefordert, und selbst in jenen Ländern, in denen dies nicht der Fall ist, beherrscht der Arabische Frühling die innenpolitische Debatte.[4] Zum anderen genügt ein kurzer Blick auf die Veränderungen der politischen Landkarte der arabischen Welt, um feststellen zu können, dass die politische Vielfalt im Nahen Osten deutlich zugenommen hat: Unterschieden sich bis zum Arabischen Frühling die Systeme ganz überwiegend lediglich hinsichtlich des Grades ihres autoritären Charakters, so sind es inzwischen zwei Merkmale, nach denen sie substantiell differieren: autoritäre Systeme versus Systeme im Transformationsprozess zum einen und stabile versus instabile Systeme zum anderen.

Im anschließenden zweiten Teil des Beitrages soll ein Überblick über die in der Literatur vorhandenen Erklärungen für den Arabischen Frühling gegeben werden. Im darauf folgenden dritten Teil, dem Kernstück des Beitrages, soll der empirische Befund der politischen Diversifizierung der arabischen Welt detaillierter dargelegt werden. Auf dieser Basis sollen dann zum einen mit Hilfe des Rentierstaats-Ansatzes theoretische Schneisen zur Erklärung dieses Befundes geschlagen werden. Zum anderen sollen Erkenntnisse der Transformations- sowie der Revolutionsforschung nutzbar gemacht werden, um die durch den Arabischen Frühling entfachten politischen Dynamiken näher zu beleuchten. Der Aufsatz schließt mit einem Resümee und Ausblick.

2 Erklärungsansätze für den Arabischen Frühling

2.1 Demographischer Wandel

Ein prominenter Ansatz argumentiert, dass der wichtigste auslösende Faktor für den politischen Wandel in der demographischen Entwicklung des Nahen Ostens liege (Perthes 2011: 24), dessen Bevölkerung sich von 1970 bis 2010 von ca. 128 Mio. auf 359 Mio. Einwohner fast verdreifachte (Hegasy 2011: 41). Geschätzte 41 Prozent von ihnen leben unterhalb der Armutsgrenze (UNDP 2009: 22); die heute 20- bis 35-Jährigen machen etwa 30 Prozent der Gesamtbevölkerung aus (Perthes

4 Der Libanon bildet insofern eine signifikante Ausnahme, als die Debatte über den Arabischen Frühling hier vor allem mit Blick auf Syrien außen- und regionalpolitischer Natur ist, während Fragen innenpolitischer Reformen eine untergeordnete Rolle spielen.

2011: 30). Obwohl diese Generation aufgrund des Ausbaus des Bildungssektors und der zunehmenden digitalen Vernetzung besser qualifiziert ist als die Vorgängergeneration, endete die Karriere vieler frühzeitig in der Erwerbslosigkeit (Perthes 2011: 30f.). So betrug die Arbeitslosenquote bei der Altersgruppe der 15- bis 24-Jährigen im Jahr 2003 25,6 Prozent und war damit die höchste der Welt (ILO 2004: 1, 8; UNDP 2009: 20). Auch HochschulabsolventInnen haben die Arbeitsmärkte wenig zu bieten (Perthes 2011: 31). Die damit einhergehende Perspektivlosigkeit, die steigenden Lebenshaltungskosten und der Zorn über offensichtlich korrupte und repressive Machthaber ließ diese Generation gegen die autoritären Herrschaftssysteme aufbegehren (Perthes 2011: 30-35).

2.2 „Social Media"

Ein weiterer Ansatz schreibt – unter Betonung seines Zeitpunktes – den Ausbruch des Arabischen Frühlings vor allem dem Zugang zu „Social Media" wie *Facebook, Twitter, YouTube,* aber auch Textnachrichten in Form von SMS zu (Howard/Hussain 2011). VertreterInnen dieses Ansatzes stellen dabei außer Frage, dass der Dissens zwischen den Regimen und den Bevölkerungen bereits lange vor der Verbreitung des Internets bestand. Jedoch stellten die Möglichkeiten virtueller Kommunikation den Menschen erstmals ein Instrument zur Verfügung, das es ihnen ermöglichte, ihren Unmut mit Gleichgesinnten zu teilen und strukturierte Bewegungen gegen die autoritären Herrschaften zu organisieren (Howard/Hussain 2011: 36f., 41).

Bereits vor dem Ausbruch der Aufstände kam die stärkste politische Kritik aus der Bloggerszene: Investigativer Journalismus war im Nahen Osten seit jeher eine Domäne privater Akteure (Howard/Hussain 2011: 36, 42). Im Internet zirkulierten Videoaufnahmen, die den NutzerInnen den luxuriösen Lebensstandard korrupter Machthaber buchstäblich vor Augen führten und so der abstrakten Kritik an den Regimen Konkretion verliehen (Howard/Hussain 2011: 36). Zudem veranschaulichen die digitalen Medien den NutzerInnen die Freiheiten und den Wohlstand der Menschen im Westen und anderswo in der Welt.

Nach Mohammad Bouazizis legendärem Suizid kommunizierten Menschen in ganz Tunesien in diversen Online-Foren ihre Verbundenheit und ihre politische Unzufriedenheit über die Missstände im Land. Die „Social Media" stellten ihnen einen Raum zur Solidarisierung zur Verfügung, welcher sich letztlich von der virtuellen in die reale Welt übertrug und sich in Form von Massenprotesten gegen das autoritäre Regime manifestierte (Howard/Hussain 2011: 36-38). Nachrichten und Postings auf *Facebook, Twitter* oder einfache SMS informierten die Aufständischen ohne Zeitverlust über die nächsten Schritte, und innerhalb weniger Wochen zirkulierten Leitfäden im Internet, die eine Anleitung zur erfolgreichen Organisation von Protesten bereitstellten (Howard/Hussain 2011: 38-40).

2.3 „Karama"

Viele BeobachterInnen verweisen auf die Rolle der Würde (*karama)* im Arabischen Frühling. So vielfältig die Aufstände in den jeweiligen arabischen Ländern auch verliefen: Alle Proteste waren unmittelbar mit den Forderungen nach menschlicher Würde, Freiheit und sozialer Gerechtigkeit verknüpft (Asseburg 2011a: 3; Perthes 2011: 33f.). So stand in Ägypten der erste große Massenprotest am 25. Januar 2011, welcher Tausende Menschen auf den Tahrir-Platz in Kairo brachte, unter dem Titel „Brot, Freiheit und Menschenwürde" (HRW 2012). Mit Slogans wie diesem forderten die Menschen gerechte Strukturen, die ihnen nicht den Zugang zu Arbeitsplätzen versperren, weil sie nicht einer bestimmten Familie entstammen, sowie politische und wirtschaftliche Systeme, die nicht von allgegenwärtiger Korruption durchzogen sind, und schließlich einen Staat, der nicht von ihnen verlangt, sich mit ihrer schlechten sozialen und wirtschaftlichen Lage abzufinden (West 2011: 16). Damit wurde auch die im westlichen Denken häufig anzutreffende Annahme, dass Kultur und Religion oder die „Mentalität" der Menschen in der arabischen Welt nicht mit grundlegenden demokratischen Prinzipien vereinbar sind, erschüttert (Beck 2011b).

2.4 Ökonomische Liberalisierung ohne politische Reformen

Aus polit-ökonomischer Sicht manifestierte sich im Arabischen Frühling die Krise des autoritären Sozialvertrages, welcher jahrzehntelang die Beziehungen zwischen den Bevölkerungen der arabischen Welt und ihren Herrschaftssystemen geregelt hatte (Harders 2011). Dieser Sozialvertrag versprach der Bevölkerung implizit ein Mindestmaß an staatlich garantiertem Wohlstand, im Austausch wahrte diese eine gewisse politische Loyalität. Wird diese Mindestversorgung durch den Staat jedoch nicht mehr gewährleistet, kommt es zu einem Legitimitätsdefizit des Regimes und zu einem Bruch des Sozialvertrages (Desai et al 2011). Offen bleibt allerdings die Frage des Zeitpunktes, denn die Krisenphänomene, die 2011 zum Scheitern des nahöstlichen Sozialvertrages geführt haben, bestanden bereits seit Jahren, zum Teil Jahrzehnten (Beck 2010).

Als Folge des regionalen Erdölbooms in den 1970er Jahren etablierte sich im Nahen Osten ein auf Renten basierendes System des „Petrolismus“. Renten sind Einnahmen, denen keine Arbeits- und Investitionsleistungen gegenüberstehen, so dass sie ihren Empfängern zur freien Disposition stehen. In den 1970er Jahren eskalierten nicht nur die Renteneinnahmen der Erdölstaaten im Nahen Osten, vielmehr entstanden vermittels politisch motivierter Transferleistungen der arabischen Erdölstaaten an die erdölarmen Staaten der Region neben ökonomischen auch politische Rentierstaaten (Beck 2009). Sinkende Erdölpreise ließen das System des Petrolismus in den letzten beiden Jahrzehnten des 20. Jahrhunderts in eine Krise geraten, auf die die Regime des Nahen Ostens mittels eines durchaus komplexen, aber nicht nachhaltigen Krisenmanagements reagierten: So wurden – freilich begrenzte – (außen)wirtschaftliche Reformen in Angriff genommen (Fürtig 2007; Richter 2011) und zu verschiedenen Phasen in den meisten Ländern politische Liberalisierungen eingeleitet, dann aber auch wieder durch Phasen der De-Liberalisierung abgelöst (Kienle 2001). Die strukturelle Abhängigkeit von Renten wurde dabei allerdings nicht beseitigt, weshalb schließlich – ohne dass dies den genauen Zeitpunkt des Arabischen Frühlings erklären könnte – zwei für Rentiersysteme typische Defekte zum Tragen kamen: Erstens stößt die auf Verteilungspolitik des Rentierstaates ausgerichtete Strategie deshalb an Grenzen, weil durch die simultane Vernachlässigung der produktiven Sektoren die Staatsausgaben expandieren (insbesondere bei einem hohen Bevölkerungswachstum), die Chancen auf Erweiterung der Einnahmequellen qua Steuern (wegen der vernachlässigten produktiven Potentiale) aber eng begrenzt sind. Zweitens führt das auf eine Depolitisierung der Gesellschaft zielende Primat der Verteilungspolitik dazu, dass der Rentierstaat den Aufbau politischer Institutionen vernachlässigt. Auch dies kann zwar den Zeitpunkt des Arabischen Frühlings nicht erklären, macht aber plausibel, dass die Regime des Nahen Ostens in jenem Moment, in dem sie sich mit einer machtvollen Oppositionsbewegung konfrontiert sahen, keine Mittel besaßen, um diese in systemkonforme Bahnen zu lenken (Beck 2009, 2011a).

3 Die politische Diversifizierung der arabischen Welt durch den Arabischen Frühling

3.1 Die neue arabische Herrschaftsmatrix

Durch den Arabischen Frühling wurde die bis dato weitgehende Homogenität stabiler, autoritärer Regime im Nahen Osten aufgebrochen. Dies bedeutet erstens, dass es einige Länder gibt, bei denen die autoritären Strukturen so weit erschüttert sind, dass von Transformationsländern gesprochen werden kann. Eine zentrale Erkenntnis der Transformationsforschung ist dabei, dass Transformation als ein offener Prozess begriffen werden muss (Carothers 2002). Die meisten Transformationsprozesse nach dem Ende der totalitären Regime in Europa waren vom globalen „Geist der Demokratie“ (Mahatma Gandhi) geprägt, das Ergebnis bestand jedoch nicht immer in der Etablierung demokratischer Systeme, vielmehr gab es auch Fälle, in denen hybride Systeme oder auch neue Typen autoritärer Systeme entstanden. Beispiele aus der Region sind die autoritäre Herrschaft der aus der Revolution 1979 hervorgegangenen Islamischen Republik Iran bzw. das nach dem Scheitern des Kemalismus 1950 entstandene System in der Türkei, das sich seit Jahrzehnten in einem Demokratisierungsprozess befindet (Diamond 2002: 31).

Zweitens sind aber durchaus nicht alle autoritären Regime der arabischen Welt vom Arabischen Frühling erschüttert worden. Zwar konnte sich kein Land der regionalen Debatte des Arabischen Frühlings entziehen, die Herrscherhäuser einiger Regime – insbesondere in den Golfstaaten – haben es bisher aber verstanden, die Grundfeste ihrer autoritären Herrschaften unangetastet zu lassen.

Drittens deutet vieles darauf hin, dass zwei Herrschaftstypen von wahrscheinlich nicht nur kurzfristiger Instabilität entstanden sind: Da es den Protestbewegungen in der arabischen Welt zum einen nicht in allen Fällen gelungen ist, die herrschenden Regime mit friedlichen Mitteln in eine Transformation zu zwingen, halten sich einige – zumindest vorläufig – mit Hilfe ihrer Repressionsapparate weiterhin an der Macht, ohne freilich die neue manifeste Opposition gegen das autoritäre Regime in die Knie zwingen zu können. Als Paradebeispiel erscheint hier Syrien. Zum anderen lassen sich Transformationsländer dahingehend unterscheiden, ob der Transformations*prozess* als stabil oder instabil zu betrachten ist. Dabei ist zu berücksichtigen, dass Transformationsprozesse qua definitionem dynamisch sind und nur in Ausnahmefällen ohne retardierende Momente und Rückschläge verlaufen.

Wenn auch im konkreten Fall strittig sein mag, welchem Typ von Transformation ein Land zuzurechnen ist, so lässt sich doch systematisch unterscheiden, ob eine Transformation die Tendenz weg vom autoritären System hin auf ein neuartiges System aufweist oder aber die beharrenden Kräfte des alten Systems so stark sind – oder auch die neu in der politischen Arena aufgetauchten politischen Akteure so autoritär sind –, dass die Tendenz auf eine Re-Autoritarisierung des politischen Systems hinweist, sei es im Sinne der Beharrung des alten Regimes, eines autoritären Pakts alter und neuer autoritärer Eliten oder der Übernahme staatlicher Gewalt durch eine neue autoritäre Elite.

Hieraus ergibt sich eine durch den Arabischen Frühling hervorgebrachte neue Zwei-mal-zwei-Matrix politischer Herrschaften im Nahen Osten, wobei Saudi-Arabien, Syrien, Tunesien und Ägypten den Idealtypen nahekommen, wenngleich, wie noch darzulegen sein wird, zu unterschiedlichen Graden.

Tabelle 1

Herrschaftstyp Stabilitätsgrad	Autoritäres Regime	Transformationsland
Konsolidiert/stabil	Saudi-Arabien	Tunesien
Nicht-konsolidiert/instabil	Syrien	Ägypten

3.2 Vier Herrschaftstypen

3.2.1 Stabil autoritäre Systeme: Das Fallbeispiel Saudi-Arabien

Von jenen Staaten des Nahen Ostens, die der Kategorie stabil-autoritär zuzuordnen sind, ist das Königreich Saudi-Arabien das regional und global wichtigste. Dem saudischen Regime gelang es bis auf weiteres, die autoritäre Herrschaft ohne substantielle Liberalisierungsmaßnahmen stabil zu halten. Als der Arabische Frühling Anfang 2011 seinen Ausgang nahm, erwarteten verschiedene BeobachterInnen auch einen gewissen Wandel in Saudi-Arabien (Lacroix 2011: 48). Diese Einschätzung erschien plausibel, weil in Saudi-Arabien ähnliche Missstände herrschen, welche andernorts zu massiven Protesten führten: eine hohe Arbeitslosenrate, insbesondere unter den Jugendlichen, extreme Korruption, politische Unterdrückung und eine große soziale Kluft zwischen dem Establishment und der jungen Bevölkerung (Lacroix 2011: 48). Tatsächlich kam es zu Beginn des Jahres 2011 zu vereinzelten Protesten, insbesondere im schiitischen Osten des Landes (Freitag 2011: 23).

Es gelang dem Regime aber, seine hohen materiellen Ressourcen politisch für die Stabilisierung des Regimes in Wert zu setzen (Lacroix 2011: 53). Die Einnahmen aus dem Ölsektor ermöglichen es der Monarchie zum einen, per „Zuckerbrot" strategische Gruppen der Gesellschaft zu depolitisieren, und zum anderen, mit Hilfe eines umfassenden Sicherheits- und Geheimdienstapparates eine Politik der „Peitsche" zu finanzieren (siehe Lacroix 2011: 53). Als es in anderen arabischen Staaten zu Unruhen kam, verhängte das Regime ein landesweites Demonstrationsverbot und erhöhte das Aufgebot an Sicherheitskräften. Gleichzeitig kündigte König Abdallah ein Subventionsprogramm von 130 Mrd. US-Dollar an (Steinberg 2011).

3.2.2 Instabil autoritäre Systeme: Das Fallbeispiel Syrien

Obwohl die syrische Opposition bereits in der Vergangenheit, beispielsweise in der „Erklärung von Damaskus“ 2005, ihren Unmut über das autoritäre Herrschaftssystem zum Ausdruck brachte, gelang es dem Regime unter Führung Baschar al-Assads in der Vergangenheit, größere Proteste im Keim zu ersticken und das autoritäre Herrschaftssystem stabil zu halten. Mit dem Arabischen Frühling kam es aber zu einer massiven Mobilisierung neuer oppositioneller Kräfte, die das Regime erfolglos durch kosmetische Reformen und massive Repression einzudämmen suchte. Gleichzeitig gelang es ihm allerdings bis auf weiteres, die staatlichen Institutionen zu kontrollieren. Dadurch ist eine bürgerkriegsähnliche Pattsituation entstanden. Wie lange diese anhält und wann und ob das Assad-Regime wieder eine stabile autoritäre Herrschaft errichten kann oder es durch einen Kollaps des Regimes zu einer progressiven Transformation des politischen Systems Syriens kommen wird, ist zurzeit der Entstehung des vorliegenden Beitrages nicht seriös zu prognostizieren (Beck/Hüser 2011).

3.2.3 Stabile Transformationssysteme: Das Fallbeispiel Tunesien

Nach jahrzehntelanger autoritärer Herrschaft gelang es der aufständischen Bevölkerung Anfang 2011, Ben Ali nach 23 Jahren Präsidentschaft innerhalb eines Monats zum Rücktritt zu zwingen. Die darauffolgenden Entwicklungen schufen eine vielversprechende politische Atmosphäre für die Wahl einer Übergangsversammlung im Oktober 2011, die mit der Ausarbeitung einer neuen Verfassung und der Benennung einer neuen Regierung beauftragt wurde. Abgesehen von Protesten im Februar 2011, bei denen die Absetzung aller Anhänger Ben Alis in Regierungspositionen gefordert wurde, blieben destabilisierende Demonstrationen bzw. staatliche Reaktionen auf diese aus (Schraeder/Redissi 2011: 1, 14-17). Im Vergleich zu anderen Staaten der Region besitzt Tunesien gute Voraussetzungen für einen politischen Wandel im Sinne einer Demokratisierung (Asseburg/Werenfels 2011: 8). Demnach kann Tunesien in der Matrix als (vorerst) stabil-transformierend eingestuft werden.

3.2.4 Instabile Transformationssysteme: Das Fallbeispiel Ägypten

Wie auch Tunesien befindet sich Ägypten seit dem Rücktritt Mubaraks im Februar 2011 in einem Transformationsprozess. Gleichwohl erscheint jener, den Ägypten durchläuft, deutlich weniger konsolidiert als der Tunesiens. Seit Herbst 2011 wird das Land erneut von Protesten und massiven Reaktionen des Staates erschüttert, die zu einer politischen wie wirtschaftlichen Destabilisierung geführt haben. Die Unruhen richteten sich primär gegen die militärische Übergangsregierung, die eine Abgabe der Macht an eine zivile Regierung hinauszögerte, wenn nicht blockierte. Die andauernde politische Rolle des „industriellen Militärkomplexes“ (Davis 2011b), der sich 1954 etablierte und seine politische und wirtschaftliche Macht seitdem stetig ausweitete, verdeutlicht, dass ungeachtet des Abgangs Mubaraks die Kräfte des Regimes weiterhin stark sind. Vielen Beobachter(inne)n zufolge ist jener Faktor, der eine Transformation zu einer Demokratie bis auf weiteres blockiert, demnach weniger in der Stärke islamistischer Gruppierungen als in jener des Militärs zu sehen (Davis 2011b, c). Doch es gibt auch andere Einschätzungen: Nachdem islamistische Parteien zwei Drittel der Sitze bei den Parlamentswahlen in der Post-Mubarak-Ära gewonnen haben, bestehen auch Befürchtungen einer undemokratischen Islamisierung des politischen Systems. Als bedrohlich werden hierbei vor allem der erstarkte Salafismus bzw. die Möglichkeit einer Koalition salafistischer Kräfte mit der Muslimbruderschaft wahrgenommen (siehe Ashour 2012).

3.3 Versuch einer Erklärung: Ursachen der Diversifizierung

3.3.1 Theoretische Einordnung

Die oben entworfene Herrschaftsmatrix scheint zunächst einen statischen Charakter aufzuweisen. In anderen Kontexten werden solche Matrizen in der Tat nicht selten dazu verwendet, um verschiedene Typen von Herrschaftssystemen scharf voneinander abzugrenzen. Im Folgenden wird sich indes zeigen, dass die entworfene Matrix der Dynamik des Arabischen Frühlings analytisch durchaus gerecht werden kann, wenn die Prämisse beachtet wird, dass die Matrix einerseits systematisch klare Trennungen reflektiert, andererseits empirisch im Falle des Arabischen Frühlings aber nicht immer eindeutige Zuordnungen produziert bzw. diese über Zeit fluktuieren können. Damit erscheint die Matrix geeignet, gerade auch bei dem stark im Fluss befindlichen Gegenstand der durch den Arabischen Frühling erschütterten nahöstlichen Herrschaftssysteme einen analytischen Mehrwert zu erzielen.

Bei der nun folgenden Diskussion der neuen Herrschaftsmatrix des Nahen Ostens sollen drei theoretische Ansätze nutzbar gemacht werden. Am wichtigsten erscheint der bereits oben in seinen wesentlichen Elementen kurz vorgestellte Rentierstaats-Ansatz, der von Hazem Beblawi und Giacomo Luciani (1987) grundgelegt wurde. Zwei weitere theoretische Stränge sozialwissenschaftlicher Forschung, die in Wert gesetzt werden sollen, sind die Transformations- sowie die Revolutionsforschung.

Im Zuge der „Dritten Welle der Demokratisierung“ (Huntington 1991), die 1974 mit der „Nelkenrevolution“ in Portugal ihren Ausgang nahm, verzeichneten

Theorien zu politischen Systemwechseln, vor allem Ansätze der Transformationsforschung, einen Aufschwung: Wie kommt es zu Zusammenbrüchen autoritärer Regime, die über Jahrzehnte stabil erschienen? Welche Akteure spielen in Transformationsprozessen welche Rolle? (Lauth/Wagner 2009: 126f.). Großes Augenmerk richtet die Forschung auf die Qualität und Effizienz der neu entstehenden politischen Systeme (Carothers 2002: 6; Lauth/Wagner 2009: 126). Im Laufe der Forschungsgeschichte wurden auch einige der Hauptannahmen der ursprünglichen Transformationsforschung in Frage gestellt, insbesondere auch die teleologische Perspektive, dass Demokratisierungsprozesse mehr oder minder zwangsläufig in die Etablierung konsolidierter Demokratien münden (Carothers 2002: 6-8, 14). Es entwickelten sich Konzepte, die die analytische Betrachtung von Prozessen der Re-Autoritarisierung des politischen Systems oder auch der Entwicklung hybrider Regimetypen erlauben (Carothers 2002: 10; Merkel 2004).

Eine wesentliche Erkenntnis der Revolutionsforschung besteht darin, dass revolutionäre Bewegungen nur dann Erfolg haben, wenn die herrschenden Regime sowohl extern als auch intern substantiell geschwächt sind (Skocpol 1979). In der Tat gibt es in der Geschichte weitaus mehr Fälle abgebrochener und gescheiterter als erfolgreicher Revolutionen. Selbst in massiven Krisensituationen besitzen herrschende Regime Chancen, sich durchzusetzen, da sie gegenüber ihren Herausforderern den Vorteil überlegener Organisationskapazitäten besitzen, sprich über militärische und zivile Institutionen verfügen, mit Hilfe derer sie Repression und Legitimität organisieren können. Selbst aber wenn Revolutionen Erfolg haben, sind es häufig nicht ihre Initiatoren, die aus ihnen als Sieger hervorgehen, sondern Gruppen, die im *ancien régime* zwar von der politischen Macht ausgeschlossen waren, aber über organisatorische Kapazitäten verfügen, die denen der Initiatoren der Revolution überlegen sind. Die Revolutionsforschung gemahnt also, in Situationen politischer Umbrüche zum einen die Handlungsspielräume von Kräften des alten Regimes und zum anderen jene von Oppositionsgruppen, die bei der Initiation keine herausragende Rolle gespielt haben, aber hohe Organisationspotentiale besitzen (im Nahen Osten vor allem islamistische Gruppierungen), nicht zu unterschätzen.

3.3.2 Die politischen Systeme des Nahen Ostens zwischen Autoritarismus und Transformation

3.3.2.1 Zum Beharrungsvermögen stabil autoritärer Regime und seiner Grenzen in der arabischen Welt: Die Golfstaaten und Libyen

Im Lichte des Arabischen Frühlings, der in weiten Teilen der arabischen Welt zu einer nachhaltigen Erschütterung, in manchen Fällen sogar zum Sturz des Regimes geführt hat, erscheint aus sozialwissenschaftlicher Sicht zunächst am dringendsten erklärungsbedürftig, weshalb eine signifikante Anzahl von Regimen den Arabischen Frühling – zumindest bis dato – ohne Destabilisierung der autoritären Herrschaft überstanden hat. Von allen sozialwissenschaftlichen Ansätzen, mit denen die arabischen Herrschaftssysteme vor dem Arabischen Frühling gewinnbringend analysiert wurden, hat der Rentierstaats-Ansatz die geringsten Probleme, diese Differenz zu erklären. Mit Ausnahme Libyens haben alle Staaten mit hohen ökonomischen Rentenzuflüssen – insbesondere die Erdölstaaten am Golf – ihre Herrschaften stabil zu halten vermocht.

Da der Golfstaat Bahrain über nur noch sehr geringe Erdölreserven verfügt, ist es aus Sicht des Rentierstaats-Ansatzes zunächst nicht überraschend, dass es in diesem Golfstaat im Zeichen des Arabischen Frühlings zu den größten Protesten kam – ein Drittel der Bevölkerung verschiedenster politischer Strömungen trieb es dort im Februar 2011 landesweit auf die Straßen, um ihre Rechte einzuklagen (Niethammer 2011). Weshalb aber gelang es dem Regime relativ rasch, die Massenproteste niederzuschlagen? Dies kann vor allem auf seinen Rentiernachbarn Saudi-Arabien zurückgeführt werden. Da das saudische Königshaus als hegemonialer Akteur der Golfregion befürchtete, dass eine politische Krise in einer Golfmonarchie das monarchische Prinzip in dieser Subregion des Nahen Ostens insgesamt in Frage stellen könnte, unterstützte es die bahrainische Monarchie in der Niederschlagung der Aufstände massiv und sandte im März sogar Truppen nach Bahrain (siehe Steinberg 2011).[5]

Im Falle Libyens spricht vieles dafür, dass der Sturz Muammar al-Qaddafis nicht ohne die Intervention der NATO erfolgt wäre, da die Opposition militärisch zu schwach war, um sich gegen das Regime durchzusetzen. Während der reguläre Militärsektor finanziell unterprivilegiert war, stellte Qaddafi sicher, dass seine Söhne exzellent ausgestattete und ausgebildete Milizen kommandierten. Diese

5 Ein weiterer Grund für die erfolgreiche Niederschlagung der Proteste liegt in der qualitativen Stärke und der Prägung des bahrainischen Militärs als „sunnitische Kampfeinheit“ (siehe Barany 2011: 31f.).

Familienbindungen statteten Qaddafi mit einem Instrument aus, das der westlichen Übermacht nicht weniger als fünf Monate standzuhalten vermochte (Barany 2011: 29-31; Wester/Goldstein 2011).

Weshalb aber war die Protestbewegung in Libyen überhaupt in der Lage, das Regime Muamar al-Qaddafis – zunächst ohne massive externe Hilfe – bis an den Rand des Kollapses zu bringen? Wie auch im Fall der Islamischen Revolution in Iran greift eine aus Sicht des Rentierstaats-Ansatzes einfache Erklärung *nicht:* Beide Regime durchliefen *trotz* erheblich gestiegener Erdöleinnahmen eine existentielle Krise, die in einen Systemkollaps mündete (siehe Beck 2007b). In beiden Fällen fielen die Regime allerdings einem für Rentierstaaten charakteristischen Defekt zum Opfer: Qaddafi betrieb die Depolitisierung der Gesellschaft qua Verteilungspolitik und der Zerstörung formaler politischer Institutionen, die oppositionelle Gruppen zur Ausübung von Reformdruck hätten nutzen können, in extremer Weise (Vandewalle 1991; Vandewalle 1998: 6-8). Gleichzeitig verengte sich die Herrschaftselite immer weiter, bis sie im Grunde nur noch den Herrscher selbst sowie seine engsten Familienangehörigen umfasste (Asseburg/Werenfels 2011: 3). Damit verfügte das Regime nur über eine Institution, die in der Auseinandersetzung mit der Opposition stark war: den Sicherheitsapparat, dessen effektiver Einsatz indes durch die Intervention der NATO blockiert wurde.

3.3.2.2 Zur Differenz zwischen stabilen und instabilen autoritären Regimen: Syrien und Algerien

Wie im vorangegangen Abschnitt dargelegt, kann die Differenz zwischen den (bisher noch) stabil autoritären Regimen des arabischen Nahen Ostens und Ländern, die in eine der drei anderen Kategorien fallen, mit Hilfe des Rentierstaats-Ansatzes gut erklärt werden. Der Rentierstaats-Ansatz leistet darüber hinaus einen wichtigen Beitrag, um die Differenz zwischen stabil und instabil autoritären Regimen zu erklären: Letztere verfügen über deutlich geringere Renten, um sich in Krisensituationen politisches „Wohlverhalten" der Gesellschaft zu erkaufen. Diese Differenz lässt sich mit Hilfe eines Vergleichs zwischen Syrien und Algerien empirisch unterfüttern. Darüber hinaus können Erkenntnisse der Revolutionsforschung nutzbar gemacht werden, um zu verstehen, weshalb sich bisher einige nahöstliche Regime trotz anhaltender, massiver Mobilisierung der Opposition an den Schaltstellen der Macht halten konnten.

Wie bereits erläutert, ist Syrien im Kontext des Arabischen Frühlings in einen Zustand autoritärer Instabilität gerutscht. In den Augen vieler SyrerInnen hat das Regime al-Assads seine Legitimität vollständig verloren (Beck/Hüser 2011). Der Grund, weshalb es sich dennoch an der Macht halten kann, ist, dass es sich – wenngleich in schwindendem Maße – noch immer auf die Eliten des Landes sowie einen weitgehend intakten Sicherheitsapparat stützen kann. Das bisherige Unvermögen des Regimes, Stabilität wiederherzustellen, lässt sich mit darauf zurückführen, dass der Staat nicht über ausreichende Renten verfügt, um sich umfassende Legitimität in der Mehrheit der Bevölkerung zu erkaufen und/oder einen Sicherheitsapparat zu finanzieren, der jeglichen Protest umgehend im Keim zu ersticken vermag. Zwar besitzt Syrien mäßige Erdölvorkommen, doch wird das Land Schätzungen zufolge in den nächsten Jahren faktisch zum Nettoimporteur (EU 2007: 8). Im Gegensatz zu Bahrain steht Syrien nicht unter dem Schutz eines unmittelbaren Rentiernachbars, der dem Regime mit militärischer Hilfe zur Seite steht. Ganz im Gegenteil haben Saudi-Arabien und die anderen Golfstaaten kein Interesse, das anti-islamistische Regime in Damaskus zu stützen. Sie beteiligen sich deshalb an der arabischen Front gegen Syrien – und das in erheblichem Maße unter Berufung auf Werte, gegen die sie selbst systematisch verstoßen (Cunningham 2012; Dugulin 2012).

Aus Sicht der Revolutionsforschung ist zum einen wenig überraschend, dass es in Syrien weiterhin strategische Gruppen gibt, die sich aus Furcht vor dem Verlust ihrer Privilegien nicht offen gegen das zu äußerster Repression bereite Regime zu stellen wagen. Zum anderen genießt al-Assad weiterhin die Unterstützung der Sicherheitskräfte. Dass sich hieran in naher Zukunft etwas ändern wird, ist nicht absehbar, weil es das Regime vermocht hat, die alawitische Elite sehr eng an sich zu binden. Der ägyptische Weg, d.h. ein Abrücken des Militärs vom Machthaber, ist also nicht wahrscheinlich, genauso wenig aber eine libysche Lösung, denn eine mit dem NATO-Einsatz in Libyen vergleichbare militärische Intervention von außen zeichnet sich bis dato nicht ab. Nicht zu vernachlässigen ist auch, dass Assad trotz zunehmenden externen Drucks nicht nur durch den Westen, sondern auch die Türkei und die Arabische Liga immer noch einflussreiche Akteure – namentlich die Vetomächte im Weltsicherheitsrat, Russland und China, sowie Iran und die Hizballah – bleiben (Beck/Hüser 2011).

Im Gegensatz zu Syrien konnte das algerische Regime seine autoritäre Herrschaft trotz Protesten, die im Januar 2011 begannen und sich gegen die schlechten Lebensverhältnisse sowie die Repression des Regimes richteten, weitgehend stabil halten. 75 Prozent der Bevölkerung sind unter 30 Jahre alt, und die Arbeitslosenquote liegt bei ca. 10 Prozent, bei Jugendlichen von 16 bis 24 Jahren sogar bei 21,5 Prozent (Belakhdar 2011: 82; Furceri 2012: 13-18). Gleichwohl erreichte die politische Mobilisierung in Algerien mit einer Höchstzahl von ca. 3.000 Demonstranten (bei einem Einsatz von 30.000 Polizisten) nicht die kritische Masse wie beispielsweise in Tunesien oder Ägypten (Belakhdar 2011: 82f.). Zurückzuführen ist dies neben den Schreckenserinnerungen vieler AlgerierInnen an den Bürgerkrieg in den 1990er Jahren auf die immensen Erdölrenten des Staates. Deren Verfügungsgewalt hat das Regime bis dato in die Lage versetzt, die autoritäre Herrschaft weitgehend stabil zu halten. Auf die Proteste reagierte der seit 1999 amtierende Präsident Abd al-Aziz Bouteflika mit einer Mischung aus „Peitsche und Zuckerbrot“: massive Repression zum einen, begrenzte politische und finanzielle Zugeständnisse in Form von Lohnerhöhungen, einer Senkung der Lebensmittelpreise, der Auflösung des seit 1992 bestehenden Ausnahmezustandes und der Ankündigung politischer Reformen zum anderen (Belakhdar 2011: 87).

3.3.2.3 Zur Differenz zwischen stabilen und instabilen Transformationsländern: Tunesien, Ägypten und Jemen

Die Unterscheidung zwischen Transformationsländern, bei denen die Zeichen auf einen Regimewechsel stehen, und solchen, die Gefahr laufen, in alte oder neue autoritäre Muster zu verfallen, ist von grundsätzlich hoher Relevanz. Transformationsprozesse sind komplex, und von einer Finalität in Richtung auf die Etablierung einer konsolidierten Demokratie ist nicht auszugehen (Carothers 2002). Gleichzeitig ist die eindeutige Zuordnung bestimmter Fälle ein schwieriges Unterfangen, weil die Fluktuationen bei Transformationsprozessen notorisch hoch sind.

Nimmt man gut ein Jahr nach Beginn des Arabischen Frühlings (zur Zeit der Entstehung des vorliegenden Beitrages) eine Momentaufnahme vor, so erscheint Tunesien als jenes arabische Land, dem am ehesten zu attestieren ist, sich auf dem Weg vom Sturz des Diktators hin zu einer Transformation im Sinne einer Demokratisierung zu befinden. Für Ägypten hingegen liegen vergleichsweise viele Indizien vor, dass das Beharrungsvermögen der Kräfte des alten Regimes so hoch sind, dass eine Transformation weg vom Autoritarismus blockiert werden könnte. Durch einen noch höheren Grad an Unübersichtlichkeit zeichnet sich Jemen aus.

Während zivilgesellschaftliche Organisationen und politische Institutionen in den anderen autoritären Staaten des Nahen Ostens als Resultat einer Politik der Depolitisierung häufig stark unterentwickelt sind, existieren in Tunesien seit langem relativ gut ausgebaute zivilgesellschaftliche Strukturen: Die Arbeiterbewegung, die durch den landesweit stark vertretenen Gewerkschaftsdachverband *Tunisian General Labor Union* repräsentiert wird (Davis 2011a), ist wohl etabliert. In der Zeit von 1988 bis 2009 erhöhte sich die Anzahl von zivilgesellschaftlichen Organisationen von knapp Zweitausend auf über Neuntausend (Henry 2011: 5). Insbesondere Frauenorganisationen sind seit langem sehr aktiv und gut organisiert. Allerdings sollte beachtet werden, dass nur ein geringer Teil dieser Organisationen autonom in Bereichen wie Menschen- und Bürgerrechten agierten. Die meisten Organisationen beschränkten ihre Arbeit auf von der Regierung geförderte Bereiche wie Kultur, Sport, Kunst, ökonomische Entwicklung und Frauenrechte

(Henry 2011: 5). Frauen genießen in Tunesien einen relativ guten Bildungsstand und haben im Vergleich zu vielen anderen arabischen Ländern Chancengleichheit zu einem höheren Grad erzielt. Vor Ausbruch des Arabischen Frühlings nahmen Frauen ein knappes Viertel der Parlamentssitze ein (Davis 2011a). Allerdings verweisen kritische BeobachterInnen darauf, dass die Mehrzahl dieser Frauen in der Politik kaum Entscheidungsmacht besaß und sich überwiegend in von der Regierung kontrollierten Positionen wiederfand (Matsson 2011: 8f.). Dennoch kann argumentiert werden, dass zumindest die institutionellen Strukturen für die Entwicklung einer freien Bürgergesellschaft vom *ancien régime* geschaffen wurden und folglich nicht, wie beispielsweise im libyschen Fall, von Grund auf neu etabliert werden müssen. Zudem ist die Gesellschaft stärker vernetzt als in anderen arabischen Staaten (Perthes 2011: 41f.): In Tunesien nutzt ein Drittel der Bevölkerung das Internet (Schraeder/Redissi 2011: 11), welches bereits vor dem Arabischen Frühling einen Raum bot, in dem politisch Interessierte intensiv die Missstände des politischen Systems kommunizierten (Howard/Hussain 2011: 36).

Bei den Wahlen im Oktober 2011 gewann die islamistische Partei *Ennahda* 89 der 217 Sitze. Somit ist sie zwar stärkste Partei, aber auf nicht-religiöse Kooperationspartner angewiesen (Davis 2011a). Ennahda hat sich bis dato als moderate islamistische Partei profiliert, die keine Ambitionen besitzt, die tunesische Gesellschaft etwa im Sinne des Regimes in Teheran zu „islamisieren" (siehe Davis 2011a). Auch scheint sich die Parteiführung bewusst zu sein, dass sie von vielen Tunesier(inne)n nicht wegen ihrer religiösen Affinitäten, sondern aufgrund ihrer Rolle als Gegengewicht zur frankophonen Elite des Landes gewählt wurde (Davis 2011a).

Die politische Rolle des Militärs innerhalb eines Staates spielt in Transformationsprozessen eine signifikante Rolle (Barany 2011). Bereits Ben Alis Vorgänger, Habib Bourguiba, hielt das Militär während seiner drei Jahrzehnte währenden Herrschaft (1957-1987) überwiegend von allen politischen und wirtschaftlichen Entscheidungen fern. Ben Ali setzte diese Strategie fort und forcierte den Aufbau einer auf den Geheimdienst (*Mukhabarat*) gestützten Staatspolizei. Demnach gab es für das relativ unterprivilegierte Militär nach Ausbruch der Proteste wenig Grund, sich auf die Seite des Regimes zu schlagen. Aufgrund seiner politisch und wirtschaftlich unbedeutenden Rolle sieht das tunesische Militär im Gegensatz zu jenem Ägyptens seine Hauptaufgabe auch weiterhin im Schutz nach Außen und steht einer Demokratisierung nicht im Wege (Barany 2011: 27; Schraeder/Redissi 2011: 5f.).

Schließlich verfügt Tunesien, das nur geringe Mengen Erdöl exportiert, über ein relativ fortgeschrittenes und diversifiziertes Wirtschaftssystem (Plattner 2011: 7). Die Mittelschicht ist im Vergleich zu anderen Staaten der Region groß und gut ausgebildet (Davis 2011a). Gleichwohl ist zu beachten, dass diese positiven Charakteristika auf der Folie des Vergleichs zur Krisenregion des Nahen Ostens erfolgen. Legt man globale Maßstäbe an, so ist auch der Stand der tunesischen Ökonomie kritisch zu betrachten: Die Arbeitslosenrate liegt bei 15 Prozent, und die Wirtschaft hat durch seine Abhängigkeit vom Westen, die Finanzkrise 2008/2009 und die politischen Umwälzungen im Jahre 2011 stark gelitten. Ob Tunesien einen raschen ökonomischen Aufschwung nehmen wird, erscheint ungewiss – mit hoher Wahrscheinlichkeit lässt sich allerdings sagen, dass die Chancen einer erfolgreichen Transformation im Sinne einer Demokratisierung stark leiden würden, bliebe ein wirtschaftlicher Aufschwung aus (Davis 2011a).

Im Vergleich zu Tunesien erscheinen die Aussichten Ägyptens für eine Transformation im Sinne einer Demokratisierung weniger erfolgversprechend. Wie oben erwähnt, verdichten sich dabei die Hinweise, dass die größte Gefahr für eine progressive politische Entwicklung vom Militär ausgeht. Seit der Machtübernahme des Supreme Council of Armed Forces (SCAF) am 11. Februar 2011 zögerte dieser die Übergabe an eine zivile Regierung hinaus und scheute nicht davor zurück, gewaltvoll gegen Demonstrant(inn)en vorzugehen, die ein Ende seiner Herrschaft forderten. Wie oben dargelegt, stand das ägyptische System bereits seit den 1950er Jahren unter starkem Einfluss des Militärs, das ein von ihm kontrolliertes Wirtschaftsimperium aufgebaut hat, mit Hilfe dessen das Militär Schätzungen zufolge zwischen 15 und 35 Prozent des ägyptischen Bruttoinlandsprodukts kontrolliert. Dieser industriell-militärische Komplex umfasst alle Arten von Unternehmen, angefangen von Tankstellen und Bäckereien bis hin zu Fabriken und Mautstraßen (Davis 2011c).

Zudem steht das Land vor besonders massiven sozio-ökonomischen Herausforderungen (siehe World Bank 2012), 2011 wuchs die Arbeitslosenquote auf 12 Prozent und wird Prognosen zufolge weiter steigen, das Wirtschaftswachstum fiel auf etwa 1 Prozent (IMF 2011: 6f.). Alleine um den neu auf den Arbeitsmarkt drängenden Menschen einen Arbeitsplatz bieten zu können, benötigte das Land dem Internationalen Währungsfonds zufolge indes ein Wachstum von jährlich 6 bis 7 Prozent (IMF 2010: 19).

Im Jemen trat Präsident Ali Abdullah Salih Ende Januar 2012, ein Jahr nach Ausbruch der Proteste, zurück, und kurz darauf wurde der bisherige Vizepräsident, Abed Rabbo Mansur Hadi, am 21. Februar für zwei Jahre ins Amt gewählt und damit beauftragt, eine Verfassungsreform einzuleiten. Erscheinen diese Daten auf den ersten Blick ein Paradebeispiel für eine Transformation zu markieren, wird bei genauerer Betrachtung deutlich, dass sich das Land zwar in der Tat in einem Prozess politischen Wandels befindet, dieser aber durch eine Vielzahl widerstreitender Kräfte mit großen Unwägbarkeiten einhergeht. Wegen der prekären politischen und wirtschaftlichen Lage des Landes – Jemen ist das ärmste Land der Region – und der von al-Qaida ausgehenden Gefahr stehen viele regionale und internationale Akteure einen Regimewechsel skeptisch gegenüber, da es der herrschenden Elite trotz aller Unzulänglichkeiten des Regierungssystems bisher zumindest gelungen ist, den völligen Zusammenbruch staatlicher Herrschaft („failed state") zu verhindern (Heibach 2011: 130f.). Die möglichen Konsequenzen einer weiteren Destabilisierung sind bedrohlich: Separatismus im Süden des Landes, Bürgerkrieg oder ein weiterer Machtzuwachs der al-Qaida (Steinberg 2010). Als Gründe für die prekäre Lage des Landes wird meist auf den Konflikt zwischen dem Norden und Süden, das auf die Elite des Landes ausgerichtete Patronagenetzwerk, den Einfluss extremistischer islamistischer Gruppierungen und die tribalen Strukturen verwiesen. Jens Heibach argumentiert jedoch, dass es durch Jemens langjährige Erfahrung mit politischen Institutionen, einer politisierten Zivilgesellschaft und dem Vorhandensein einer „Dialogkultur" durchaus Hoffnung auf eine erfolgreiche Transformation gibt. Entscheidend ist dafür jedoch, ob der politische Wandel mit einem ökonomischen Aufschwung einhergeht (Heibach 2011: 132-142).

Oft wird im Rahmen revolutionstheoretischer Überlegungen die Situation des Arabischen Frühlings mit jener Osteuropas nach 1989 verglichen (Howard 2011; Way 2011: 17). Obwohl es Ähnlichkeiten gibt, ist festzuhalten, dass die Transformationsbedingungen im Nahen Osten weitaus schwieriger sind. Dies liegt erstens daran, dass die Anreize für eine Demokratisierung niedriger sind: Kein arabisches Land besitzt die Perspektive einer Vollmitgliedschaft in der Europäischen Union. Zweitens konnten nach dem Zusammenbruch der Sowjetunion die osteuropäischen Staaten zu ihren politischen und wirtschaftlichen Wurzeln zurückkehren, die sie mit West- und Mitteleuropa verbanden. Die arabische Welt hingegen steht vor der Herausforderung, sich politisch und ökonomisch völlig neu definieren zu müssen. Drittens mobilisierten die erwarteten Gewinne am Ende des Kalten Krieges wirtschaftliche Akteure, in die osteuropäischen Länder zu investieren und somit den Reformprozess voranzutreiben. Die vergleichsweise unsicheren Dividenden, die als Resultat des Arabischen Frühlings erwartet werden, und die Sorge um die zukünftige Rolle islamistischer Gruppen mindern im Nahen Osten indes den Investitionswillen des Kapitals (Marktanner 2012: 13f.).

3.3.2.4 Zur Differenz zwischen stabilen autoritären Systemen und stabilen Transformationsländern: Marokko und Jordanien

Die Wirkung des Arabischen Frühlings beschränkt sich nicht auf jene Länder, deren Herrscher gestürzt oder an den Rand des Kollapses gebracht wurden. Vielmehr gerieten alle arabischen Länder unter Reformdruck. Während sich die Golfstaaten in der Lage zeigten, diesen weitgehend zu absorbieren, ohne substantielle Reformen einzuleiten, stehen die beiden einzigen verbliebenen Monarchien der arabischen Welt jenseits der Golfregion unter andauerndem Reformdruck: Marokko und Jordanien. In beiden Ländern kam es zu wiederkehrenden Protesten – diese verliefen zwar weniger spektakulär als in Tunesien, Ägypten und Syrien, vergleicht man aber die politische Situation Jordaniens und Marokkos vor dem Arabischen Frühling mit jener seit 2011, so ist ein qualitativer Sprung in der politischen Mobilisierung der Gesellschaft unverkennbar. Gleichwohl ist kritisch zu prüfen, ob die tatsächlich durchgeführten Reformschritte ausreichend Hinweise darauf geben, dass die Monarchien sich tatsächlich in einem Transformationsprozess befinden, oder ob nicht doch mehr dafür spricht, dass die Herrscher – mit mehr oder minder guten Erfolgsaussichten – die Strategie eingeschlagen haben, die autoritären Regime durch eine begrenzte, reversible Liberalisierung oder gar bloße kosmetische Reformen zu stabilisieren.

Die Entwicklungen in Jordanien und Marokko verweisen auf die Relevanz der zentralen theoretischen Unterscheidung zwischen Liberalisierung und Demokratisierung. Unter Liberalisierung ist eine Öffnung des politischen Systems zu verstehen, die seitens ihrer Initiatoren darauf zielt, das unter Druck geratene autoritäre System zu stabilisieren. Zwar kann es im empirischen Einzelfall schwierig sein, eindeutig zwischen „Liberalisierung" und „Demokratisierung" zu unterscheiden, systematisch verweisen die Termini aber auf nachgerade entgegengesetzte Prozesse: Während Liberalisierung eine Überlebensstrategie autoritärer Systeme darstellt, deren Maßnahmen in Zeiten nachlassenden Drucks vom Regime wieder rückgängig gemacht werden können, sind Demokratisierungsprozesse nicht von oben steuer- und kontrollierbar. Noch komplexer wird der Sachverhalt dadurch, dass Liberalisierungsmaßnahmen entgegen den Intentionen ihrer Initiatoren in Demokratisierungsprozesse umschlagen können, wie dies etwa bei der Perestroika in der Sowjetunion der Fall war (Beck 2007a).

Kurz nachdem im Februar 2011 auch in Marokko Proteste gegen das Herrschaftssystem ausbrachen, richtete sich König Mohammed VI. an sein Volk und versprach tiefgreifende Verfassungsreformen, welche insbesondere die repräsentativen Institutionen stärken sollten. Den MarokkanerInnen gingen diese Reformversprechungen jedoch nicht weit genug, sie forderten stattdessen eine neue Verfassung. Die Rolle des populären Königs, den in der Öffentlichkeit zu kritisieren ein Tabu darstellt, ist verfassungsrechtlich verankert und gründet sich sowohl auf umfassende weltliche als auch religiöse Autorität (Hoffmann 2011: 92-94). Obwohl das Regime seit Jahren nach außen hin verstärkt den demokratischen Wandel propagierte, blieb das politische System weiterhin autoritär verfasst (Hoffmann 2011: 96-98). Nachdem das Regime auf die Proteste zunächst mit verstärkter Repression reagiert hatte, kündigte Mohammed VI. am 17. Juni allerdings ein Referendum über eine neue Verfassung an (Benchemsi 2012: 58).

Bereits vor Ausbruch der Proteste übten vor allem die Jugend und die Medien Kritik am Regime und den Missständen im Land (Hoffmann 2011: 97f.). Erst mit dem Arabischen Frühling aber hat sich ein Diskurs entwickelt, der nicht davor zurückschreckt, die Monarchie als autoritäres System und die religiöse Legitimität des Königs herauszufordern (Hoffmann 2011: 102f.). Auf dieser Mobilisierung „von unten" gründen manche BeobachterInnen ihr Urteil einer (möglichen) Transformation Marokkos zu einer konstitutionellen Monarchie im europäischen Sinne (Hoffmann 2011: 103).

Gleichzeitig regt sich jedoch seit dem Referendum im Juli 2011, bei dem die neue Verfassung mit überwältigender Mehrheit angenommen wurde, Kritik über die Authentizität der mutmaßlich vom Regime angestrebten Transformation. In Teilen liest sich die neue Verfassung tatsächlich wie ein Reflex auf die Forderung nach substantieller Einschränkung der königlichen Macht zugunsten einer demokratischen Gewaltenteilung. Ein genauerer Blick zeigt jedoch, dass etliche autokratische Elemente weiterhin verfassungsrechtlich verankert sind. So spricht auch die neue Verfassung dem König weiterhin das Recht zu, den Ministerrat einzuberufen, ihm vorzusitzen und seine Agenda zu bestimmen. Die Zustimmung dieses Rates ist Voraussetzung dafür, dass das Parlament einen Gesetzentwurf einbringen kann. Auch der Generalsekretär der Regierung, der alle Gesetze des Parlaments blockieren kann, wird vom König bestimmt. Zudem gibt Artikel 42 dem König weiterhin das Recht, Gesetze per Dekret zu erlassen (Benchemsi 2012: 57-62).[6]

Grund für den Ausbruch der Demonstrationen im Haschemitischen Königreich Jordanien im Januar 2011 war vor allem die Unzufriedenheit der Mehrheit der JordanierInnen mit den hohen Arbeitslosenzahlen, den steigenden Lebensmittelpreisen und der Korruption im Lande. Die größten Proteste umfassten ca. 6.000 DemonstrantInnen und reichten somit bei weitem nicht an die Demokratiebewegungen in anderen arabischen Staaten heran. An regionalen Maßstäben gemessen erscheint die Teilhabe Jordaniens am Arabischen Frühling also gering – vergleicht man aber Jordanien 2010 mit dem Königreich im Jahre 2012, so ist ein enormer Anstieg des politischen Protestniveaus zu konstatieren.

Hintergrund für die Demonstrationen waren nicht nur die Aufstände in der Region, sondern auch die stark umstrittenen Parlamentswahlen im November 2010 (Bank 2011: 30). Nachdem anfängliche finanzpolitische Geschenke von

6 Für Beispiele nach wie vor autoritärer Elemente im Bereich der Justiz siehe Benchemsi (2012: 65).

Premierminister Samir Rifai die Demonstrant(inn)en nicht ruhigstellen konnten, löste König Abdallah II. am 1. Februar 2011 die Regierung auf und ernannte Marouf Al-Bakhit zum Premierminister. Im Oktober 2011 ersetzte er auch diesen durch Awn Al-Khasawneh, um seinen Willen zum politischen Wandel zu demonstrieren, und beauftragte ihn mit der Bildung einer reformorientierten Regierung (Hamid/Freer 2011: 3). Khasawneh war Richter am Internationalen Gerichtshof der Vereinten Nationen und genießt internationale Anerkennung, weshalb die Mehrheit der Jordanier seine Ernennung zumindest anfänglich unterstützte und dabei begrüßte, dass er der Korruption unverdächtig war (Carlstrom 2011). Zwar gibt es in Khasawnehs 29 Mitglieder umfassenden Kabinett 16 Neuzugänge, doch hielten 13 der Minister bereits Ämter in vorherigen Regierungen (Jordan Times 2011; Hamid/Freer 2011: 3). Im März 2011 reagierte Abdallah auf die anhaltenden Proteste mit der Einberufung eines *National Dialogue Committee*, dem die Aufgabe übertragen wurde, Verfassungsänderungen vorzuschlagen und insbesondere das stark umstrittene Wahlrecht und die Gesetze zur Bildung politischer Parteien zu reformieren (Hamid/Freer 2011: 3). Das derzeitige Wahlrecht der "einfachen nicht-übertragbaren Stimme" (single non-transferable vote) wurde 1993 eingeführt und diente vor allem dazu, die Zahl der Sitze für die oppositionelle *Islamic Action Front* im Parlament zu reduzieren. Das Wahlrecht begünstigt einzelne unabhängige KandidatInnen, die nicht wegen ihrer Parteizugehörigkeit, sondern aufgrund ihrer Stammesverbindungen gewählt werden. Durch die Aufteilung der Wahlkreise werden städtische Bezirke, in denen sich die Bevölkerung palästinensischen Ursprungs ballt, massiv benachteiligt, während KandidatInnen ländlicher Gebiete, wo die traditionelle, transjordanische Machtbasis der Monarchie dominiert, stark privilegiert werden (Beck/Collet 2010: 3f.). Dass BeobachterInnen dem angekündigten Reformprogramm skeptisch gegenüberstehen, ist wenig erstaunlich: Seit 1989 wurden bereits vier Reformprogramme angekündigt – allein drei davon von Abdallah –, doch substantielle Reformen wurden dadurch nicht eingeleitet. Das Reformkomittee *Nationale Agenda* legte der Regierung bereits 2005 ein neu ausgearbeitetes Wahlgesetz vor, welches die Defizite des bisherigen Wahlgesetzes beseitigen sollte; der Entwurf wurde jedoch von der Regierung ignoriert (Muasher 2011: 11-15). Außerdem ist zu beachten, dass auch ein neues Wahlgesetz und die Förderung politischer Parteien allein nichts an der Tatsache ändern würden, dass das Parlament eine schwache Institution im politischen System Jordaniens bildet: Die Gewaltenteilung in Jordanien ist massiv zugunsten der nicht gewählten Institutionen – dem königlichen Hof und der Exekutive allgemein – verzerrt (Hamid/Freer 2011: 3f.; ICG 2012). Eine Einschränkung der politischen Macht des Königs ist nicht Teil der Reformagenda: Nach wie vor kann er den Premierminister, die Minister und die Abgeordneten des Senats (*Majlis al-Ayan*), welcher Gesetze des Unterhauses (*Majlis al-Nuwwab*) blockieren kann, ernennen.

Jordanien befindet sich im Unterschied zu anderen Ländern im Nahen Osten, die im Rahmen des Arabischen Frühlings in einen Transformationsprozess eingetreten sind, bislang in einem Zustand stabilen Autoritarismus. Vergleicht man die marokkanische mit der jordanischen Entwicklung im Arabischen Frühling auf der Folie der drei Kategorien „(Transformation im Sinne von) Demokratisierung“, „Liberalisierung“ und „kosmetischer Reformprozess“, so deutet einiges auf eine Differenz der beiden arabischen Monarchien jenseits des Golfes hin. Zwar spricht in beiden Fällen wenig dafür, dass sie sich (bereits) auf dem Weg einer Demokratisierung befinden, in Marokko liegen aber starke Indizien einer Liberalisierungspolitik vor, während die politische Entwicklung in Jordanien bisher kaum die Schwelle rein kosmetischer Reformen überschritten hat.

3.3.2.5 Zur Differenz zwischen instabil autoritären Systemen und instabilen Transformationsländern: Ägypten und Libyen

Wie oben festgestellt, ist strittig, ob Ägypten eine progressive Transformation durchläuft oder nicht. Zur Zeit der Fertigstellung des vorliegenden Beitrages gibt es aber auch bereits Skeptiker/innen, die noch einen Schritt weiter gehen und Ägypten bereits auf dem Weg zurück in den „Arabischen Winter“ vermuten, d.h. davon ausgehen, dass sich Ägypten in einem Zustand eines instabilen autoritären Systems befindet (Byman 2011).

Grund für diese Annahme ist vor allem die Rolle des ägyptischen Militärs, welches kaum oder keine Bereitschaft erkennen lässt, eine Transformation in Richtung Demokratie zu unterstützen. Zwar deutet bisher wenig auf eine vollständige militärische Machtübernahme qua Putsch hin: Dies würde eine Konfrontationen mit weiten Teilen der mobilisierten Gesellschaft herbeiführen, eine weitere ökonomische Destabilisierung des Landes zur Folge haben und die finanziellen Hilfen der USA und der EU gefährden. Da das Militär gleichzeitig aber nicht gewillt zu sein scheint, seinen politischen Einfluss aufzugeben, könnte sich eine Art autoritärer Pakt zwischen dem Militär und der *Freedom and Justice Party* der Muslimbrüder entwickeln, welche mit rund 47 Prozent der Sitze in der Volksversammlung die mit Abstand stärkste Partei des Landes bildet. Auch für die Muslimbrüder hätte ein Bündnis mit dem Militär durchaus Vorteile: Ein Kompromiss zwischen beiden Lagern könnte zu einer politischen und ökonomischen Stabilisierung beitragen, und überfällige sozio-ökonomische Reformen könnten vorangetrieben werden, ohne die Ägypten ein wirtschaftlicher Zusammenbruch droht. Zudem könnten unpopuläre außenpolitische Entscheidungen, insbesondere mit Blick auf die Beziehungen zu Israel, dem Militär überlassen werden (Roll 2012).

Das politische System Libyens ist nach dem Sturz des Qaddafi-Regimes aufgrund etlicher Konfliktlinien hochgradig fragmentiert (Lacher 2011b: 11). Der Nationale Übergangsrat setzt sich aus ehemaligen Offiziellen des Regimes und der früheren Opposition zusammen. So befinden sich in der neuen politischen Führung auch ehemalige Vertraute Qaddafis, Mitglieder der früheren Sicherheitsapparate sowie Reformer und Technokraten (Lacher 2011b: 11f.). Zu den ehemaligen Oppositionellen zählen frühere Exil-Libyer aus alteingesessenen Notabelnfamilien sowie Repräsentant(inn)en einer akademischen Elite. Die Mitglieder der stark segmentierten neuen Elite orientieren sich stark an tribalen Strukturen. Brisante Fragen wie die Gestaltung des zukünftigen Regierungsmodells, die politische und juristische Rolle des Islam sowie die Frage der rechtlichen Aufarbeitung von Verbrechen des Regimes werden aller Wahrscheinlichkeit nach Rivalitäten zwischen den Entscheidungsträgern und innerhalb der Gesellschaft verschärfen (Lacher 2011b: 12f.).

Die extreme Depolitisierung des libyschen Rentierstaates unter Qaddafi stellt ein schweres Legat für den libyschen Transformationsprozess dar. Für eine Gesellschaft, die über Jahrzehnte keine echten zivilgesellschaftlichen und staatlichen Strukturen aufgebaut hat, erscheint die Transformation hin auf demokratische Strukturen als besonders schwieriger und langwieriger Prozess, der Rückschläge erwarten lässt (Lacher 2011a, 2011b). Angesichts der hohen Komplexität der libyschen politischen Szene nach dem Sturz Qaddafis ist nicht auszuschließen, dass sich Libyen von einem instabilen Transformationsland zu einem instabilen autoritären System entwickelt. Sollte es einer der Gruppen oder einer Allianz gelingen, den Erdölsektor zu kontrollieren, könnte es auch zu einer Rückkehr eines stabilen autoritären Systems kommen.

4 Resümee und Ausblick

Der Arabische Frühling bildet für die theoriegeleitete sozialwissenschaftliche Forschung zum Nahen Osten einen starken Anreiz, sich mit den veränderten empirischen Gegebenheiten auseinanderzusetzen. Der vorliegende Aufsatz versucht hierzu einen Beitrag zu leisten, indem er den politischen Wandel in Form einer neuen arabischen Zwei-mal-zwei-Herrschaftsmatrix fasst, die nach Herrschaftstypen und Stabilitätsgrad differenziert. Auf der Basis einer Diskussion etlicher Fallbeispiele ist zu zeigen versucht worden, dass diese Matrix zum einen hilft, die beobachtete Diversifizierung arabischer Herrschaftssysteme zu ordnen, zum anderen aber auch die Dynamik des im Fluss befindlichen Gegenstands näher beleuchten kann.

Nach einem explorativen Überblick über Erklärungen zum Arabischen Frühling allgemein sind drei theoretische Stränge der Sozialwissenschaften – der Rentierstaats-Ansatz, die Transformations- sowie die Revolutionsforschung – in Wert gesetzt worden, um einen Erklärungsbeitrag zur Frage zu leisten, weshalb sich die Herrschaftssysteme der arabischen Welt diversifiziert haben und in welcher Form dies geschah. Dabei hat sich der Rentierstaats-Ansatz als besonders fruchtbar erwiesen, vor allem deshalb, weil er die grundlegende Differenz zwischen den durch den Arabischen Frühling erschütterten Regimen der arabischen Welt und den nach wie vor stabilen autoritären Regimen gut erklären kann. Die Transformations- und Revolutionsforschung helfen vor allem, die komplexen und teilweise widersprüchlichen Entwicklungen in jenen Ländern des Nahen Ostens zu erfassen, deren Teilhabe am politischen Wandel in der Region besonders stark ist.

Die Forschung zum Arabischen Frühling befindet sich naturgemäß erst am Anfang und steht vor der komplexen Aufgabe, die Erklärungen zum Arabischen Frühling allgemein mit den Entwicklungen der einzelnen Fälle zu verknüpfen sowie die weitere Entwicklung des arabischen Herrschaftsraums kritisch zu begleiten. Prognosen sollten auf der Basis von Szenarien gestellt werden, über deren mögliches Eintreten vor dem Hintergrund theoretischer Überlegungen probabilistische Aussagen getroffen werden können. Der Arabische Frühling könnte vier Resultate hervorbringen: (konsolidierte) Demokratien, Hybridregime, (restaurierte) autoritäre Herrschaften und neue Formen autoritärer Systeme. Dabei ist zum einen zu beachten, dass sich die arabischen Länder durchaus unterschiedlich entwickeln können – die gut ein Jahr nach dem Arabischen Frühling beobachtete Diversifizierung der arabischen Herrschaftssysteme liefert hier möglicherweise nur einen Vorgeschmack. Zum anderen ist aber auch wahrscheinlich, dass Entwicklungen in zentralen Ländern und Subregionen Rückwirkungen auf andere Länder und Subregionen haben – der Arabische Frühling, der in Tunesien seinen Ausgang nahm, hat Bürgerbewegungen in der gesamten Region inspiriert und bestimmt seitdem die politische Debatte im Nahen Osten.

Dass der Arabische Frühling ähnlich zu den Entwicklungen in Osteuropa in den 1990er Jahren rasch in mehr oder minder stark konsolidierte Demokratien mündet, kann vor dem Hintergrund aller drei im vorliegenden Beitrag berücksichtigten Forschungsstränge, was die Gesamtregion angeht, als sehr unwahrscheinlich gelten. Ökonomische und politische Renten werden aller Voraussicht nach auch in Zukunft eine prägende Rolle im Nahen Osten spielen: Wie das Fallbeispiel Norwegens zeigt, sind rentenbasierte Demokratien zwar möglich, Renten stellen aber ein beträchtliches Hindernis dar, insbesondere dann, wenn sie, wie in der Arabischen Welt, vor der Etablierung demokratischer Strukturen fließen. Aus Sicht der Transformationsforschung hängt der Erfolg von Demokratisierungsprozessen von vielen Faktoren ab, deren Erfüllung im Nahen Osten zumindest fraglich ist – selbst im Hinblick auf die vielversprechenden Fälle: Die umfassende, jahrzehntelang währende sozio-ökonomische Krise der Region hat eine Situation geschaffen, in der der Konsum in der arabischen Welt dem Produktions- und Produktivitätsniveau sehr weit entrückt ist, und dies bei gleichzeitig sehr stark ausgeprägter sozialer Ungleichheit. Die arabische Welt wird deshalb große Schwierigkeiten haben, einen Demokratisierungsprozess hervorzubringen, der im sozio-ökonomischen Bereich bei strategischen Gruppen viele Gewinner und wenige Verlierer erzeugt. Damit steht zu erwarten, dass es große Einfalltore für undemokratische Gruppen sowohl innerhalb des Staatsapparates als auch aus der Gesellschaft heraus gibt. Erkenntnisse der Revolutionsforschung verweisen darauf, dass Akteure der vor dem Arabischen Frühling herrschenden Regime in vielen Fällen starke Beharrungskräfte aufweisen, weil die alten Regime nicht wie in Osteuropa nach der Implosion der Sowjetunion kollabierten.

Sehr viel wahrscheinlicher ist, dass zumindest einige Länder einen langwierigen Transformationsprozess durchlaufen, dessen Verlauf widersprüchlich und dessen Ergebnis weithin offen ist. Dies könnte auch zur Entstehung von Hybridregimen führen, die sich für einen ausgedehnten Zeitraum einer klaren Zuordnung zu konsolidierten Demokratien bzw. Autokratien entziehen. Allerdings existiert mit Tunesien zumindest ein Land, bei dem wenigstens einige wesentliche Voraussetzungen, die über eine erfolgreiche Demokratisierung bestimmen, gegeben sind.

Zwar konnten sich auch die Herrscherhäuser der Golfstaaten den Wirkungen des Arabischen Frühlings nicht gänzlich entziehen, sie besitzen aber weiterhin Chancen, ihre autoritären Herrschaften stabil zu halten und eine Transformation zu blockieren, sofern sie den Rentenzufluss aufrechterhalten und ihre Fähigkeit, diese in Form einer Depolitisierung der Gesellschaft einzusetzen, wahren können. Da die autoritären Herrscher der Golfstaaten in den 1950er Jahren, als sie durch den Nasserismus systemisch bedroht wurden, Erfahrungen im Umgang mit systembedrohenden herrschaftspolitischen Herausforderungen aus der Region sammeln konnten, stehen ihre Überlebenschancen bis auf weiteres nicht schlecht.

In jenen Ländern, bei denen durch den Arabischen Frühling politischer Wandel ausgelöst worden ist, könnten auch neue autoritäre Regime entstehen. Ob es hierzu in einzelnen oder gar allen Ländern kommt, hängt wesentlich davon ab, ob es neuen autoritären Herrschereliten gelingt, ökonomische und politische Renten zu monopolisieren. Allerdings existieren auch für dieses aus demokratietheoretischer Sicht negative Szenario hohe Hürden: So wie demokratische Kräfte mit großer Wahrscheinlichkeit Schwierigkeiten haben werden, die sozio-ökonomische Krise im Nahen Osten ohne politische Verwerfungen zu meistern, so gilt dies auch für autoritäre Kräfte. Allenfalls in Libyen erscheint die Ressourcendecke möglicher neuer autoritärer Herrscher ausreichend, um eine dauerhaft stabile Herrschaft zu etablieren, die den Arabischen Frühling zu einer schieren Episode der Geschichte degradieren könnte. Angesichts der politischen Macht, die der Arabische Frühling entfaltet hat, steht zu erwarten, dass mögliche neue autoritäre Herrschaften eine sehr viel anspruchsvollere Legitimitätsgrundlage schaffen müssten, als dies bei Hosni Mubarak oder Muammar al-Qaddafi der Fall war.

Vor dem Hintergrund der empirischen Beobachtung des Arabischen Frühlings als regionalem Phänomen ist wahrscheinlich, dass seine langfristige Wirkung vor allem davon abhängt, ob eine kritische Masse moderat erfolgreicher Transformationsprozesse erreicht und/oder Leuchttürme einer Demokratisierung errichtet werden. Träten diese Fälle ein, könnte es zum dritten Male in der post-kolonialen Geschichte des Nahen Ostens zu einer regionalen Konkurrenz politischer Systeme kommen, deren Grundfeste nicht miteinander kompatibel sind. Wie Maridi Nahas (1985) zeigt, kam es als Resultat der ägyptischen Revolution 1952 zu einer systemischen Konkurrenz zwischen republikanischen und monarchischen Regimen, die als Folge der Iranischen Revolution 1979 durch eine Konkurrenz zwischen islamistischen und quasi-säkularen Regimen und Akteuren abgelöst wurde. Insbesondere wenn die potentielle regionale Führungsmacht Ägypten eine demokratische Transformation durchlaufen sollte, könnte eine systemische Konkurrenz zwischen demokratischen und autoritären Regimen zwischen den Polen Kairo und Riad entstehen. Es sollte indes deutlich geworden sein, dass die Realisierung eines solchen Szenarios von der Erfüllung vieler Faktoren abhängt.

Literaturverzeichnis

American University of Beirut/Konrad Adenauer Stiftung (Hrsg.) (2012): The Arab Uprisings – What Happened, What's Next? Lecture and Working Paper Series No.1, 2012-Special Issue. Beirut: American University of Beirut.

Arbeitsstelle Politik des Vorderen Orients (Hrsg.) (2011): Proteste, Revolutionen, Transformationen – die Arabische Welt im Umbruch. Berlin: Freie Universität Berlin/Center for Middle Eastern & North African Studies. Abrufbar unter: http://www.polsoz.fu-berlin.de/polwiss/forschung/international/vorderer-orient/publikation/WP_serie/WP1_All_FINAL_web.pdf.

Ashour, Omar (2012): Egypt's Salafi Challenge. Brookings Institute. 3. Januar 2012. Abrufbar unter: http://www.brookings.edu/opinions/2012/0103_salafis_ashour.aspx.

Asseburg, Muriel (2011a): Zur Anatomie der Arabischen Proteste und Aufstände. In: Aus Politik und Zeitgeschichte 61. 39. 3-8.

Asseburg, Muriel (Hrsg.) (2011b): Proteste, Aufstände und Regimewandel in der Arabischen Welt – Akteure, Herausforderungen, Implikationen und Handlungsoptionen. Berlin: Stiftung Wissenschaft und Politik. Abrufbar unter: http://www.swp-berlin.org/fileadmin/contents/products/studien/2011_S27_ass_ks.pdf.

Asseburg, Muriel/Werenfels, Isabelle (2011): Tunesien – Einzelfall oder Dominostein? Vergleichbare Probleme - Unterschiedliche Rahmenbedingungen. Berlin: Stiftung Wissenschaft und Politik. Januar 2011. Abrufbar unter: http://www.swp-berlin.org/fileadmin/contents/products/aktuell/2011A04_ass_wrf_ks.pdf.

Bank, André (2011): Jordanien und Marokko: Lösungsweg Verfassungsreform?. In: Asseburg (2011b): 30-32.

Barany, Zoltan (2011): The Role of the Military. In: Journal of Democracy 22. 4. 24-35.

Basedau, Matthias/Kappel, Robert (Hrsg.) (2011): Machtquelle Erdöl. Die Außen-, Innen- und Wirtschaftspolitik von Erdölstaaten. Baden-Baden: Nomos Verlag.

Beblawi, Hazem/Luciani, Giacomo (1987): The Rentier State. London: Croom Helm.

Beck, Martin (2007a): Paving the Way for Democracies or Strengthening Authoritariianism? Reforms in the Middle East. In: Fürtig (2007): 1-24.

Beck, Martin (2007b): Der Rentierstaats-Ansatz und das Problem Abweichender Fälle. In: Zeitschrift für Internationale Beziehungen 14. 1. 43-70.

Beck, Martin (2009): Rente und Rentierstaat im Nahen Osten. In: Beck et al. (2009): 25-49.

Beck, Martin (2010): The Middle East as a Crisis Region. In: Dunn Cavelty/Mauer (2010): 309-318.

Beck, Martin (2011a): Machtquelle Erdöl. Ein Theoriegeleitetes Analyseraster. In: Basedau/Kappel (2011): 13-35.

Beck, Martin (2011b): Ein Strukturproblem. In: The European. 14. Februar 2011. Abrufbar unter: http://www.theeuropean.de/martin-beck/5688-politische-zusammenarbeit.

Beck, Martin/Harders, Cilja/Jünemann, Annette/Stetter, Stephan (Hrsg.) (2009): Der Nahe Osten im Umbruch. Zwischen Transformation und Autoritarismus. Wiesbaden: VS Verlag für Sozialwissenschaften.

Beck, Martin/Collet, Lea (2010): Das Jordanische Wahlgesetz 2010: Demokratisierung oder Stagnation?. November 2010. Abrufbar unter: http://www.kas.de/wf/doc/kas_20947-1522-1-30.pdf?101108101327.

Beck, Martin/Hüser, Simone (2011): Syrien und der Arabische Frühling – Über die Lage und Zukunft des Regimes Baschar Al-Assads. 28. November 2011. Abrufbar unter: http://www.kas.de/wf/doc/kas_29527-1522-1-30.pdf?111128104248.

Belakhdar, Naoual (2011): „Wir hatten im Oktober 1988 Unsere Revolution". Eine Analyse der Gescheiterten Protestbewegung in Algerien 2011. In: Arbeitsstelle Politik des Vorderen Orients (2011): 82-91.

Benchemsi, Ahmed (2012): Morocco: Outfoxing the Opposition. In: Journal of Democracy 23. 1. 57-69.

Byman, Daniel (2011): After the Hope of the Arab Spring, the Chill of an Arab Winter. In: The Washington Post. 28. November 2011. Abrufbar unter: http://www.washingtonpost.com/opinions/after-the-hope-of-the-arab-spring-the-chill-of-an-arab-winter/2011/11/28/gIQABGqHIO_story.html.

Carlstrom, Gregg (2011): Jordan´s King Appoints Reform-Minded Cabinet. Al Jazeera. 25. Oktober 2011. Abrufbar unter: http://www.aljazeera.com/news/middleeast/2011/10/2011102474972115 41.html.

Carothers, Thomas (2002): The End of the Transition Paradigm. In: Journal of Democracy 13. 1. 5-21.

Cunningham, Finian (2012): Saudi Arabia: House of Saud, Falling House of Cards. Global Researcher.ca. 23. März 2012. Abrufbar unter: http://globalresearch.ca/index.php?context=va&aid=29934.

Davis, Eric (2011a): Making Sense of the Arab Spring (Part 1). New Middle East. 6. November 2011. Abrufbar unter: http://new-middle-east.blogspot.com/2011/11/making-sense-of-arab-spring-part-1.html.

Davis, Eric (2011b): Making Sense of the Arab Spring (Part 2). New Middle East. 22. November 2011. Abrufbar unter: http://new-middle-east.blogspot.com/2011/11/making-sense-of-arab-spring-part-2.html.

Davis, Eric (2011c): Making Sense of the Arab Spring (Part 3). Egypt's Stalled Democracy. New Middle East. 30. Dezember 2011. Abrufbar unter: http://new-middle-east.blogspot.com/2011/12/making-sense-of-arab-spring-part-3.html.

Desai, Raj M./Olofsgard, Anders/Yousef, Tarik (2011): Is the Arab Authoritarian Bargain Collapsing? Brookings Institution. 9. Februar 2011. Abrufbar unter: http://www.brookings.edu/opinions/2011/0209_arab_economies_desai_yousef.aspx.

Diamond, Larry J. (2002): Thinking about Hybrid Regimes. In: Journal of Democracy 13. 2. 21-35.

Dugulin, Riccardo (2012): Human Rights and Syria: An Original Position for the Gulf. Arabsthink.com. 26. März 2012. Abrufbar unter: http://arabsthink.com/2012/03/26/human-rights-and-syria-an-original-position-for-the-gulf/.

Dunn Cavelty, Miriam/Mauer, Victor (Hrsg.) (2010): The Routledge Handbook of Security Studies. London: Routledge.

EU (Europäische Union) (2007): Arabische Republik Syrien. Länderstrategiepapier 2007-2013 und nationales Richtprogramm 2007-2010. Abrufbar unter: http://ec.europa.eu/world/enp/pdf/country/enpi_csp_nip_syria_de.pdf.

Freitag, Ulrike (2011): Saudi-Arabien: Erkaufte Stabilisierung. In: Asseburg (2011b): 23-26.

Fürtig, Henner (Hrsg.) (2007): The Arab Authoritarian Regime between Reform and Persistance. Newcastle: Cambridge Scholars Press.

Furceri, Davide (2012): Unemployment and Labor Market Issues in Algeria. IMF Working Paper 2012. 99. Abrufbar unter: http://www.imf.org/external/pubs/ft/wp/2012/wp1299.pdf.

Hamid, Shadi/Freer, Courtney (2011): How Stable is Jordan? King Abdullah´s Half-Hearted Reforms & the Challenge of the Arab Spring. Brookings Doha Center. November 2011. Abrufbar unter: http://www.brookings.edu/research/papers/2011/11/jordan-hamid-freer.

Harders, Cilja (2011): Die Umbrüche in der Arabischen Welt: Zwischen Revolution und Restauration. In: Arbeitsstelle Politik des Vorderen Orients (2011): 10-37.

Hegasy, Sonja (2011): „Arabs Got Talent": Populärkultur als Ausdruck Gesellschaftlicher Veränderungen. In: Aus Politik und Zeitgeschichte 61. 39. 40-45.

Heibach, Jens (2011): Der Anfang vom Ende? Der Jemen nach Ali ʹAbdullah Salih. In: Arbeitsstelle Politik des Vorderen Orients (2011): 130-146.

Henry, Clement M. (2011): Countries at the Crossroads 2011: Tunisia. Freedom House. Abrufbar unter: http://www.freedomhouse.org/sites/default/files/inline_images/TUNISIAfinal.pdf.

Hoffmann, Anja (2011): Wem gehört der Marokkanische Wandel? Eine Analyse des Umkämpften Politischen Felds in Marokko. In: Arbeitsstelle Politik des Vorderen Orients (2011): 92-109.

Howard, Marc M. (2011): Similarities and Differences Between Eastern Europe in 1989 and the Middle East in 2011. The Monkey Cage Blog. 30. Mai 2011. Abrufbar unter: http://

themonkeycage.org/blog/2011/05/30/similarities-and-differences-between-eastern-europe-in-1989-and-the-middle-east-in-2011/.
Howard, Philip N./Hussain, Muzammil M. (2011): The Role of Digital Media. In: Journal of Democracy 22. 3. 35- 48.
HRW (Human Rights Watch) (2012): Voices from Tahrir: Bread, Freedom, Dignity. 25. Januar 2012. Abrufbar unter: http://www.hrw.org/audio/2012/01/25/voices-tahrir-bread-freedom-dignity.
Huntington, Samuel P. (1991): The Third Wave: Democratization in the Late Twentieth Century. Norman: University of Oklahoma Press.
ICG (International Crisis Group) (2012): Dallying with Reform in a Divided Jordan. 12. Januar 2012. Abrufbar unter: http://www.crisisgroup.org/en/publication-type/media-releases/2012/mena/dallying-with-reform-in-a-divided-jordan.aspx.
ILO (International Labour Office) (2004): Global Employment Trend for Youth 2004. August 2004. Abrufbar unter: http://www.ilo.org/wcmsp5/groups/public/@ed_emp/@emp_elm/@trends/documents/publication/wcms_114351.pdf.
IMF (International Monetary Fund) (2010): Arab Republic of Egypt: 2010 Article IV Consultation – Staff Report. Public Information Notice on the Executive Board Discussion and Statement by the Executive Director for the Arab Republic of Egypt. Abrufbar unter: http://www.imf.org/external/pubs/ft/scr/2010/cr1094.pdf.
IMF (International Monetary Fund) (2011): Middle East and North Africa: Economic Outlook and Key Challenges. 10. September 2011. Abrufbar unter: http://www.imf.org/external/region/mcd/deauville/note091011.pdf.
Jordan Times (2011): New Gov´t Sworn in. Embassy of the Hashemite Kingdom of Jordan Washington D.C. 25. Oktober 2011. Abrufbar unter: http://www.jordanembassyus.org/new/newsarchive/2011/10252011002.htm.
Kienle, Eberhard (2001): A Grand Delusion: Democracy and Economic Reform in Egypt. London: IB Tauris.
Lacher, Wolfram (2011a): Libyen nach Qaddafi – Staatszerfall oder Staatsbildung? SWP-Aktuell.12. März 2011. Abrufbar unter: http://www.swp-berlin.org/fileadmin/contents/products/aktuell/2011A12_lac_ks.pdf.
Lacher, Wolfram (2011b): Die Libysche Revolution: Alte Eliten und Neue Politische Kräfte. In: Asseburg (2011b): 11-13.
Lacroix, Stéphane (2011): Is Saudi Arabia Immune? In: Journal of Democracy 22. 4. 48-59.
Lauth, Hans-J./Wagner, Christoph (Hrsg.) (2009): Politikwissenschaft: Eine Einführung. Paderborn: Ferdinand Schöningh Verlag.
Lauth, Hans-J./Wagner, Christoph (2009): Vergleichende Politikwissenschaft: Analyse und Vergleich Politischer Systeme. In: Lauth/Wagner (2009): 98-134.
Marktanner, Marcus (2012): The Economic Causes of the Arab Uprising. In: American University of Beirut/Konrad Adenauer Stiftung (2012): 13-16.
Matsson, Louise (2011): Radicalism Versus Women's Rights: Opportunities for Women's Political and Civil Representation in Tunisia. FOI - Swedish Defence Research Agency. 4. Juli 2011. Abrufbar unter: http://www.foi.se/upload/projekt/Afrikagruppen/Radicalism%20vs%20Women%27s%20rights.pdf.
Merkel, Wolfgang (2004): Embedded and Defective Democracies. In: Democratization 11. 5. 33-58.

Muasher, Marwan (2011): A Decade of Struggling Reform Efforts in Jordan – the Resilience of the Rentier System. Carnegie Endowment. Mai 2011. Abrufbar unter: http://carnegie-endowment.org/files/jordan_reform.pdf.

Nahas, Maridi (1985): State Systems and Revolutionary Challenge: Nasser, Khomeini, and the Middle East. In: International Journal of Middle East Studies 17. 4. 507-527.

Niethammer, Katja (2011): Bahrain im Ausnahmezustand. In: Blätter für Deutsche und Internationale Politik 5. 86-89.

Perthes, Volker (2011): Der Aufstand. Die Arabische Revolution und ihre Folgen. München: Pantheon Verlag.

Plattner, Marc F. (2011): The Global Context. In: Journal of Democracy 22. 4. 5-12.

Richter, Thomas (2011): Autoritäre Herrschaft, Materielle Ressourcen und Außenwirtschaftsreformen: Marokko, Tunesien, Ägypten und Jordanien im Vergleich. Wiesbaden: Verlag für Sozialwissenschaften.

Roll, Stephan (2012): Das Militär und die Muslimbrüder – Kommt es zu einer Machtteilung in Ägypten?. SWP-Aktuell. Februar 2012. Abrufbar unter: http://www.swp-berlin.org/fileadmin/contents/products/aktuell/2012A06_rll.pdf.

Schraeder, Peter J./Redissi, Hamadi (2011): Ben Ali´s Fall. In: Journal of Democracy 22. 3. 5-19.

Skocpol, Theda (1979): States and Social Revolutions: A Comparative Analysis of France, Russia, and China. Cambridge: Cambridge University Press.

Steinberg, Guido (2010): Jemen vor dem Staatszerfall?. SWP-Aktuell. Januar 2010. Abrufbar unter: http://www.swp-berlin.org/fileadmin/contents/products/aktuell/2010A06_sbg_ks.pdf.

Steinberg, Guido (2011): Kein Frühling am Golf. Saudi-Arabien und seine Nachbarn. Bundeszentrale für Politische Bildung. 24. Oktober 2011. Abrufbar unter: http://www.bpb.de/internationales/afrika/arabischer-fruehling/52401/saudi-arabien-und-seine-nachbarn.

UNDP (United Nations Development Programme) (2009): Development Challenges Outlined in New Arab States Report. Abrufbar unter: http://204.200.211.31/contents/file/DevChallenges_Report_Vol01_Eng.pdf.

Vandewalle, Dirk (1991): Qadhafi´s Perestroika: Economic and Political Liberalization in Libya. In: Middle East Journal 45. 2. 216-231.

Vandewalle, Dirk (1998): Libya since Independence: Oil and State Building. Ithaca, New York: Cornell University Press.

Way, Lucas (2011): The Lessons of 1989. In: Journal of Democracy 22. 4. 17-27.

West, Johnny (2011): Karama! Journeys Through the Arab Spring. London: Heron Books.

Wester, Jon/Goldstein, Joshua (2011): Humanitarian Intervention Comes of Age. In: Foreign Affairs 90. 6. 48-59.

World Bank (2012): World Development Indicators. Egypt. Abrufbar unter: http://data.worldbank.org/country/egypt-arab-republic.

Siehe: http://www.pewglobal.org/files/2011/04/Pew-Global-Attitudes-Egypt-Report-FINAL-April-25-2011.pdf

Roy; Oliver: This is not an Islamic Revolution, in New Statesman, 15.2.2011. Siehe: http://www.newstatesman.com/religion/2011/02/egypt-arab-tunisia-islamic

Taylor A. Barnette: Zogby Polls Reveal Egyptian Opinions on U.S., Religion, and More: http://www.pculpa.com/moderatesindependents/37-blog-entry/206-zogby-polls-reveal-egyptian-opinions-on-us-religion-and-more.html (21.6.12)

Yassin, Usama: in der Sendung shahid `ala al-`asr (Zeitzeuge) am 6.11.2011: http://www.aljazeera.net/programs/pages/d4c306c3-701c-4642-9be3-43eeefb44f5f

Der Zusammenbruch des autoritären Gesellschaftsvertrags

Sozio-ökonomische Hintergründe der arabischen Proteste

Anja Zorob

1 Einleitung

Arbeitslosigkeit, vor allem unter jungen Menschen, Armut und ungerechte Einkommensverteilung werden neben Korruption und Vetternwirtschaft als die wichtigsten sozio-ökonomischen Ursachen der Aufstände in den Ländern des Nahen Ostens und Nordafrikas geltend gemacht. Im Mittelpunkt der Diskussion steht dabei der Zusammenbruch des sogenannten ‚autoritären Gesellschaftsvertrags', der die Beziehungen zwischen herrschender Elite und Bevölkerung in vielen arabischen Staaten in den vergangenen Jahrzehnten maßgeblich prägte. Dieser ‚Vertrag' versprach eine vom Staat garantierte ökonomische Sicherheit für große Teile der Bevölkerung im Austausch gegen den weitgehenden Verzicht auf politische Teilhabe.

Wie konnte es dazu kommen, dass diese vermeintlich Jahrzehnte überdauernde Gesellschaftsvertrag Ende 2010 zuerst in Tunesien und später in Ägypten und anderen Staaten der Region in sich zusammenstürzte? Wie können Arbeits- und Perspektivlosigkeit zu den Motiven zählen, welche gerade junge Menschen aus der gebildeten Mittelschicht in diesen Ländern auf die Straße und/oder virtuelle Räume der Demonstration trieben, wo doch jene Länder in den 2000er Jahren zu den am schnellsten wachsenden Ökonomien gehörten und für ihre wirtschaftlichen Reformen von IWF und Weltbank mit Bestnoten bedacht wurden? Um sich einer Antwort auf jene Fragen zu nähern[1], wird in Kapitel 2 zunächst der autori-

1 Der Beitrag stellt eine überarbeitete und ergänzte Fassung früherer Publikationen der Autorin zum selben Thema dar (Zorob 2011a undb).

täre Gesellschaftsvertrag und dessen wachsende Erosion im Verlauf aufeinander folgender Phasen wirtschaftlicher Reformen einer näheren Betrachtung unterzogen. Dabei geht es insbesondere darum, welche gesellschaftlichen Gruppen von den Reformen profitierten und welche anderen Gruppen in zunehmendem Maße aus dem Blickfeld der ‚Reformer' gerieten bzw. zu ‚Verlierern' wurden. In Kapitel 3 werden die sozio-ökonomischen Motive hinter den Arabellions und deren Entstehungsfaktoren diskutiert. Kapitel 4 erörtert die ‚ökonomischen Kosten' der Proteste sowie die zukünftigen Herausforderungen, welchen sich die Transformationsländer gegenüber sehen, bevor abschließend ein Blick auf die Rolle internationaler Partner geworfen wird, diesen Ländern in der Bewältigung der Herausforderungen beiseite zu stehen.

2 Der autoritäre Gesellschaftsvertrag im Wandel wirtschaftlicher Reformprozesse

Sozio-ökonomische Hintergründe werden einhellig in den Kommentaren zu den politischen Umstürzen in den arabischen Transformationsländern als wichtige, aber nicht die einzigen Beweggründe bezeichnet, welche die Menschen in Millionen auf die Straßen trieb. Bei genauerem Hinsehen zeigt sich, dass die verschiedenen politischen, wirtschaftlichen und sozialen Ursachen unmittelbar miteinander verwoben sind. Im Kern geht es dabei um die stetige Erosion und schließlich den Zusammenbruch des ‚autoritären Gesellschaftsvertrags'. Dieser Vertrag oder ‚Austausch' bestimmte in den Staaten des Nahen/Mittleren Ostens und Nordafrikas (MENA) über Jahrzehnte hinweg maßgeblich die Beziehungen zwischen den herrschenden Eliten und ihren Bürger_innen und sicherte über das Mittel der Repression hinaus die Stabilität der autokratischen Systeme. Er impliziert den Verzicht der Bevölkerung auf politische Mitspracherechte im Austausch gegen öffentliche Leistungen oder, anders formuliert, einem Mindestmaß an staatlich garantiertem wirtschaftlichem Wohlstand und sozialer Gerechtigkeit (siehe exemplarisch Harders 2009 und in diesem Band). Die Ökonomen Desai, Olofsgard und Yousef konzeptionalisieren den authoritarian bargain als ein einfaches, sich wiederholendes Spiel zwischen einem repräsentativen Bürger und einem Autokraten, welcher sich der ständigen Gefahr ausgesetzt sieht, seine Position zu verlieren. Um sich die Loyalität bzw. politische Unterstützung der Bürger_innen zu sichern, setzt der Autokrat auf ein für ihn „kostengünstigstes" Bündel von öffentlichen Transfers und politischen Mitspracherechten. Solche staatlichen Leistungen können dabei in Form direkter Zuwendungen, Subventionen oder auch protektionistischen Regularien auftreten, die Lohn und Arbeit, Profite oder Konsum über ein Maß hinaus garantieren, das normalerweise üblich wäre (Desai / Olofsgard / Yousef 2009, 2011). Ein autoritärer Gesellschaftsvertrag mit einem hohen Maß an staatlich garantiertem Wohlstand für weite Teile der Bevölkerung scheint sich vor allem dann aufrechterhalten zu lassen, wenn Regierungen über den Zugang zu „Renten" verfügen.

Als „Renten" oder „Rentenzuflüsse" gelten Einkommen, welche über reine Organisationsleistungen hinaus keine produktiven Leistungen in Form von Arbeit oder Investitionen erfordern. Zu den wichtigsten Rentenformen zählen, neben der klassischen Erdölrente, politische oder strategische Renten, Lagerenten und Migrationsrenten (siehe Beck 2009 sowie Beck / Hüser in diesem Band). In den 1970er Jahren finanzierte der Ölreichtum der arabischen Ölexporteure, oder „Rentiers erster Klasse", und dessen Umverteilung innerhalb der Region den Auf- und Ausbau großer staatlicher Bürokratien, öffentlicher Wirtschaftssektoren und Bildungs- und Gesundheitssystemen. Damit konnten in den ölreichen Ländern ebenso wie in den ‚ärmeren' Bruderstaaten wie Ägypten oder Syrien, die seinerzeit zu den mit Abstand größten Empfängern innerarabischer Unterstützungsleistungen zählten (Zorob 2012), viele Arbeitsplätze insbesondere für die aufstrebenden Mittelschichten geschaffen werden (zum Begriff der arabischen Mittelschichten siehe Ouaissa in diesem Band). Darüber hinaus versetzte der Zufluss externer Renten die Regierungen der MENA-Länder in die Lage, Güter wie Nahrungsmittel, Brennstoffe oder Wasser großzügig zu subventionieren.

Maßnahmen wie diese fügten sich beinahe nahtlos in ein staatlich gelenktes und auf gesellschaftlich breite Umverteilung gerichtetes Entwicklungsmodell ein, das in vielen arabischen Staaten in den 1950er und 1960er Jahren und insbesondere jenen, die den Weg des ‚arabischen Sozialismus' eingeschlagen hatten, durchzusetzen versucht wurde. Dieses Modell implizierte nicht nur die Rolle des Staates als Garant wirtschaftlichen Wohlstands und treibende Kraft nationalstaatlicher Konsolidierung. Zusätzlich dazu sollte eine gesellschaftliche Transformation in die Wege geleitet werden, zu dessen Zweck neben einer Landreform zahlreiche private Unternehmen verstaatlicht, die Tätigkeit privater Unternehmer stark reglementiert und protektionistische Außenhandelssysteme aufgebaut wurden (Richards / Waterbury 2008). In Verbindung mit den umfangreichen wirtschaftlichen Transfers der 1970er Jahre in Form von staatlich garantierten und gut bezahlten Beschäftigungsmöglichkeiten im öffentlichem Sektor, Subventionierung landwirtschaftlicher Inputs oder dem freien Zugang zu Bildung und Gesundheit vermochten jene Maßnahmen den Regimen der Region für lange Zeit eine starke soziale Basis und damit Legitimität unter großen Teilen der Bevölkerung zu verschaffen. Dazu zählten insbesondere die Landbevölkerung und die urbanen Mittelschichten. Kritikern des autoritären Gesellschaftsvertrags also solchen, die sich von Beginn an dem ‚Deal' ökonomische Sicherheit auf Kosten politischer Freiheiten widersetzten, begegneten die autoritären Regime indes stets mit aller Härte.

Mit dem Einbruch der Ölpreise in der ersten Hälfte der 1980er Jahre und damit in Verbindung dem Rückgang arabischer Hilfen und Gastarbeiterüberweisungen sowie zunehmender Verschuldungsprobleme sahen sich die politischen Verantwortlichen einer wirtschaftlichen Krise gegenüber. Schrumpfende Staatseinnahmen wiederum zogen Schwierigkeiten nach sich, kostenaufwändige staatliche Transfersysteme aufrecht zu erhalten, womit die langsame, aber stetige Erosion des autoritären Gesellschaftsvertrags ihren Ausgang nahm. Begleitet wurde dies von Brotunruhen, die in jenen Jahren in vielen Staaten der Region ausbrachen. Einem Staatsbankrott nahe, ließen sich Länder wie Marokko, Tunesien und Ägypten auf Stabilisierungs- und Strukturanpassungsprogramme in Zusammenarbeit mit IWF und Weltbank ein. Syrien führte ähnliche, wenn auch zunächst im Umfang begrenztere Reformen in Eigenregie durch. Die damit einhergehende makroökonomische Stabilisierung erforderte allem voran Einsparungen in staatlichen Ausgabenprogrammen. Im Zuge dessen wurden in den 1990er Jahren viele wirtschaftliche Transfers wie Subventionen oder die Beschäftigung im öffentlichen Dienst sukzessive eingeschränkt und Privilegien z.B. im Rahmen früherer Landreformen wieder zurückgenommen (u.a. Richards / Waterbury 2008, Murphy 1998, Yousef 2004).

Zu den ‚Verlierern' dieser Politik zählten erwartungsgemäß jene Teile der urbanen Mittelschicht, die in der staatlichen Bürokratie und dem öffentlichen Wirtschaftssektor arbeiteten, und die Bauern auf dem Lande, also genau jene Gruppen der Gesellschaft, die sich in den 1960 und 1970er Jahren zum wichtigsten Bestandteil der sozialen Basis der Regime entwickelt hatten. Für das Beispiel Ägypten spricht Harders in diesem Zusammenhang von einem Wandel des autoritären Gesellschaftsvertrags in einen „Gesellschaftsvertrag der Informalität". Innerhalb dessen wären die Ansprüche der Bürger_innen an den Staat zunehmend ersetzt worden durch „schwer einklagbare Möglichkeiten informellen Handelns" und damit in Verbindung die „illegale und informelle Aneignung öffentlicher Güter" (Harders 2009: 301). Anfänglich versuchten einige Regierungen ihre Legitimitätsverluste mit kleineren Schritten politischer Öffnung zu kompensieren und Unterstützung für ihre wirtschaftlichen Reformprogramme zu generieren. Diese Maßnahmen konnten jedoch bei Bedarf immer wieder zurückgenommen werden und brachten keine neue Verteilung der internen Machtverhältnisse hervor. Vor dem Hintergrund wachsender politischer Opposition vor allem aus den Reihen islamistischer Bewegungen fielen die politischen Eliten ohnehin alsbald wieder in alte Muster politischer Kontrolle zurück. Dies wiederum hatte zur Folge, dass Maßnahmen der wirtschaftlichen Öffnung und Strukturanpassung fortan immer stärker von ‚oben nach unten' oder durch *reform by decree* ohne Rücksicht auf die öffentliche Meinung durchgesetzt wurden (Yousef 2004; Schlumberger 2005).

Zu den ‚Gewinnern' wirtschaftlicher Reformpolitik zählten private Unternehmer, allerdings keineswegs generell und nur unter Bedingungen, die einer Sicherung der politischen Macht genügten. Die größten Nutznießer wirtschaftlicher Liberalisierungsmaßnahmen waren jene (ehemaligen) Regimemitglieder und deren Nachkommenschaft, die vor dem Hintergrund der Reformprozesse als Unternehmer in die Wirtschaft wechselten. Diese crony capitalists konnten ihre ‚guten Beziehungen' zu Politik und auch Sicherheitsdiensten nutzen, um sich die größten Vorteile bei zum Beispiel der Vergabe von Lizenzen oder der Veräußerung staatlicher Unternehmen zu sichern (siehe auch 3.4). Daneben versuchten die Regime in Ägypten, Syrien oder Tunesien im Allgemeinen private Unternehmer über den Aufbau neuer Patronagenetzwerke an sich zu binden und über den kontrollierten Zugang zu unterschiedlichen Privilegien von sich abhängig zu machen. Außerdem wurden einige ausgewählte Repräsentant_innen der Privatwirtschaft direkt oder indirekt in die Gestaltung der Wirtschaftspolitik z.B. über ihre Beteiligung an Reformausschüssen eingebunden. Gleichzeitig wurde darauf geachtet, dass sich keine unabhängig organisierte private Unternehmerschaft herausbildet, auch wenn in den 1990er und 2000er Jahren neben den alteingesessenen Kammerverbänden viele neue private Unternehmerverbände gegründet wurden. Auf der Strecke blieb als Folge dieser Politik die Entstehung eines produktiven, innovativen und wettbewerbsfähigen privaten Sektors, der im Stande ist, die Arbeitsplätze zu schaffen, die öffentliche Industrie und Bürokratie nicht mehr zur Verfügung stellen konnten und auf jene insbesondere die zahlreichen gut ausgebildeten jungen Menschen in den arabischen Ländern bis heute warten (u.a. FEMISE 2011). Einen Höhepunkt erreichte die Einbindung von Unternehmern in die Gestaltung der Wirtschaftspolitik in den 2000er Jahren in Ägypten, wo 2004 eine ‚Regierung der Geschäftsleute' das Ruder übernahm und eine beispiellose Liberalisierung, Deregulierung und Privatisierung durchsetzte, die vor allem ihren eigenen Interessen diente. Am Vorabend der Aufstände hatte sich somit vor dem Hintergrund der oben geschilderten Entwicklungen die Macht- und Legitimationsbasis der Regime weitgehend auf eine Koalition aus politischen und wirtschaftlichen Eliten in Verbund mit dem Sicherheitsapparat verengt (u.a. Schlumberger / Matzke 2012).

Die stetige Aushöhlung des autoritären Gesellschaftsvertrags war zweifelsohne nicht allein dafür ausschlaggebend, dass sich die zunehmenden Streiks und Brotunruhen der 2000er Jahre in Ägypten und anderen Ländern der Region schließlich in Massenproteste verwandelten (zu ‚pro-revolutionären' Streiks und Protesten in Ägypten, siehe Harders in diesem Band; in Tunesien siehe Preysing). Dazu maßgeblich beigetragen haben dürfte, neben zum Beispiel neuen Formen der Mobilisierung über soziale Netzwerke, dass sich die Repression gegen die Bevölkerung vor dem Hintergrund des von der Bush-Administration ausgerufenen „war on terror" und insbesondere politische Oppositionelle weiter verschärfte.

Im Zuge der Ereignisse in Tunesien versuchten zunächst so gut wie alle Staaten der Region mit Maßnahmen wie der Rücknahme von Subventionskürzungen oder der Erhöhung von Löhnen, Gehältern und Pensionen staatlich Beschäftigter die Bevölkerung ‚zu besänftigen'. Die arabischen Golfstaaten legten nicht nur auf nationaler Ebene umfangreiche Pakete auf. Darüber hinaus suchten sie, allem voran das saudische Königshaus, anderen ‚Sorgenkindern' unter die Arme zu greifen. In diesem Sinne sagten Saudi-Arabien und die VAE den kleineren Golfstaaten Bahrain und Oman, in welchen Anfang 2011 ebenfalls Proteste ausgebrochen waren, Hilfen im Umfang von jeweils 10 Mrd. US$ zu (Bladd 2011). Die Verantwortlichen in Syrien, Ägypten und anderen Mittelmeerdrittländern versuchten in ähnlicher Weise mit der Ankündigung neuer Arbeitsplätze, der Wiedereinführung staatlicher Subventionen und Gehaltserhöhungen die Wut ihrer Bürger_innen zu dämpfen (ausführlicher siehe Schlumberger / Matzke 2012). Diese Maßnahmen gingen jedoch wenig später buchstäblich ‚in Schall und Rauch' auf, auch wenn der syrische Präsident noch im Januar 2011 ein Überschlagen der Proteste auf Syrien für unwahrscheinlich hielt (siehe Bank / Mohns in diesem Band).

3 Sozio-ökonomische Motive der arabischen Aufstände

3.1 Fortschritte in Wachstum und Entwicklung – ein verzerrtes Bild?

Tunesien galt bislang gemeinhin als der ‚Musterknabe' der Strukturanpassung, während Ägypten von Weltbank und IWF als einer der weltbesten Performer in Sachen Reformen des Investitionsklimas gefeiert wurde (exemplarisch World Bank 2008, 2010). Auch Jordanien erhielt von beiden Organisationen (und anderen westlichen Gebern) immer wieder Lorbeeren für seine großen Fortschritte in Liberalisierung, Deregulierung und Privatisierung (siehe auch Bouziane / Lenner in diesem Band). Wie an Tabelle 1 ersichtlich, erzielten diese Länder im vergangenen Jahrzehnt laut IWF hohe und stabile Wachstumsraten. Selbst die internationale Finanzkrise hätte lediglich eine vorübergehende „Wachstumsdelle" hinterlassen.

Tabelle 1 Wachstum des Bruttoinlandsprodukts

	2000-06 (in % jährlich)	2007-08 (in % jährlich)	2009 (in %)	2010 (in %)	2011 (in %)	2012* (in %)
Ägypten	4,4	7,1	4,7	5,1	1,8	1,5
Algerien	4,1	2,7	2,4	3,3	2,5	3,1
Jemen	4,3	3,4	3,9	7,7	-10,5	-0,9
Jordanien	6,3	7,7	5,5	2,3	2,5	2,8
Libanon	3,0	8,4	8,5	7,0	1,5	3,0
Libyen	4,6	6,4	-0,1	2,5	-61,0	76,3
Marokko	4,9	4,1	4,9	3,7	4,3	3,7
P. Gebiete	-	-	-	-		
Syrien**	4,0	5,1	5,9	3,4	…	…
Tunesien	4,6	5,4	3,1	3,1	-0,8	2,2

* Zahlen für 2012 sind Prognosen
** Keine Daten aufgrund der unsicheren politischen Situation
Quelle: Teilweise eigene Berechnungen basierend auf International Monetary Fund (2012a): Regional Economic Outlook Update - Middle East and Central Asia Department, April 2012.

Dazu gesellten sich in den 2000er Jahren wachsende Zuflüsse ausländischer Direktinvestitionen und auch die Arbeitslosigkeit konnte zumindest in einigen Staaten verringert werden. Längerfristig betrachtet haben die arabischen Staaten seit 1970, dank der hohen staatlichen Investitionen in den 1970er Jahren in Bildung, Gesundheit und anderen Bereichen, Fortschritte auch bei den Indikatoren der menschlichen Entwicklung verzeichnen können. Dazu zählte beispielsweise der länderspezifisch unterschiedliche, aber für die Region insgesamt beachtliche Anstieg der Alphabetisierungsraten, insbesondere auch unter Frauen (siehe dazu Ouaissa in diesem Band). Allerdings haben sich diese Fortschritte, im Vergleich zu anderen Staaten der Welt, seit den 1990er Jahren teilweise erheblich verlangsamt (UNDP 2010b, 2011). Darüber hinaus schneiden die arabischen Staaten nicht nur bei politischen Freiheiten, sondern gerade auch bei den Indikatoren zur Qualität der Bildungssysteme, Gleichstellung der Geschlechter oder aber staatlichen Sozialausgaben generell schlechter ab als andere Länder mit einem ähnlichen Einkommensniveau (Loewe 2010). Dessen nicht genug häufen sich derzeit kritische Stimmen, welche die in den 2000er Jahren präsentierten Daten generell in Zweifel ziehen. Robert Zoellick, der Präsident der Weltbank-Gruppe, gab im Frühjahr 2011 in einer Grundsatzrede zur MENA-Region zu, dass grundlegende Statistiken in den letzten Jahren in Ägypten nicht öffentlich zugänglich gemacht worden wären (Zoellick 2011).

3.2 Jugendüberhang und Arbeitslosigkeit

Zwar hat sich, wie in 3.1 erwähnt, die Arbeitslosigkeit in den arabischen Staaten im Verlauf der 2000er Jahre insgesamt verringern können. Nichtsdestotrotz weisen die beiden Sub-Regionen Nordafrika und Mittlerer Osten nach aktuellen Angaben der International Labour Organisation (ILO) mit jeweils über 10% nach wie vor die weltweit höchsten Arbeitslosenraten auf (ILO 2012). Darüber hinaus sind in den meisten Ländern der Region zwei Gruppen von Arbeitslosigkeit besonders betroffen: Junge Menschen, die nach Abschluss ihrer Ausbildung neu auf den Arbeitsmarkt stoßen, und Frauen. Die Raten der Jugendarbeitslosigkeit betrugen laut des ILO-Berichts 26% für die Länder des Mittleren Ostens und 27% für die Länder Nordafrikas.

Vor einem starken ‚Jugendüberhang', den die Arbeitsmärkte der Region nicht absorbieren können, warnten regionale wie internationale Experten schon seit Jahren (beispielhaft Richards / Waterbury 2008; Noland / Pack 2007; Abdel Gadir Ali 2009; World Bank 2004). Damit in Zusammenhang stellten insbesondere regionale Think Tanks in den letzten Jahren Untersuchungen an, in welchen die Folgen der Jugendarbeitslosigkeit als einem der Kernelemente der Youth Exclusion analysiert wurden (beispielhaft Kabbani / Kamel 2007). Eigentlich könnte ein Jugendüberhang über die „demographische Dividende" einer jungen und gebildeten Arbeiterschaft ein großes Potential für Wachstum und Entwicklung bieten. Dies setzt jedoch voraus, dass die wachsende Anzahl von Personen im erwerbsfähigen Alter in Lohn und Brot kommt und dass deren zusätzliche Ersparnisse im Inland produktiv investiert werden können (Loewe 2007). Dies scheint aber bislang in vielen arabischen Ländern gescheitert zu sein. Stattdessen verlässt dort jedes Jahr eine immer größere Anzahl junger Menschen Schulen und Universitäten ohne eine Aussicht darauf, einen der jeweiligen Ausbildung angemessenen und/oder den Lebensunterhalt sichernden Arbeitsplatz zu erhalten.

Tabelle 2 Anteil junger Menschen (15-24 Jahre) an der Bevölkerung und Arbeitslosigkeit in ausgewählten Staaten des Nahen Ostens und Nordafrikas

	Junge Menschen in % der Bevölkerung			Arbeitslosigkeit (in %)	Jugendarbeitslosigkeit (in %) 2007-2009	
	1985	2005	2025	2007-2009*	Männer	Frauen
Ägypten	19	21	18	9,4	21	40
Algerien	20	23	15	11,3	43	46
Jemen	20	21	20	15,0	21	14
Jordanien	21	20	18	12,9	28	50
Libanon	20	18	15	9,0	24	14
Libyen	18	23	17	...	...	...
Marokko	20	18	17	10,0	17	16
P. Gebiete	20	19	21	24,5	39	45
Syrien	20	23	18	8,4	16	36
Tunesien	21	21	13	14,2	31	29

* Angaben beziehen sich auf das jüngste Jahr, für das Daten im angegebenen Zeitraum vorliegen.

Quelle: Radwan, Samir (2009): Arab Youth Employment: Economic, Social and Institutional Exclusion, Beirut: ESCWA, Table 3; World Bank: World Development Indicators 2010.

Wie in Tabelle 2 dargestellt, ist gegenwärtig jeder fünfte Bürger in den Maghreb- und Mashrek-Ländern zwischen 15 und 24 Jahre alt. Länder wie Tunesien haben die Spitze ihres Jugendüberhangs dank eines relativ früh einsetzenden Rückgangs der Geburtenraten bereits hinter sich, andere Staaten wie Ägypten erleben gerade den peak, oder haben ihn noch vor sich wie zum Beispiel die Besetzten Palästinensischen Gebiete, die in den Jahren 2000-2009 ein jährliches Bevölkerungswachstum von immer noch über 3% aufwiesen. Im Durchschnitt bewegt sich die Jugendarbeitslosigkeit nach ‚offiziellen Zahlen', zwischen 20% und 30%, inoffizielle Schätzungen gehen in den meisten Ländern von noch wesentlich höheren Raten aus. Junge Frauen haben indes häufig besonders schwer unter Arbeitslosigkeit zu leiden. Hinzu kommt, dass die Arbeitslosigkeit mit dem Bildungsgrad steigt. Insbesondere junge Akademiker bleiben nach Beendigung ihres Studiums oftmals für mehrere Jahre ohne Job – wie der 24-jährige Mohamed Bouazizi, der sich am 17. Dezember 2010 in der Provinzstadt Sidi Bouzid selbst in Brand setzte und damit die Aufstände in Tunesien entfachte.

Als einer der Gründe für die extrem hohe Jugendarbeitslosigkeit wird geltend gemacht, dass die in der Ausbildung in Schulen und Universitäten vermittelten Fähigkeiten nicht dem Bedarf der Unternehmen entsprechen. Des Weiteren entstanden gerade im Falle Ägyptens jene Jobs, die in den letzten Jahren zu einem leichten Rückgang der allgemeinen Arbeitslosigkeitsrate beigetragen haben, vor allem im Niedriglohnsektor bzw. jenen Branchen, die kaum berufliche Qualifizierung voraussetzen. Ähnliches gilt für Tunesien, dem vorgeworfen wird, dass es sich über eine „verfehlte" Spezialisierung in arbeitsintensiven Niedriglohnsektoren hinaus mit der einseitigen Ausrichtung in Exporten, Arbeitsmigration und Tourismus auf den europäischen Markt in eine exzessive und damit potentiell schädliche Anhängigkeit begeben habe (Achy 2010, 2011). Im Jahr 2010 gingen knapp 80% der Exporte Tunesiens in die EU, rund 70% der ausländischen Direktinvestitionen und über 80% der Tourismuseinnahmen ebenso wie 87% der Rücktransfers tunesischer Gastarbeiter kamen aus den EU-Mitgliedstaaten (IMF 2012c: 10).

Jungen Menschen bleiben daher nur wenige Optionen, um der Misere zu entkommen: Sie migrieren ins Ausland, versuchen sich selbstständig zu machen oder sie flüchten in den in den letzten Jahren rasant wachsenden informellen Sektor. Allerdings haben gerade junge Menschen ohne die notwendigen ‚Beziehungen'– und den so hoch gelobten Verbesserungen des Geschäfts- und Investitionsklimas zum Trotz - kaum Chancen, Bankkredite zu erhalten oder sich einigermaßen erfolgreich durch die langwierigen Prozeduren der staatlichen Verwaltung zu boxen. Auch die Möglichkeiten der Migration nach Europa und die arabischen Golfstaaten haben sich, u.a. im Zuge der ‚Nationalisierungskampagnen' in den Golfstaaten und der zunehmenden Substitution arabischer Arbeitskräfte durch Billiglöhner_innen aus Süd- und Südostasien, in den letzten Jahren eher verschlechtert denn verbessert. Ohne Arbeitsplatz aber – oder nur einer Beschäftigung im Niedriglohnsektor – werden die selbst für den ‚Normalbürger' vielerorts kaum mehr bezahlbaren Wohnungen endgültig unerschwinglich. Dadurch bleiben viele junge Leute in Tunesien, Ägypten oder Syrien über das Alter von 30 Jahren hinaus unverheiratet, was zusätzlich Probleme bereitet.

2011 indes stiegen die Arbeitslosenzahlen vor dem Hintergrund wirtschaftlicher Krisen im Zuge der Aufstände in einigen Ländern erneut. In Tunesien wuchs die allgemeine Arbeitslosenrate auf 18,9% und die Rate der Jugendarbeitslosigkeit auf 42,4% an. Nur um die jährlich neu auf den Arbeitsmarkt stoßenden Kräfte absorbieren zu können, müsste die tunesische Ökonomie in den nächsten Jahren um durchschnittlich etwa 5% wachsen (IMF 2012c). Dies scheint für sich allein eine Mammutaufgabe und dabei wäre das in Tunesien Jahrzehnte-alte Problem der hohen strukturellen Arbeitslosigkeit noch nicht einmal gelöst.

3.3 Armut und ungerechte Einkommensverteilung

Über Arbeitslosigkeit hinaus sorgten wachsende Armut, ungerechte Einkommensverteilung und stetig steigende Lebenshaltungskosten insbesondere in Ländern wie Ägypten, Algerien oder Syrien für Frustration in immer größeren Teilen der Bevölkerung (siehe Tabelle 3). Davon betroffen waren auch Familien aus Teilen der Mittelschicht, denen viele der oben beschriebenen gut ausgebildeten, aber arbeitslosen Jugendlichen zuzurechnen sind und die keine Möglichkeiten hatten, sich alternative Aufstiegschancen entweder in den von islamischen Wohlfahrtsorganisationen aufgebauten „parallelen Rentiersystemen" oder den neu entstandenen, global orientierten Dienstleistungsbranchen zu sichern (siehe Ouaissa in diesem Band). Durch staatliche Sparmaßnahmen wie das Einfrieren öffentlicher Gehälter, mangelnder neuer Arbeitsplätze beim Staat und Kürzung von Subventionen sahen sich insbesondere die unteren Mittelschichten einer wachsenden Erosion ausgesetzt (siehe dazu auch Bouziane / Lenner in diesem Band).

In Ägypten weitete sich sowohl die Armutsquote (nationale Armutslinie) insgesamt als auch der Abstand zwischen Land und Stadt im Zeitraum 2000-2009 immer weiter aus (League of Arab States / United Nations 2010). Aber nicht nur die Menschen, die in Ägypten und anderen Ländern der Region in extremer Armut leben müssen, sondern auch jene, deren Einkommen sich zwischen der ‚unteren' und ‚oberen' Armutsgrenze bewegt, hatten in den letzten Jahren mit stetig steigenden Lebenshaltungskosten im Zuge der Kürzung staatlicher Investitionen und der negativen Auswirkungen des globalen Anstiegs der Nahrungsmittelpreise zu kämpfen. In Ägypten und Syrien liegt die Armutsquote bei Zugrundelegung der oberen Armutslinie zwischen 30% und 40% der Bevölkerung (UNDP 2010a, 2010c). Ägypten, das bevölkerungsreichste Land der Region, ist von Lebensmittelimporten stark abhängig und stellte in den vergangenen Jahren regelmäßig den größten oder zweitgrößten Weizenimporteur der Welt (beispielhaft Ehab 2010). Ein Anstieg der internationalen Getreidepreise wie 2007/08 führt daher in Ägypten unweigerlich zu einer weiteren Verschlechterung des Lebensstandards großer Teile der Bevölkerung. Oder es belastet den ohnehin defizitären ägyptischen Staatshaushalt noch stärker, da Brot subventioniert wird. Mit Abstand am stärksten von Verarmungs- und darüber hinaus systematischen De-Entwicklungsprozessen betroffen war jedoch der in den letzten Jahren unter internationalem Boykott stehende Gaza-Streifen (Zorob 2011c).

Tabelle 3 Armut und Pro-Kopf-Einkommen in ausgewählten Staaten des Nahen Ostens und Nordafrikas

	Pro-Kopf-Einkommen Atlas	Pro-Kopf-Einkommen KKP	Bevölkerung unter der Armutsgrenze		Bevölkerungs-wachstum
	2009	2009	1995-2007*	2000-2009*	2000-2009
	(in US$)	(in US$)	2 US$ pro Tag in %	Nationale (untere) Armutslinie in %	(in %)
Ägypten	2.070	5.680	18,4	21,6	1,9
Algerien	4.420	8.110	23,6	12,1	1,5
Jemen	1.060	2.330	45,2	34,8	2,9
Jordanien	3.980	5.730	3,5	14,2	2,4
Libanon	8.060	13.400	...	7,97	1,3
Libyen	12.020	16.430	...	...	2,0
Marokko	2.770	4.400	14	9,0	1,2
P. Gebiete	1.250	...	...	34,5	3,3
Syrien	2.410	4.620	...	12,3	2,7
Tunesien	3.720	7.810	12,8	4,1	1,0

* Angaben beziehen sich auf das jüngste Jahr, für das Daten im angegebenen Zeitraum vorliegen.

Quelle: World Bank: World Development Indicators 2010; World Bank (2011): World Bank Development Report 2011; United Nations Development Programme (UNDP) (2010): Human Development Report 2010; League of Arab States / United Nations (2010): The Third Arab Report on the Millennium Development Goals 2010 and the Impact of the Global Economic Crises, Abdel Gadir Ali, Ali (2009): The Political Economy of Inequality in the Arab Region and Relevant Development Policies.

Ähnlich wie die Armutsinzidenz verschärfte sich auch die Ungerechtigkeit in der Einkommensverteilung im Zuge der Implementierung der Strukturanpassungsprogramme seit der Mitte der 1980er Jahre. Zwar lag der Gini-Koeffizient als Messzahl für die Gerechtigkeit der Einkommensverteilung im Fall Ägyptens mit 32% zur Mitte der 2000er Jahren deutlich unter dem Durchschnitt dieses Indikators in anderen Regionen der Welt wie zum Beispiel Lateinamerika. Allerdings beziehen sich die Daten für die arabischen Länder hier auf die Verteilung von Konsumausgaben anstatt, wie üblich, auf Einkommensdaten (League of Arab States / UNDP (2009); Loewe 2010). Außerdem hat sich der Grad der Ungleichverteilung der Einkommen in zum Beispiel Tunesien mit mehr als 40% (2009) in der zweiten Hälfte der 2000er Jahre wieder verschlechtert, wobei darüber hinaus die starken regionalen Einkommensgefälle zwischen Hauptstadt und Küstenregion und den wesentlich ärmeren Landesteilen im Zentrum und Süden durch diesen Indikator nicht angemessen erfasst werden können (Achy 2011). Auch in Syrien begannen die Proteste nicht ohne Grund in den südlichen Provinzen und breiteten sich in der Folge zunächst vor allem nach Zentralsyrien aus. Jene Landesteile fernab der Hauptstadt Damaskus und der Wirtschaftsmetropole Aleppo verfügen über einen hohen Anteil ländlicher Bevölkerung (siehe auch Bank/Mohns in diesem Band) und sind besonders schwer von Armut und Arbeitslosigkeit betroffen.

3.4 Korruption und *crony capitalism*

Schließlich war und ist die weit verbreitete Korruption einschließlich der in den letzten Jahren immer offener zur Schau getragenen Bereicherung politischer Größen vielen Bürger_innen ein immer größerer Dorn im Auge. Gerade die als hochgradig reformfreudig gelobte ägyptische ‚Regierung der Geschäftsleute' scheint sich vor allem um das Wohlergehen ihrer eigenen Unternehmen und Vermögen gekümmert zu haben, indem sie eine auf die eigenen Interessen maßgeschneiderte Privatisierung und Liberalisierung durchsetzte. Auf der Strecke blieb dabei augenscheinlich neben der ‚sozialen Komponente' auch die Durchsetzung nationaler Wettbewerbsvorschiften; zumindest machten diese Halt vor den Monopolen oder marktbeherrschenden Stellung jener Unternehmen, die sich in ihrer oder der Hand mit ihnen ‚befreundeter' Mitglieder der ägyptischen Führungselite befanden. Solche Unternehmen hatten sie sich nicht selten durch Maßnahmen wie die Bevorteilung bei der Vergabe von Krediten durch staatliche Banken oder durch ‚Insiderwissen' bei der Privatisierung öffentlicher Unternehmen gesichert (ausführlicher siehe insbes. Roll 2008, 2010; Wurzel 2007).

Korruption ist indes in Ländern wie Ägypten und Tunesien ebenso wie in Syrien oder Jordanien ein Problem auf allen Ebenen, vom kleinsten Verwaltungsbeamten bis in die höchsten Regierungsränge. Daher erstaunt es nicht, dass zum Beispiel auch oppositionelle Aktivist_innen in Jordanien seit 2011 eine effektive Korruptionsbekämpfung in den Mittelpunkt ihrer Forderungen stellen. Auch hier wird, ähnlich wie in Ägypten, Politikern und den ‚mit ihnen verbündeten' Unternehmern, den crony capitalists, Misswirtschaft, Veruntreuung öffentlicher Gelder oder unlautere Bereicherung vor allem in Verbindung mit der Privatisierung öffentlicher Unternehmen vorgeworfen (siehe Bouziane / Lenner in diesem Band). ‚Vetternwirtschaft', in der arabischen Welt bekannt als wasta (übersetzt:

Beziehung, Vermittlung), jedoch auf ein ‚kulturspezifisches' Phänomen reduzieren zu wollen, scheint wenig sinnvoll. Privatisierung macht zum einen nicht immer wirklich Sinn; darüber hinaus sind die Ergebnisse eines solchen Prozesses vor allem davon abhängig, wie Privatisierung durchgeführt wird (siehe u.a. Stiglitz 2008). Wird die Veräußerung von staatlichen Unternehmen ‚in Hinterzimmern' verhandelt, wie offenbar in Ägypten, Jordanien oder anderswo in der Region nicht selten geschehen, dann schafft sie Nährboden für Korruption und schadet damit nicht nur der Wirtschaft, sondern der Gesellschaft als Ganzes.

Als maßgeblicher ‚Architekt' der ägyptischen Programme der Privatisierung und Liberalisierung galt Gamal Mubarak, der jüngere Sohn des ehemaligen Präsidenten. Er bekleidete in der Regierungspartei NDP führende Ämter und wurde lange Zeit als potentieller Nachfolger Mubaraks gehandelt. Mitglieder der 15 bis 20 wichtigsten privaten Großunternehmerfamilien und Finanzmanager entwickelten sich zusammen mit ihm und durch ihre führenden Positionen in Partei und Regierung seit 2004 zu einem „konstitutiven Element innerhalb der ägyptischen Herrschaftselite" (Demmelhuber 2010). Mit Beginn der Revolution versuchte Mubarak zunächst diese ‚Gamal-Gruppe' samt seines eigenen Sohnes und weiteren Figuren wie Ahmad Ezz, auf die sich der Hass der ägyptischen Bevölkerung ob ihrer massiven Anhäufung von Macht und finanziellem Vermögen fokussierte, zu opfern oder auch einfach loszuwerden. Damit wollte er seine eigene Macht retten, was ihm aber nicht gelang (u.a. Matzke 2011).

Auch in Tunesien zog der ‚Benalisme' ein hohes Maß an Korruption, Veruntreuung öffentlicher Gelder und ‚mafiöser Machenschaften' nach sich. Die Familie des Präsidenten, die seiner zweiten Frau Leila Trabelsi und seine vier Schwiegersöhne – oder kurz ‚Ben Ali und die 40 Trabelsis' - brachten in den vergangenen Jahren einen immer größeren Teil der tunesischen Industrie, Banken und unterschiedlichen Dienstleistungssektoren unter ihre Kontrolle. So war der Aufbau von Unternehmen, in welcher Sparte auch immer, ohne eine Beteiligung aus den Reihen dieser Gruppe kaum mehr möglich. Darüber hinaus häuften sie Vermögen auf, indem sie sich in Nutzung ihrer eigenen Machtpositionen als unumgängliche Intermediäre in unterschiedlichen Bereichen, von Außenhandelsgeschäften über Privatisierungen bis zu öffentlichen Aufträgen entwickelten (Achy 2011; Ruf 2011; The Economist 2011; Preysing in diesem Band).

Neben Tunesien und Ägypten etablierte sich auch in Syrien im Zuge ‚hausgemachter' wirtschaftlicher Reformen eine Gruppe von crony capitalists, die sich aus ehemaligen Regimegrößen und deren Nachkommen zusammensetzen oder aber direkt dem engen Verwandtenkreis des Präsidenten angehören. Jene kleine Gruppe von Kontraktoren und Mittelsmännern, die heute als die syrischen Oligarchen bezeichnet werden, traten zunehmend neben die traditionelle Allianz zwischen Regime und insbesondere der Damaszener, sunnitisch geprägten Händler und Industriellenschicht. Die syrischen *cronies* machten sich bevorzugt in den Sektoren breit, die für private Investitionen sukzessive geöffnet wurden und nutzten aufgrund ihrer privilegierten Beziehungen zu politischen Verantwortlichen ebenso wie dem Sicherheitsapparat die Chancen, die sich aus den graduellen und selektiven wirtschaftlichen Reformen ergaben. Daneben spiegelten ihre Aktivitäten exemplarisch den Transfer ehemals staatlicher in heute private Monopole wider. Immer wieder neu aufgelegte Korruptionskampagnen konnten den Vertretern dieser Gruppe selbstverständlich nichts anhaben (u.a. Ismail 2009; Aita 2006; Perthes 1995; 2005; Haddad 2012). Zu den bekanntesten Vertretern der syrischen Oligarchen aus dem unmittelbaren Verwandtschaftskreis des Präsidenten oder regimetreuer Großfamilien zählt der Unternehmer Rami Makhlouf, ein Cousin Bashar al-Asads, auf den sich der Hass der Demonstant_innen zu Beginn der Proteste in Syrien rasch fokussierte (siehe auch Bank / Mohns in diesem Band). Makhlouf wurde 2011 über die seit 2008 verhängten US-amerikanischen mit europäischen *smart sanctions* in Form eines Reiseverbots und dem Einfrieren seiner Vermögen belegt. Kurz darauf verkündete die Führung in Damaskus, dass Makhlouf seine Geschäftstätigkeit aufgeben, seine Anteile an Syriatel verkaufen und in eine Stiftung investieren wolle (Aljazeera.net 2011). Vom Saulus zum Paulus also oder der wenig glaubwürdige Versuch al-Asads und seiner Entourage, Willen für Veränderungen bezeugen zu wollen.

Neben dem erschreckenden Ausmaß von Korruption und Vetternwirtschaft in allen Ländern der Region wurde indes gleichzeitig das Bewusstsein darüber in den Gesellschaften der Region geschärft, weil Medien und neue soziale Akteure dieses Thema in wachsendem Maße auf ihre Agenda setzten. Darüber hinaus stellte die ‚neue Oberschicht' ihren Reichtum im Gegensatz zu früheren Zeiten immer deutlicher und ungenierter zur Schau.

4 ‚Kosten' der Revolution und zukünftige Herausforderungen

4.1 ‚Kosten' der Revolution

Die Kosten der arabischen Aufstände gehen in die Milliarden, vor allem für solche Länder wie Syrien und Libyen. Wie an Tabelle 1 ersichtlich, schrumpfte die Wirtschaftsleistung in Libyen nach Schätzungen des IWF in 2011 um etwa zwei Drittel. Für Libyen dürfte allerdings neben dem ökonomischen Wiederaufbau und darin vor allem der Öl- und Gasförderung, die den Wiederaufbau finanzieren soll, insbesondere der Aufbau staatlicher Institutionen im Vordergrund stehen (siehe auch Lacher in diesem Band). Mit Blick auf die Finanzierungsmöglichkeiten stehen Länder wie Ägypten, Tunesien oder Jemen vor ganz anderen Herausforderungen. Im Zuge der Revolutionen kam es in Ägypten und Tunesien zu scharfen Einbrüchen im Tourismus und bei ausländischen Direktinvestitionen (IMF 2012a; World Bank 2012; UNCTAD 2012). Daneben zogen sich, vor allem in Ägypten, internationale Anleger sukzessive aus Unternehmensbeteiligungen und Staatsanleihen zurück. Die Kanäle, die 2011 weiterhin Devisen in ägyptische Kassen spülten, waren neben Gastarbeiterüberweisungen insbesondere die Suez-Kanal-Gebühren (Zorob 2012). Die Güterexporte blieben, entgegen vorheriger Erwartungen, im Falle Tunesiens relativ stabil, während sie in Ägypten in 2011 insbesondere mit Ziel der arabischen Nachbarstaaten nach jüngsten Zahlen sogar zulegen konnten. Allerdings vermochte dies wenig an einer weiteren Ausdehnung der Leistungsbilanzdefizite zu ändern, während sich gleichzeitig die Bedingungen für die Aufnahme von internationalen Krediten durch die mehrmalige Herabstufung der Kreditwürdigkeit Ägyptens und Tunesiens verschlechterten. Dies führte in Ägypten dazu, dass die Staatsausgaben über inländische Verschuldung finanziert wurden. Die Inflation blieb anhaltend hoch und die Arbeitslosenzahlen haben sich vor dem Hintergrund der wirtschaftlichen Krise in 2011 weiter ausgedehnt (IMF 2012a; World Bank 2012).

Die syrische Ökonomie indes wandelt sich sukzessive in eine Kriegswirtschaft. Wie in Abschnitt 2 erwähnt, versuchten die Verantwortlichen in Syrien den Protesten mit großzügigen ‚Geschenken' den Wind aus den Segeln zu nehmen. Vor dem Hintergrund wirtschaftlicher Sanktionen sowie der raschen Ausweitung der Proteste innerhalb Syriens und damit des gewaltsamen Kampfes des Regimes gegen diese zeigten sich die Versprechen schnell als nicht finanzierbar. Spätestens ab Herbst/Winter 2011 wichen sie einem wirtschaftlichen Krisenmanagement, das, so konfus und teilweise widersprüchlich sich es dem äußeren Beobachter bislang offenbarte, vor allem auf drei Faktoren abzuzielen scheint: die Wirkung der Sanktionen einzudämmen, nach alternativen Versorgungs- und Finanzierungsquellen für die Aufrechterhaltung der Kriegsmaschinerie Ausschau zu halten und sich die Unterstützung von Teilen der syrischen Gesellschaft, insbesondere in der privaten Geschäftswelt, zu sichern. Dieses wirtschaftliche Krisenmanagement geht Hand in Hand mit der Strategie der Aufstandsbekämpfung, die sich nach Bank/Mohns aus der militärischen Repression auf der einen Seite und dem Versprechen politischer Reformen auf der anderen zusammensetzt (Bank/Mohns in diesem Band).

Noch bevor die EU im Mai 2011 die ersten Sanktionen gegen Syrien verhängte, suchten die für die syrische Wirtschaftspolitik Verantwortlichen eine wohl dosierte ‚Kehrtwendung' zu propagieren. Abdallah Dardari, bis dahin front man der syrischen Wirtschaftsreformen und wichtigster Ansprechpartner auch für die deutsche Entwicklungszusammenarbeit, die neben anderen Gebern seit 2003 den wirtschaftlichen Reformprozess in Syrien maßgeblich begleitet hat (Zorob 2007), wurde bei einer Kabinettsumbildung im Frühjahr 2011 nicht mehr mit einem Amt bedacht. Wenig später kündigten Regierungsmitglieder an, dass Syrien in Erwägung ziehe, aus der Euro-Mediterranen Partnerschaft auszusteigen und die Freihandelsabkommen mit der Türkei und den arabischen Nachbarn auf Eis zu legen. Selbiges wurde in die Tat umgesetzt, nachdem neben der EU, den USA und anderen westlichen Ländern im Herbst 2011 die Mitglieder der Arabischen Liga und die Türkei Sanktionen gegen das syrische Regime verhängten (Zorob / Said 2011). Zu punkten gedachte man mit Schritten wie der Aufkündigung des syrisch-türkischen Handelsabkommens augenscheinlich vor allem bei jenen Unternehmern der verarbeitenden Industrie, die man mit der Öffnung des syrischen Marktes für regionale Wettbewerber in den 2000er Jahren verärgert hatte (siehe u.a. Said 2012).

Inzwischen leidet die syrische Wirtschaft immer mehr unter den Folgen des Bürgerkriegs und der mannigfaltigen Sanktionen, die unter anderem ein Öl- und Waffenembargo von Seiten der EU und den Stopp von Hilfen und Investitionen der arabischen Nachbarn umfassen. Selbst Regierungsverantwortliche sprachen im Spätsommer 2012 von einem baldigen Kollaps, um es kurz darauf allerdings wieder zu dementieren (u.a. Syria Report 2012). Für den Staatshaushalt bedeuten die Sanktionen, dass die syrische Administration auf 30%-40% der Einnahmen verzichten muss, die in den letzten Jahren trotz eines stetigen Rückgangs immer noch durch Ölexporte in die öffentlichen Kassen gespült wurden. Für die syrische Bevölkerung äußern sich die Wirkungen von Gewalt, Zerstörung und Sanktionen indes und nicht nur in den Protesthochburgen durch zunehmende Versorgungsknappheiten auf den unterschiedlichsten Ebenen und einen allgemeinen Preisanstieg, der auch durch erneut eingeführte Preiskontrollen offenbar nicht gestoppt werden kann. Die industrielle Produktion liegt vielerorts am Boden. Darüber hinaus ist die in Syrien für Versorgung, Einkommen, Beschäftigung und Außenhandel enorm wichtige Landwirtschaft zu großen Teilen zerstört. Bildungseinrichtungen und Verwaltungsapparate sind in vielen Gebieten nicht mehr funktionsfähig (ICG 2012; Seifan 2012).

Die ‚Freunde Syriens' planen indes unter der Leitung Deutschlands und den VAE bereits den wirtschaftlichen Wiederaufbau Syriens, was den Aufständischen, der in den Protesthochburgen eingekesselten Zivilbevölkerung oder aber den inzwischen Hunderttausenden syrischer Flüchtlinge freilich derzeit wenig nützt.[2] Der neue stellvertretende Premier für wirtschaftliche Angelegenheiten begab sich im Sommer 2012 zu Gesprächen nach Moskau, um u.a. Barterverträge über die Lieferung dringend benötigter raffinierter Brennstoffe auszuhandeln und um finanzielle Unterstützung zu bitten. Dies mag ein Hinweis darauf sein, dass dem Regime in Damaskus langsam aber sicher die finanzielle Luft ausgeht (u.a. Syria Report 2012; Seifan 2012). Waffen, um den Kampf gegen die eigene Bevölkerung weiterzuführen, scheint es allerdings immer noch genug zu geben. Dafür sorgten stark wachsende, milliardenschwere Waffenimporte in den Jahren 2007-2010, die zu mehr als drei Vierteln aus Russland stammten (Holtom et al 2012). Wirtschaftliche Sanktionen können daran, insbesondere solange sie nicht von Russland, China, Venezuela oder anderen traditionell wichtigen Partnern des syrischen Regimes unterstützt werden, leider wenig ändern, auch wenn sie für die EU und die Staaten der Arabischen Liga einen noch nie dagewesene Tiefe und Schärfe erreichen (Portela 2012; Zorob/Said 2011).

4.2 Zukünftige Herausforderungen und die Rolle internationaler Geber

Auch wenn es für 2012 mit einem leichten Aufschwung des Tourismus, der Normalisierung der Produktion und der Ankündigung von großen Investitionsprojekten insbesondere von Seiten einiger Golfstaaten in Ägypten und Tunesien bereits wieder erste Lichtblicke gibt, sind die Herausforderungen für die Ökonomien der Region enorm.[3] Kurz- bis mittelfristig steht zunächst die gesamtwirtschaftliche Stabilisierung im Vordergrund und hier vor allem die Bewältigung der Haushalts- und Leistungsbilanzdefizite und die Eindämmung der Inflation. Damit in Verbindung steht der Umbau der Steuer- und Sozialsysteme. Es muss in Zukunft gewährleistet werden, dass unterstützende Maßnahmen wie Lebensmittel- oder Energiesubventionen dort ankommen, wo sie am dringendsten benötigt werden. Die mittel- bis langfristige Agenda schließlich umfasst u.a. die Schaffung

2 Deutschland und die VAE stellten nach Zahlen der OECD in den letzten drei Jahren vor Beginn der Aufstände die größten bilateralen Geber Syriens.

3 Das Emirat Katar gab Anfang September 2012 laut Reuters bekannt, Kapital im Umfang von 18 Mrd. US$ innerhalb der nächsten fünf Jahre in Ägypten in verschiedene Tourismus und Industrieprojekte investieren zu wollen; auch in Tunesien plant Katar eine private Ölraffinerie zu finanzieren; die VAE kündigten an, 3 Mrd. US$ für landwirtschaftliche Projekte in Ägypten bereitstellen zu wollen (Awad 2012; World Bank 2012).

nachhaltiger Arbeitsplätze und den Lebensunterhalt sichernder Einkommen über eine Umstrukturierung der Volkswirtschaften einschließlich einer außenwirtschaftlichen Diversifizierung weg von der Konzentration auf wenige ausländische Märkte wie zum Beispiel die EU und der Erzeugung von Gütern mit geringer Wertschöpfung. Daneben gilt es Bildung, Forschung und Innovation zu fördern. Zu weiteren Themen zählen die Korruptionsbekämpfung und die Wiedergewinnung veruntreuter öffentlicher Gelder.

Um ihre Budget- und Leistungsbilanzdefizite in den Griff zu bekommen und damit in Verbindung die Versprechen wahr zu machen, die ihre neuen Regierungen in Bezug auf Schaffung neuer Arbeitsplätze, Lohnerhöhungen oder Wohnungsbauprogrammen ankündigten, benötigen die Transformationsländer zunächst vor allem Devisen und Kredite. Vor diesem Hintergrund bemühten sich die politischen Verantwortlichen in Tunesien und Ägypten frühzeitig um internationale Unterstützung, was aber, insbesondere in der ägyptischen Gesellschaft, nicht unumstritten ist. Die G8-Staaten indes verpflichteten sich im Mai 2011 mit der ‚Partnerschaft von Deauville', die Ökonomien Tunesiens und Ägyptens mit umfangreichen finanziellen Mitteln zu unterstützen (IMF 2011b). Im September 2011 wurde die Partnerschaft, unter welcher Begründung auch immer, auf Jordanien und Marokko ausgeweitet, Libyen nahm als Beobachter teil (2011a). Inzwischen umfasst die ‚Partnerschaft', die sich die Unterstützung von arabischen Ländern auf dem Weg zu „freien, demokratischen und toleranten Gesellschaften" zum Ziel gesetzt hat, auf Geberseite neben den G8, der EU und der Türkei die arabischen Golfstaaten Kuwait, Saudi-Arabien, Katar und die Vereinigten Arabischen Emirate sowie neun internationale und regionale Finanz- und Entwicklungsinstitutionen (The White House 2012).

Tunesien erhielt neben Mitteln aus den Golfstaaten, der EU und den USA einen 500 Mio. US$ Kredit der Weltbank. Im Dezember 2011 trat Tunesien als erstes arabisches Mittelmeerdrittland der Europäischen Bank für Wiederaufbau und Entwicklung (EBRD) bei, wodurch es in naher Zukunft in den Genuss von Mitteln aus dem speziell für die Region errichteten Investitionsfonds kommen wird (EIU 2012b; IMF 2012c). Jordanien, das vor allem die negativen Auswirkungen des Bürgerkriegs in Syrien und damit in Verbindung den Zustrom 10.000er syrischer Flüchtlinge zu verkraften hat, unterzeichnete mit dem IWF ein neues Stand-By-Abkommen, während Marokko eine „vorsorgliche" 6 Mrd. US $-Kreditlinie und dem Jemen ein Notfallkredit gewährt wurden (IMF 2012b). Ägypten verbuchte 2011 finanzielle Unterstützungsleistungen offenbar vor allem aus Saudi Arabien und Katar. Die umfangreichen Militär- und zivilen Hilfen, die Ägypten in den vergangenen Jahrzehnten aus den USA erhielt, scheinen erst kürzlich und nach langen Diskussionen vor dem Hintergrund der Auseinandersetzung um die

Behandlung ausländischer NGOs in Ägypten freigegeben worden zu sein, unterliegen aber nunmehr schärferen Bedingungen (Sharp 2012; Zorob 2012). ‚Zusätzliche' Hilfen und Kredite, so wie im Rahmen der Deauville-Partnerschaft auch von der EU und den USA versprochen, lassen jedoch auf sich warten. Dies liegt daran, dass die Geber weitere Unterstützungsleistungen von einer vorherigen Einigung der ägyptischen Regierung mit dem IWF abhängig machen. Einen bereits ausgehandelten IWF-Kredit im Umfang von 3,2 Mrd. US$ hatte der Militärrat aber im Sommer 2011 abgelehnt. Dies geschah vor dem Hintergrund massiver öffentlicher Proteste und zahlreicher Debatten, die sich, im Übrigen schon lange vor 2011, insbesondere unter Vertreter_innen zivilgesellschaftlicher Organisationen über die Zukunft von Wachstum, Entwicklung, soziale Gerechtigkeit und damit in Verbindung die Rolle internationaler Organisationen wie dem IWF entfaltet hatten (exemplarisch ANND 2011; Chatham House 2011).

Sollte es den Wunsch, oder gar die Strategie gegeben haben, sich von den Interessen westlicher Geber und deren Konditionen der Mittelvergabe unabhängig zu machen, und sich stattdessen auf vermeintlich ‚unkonditionierte' Hilfen und Kredite arabischer Geber zu stützen, so scheint diese Strategie rasch an ihre Grenzen geraten zu sein. Zwar waren es im 1. Halbjahr 2012 abermals Saudi-Arabien und Katar, die mit ihren Einlagen bei der ägyptischen Zentralbank und dem Kauf von Staatsanleihen maßgeblich dazu beitrugen, dass ein weiterer Abbau der Devisenreserven, die bis dahin nur noch für eine Importdeckung von etwa 3 Monaten ausreichten, gestoppt werden konnte (EIU 2012a; al-Masry al-Youm 2012a). Dennoch stand die Übergangsregierung im Frühjahr 2012 mit dem IWF in Verbindung, da offenbar auch die Golfstaaten weitere Mittel nicht ohne die Vorlage eines konsistenten Reformprogramms und/oder den ‚Segen' eines IWF-Abkommens zur Verfügung stellen wollten (Zorob 2012; Khan / Milbert 2012). Allerdings scheiterte die Initiative der Übergangsregierung unter anderem an der Ablehnung der Muslimbrüder bzw. den Mitgliedern ihrer Partei des Friedens und der Gerechtigkeit (FJP). Offiziell wollten jene eine solche Entscheidung, die die Weichen für die wirtschaftliche Zukunft Ägyptens auf längere Sicht stellt, nicht von einer Übergangsregierung getroffen wissen. Umso rascher machte sich dann die neue Regierung daran, den Gesprächsfaden mit dem IWF vor dem Hintergrund einer anhaltenden Haushaltskrise im August 2012 wieder aufzunehmen und um einen noch höheren Kredit im Umfang von 4,8 Mrd. US$ anzufragen (Wahish 2012).

Dieser ‚pragmatische Sinneswandel' der Muslimbrüder stieß in der ägyptischen Öffentlichkeit unmittelbar auf reichlich Kritik. Mithin sind die Erwartungen gering, dass die neue Regierung für ein Reformprogramm, das die Zustimmung des IWFs findet, auch ‚zu Hause' genügend Unterstützung erhält, vor allem bei jenen in der Bevölkerung, die bislang vergeblich auf die ‚Früchte der Revolution' warten. Die Regierung bemüht sich indes nach außen zu demonstrieren, dass Entscheidungen über z.B. den Um- oder Abbau von Subventionen, den sie seither als eine der wichtigsten Maßnahmen propagiert, um den Staatshaushalt in Ordnung zu bringen, vollständig in ihrer Hand lägen. Gleichzeitig setzen Regierungsvertreter große Hoffnungen auf den IWF-Kredit: Er könne nicht nur als ‚Türöffner' für Hilfen und Kredite anderer Geber dienen. Darüber hinaus würde er das Vertrauen bei ausländischen Investoren in die ägyptische Reformpolitik stärken und damit maßgeblich zur Anziehung ausländischer Direktinvestitionen beitragen. Gegner einer Zusammenarbeit mit dem IWF, wie zum Beispiel die „Drop Egypt's Debt Campaign" kontern, dass es weder einen Automatismus gäbe, noch wären die hohen Investitionen, die dem Land vor allem im letzten Jahrzehnt zuflossen, der Bevölkerung als Ganzes zu Gute gekommen (Wahish 2012).

Die Europäische Union hat Ägypten u.a. einen Stabilisierungskredit im Umfang von einer halben Milliarde Euro in Aussicht gestellt, sobald mit dem IWF eine Einigung erzielt wird. Ähnliches gilt für die USA, die u.a. einen Schuldenerlass erwägen. Im Übrigen scheinen neben Krediten und Kreditsicherheitena insbesondere von ‚westlichen' Gebern bevorzugte und altbekannte Maßnahmen der technischen Zusammenarbeit für Kapazitätsbildung und wirtschaftspolitische Beratung einen großen Teil der unter dem Dach der Partnerschaft von Deauville anberaumten Maßnahmen auszumachen (The White House 2012). Kredite und Hilfen mögen nützlich sein. Sie kommen aber natürlich nicht ohne Konditionen. Im Gegenteil betont zum Beispiel die „Partnerschaft für Demokratie und gemeinsamen Wohlstand mit dem südlichen Mittelmeer" das Prinzip „Mehr für Mehr" bei der zukünftigen Vergabe von Mitteln innerhalb der Europäischen Nachbarschaftsfazilität (European Commission 2011; vgl. dazu auch Jünemann 2012). Viel wichtiger und erfolgversprechender könnte jedoch, vor allem in langer Sicht eine Verpflichtung von Seiten der EU, den USA und anderen Industrienationen sein, ihre Märkte in Zukunft stärker als bisher für Güter, Dienstleistungen und Arbeit aus den Ländern der Region zu öffnen. Ob sich allerdings z.B. die EU mit der angekündigten Aushandlung von sog. tiefen und umfassenden Freihandelsabkommen gegen den Widerstand zahlreicher Lobbies und vor dem Hintergrund der anhaltenden Krise im Euroland zu einer substantiellen Verbesserung des Marktzugangs für Güter und Dienstleistungen aus den Mittelmeerdrittländern durchringen kann, wird nur die Zukunft zeigen.[4]

5 Fazit

Die autoritären Regime Mubaraks, Ben Alis und anderer in der Region haben in den letzten Jahren entweder die Quadratur des Kreises versucht oder schlicht eine perfides Spiel betrieben, sich am Ende aber kräftig verspekuliert: Unter ihrer Herrschaft wurde der autoritäre Gesellschaftsvertrag zunehmend ausgehöhlt: Auf der einen Seite waren die Regime nicht bereit, mehr als allenfalls begrenzte politische Partizipationsrechte einzuräumen, wobei scharfe Repressionen gegen Gegner und Oppositionelle aufrechterhalten, wenn nicht sogar noch weiter verschärft wurden. Auf der anderen Seite geriet die ehemals staatlich garantierte ökonomische Sicherheit durch wachsende Arbeitslosigkeit, Armut und ungerechte Einkommensverteilung nebst beispielloser Korruption immer mehr zur Farce. Der autoritäre Gesellschaftsvertrag ist passé – nun müssen ein neues, und hoffentlich demokratisches System kombiniert mit einer stärker auf die jeweils nationalen Bedürfnisse ausgerichtete, gerechtere und inklusivere Wachstums- und Entwicklungsstrategie beweisen, dass sie zur Lösung der gewaltigen wirtschaftlichen und sozialen Herausforderungen in der Lage sind.

Die Staaten des arabischen Frühlings sehen sich derzeit einem Berg von politischen, sozialen wie ökonomischen Herausforderungen gegenüber. Der politische Wandel indes birgt sowohl Risiken als auch Chancen für die Zukunft wirtschaftlicher Reformen. Die Krux wird dabei sein, das Vertrauen der Bevölkerung und der Repräsentant_innen ihrer unterschiedlichen neuen sozialen Akteur_innen sowohl in den Staat, als auch die Privatwirtschaft zurück zu gewinnen Die neuen Regierungen in Ägypten und Tunesien unter Führung der Muslimbrüder und an-Nahda haben diesbezüglich rasch durchblicken lassen, dass sie auch zukünftig an einem liberalen, marktwirtschaftlich orientieren Kurs festhalten wollen, in welchem der private Sektor die führende Rolle spielt. Um eine solche Strategie durchzusetzen, wird es allerdings unabdinglich sein, zum einen das Image

4 Als Antwort auf den Arabischen Frühling hat die EU ihre Mittel für die Zusammenarbeit mit den Nachbarschaftsländern im Rahmen des ENPI für 2011-13 um 1,2 Mrd. Euro aufgestockt, die Mittel der Europäischen Investitionsbank wurden ebenfalls um 1 Mrd. Euro erweitert. Darüber hinaus soll die Europäische Bank für Wiederaufbau und Entwicklung ihren Tätigkeitsbereich auf die arabischen Transformationsländer ausweiten und wird in den nächsten Jahren dafür 2,5 Mrd. Euro bereitstellen (European Commission 2011; Jünemann 2012).

privater Unternehmer in der Gesellschaft wieder ‚aufzupolieren'. Zum anderen benötigen die vielen vornehmlich kleinen und mittleren Unternehmen, die in der Vergangenheit nicht zu den ‚besonders begünstigten', regierungsnahen Zirkeln zählten, eine ordentliche Zukunftsperspektive. Was schließlich die Rolle des Staates betrifft, verwies der Präsident der Weltbank auf die Notwendigkeit eines neuen Gesellschaftsvertrags – aber nicht mehr als Ersatz für eine breite politische Teilhabe der Bevölkerung, sondern im Gegenteil als komplementärer Bestandteil für die Förderung einer „inklusiven und nachhaltigen wirtschaftlichen Entwicklung". Mit welchen Inhalten neue Wirtschafts- und Entwicklungsprogramme gefüllt werden, sollte und muss allerdings in den Ländern selbst entschieden werden - viel zu lange sind *reforms by decree* oder ‚top-down' in Zusammenarbeit mit internationalen Finanzorganisationen und deren Standardrezepten durchgeführt worden. Bleibt nur zu hoffen, dass IWF und andere Geber, darunter auch die arabischen Golfstaaten, ihre Versprechen wahr machen, *home grown* Programme wirtschaftlicher und sozialer Reformen mit voller Kraft zu unterstützen.

Literaturverzeichnis

Abdel Gadir Ali, Ali (2009): The Political Economy of Inequality in the Arab Region and Relevant Development Policies, API/WPS 0904, Kuwait: API, online: http://www.arab-api.org/jodep/products/delivery/ wps0904.pdf (04.07.2011).

Achy, Lahcen (2010): Trading High Unemployment for Bad Jobs: Employment Challenges in the Maghreb, Carnegie Papers, Juli 2010, online: http://carnegieendowment.org/files/labor_maghreb.pdf (04.07.2011).

Achy, Lahcen (2011): Tunisia's Economic Challenges, Carnegie Papers, December 2011, online: http://www.carnegieendowment.org/files/tunisia_economy.pdf (28.08.2012).

Aita, Samir (2006): Syria, What Reforms While a Storm is Building?. Arab Reform Brief, No. 6, April 2006.

Aljazeera.net (2011): Cousin of Syrian president 'quits business'. Tycoon Rami Makhlouf, under sanctions for corruption, moves to charity in apparent concession to protesters, 17.06.2011, online: http://english.aljazeera.net/news/middleeast/2011/06/201161743034344195.html (18.06.2011).

Al-Masry Al-Youm (2012a): Foreign Exchange Reserves increase, 3.09.2012, online: http://egyptindependent.com/node/1089576 (28.09.2012).

Al-Masry Al-Youm (2012b): Morsy, Erdogan sign US$ 1bn Loan to offset Egypt's Deficit, 30.09.2012, online: http://egyptindependent.com/node/1147261 (2.10.2012).

Arab NGO Network for Development (ANND) (2011): Egyptian and Tunisian People Revolted against Unjust Economic Models Aid Supporting the People's Revolutions should not Restrict the Democratic Transition - A Call of Civil Society Organizations from the Arab Region and International Groups Against Diverting the Revolutions' Economic and Social Justice Goals through conditionalities imposed by the IMF, WB, EIB and EBRD, Beirut, 2011, [www.annd.org/userfiles/file/latestnews/Statement-EN.pdf], 3.07.2011

Arbeitsstelle Politik des Vorderen Orients (Hrsg.) (2011): Proteste, Revolutionen, Transformationen – die arabische Welt im Umbruch, Working Paper No. 1, Juli, online: http://www.polsoz.fu-berlin.de/polwiss/forschung/international/vorderer-orient/publikation/Working_Paper_Series/wp_1.pdf (8.10.2011).

Awad, Marwa (2012): Qatar says to invest $18 billion in Egypt economy, Reuters, 6.09.2012, online: http://uk.reuters.com/article/2012/09/06/uk-egypt-qatar-investment-idUKBRE8850YM20120906 (30.09.2012).

Beck, Martin (2009): Rente und Rentierstaat im Nahen Osten, in: Beck / Jünemann/ Harders / Stetter (Hg.), 25-49.

Beck, Martin / Harders, Cilja / Jünemann, Annette / Stetter Stephan (Hg.) (2009): Der Nahe Osten im Umbruch. Zwischen Transformation und Autoritarismus. Wiesbaden: VS Verlag.

Bladd, J. (2011): Gulf signs off $20bn aid deal for Oman, Bahrain. Arabian Business, 8 March, online: http://www.arabianbusiness.com/gulf-signs-off-20bn-aid-deal-for-oman-bahrain-386099.html (10.03.2012).

Chatham House (2011): The Role of International Loans and Capital in Egypt's Transition, September 2011.

Demmelhuber, Thomas (2010): Das Familienunternehmen Ägypten: Autoritäre Herrschaftsmechanismen auf dem Prüfstand, in: Albrecht, Holger und Frankenberger, Rolf (Hrsg.): Autoritarismus Reloaded: Neuere Ansätze und Erkenntnisse der Autokratieforschung, Baden-Baden, 2010, 139-155.

Desai, Raj M., Anders Olofsgard und Tarik Yousef (2011): Is the Arab Authoritarian Bargain Collapsing?, The Brookings Institution, 09.02.2011, online: http://www.brookings.edu/opinions/2011/0209_arab_ economies_desai_yousef.aspx (12.04.2011).

Desai, Raj M., Anders Olofsgard und Tarik Yousef (2009): The Logic of Authoritarian Bargains, Economics & Politics, Band 21, Nr. 1, März 2009, 93-125.

The Economist (2011): Ali Baba gone, but what about the 40 thieves 20.01.2011, online: http://www.economist.com/ node/17959620/ (26.01.2011).

Economist Intelligence Unit (EIU) (2012a): Country Report Egypt, August 2012.

EIU (2012b): Country Report Tunisia, August 2012.

Ehab, John (2010): Egypt's Wheat Dilemma, 18.08.2010, online: http://www.almasryalyoum.com/ en/node/67133 (04.02.2011).

European Commission (2011): Joint Communication to the European Council, The European Parliament, The Council, The European Economic and Social Committee and the Committee of the Regions: A Partnership for Democracy and Shared Prosperity with the Southern Mediterranean, COM(2011) 200 final, Brüssel, 08.03.2011, online unter: http://eeas.europa.eu/euromed/docs/com2011_200_en.pdf (04.07.2011).

FEMISE (Forum Euroméditerranéen des Instituts de Sciences Économiques) (2011): FEMISE Report on the Euro-Mediterranean Partnership: Towards a New MED Region: Achieving Fundamental Transitions, October 2011, online: http://www.femise.org/PDF/Femise_A2011gb.pdf (28.06.2012).

Fürtig, Henner (Hrsg.) (2007): The Arab Authoritarian Regime between Reform and Persistence, Newcastle: Cambridge Scholars Publishing.

Haddad, Bassam (2012): Business Networks in Syria. The Political Economy of Authoritarian Resilience, Stanford: Stanford University Press.

Harders, Cilja (2009): Perspektiven auf den autoritären Staat in Ägypten, in: Beck / Jünemann/ Harders / Stetter (Hg.), 299-323.

Holtom, Paul et al (2012): Trends in International Arms Transfers 2011, SIPRI Fact Sheet March 2012.

International Labour Organisation (2012): Global Employment Trends 2012: Preventing a Deeper Job Crises, Geneva: International Labour Office, online: http://www.ilo.org/wcmsp5/groups/public/---dgreports/---dcomm/---publ/documents/publication/wcms_171571.pdf (29.09.2012).

International Crisis Group (ICG) (2012): Syria's Mutating Conflict, Crisis Group Middle East Report No 128, August 2012, online: http://www.crisisgroup.org/en/regions/middle-east-north-africa/egypt-syria-lebanon/syria/128-syrias-mutating-conflict.aspx (28.09.2012).

International Monetary Fund (2011a): Deauville Partnership broadens Support for Mideast, North Africa, IMF Survey online, September 10, 2011, online: http://www.imf.org/external/pubs/ft/survey/ so/2011/ car091011a.htm (28.08.2012).

International Monetary Fund (2011b): Economic Transformation in MENA: Delivering on the Promise of Shared Prosperity, G-8 Summit, Deauville, 27.05.2011, online: http://www.imf.org/external/np/g8/pdf/052711.pdf (04.07.2011).

International Monetary Fund (2012a): *Regional Economic Outlook Update - Middle East and Central Asia Department,* April 2012, online: http://www.imf.org/external/pubs/ft/reo/2012/mcd/eng/pdf/mena-update0412.pdf (22.06.2012).

International Monetary Fund (2012b): Transcript of a Conference Call on Jordan's Stand-By-Arrangement, Morocco's Precautionary and Liquidity Line and the IMF's Engagement in the Middle East and North Africa, Washington, D.C., August 3, 2012, online: http://www.imf.org/external/np/tr/2012/tr080312.htm (28.09.2012).

International Monetary Fund (2012c): Tunisia: 2012 Article IV Consultation - Staff Report, Washington, D.C.: IMF, online: http://www.imf.org/external/pubs/ft/scr/2012/cr12255.pdf (2.10.2012).

Ismail, Salwa (2009): Changing Social Structure, Shifting Alliances and Authoritarianism in Syria, in: Lawson, Fred (ed.): Demystifying Syria, SOAS Middle East Issues, London: Saqi, 13-28.

Jünemann, Annette (2012): Vorerst Gescheitert: Perspektiven einer glaubwürdigen EU-Mittelmeerpolitik nach dem Arabischen Frühling, in: Der Bürger im Staat, 62 (2012), 1/2, 64-72.

Kabbani, Nader and Noura Kamel (2007): Youth Exclusion in Syria: Social, Economic, and Institutional Dimensions, The Middle East Youth Initiative Working Paper, No. 4, September 2007.

Khan, Mohsin and Svetlana Milbert (2012): Economic Policies in Egypt: Populism or Reforms?, Atlantic Council, Rafik Hariri Center for the Middle East.

League of Arab States / United Nations (2010): The Third Arab Report on the Millennium Development Goals 2010 and the Impact of the Global Economic Crises, 2010 (S. 9), online: http://204.200.211.31/Update_Dec/ AMDGR/Third%20Arab%20report%20on%20the%20MDGs%202010%20_30-09-2010_.pdf (04.07.2011)

Loewe, Markus (2010): Die Diskrepanz zwischen wirtschaftlicher und menschlicher Entwicklung in der arabischen Welt, *Aus Politik und Zeitgeschichte,* 24/2010, 10-16.

Loewe, Markus (2007): Eine demographische Dividende für die Entwicklungsländer? Konsequenzen eines weltweiten Alterungsprozesses, *DIE Analysen und Stellungnahmen,* 6/2007.

Matzke, Torsten (2011): Das jähe Ende von Mubaraks Crony Capitalists – Großunternehmer und die Revolution, INAMO, Jahrgang 17, Nr. 65, Frühjahr 2011, 8-11.

Murphy, Emma C. (1998): Legitimacy and Economic Reform in the Arab World, The Journal of North African Studies, Band 3, Nr. 3, Herbst 1998, 71-79.

Noland, Marcus and Howard Pack (2007): The Arab Economies in a Changing World, Washington, D.C.: Institute for International Economics.

Perthes, Volker (1995): The Political Economy of Syria under Asad, London and New York.

Perthes, Volker (2005): Veränderung kommt sicher, aber wie?, *Internationale Politik*, Dezember 2005, 102-105.

Portela, Clara (2012): The EU's Sanctions against Syria: Conflict Management by Other Means, EGMONT Security Policy Brief, September 2012.

Radwan, Samir (2009): Arab Youth Employment: Economic, Social and Institutional Exclusion, Beirut: ESCWA.

Richards, Alan and John Waterbury (2008): A Political Economy of the Middle East, 3rd edition, Boulder: Westview Press.

Roll, Stephan (2010): ‚Finance Matters!' The Influence of Financial Sector Reforms on the Development of the Entrepreneurial Elite in Egypt, Mediterranean Politics, Band 15, Nr. 3, 2010, 349-370.

Roll, Stephan (2008): Marionetten oder Marionettenspieler? Großunternehmer und Manager, INAMO, Nr. 55, Herbst 2008, 4-8.

Ruf, Werner: Tunesien: Fanal für den Maghreb?, Blätter für deutsche und internationale Politik, Nr. 3, 2011, 50-53.

Said, Salam (2012): Reforms for the Few, Zenith – Business Report, September/October 2012, 32-35.

Seifan, Samir (2012): Syrian Economy after One and a Half Year of the Syrian Revolt, August 2012.

Schlumberger (2005): Strukturreformen und patrimonialer Kapitalismus in der arabischen Welt, in: Messner, Dirk und Imme Scholz (Hrsg.): Zukunftsfragen der Entwicklungspolitik, Baden-Baden: Nomos-Verlagsgesellschaft, 361-376

Schlumberger, Oliver and Thorsten Matzke (2012): Path toward Democracy? The Role of Economic Development, Swiss Political Science Review, 18(1), 105-109.

Sharp, Jeremy (2012): Egypt: Background and U.S. Relations, CRS Report for Congress, September 13, 2012.

Stiglitz, Joseph E. (2008): Is there a Post-Washington Consensus Consensus?, in: Serra, Narcis und Stiglitz, Joseph E. (eds): The Washington Consensus Reconsidered, Towards a New Global Governance, Oxford: Oxford University Press.

Syria Report (2012): Confusing Messages discredit further Syrian Economic Policy, 24.09.2012, online: http://www.syria-report.com/print58219 (28.09.2012).

United Nations Conference on Trade and Development (2012): World Investment Report 2012: Towards a New Generation of Investment Policies, United Nations Publications.

United Nations Development Programme (UNDP) (2010a): Arab Human Development Report 2009: Challenges to Human Security in the Arab Countries, New York, 2010, online: http://www.arab-hdr.org/publications/other/ahdr/ahdr2009e.pdf (04.07.2011).

UNDP, Regional Centre for Arab States (2011): Arab Development Challenges Report 2011: Toward the Developmental State in the Arab Region, Cairo: UNDP, online: http://www.undp.org/content/dam/undp/library/corporate/HDR/UNDP-ADCR_En-2012.pdf (28.09.2012).

UNDP (2010b): Human Development Report 2010: 20th Anniversary Edition: The Real Wealth of Nations: Pathways to Human Development, New York, 2010, online: http://hdr.undp.org/en/media/HDR_2010_EN_Complete_reprint.pdf (04.07.2011).

UNDP (2010c): Syrian Arab Republic Third National MDGs Progress Report, online: http://www.undp.org.sy/files/FINAL253.pdf (04.07.2011).

Wahish, Niveen (2012): The IMF Loan, Encore. Renewed Interest from the Fund has stirred New Controversy, Al-Ahram Weekly, No. 1112, 30 August – 5 September 2012, online: http://weekly.ahram.org.eg/2012/1112/ ec2.htm (30.09.2012).

The White House (2012): Fact Sheet: G-8 Action on the Deauville Partnership with Arab Countries in Transition, May 19, 2012, online: http://www.whitehouse.gov/the-press-office/2012/05/19/fact-sheet-g-8-action-deauville-partnership-arab-countries-transition (28.08.2012).

World Bank (2010): Egypt Country Brief, 2010, online: http://siteresources.worldbank.org/INTEGYPT/ Resources/EGYPT-Web_brief-2010-AM.pdf (04.07.2011).

World Bank (2012): Global Economic Prospects June 2012 – Middle East and North Africa Annex, Washington, D.C.: The World Bank, 37-47.

World Bank (2008): MENA Economic Developments and Prospects 2008: Regional Integration for Global Competitiveness, Washington, D.C.: The World Bank, online: http://siteresources.worldbank.org/INTMENA/ Resources/2008MENA-EDP-full.pdf (04.07.2011).

World Bank (2004): Unlocking the Employment Potential in the Middle East and North Africa: Toward a New Social Contract, Washington, D.C.: The World Bank, online: http://www-wds.worldbank.org/servlet/ WDSContentServer/WDSP/IB/2004/06/03/000012009_20040603143832/Rendered/PDF/288150PAPER0Unlocking0employment.pdf (29.08.2012).

World Bank (2011): World Development Report 2011: Conflict, Security, and Development, Washington, D.C.: The World Bank.

World Bank: *World Development Indicators 2010,* online: http://data.worldbank.org/data-catalog/world-development-indicators/wdi-2010 (28.06.2011).

Wurzel, Ulrich (2007): Limits to Economic Reform in an Authoritarian State. Egypt since the 1990s. Diskussionspapiere Volkswirtschaft des Vorderen Orients, herausgegeben von Dieter Weiss und Steffen Wippel, Berlin: Klaus Schwarz Verlag.

Yousef, Tarik M. (2004): Development, Growth and Policy Reform in the Middle East and North Africa since 1950, Journal of Economic Perspectives, Band 18, Nr. 3, Sommer 2004, 91-116.

Zoellick, Robert B. (2011): The Middle East and North Africa: A New Social Contract for Development, 06.04.2011, online: http://web.worlbank.org/WBSITE/EXTERNAL/NEWS/ (09.04.2011).

Zorob, Anja (2007): Reform without Adjustment: The Syrian Style of Economic Opening. In: Fürtig, Henner (Hrsg.), 57-86.

Zorob, Anja (2011a): Aufstand in der arabischen Welt: Wirtschaftliche Hintergründe und Perspektiven. In: Arbeitsstelle Politik des Vorderen Orients (Hrsg.), 62-81.

Zorob, Anja (2011b): Nordafrikanische „Erfolgsgeschichten"?, Blätter für deutsche und internationale Politik, 7/2011, S. 31-34.

Zorob, Anja (2011c): Trümmerfeld Gaza: Wirtschaftliche und humanitäre Folgen von Krieg und Blockade, in: Sterzing, Christian und Heinrich-Böll-Stiftung (Hrsg.): Palästina und die Palästinenser: 60 Jahre nach der Nakba, Heinrich-Böll-Stiftung: Schriften zur Demokratie, Nr. 25, Berlin: Heinrich-Böll-Stiftung, 171-188.

Zorob, Anja/Said, Salam (2011): Krieg mit wirtschaftlichen Mitteln? Sanktionen gegen das Assad-Regime, In: Qantara.de, 12. Dezember, online: http://de.qantara.de/Krieg-mit-wirtschaftlichen-Mitteln/ 18017c18665i0p/index.html (23.5.2012).

Zorob, Anja (2012): Gut eingebunden? Wirtschaftliche Vernetzung in der Region, Internationale Politik, IP Länderporträt: Ägypten, März-April 2012, 38-46.

Blockierte Mittelschichten als Motor der Veränderungen in der arabischen Welt?

Rachid Ouaissa

1 Einleitung

Die Welle von Protesten, die breite Teile der arabischen Welt erfasst hat, hat sowohl politische Beobachter als auch Experten überrascht. Der sogenannte „arabische Frühling“ hat große Diskussionen in politischen und in Medienkreisen ausgelöst. Dabei wird gerne vergessen, dass Revolten unterschiedlicher Formen und Intensität, gegen die herrschende Klasse, zum Alltag der Gesellschaften des Nahen Osten seit Anfang des 19. Jahrhunderts gehören (Kazemi/Waterbury 1991; Zubaida 2008; Gran 1999). Mit der Eingliederung des Osmanischen Reichs in die Weltwirtschaft den Tanzimat-Reformen und der Umstrukturierung der Agrarwirtschaft, waren diese Revolten Ausdruck des Kampfs, um die Repositionierung und Re-Konfigurationen unterschiedlicher gesellschaftlicher Gruppen und Klassen im Produktionssystem (Burke et. Al. 1988; Burke 1991: 24-27; Thompson 2000: 91-111).

Auch die jüngsten Revolten und Aufstände in der arabischen Welt kann man als Ausdruck von schichtenbezogenen Kontraktionen bzw. als Kampf bestimmter Klassen der Gesellschaft, um deren Position zu stabilisieren bzw. zu verbessern, ansehen. Diese Klasse wird hier als, die in ihrem Aufstieg blockierte Mittelschicht identifiziert. Zwar waren auf dem Tahrir-Platz in Kairo sowie in anderen arabischen Hauptstädten Mitglieder aus allen Bevölkerungsschichten an den Demonstrationen beteiligt, jedoch gilt es als unumstritten, dass die Angehörigen der Mittelschichten die tragende Kraft der Revolten waren (Maher 2011).

In diesem Beitrag werden die Gründe der Aufstände im Jahre 2011 mit dem Blick auf die aufsteigenden Mittelschichten analysiert und in den historischen Rahmen der großen Transformationen der Gesellschaften des Nahen Ostens und Nordafrikas eingeordnet. Dabei werden auch die Chancen der Demokratisierung der Region diskutiert.

2 Die Mittelschichten als analytische Kategorie

Die Klassendiskussion in Bezug auf die Staaten und Gesellschaften des Nahen und Mittleren Ostens ist eine alte Diskussion, die bis zur vorkolonialen Zeit reicht (Beinin/Lockmann 1987; Lockman 1994; Beinin 2001) und die wissenschaftlichen Debatten der postkolonialen Phase im Rahmen der Entwicklungsdebatten dominiert (Vatin 1974; Leca/Vatin 1979; Lazreg 1976; Turner 1984; Amin 1976; Batatu 1978). Zusammengefasst kann man drei Debattenstränge identifizieren. Eine erste Gruppe von Autoren sieht aufgrund der nicht etablierten kapitalistischen Strukturen, fehlender Industrialisierung und der Dominanz ethnischer, religiöser und tribaler Mobilisierungsmechanismen die Klassenanalyse als nicht ergiebig für die Gesellschaften der MENA-Region (Turner 1984: 1-66). Für die zweite Gruppe gilt die Anwendung der marxistisch-weberianischen Klassenanalyse als gegeben (Turner 1984). Samir Amin spricht von Klassen in prä-kapitalistischen Umständen. Zwar formieren sich Klassen nur unter Industrialisierungsbedingungen, jedoch ist Amin der Meinung, dass durch die imperialistischen Züge Europas sich embryonäre Klassen formiert haben (Amin 1976). Die dritte Gruppe bündelt die beiden Analyseraster, nämlich die Überlappung des Klassencharakters und der tribalen und kulturellen Strukturen (Halpern 1963). Für die Vertreter dieser Gruppe führt zwar die Anbindung der wirtschaftlichen Strukturen der Region an die Weltwirtschaft zur Entstehung von klassenähnlichen Strukturen, jedoch dienen weiterhin Ethnie, Glaube und Familie als Mobilisierungskanal und weniger die Klassenzugehörigkeit. Der Rückgriff auf die familiären und tribalen Sippensolidaritäten als Antwort auf lokale und globale wirtschaftliche Veränderungen ist nötig, weil ein Klassenbewusstsein nicht vorhanden ist. Die Verzahnung zwischen tribal-familiär-religiösen Strukturen und Klassenstrukturen hat Batatu für den Irak und Syrien beschrieben (Batatu 1978; Batatu 1999).

Der Begriff Mittelschicht bzw. „middle class“ ist nicht einfach empirisch zu erfassen (Gay 2002; Burris 1999; Savage et.al 1992). In der Literatur wird zwischen „alten“ und „neuen“ Mittelschichten unterschieden (Liaghat 1980). Während mit den alten Mittelschichten urbane Händler und selbständig Beschäftigte (self employed) gemeint sind, werden die technischen Berufe, Angestellte in Bürokratie, Bildung und Dienstleistungssektor mit dem Begriff neue Mittelschichten bzw. „professional middle class“ zusammengefasst (Robinson 1993). In der marxistischen Terminologie werden die Begriffe „petit bourgeoisie“, „coordinating class“ sowie „managerial class“ und „professional class“ gebraucht (Savage et.al 1992: 194). In Europa hat sich diese Klasse im Zuge der Industrialisierung ab 1760 formiert (Hobsbawm 1995; Wahrman 1995). Die Expansion des Kapitals im Zuge der Industrialisierung hat den Aufstieg neuer Gruppen (Ingenieure, Soldaten,

Techniker, Wissenschaftler etc.) ermöglicht. Diese Schicht wurde immer breiter und forderte Partizipationsrechte. Hobsbawm bezeichnet dies als Selbstentmachtung der Aristokratie (Hobsbawm 1989). Die Mittelschicht ist deswegen schwer zu erfassen, weil das obere opportunistische Segment, das dazu neigt, mit der Bourgeoisie in Allianz zu gehen, und das „ängstliche“ untere Segment, das nichts mehr als den sozialen Abstieg fürchtet, unterschiedliche Ziele haben. Die fehlende gemeinsame Strategie drückt sich auch in einer mangelnden kollektiven Identität, Kampfgeist und dementsprechend fehlenden gemeinsamen politischen Ziele aus (James 2006).

In der Sprache von Bourdieu handelt es sich um eine „wahrscheinliche“ Klasse und eine „quasi“ Klasse, die nur durch ähnlichen Habitus zu identifizieren ist (Bourdieu 1998: 24; Bourdieu 1982). Für Bourdieu definieren sich die gesellschaftlichen Schichten und damit auch die Mittelschichten, durch deren Potential, bestimmte Kapitalsorten (kulturelles, symbolisches und ökonomisches) zu akkumulieren. Durch die Struktur des angeeigneten Kapitals definiert sich die Position der Akteure im Sozialraum. Die Disposition der Kapitalsorten determiniert den Habitus und damit werden auch das kulturelle und Alltagsverhalten der Mittelschichten identifiziert.

In ihrer Studie zu den englischen Mittelschichten in der Ära Margret Thatchers sprechen Savage et. al, anlehnend an Wright, von bestimmten „assets“, die die Mitglieder dieser Schicht besitzen: “We have now specified three assets which affect the actual processes of class formation. These are property assets, organization assets and cultural assets. But these must be seen in realist terms as social entities, rather than as descriptive classificatory devices“ (Savage et.al 1992: 17). Die Mitglieder dieser Schicht besitzen bestimmte Fertigkeiten bzw. Begabungen und Skills, wie Fremdsprache, Organisations- und Kreativitätstalent, Unternehmungslust etc., die sie in ihrem Sozialaufstieg einsetzen können. (Savage et.al. 1992: 18ff.)

Diese Klasse wird zwar von der Arbeiterklasse und der Bourgeoisie unterschieden, jedoch als eine Klasse ohne eigenen Charakter wahrgenommen. Eine Klasse, deren Aufstieg nicht direkt das Ergebnis des Kampfes zwischen Arbeit und Kapital ist, sondern deren Mitglieder eher als Nutznießer dieses Kampfes zu sehen sind. Der Aufstieg dieser Klasse hängt vor allem von Regulierungsmechanismen des Staates bzw. der herrschenden Klasse ab. Die Mittelschichten sind durch eine gewisse „moral economy“ gekennzeichnet. Deren Mitglieder wollen zwar aus eigener Kraft das Leben meistern, bestehen aber auf einen gewissen Grad an Sicherheit, Gerechtigkeit und Verteilung. Die Mittelschichten werden als wertkonservativ, arbeitsam und sparsam charakterisiert, symbolisiert in der Figur des Gentlemans für die englischen Mittelschichten und die des Gentilhomme für die französische Geschichte (Earle 1989). Diese Eigenschaften werden auch den neuen Mittelschichten in Asien zugeschrieben (Embong 2002).

Politisch wird oft betont, dass Mittelschichten für demokratische Transformationsprozesse von großer Bedeutung sind (Pickel 2012: 138). Jedoch Mittelschichten sind nicht per se als demokratisch zu charakterisieren. Denn sie können auch als Träger der extremistischen und faschistischen Bewegungen fungieren. In seinem Aufsatz „Panik im Mittelstand" hat Theodor Geiger gezeigt, wie die wirtschaftlichen Unsicherheiten zu extremistischen Verhaltensmustern bei den Mittelschichten führten (Geiger 1930). In den 1930er Jahren bescherten die in Krise geratenen Mittelschichten dem Nationalsozialismus Wahlerfolge. Lipset drückte es mit der Bezeichnung „Extremismus der Mitte" aus (Lipset 1959). Dass Demokratisierung nicht immer das Hauptziel der Mittelschichten ist, zeigen die Beispiele aus Asien. Solange gutes Einkommen und Prestige gesichert sind, sind die Mittelschichten bereit, sich mit autoritären Regimen zu arrangieren. Für die aufsteigenden Mittelschichten in Asien ist eine demokratische Entwicklung kein primäres Ziel, sondern vielmehr eine staatlich gelenkte Kapitalisierung (Schwinn 2006: 213).

Im Zusammenhang mit diesen theoretischen Überlegungen hängt das „Potential" der Mittelschichten in den arabischen Ländern als Träger demokratischer Transition zu fungieren wesentlich von zwei Faktoren ab. Dabei geht es um die Frage, in welche wirtschaftlichen Systeme sie eingebettet sind und welche gesellschaftlichen Allianzen sie zu schmieden in der Lage sind (Moore 1969).

Typisch für die arabischen Mittelschichten ist, dass ihr wirtschaftlicher Ursprung die Rentenökonomie ist und nicht das Ergebnis der politischen Erstarkung der Verhandlungsmacht von Arbeit durch Etablierung von kapitalistischen Strukturen. Daher stellt sich die Frage, ob die von diesen Mittelschichten hervorgebrachten Revolten automatisch als Forderung nach radikalem Systemwechsel und die damit verbundene Verstärkung der demokratischen partizipativen Rechte zu klassifizieren sind.

Rente ist Folge eines beschränkten Wettbewerbs, entweder aufgrund von natürlichen Monopolen oder aufgrund politisch geschaffener Marktbeschränkungen. Renten beeinflussen die politischen Strukturen und wirken damit über die Interessenvermittlung auch auf die Strategien von Akteuren. Im Gegensatz zu Rente muss Profit in marktwirtschaftlichen Systemen aufgrund der Marktkonkurrenz reinvestiert werden, ansonsten drohen selbst den mächtigsten Kapitalisten ein Innovationsrückstand und dadurch bald ein Verschwinden vom Markt. Investitionen werden getätigt, weil Unternehmer mit größerer Konsumnachfrage rechnen. Innovationswettbewerb in Folge von Investitionen führt nicht nur zu technischer Überlegenheit, sondern auch zu steigenden Reallöhnen. In der keynesianischen Dynamik führen steigende Reallöhne zu steigender Nachfrage und damit auch zur Aufwertung der Arbeit als Verhandlungsmacht (Elsenhans 2009). Das Empowerment von Arbeit verhindert nicht nur die Übermacht der Mächtigen, sondern liefert die Grundlage der bürgerlichen Revolution und damit auch die Grundvoraussetzung für die Entstehung und den Erhalt von demokratischen Strukturen und Bürgerrechten. In dieser Logik sind sowohl der Staat, der als Moderator zwischen Arbeitnehmern und Arbeitgebern auftritt, weil jeder Arbeitslose ihn mehr kostet, als auch die Unternehmer, die Massenmärkte brauchen, um ihren Profit zu erhöhen, an Vollbeschäftigung interessiert. Qualifizierte Arbeitsnehmer sind bei den Unternehmern gefragt, um im Innovationswettbewerb zu bestehen. Der Staat investiert in Bildung und strukturelle Voraussetzungen. Breite Schichten der Gesellschaft profitieren von der Markterweiterung und dies führt zu dem, was Hobsbawm nach der Industrialisierung Europas als „Selbstentmachtung der Aristokratie" (Hobsbwam 1989) bezeichnet hat.

Kapitalistische Strukturen bestimmen damit nicht nur das politische Verhalten der Elite, sondern auch das kulturelle Verhalten der Beschäftigten. Die Mobilisierung von Arbeit als Verhandlungsmacht und nicht ethnische, religiöse und Sippensolidarität wird zum bevorzugten Mittel, Interessen durchzusetzen. Damit tritt ein, was Ferdinand Tönnis als Übergang von Gemeinschaft zu Gesellschaft beschrieben hat (Tönnis 2012). Auch Klassenallianzen zur Durchsetzung demokratischer Rechte im Sinne Barrington Moores sind nur unter diesen besonderen kapitalistischen Voraussetzungen erfolgsversprechend (Moore 1969).

In rentendominierten Wirtschaften muss der Kapitalüberschuss nicht produktiv investiert werden. In diesem Wirtschaftstypus ist Arbeit nicht an Produktivität gekoppelt, sondern an Gefälligkeiten. Trotz einiger sektoraler Ausnahmen in einigen Ländern der arabischen Welt, dominiert in diesen Wirtschaften, was Hartmut Elsenhans als Marginalität beschrieben hat. Marginaler Arbeiter ist derjenige, der mehr kostet, als er erwirtschaftet und im Rahmen des vorkapitalistischen Sozialvertrags beschäftigt wird (Elsenhans 2001: 210-211). Der marginale Arbeiter kann eigene Interessen nicht durch Mobilisierung von Seinesgleichen durchsetzen. Im Gegenteil, er wird an seinen Patron und seine Sippe (oder Glaubensgemeinschaft) klientelistisch gebunden, da er nur deren Wasta verdankt, beschäftigt zu werden (Henni 1993). Jede Form von organisiertem Protest kann zum Einsatz der Reservearmee billiger Arbeiter (Kalecki 1943) führen. Dies stärkt wiederum die gesellschaftlichen vorkapitalistischen Strukturen, die Patronagesysteme und die Fragmentierung der Gesellschaft entlang der Gemeinschaften, wie es von Ibn Khaldun im 14. Jahrhundert beschrieben wurde (Ibn Khaldûn 1997).

3 Die Mittelschichten als treibende Kraft der Geschichte der arabischen Welt

Wie jüngste Forschungen über die sozio-ökonomischen Entwicklungen in der MENA-Region beweisen, bestimmen Transformation, Aufstieg und Krisen der Mittelschichten die sozialen und politischen Strukturen der Region seit Anfang des 19. Jahrhunderts maßgeblich (Watenpaugh 2006). Betrachtet man die Geschichte der Region seit Anfang des 19. Jahrhunderts, so zeichnet sich eine Art zyklische Entwicklung solcher Protestbewegungen ab. Die Mittelschichten sind dabei die Hauptträger der Revolten. Der Aufstieg, Niedergang und die Stagnation dieser Mittelschichten sowie deren Artikulationsformen sind maßgeblich für die Erklärung von gesellschaftlichen, kulturellen und politischen Prozessen im Nahen und Mittleren Osten. Diese Dynamiken der Mittelschichten sind wiederum von politischem und ökonomischem Strukturwandel beeinflusst.

So führten die ab dem 19. Jh. eingeführten Tanzimat-Reformen (1839-1876) im Osmanischen Reich zum Aufstieg einer neuen städtischen Mittelschicht, die im nahöstlichen Kontext mit dem Begriff Effendiya bezeichnet wurde. Der Begriff kommt aus dem Osmanischen, stammt vom Wort Effendi ab, das bedeutet „Herr", also analog zu den Bezeichnungen „Gentleman" oder „Gentilhomme" in der europäischen Geschichte. Der Aufstieg dieser Mittelschicht war aber nicht, wie in der Geschichte Europas, Ergebnis der Intensivierung der Industrialisierung und der damit einhergehenden Intensivierung der Investitionen, sondern das Ergebnis der rentenorientierten Umstrukturierung der Agrarwirtschaft sowie der Eingliederung des Osmanischen Reichs in die Weltwirtschaft. Beispielhaft dafür sind die Modernisierung und die Umstrukturierung der Agrarwirtschaft in eine exportorientierte Agrarwirtschaft unter Mohamed Ali und die damit verbundene Etablierung des Rentenkapitalismus (Hafez 2009; Ergil 1975; Kanzancigil 1973, Gran 1998).

Wie Watenpaugh für die Stadt Aleppo dargestellt hat (Watenpaugh 2006), artikulierte sich der Aufstieg dieser neuen kosmopolitischen, urbanen und konsumorientierten Mittelschicht mit neuen kulturellen Lebensformen (Hanna 2003). Distinktive Bekleidung, Konsumption und Alltagsverhalten waren Merkmale dieser Effendiya. In den Zentren Kairo, Alexandria, Istanbul und Beirut florierten Clubs, Kaffees, Debattierklubs und philosophische Zirkel. Das entdeckte „Savoir vivre" demonstriert durch die Kunst des Zigarrenrauchens und alkoholisierte Genussmittel beschreibt Zubaida als die Kunst des „Savoir Boire" (Zubaida 2011: 146). In den transnationalen Netzwerken, wie z.B. Freimaurer, verkehrten nicht nur Literaten, Journalisten und Künstler, sondern auch Religionsreformer und Gelehrte, an deren Spitze Al Afghani (Zubaida 2011: 135ff.). Dieser Modernisierungspfad wird intellektuell in Form von Nahda artikuliert.

Zugleich aber haben die wirtschaftliche Spezialisierung und Monoexportstrategien zur Verteuerung der lebensnotwendigen Agrarprodukte und Verschlechterung der Lebensqualität breiter Schichten der Gesellschaft geführt. Dies lässt sich ablesen an Revolten und gewalttätigen Aufständen in diversen Regionen des osmanischen Reiches (Beinin 2001; Burke et. al. 2006; Thompson 2000; Burke et. al. 1990, Kazemi/Waterbury 1991). Die Krise des Modells Mohamed Alis endete in Revolte der Urabi Bewegung. Die Krise der traditionellen Industrien (Textilwebereien in Syrien und Tunesien, Zuckerraffinerien in Ägypten etc.) führte zu Unruhen in vielen Provinzen des Reiches (Tunesien 1864, Syrien 1860 etc.) (Hourani 2000: 340ff.). Die Unruhen kann man als Vorstufe der anti-osmanischen Ressentiments bezeichnen. Die unter der kolonialistischen, imperialistischen Herrschaft Europas verstärkt vorangetriebene Modernisierung der Region führte zur Diskreditierung der agrarischen Machtelite. Noch unter der Kolonialherrschaft entstand, aufgrund der Verbreitung von modernen Bildungssystemen, die sogenannte „New Effendiya" (Goldschmidt 2005). Diese neuen Mittelschichten entstanden nach dem ersten Weltkrieg. Sie wurden spätestens mit der weltweiten kapitalistischen Krise der 1930er Jahre zu den Hauptträgern des arabischen Nationalismus (Eppel 2005; Shechter 2005 und 2008; Bernstein 2008; Gershoni/Jankowski 1995: 7 - 22). Die jungen Offiziere in Ägypten, Syrien und Irak sowie die, meist in französischen Schulen ausgebildeten, Revolutionäre in Tunesien, Algerien und Marokko, sind exemplarisch für diese neuen nationalistischen Mittelschichten. Die Kolonialmächte sind (gewollt) daran gescheitert, kapitalistische Strukturen in den Ländern der arabischen Welt zu implementieren. Primäres Interesse der Kolonialmächte war es, die Region auf die Produktion von Rohstoffen und Primärprodukten für die boomende europäische Industrie umzulenken. Wie die Dependencia-Theoretiker (Frank, Prebisch, Singer etc.) bewiesen haben, erschwert die Spezialisierung auf Rohstoffe die industrielle Aufholjagd.

Mit Ende des Kolonialismus übernahmen in den Staaten der Region diese Mittelschichten die Macht. Mit Hilfe der Öleinnahmen etablierten sich Rentierökonomien. Die Einbindung in das kapitalistische Weltsystem, wie es in den letzten 20 Jahren der Fall war, verstärkt diese Struktur. Renten müssen nicht ökonomisch rational eingesetzt werden, sondern stehen der herrschenden Elite frei zur Verfügung und werden in der Regel politisch eingesetzt, um Loyalitäten zu erkaufen (siehe auch Beck/Hüser in diesem Band). Der bevorzugte Einsatzbereich von Renten ist der Sozialbereich. Damit entsteht ein politischer Pakt zwischen Herrschenden und Beherrschten, basierend auf der strategischen Verteilung von Renten. Zu den sozial-gesellschaftlichen Effekten dieser Politik zählen unter anderem die Sicherung eines Bildungs- und Gesundheitsangebots für breite gesellschaftliche Schichten sowie Beschäftigungsmöglichkeiten im riesigen öffentlichen Sektor.

Mit Hilfe der Ölwirtschaft erzielten diese Länder zwischen 1973 und 1983 jährliche durchschnittliche Wachstumsraten von bis zu 11% des BIPs gespeist aus den Einnahmen aus Ölexporten oder aber über die Kanäle von regionaler Arbeitsmigration und finanziellen Unterstützungsleistungen der großen Ölexporteure an die Semirentiers unter den arabischen Staaten. Die Arbeitslosigkeitsrate lag bei etwa 5% in Ägypten und 1,6% in Jordanien bis in die 1980er Jahre (Winckler 2005: 88ff).

Eine der Folgen dieser Umverteilung lag in der rasanten Verstädterung. Der Anteil der urbanen Bevölkerung nahm in Ägypten von 30% im Jahre 1950 auf 47% im Jahre 1990 zu, in Syrien von 32% auf 51%, in Jordanien von 38% auf 78% und Saudi-Arabien gar von 12% auf 86%. Die Modernisierung der Agrarwirtschaft wurde vernachlässigt und somit die Nahrungsabhängigkeit ausgedehnt. Schließlich kam es zu einer Bevölkerungsexplosion, wobei die Bevölkerung in Ägypten von 21 Mio. Menschen im Jahre 1950 auf 55,5 Mio. im Jahre 1990 anwuchs, in Jordanien von 600.000 auf 3,5 Mio., in Algerien und Marokko von 9,5 Mio. auf 30 Mio. und in Syrien von 3,5 Mio. auf 16 Mio. Menschen im gleichen Zeitraum. Dabei ist eine Verjüngung der Bevölkerung zu verzeichnen, gerade für die arbeitsfähige Bevölkerung (zwischen 15 und 64 Jahre alt), deren Anteil sich in allen Ländern des Nahen Ostens auf mehr als 60% der Bevölkerung beläuft (Richards/Waterbury 2008: 71ff).

Diese Politik führte zum Aufstieg einer neuen Mittelschicht ab Mitte der 1970er Jahre (Richards/Waterbury 1990: 408ff.; Shechter 2008), die auch als „professional middle class" bezeichnet wird (Longuenesse 2007). Gerade weil die postkolonialen Staaten die Überwindung der Unterentwicklung als wichtigstes Ziel ihrer Politik gesehen haben, wurde vor allem in die technischen Studiengänge wie Ingenieurswissenschaften investiert. Die Rekrutierung im riesigen öffentlichen Sektor führte zur Entstehung von staatlich gebundenen (damit auch rentengebundenen) Mittelschichten (Longuenesse 2007). Neben der rosigen ökonomischen Situation, diente die panarabische Rhetorik als ideologisches Gerüst für diese Mittellschichten.

Jedoch spätestens Mitte der 1980er Jahre erfuhr diese Politik vor dem Hintergrund des starken Einbruchs der internationalen Ölpreise eine schwere Krise. Die meisten Staaten der Region waren gezwungen, konditionierte Strukturanpassungsprogramme unter der Ägide von IWF und Weltbank umzusetzen. Die Krise des Rentierstaats führte zum Rückzug des Staates aus seiner gesellschaftlichen Verantwortung und zum Ende der loyalitätssichernden Distributionsstrategien. Der Anteil der gesellschaftlich marginalisierten Jugend wurde immer größer und die Forderungen der Mittelschichten nach größeren Aufstiegsmöglichkeiten immer deutlicher. Der „Sozialpakt" zwischen Staat und Gesellschaft und damit auch die „Pax Politica“ waren zerbrochen (zum autoritären Gesellschaftsvertrag und dessen Erosion siehe auch Harders und Zorob in diesem Band). Nun wird die Religion zu einem neuen Artikulationskanal. Die aus den Universitäten strömenden Absolventen (vor allem mit technischen Abschlüssen) konnten nicht mehr vom dem in die Krise geratenen öffentlichen Sektor absorbiert werden. Genau diese Absolventen werden hier als die in ihrem Aufstieg blockierten Mittellschichten bezeichnet.

4 Die islamistischen Bewegungen als neue Rentiers

Die in ihrem Aufstieg blockierte Mittelschicht wurde zum Hauptklienten der islamistischen Bewegungen (Losurdo 2002: 8). In der Literatur zu islamistischen Bewegungen ist die Rede von einer „Koalition der Verlierer“, die sich aus Segmenten der Bourgeoisie, proletarisierten Staatsangestellten, Ingenieuren, Industrieproletariat, unterbeschäftigter Intelligentsia, Notabeln, Agrarkapitalisten und Studenten zusammensetzt (Krämer 1986: 106; Ibrahim 1996; Ayubi 1980). Die islamistischen Bewegungen konnten deswegen den politisch heimatlosen Mittelschichten eine Zuflucht bieten, weil sie in ihren Programmen zwar Marktöffnung und staatsinterventionistische Vergeudung von Ressourcen kritisierten, sie dem Staat aber weiterhin eine wichtige Rolle zuweisen, insbesondere in den Außenwirtschaftsbeziehungen. Die Texte dieser Bewegungen entwickeln sich von einer kulturalistisch gefärbten Beschreibung von Prinzipien der „moral economy“ zu einer pragmatischen Darstellung von Politiken, die Markt und Plan unter den Bedingungen von „Globalisierung“ mit dem Schutz der nationalen Wirtschaft vor Importkonkurrenz und der Förderung von Exportmöglichkeiten, verbinden, wie die Wahlprogramme der islamistischen Parteien zeigen (Lübben 2008; Ouaissa 2008).

Kepel erklärt den Erfolg der islamistischen Bewegungen in deren Fähigkeit, eine Synthese zwischen den Unterschichten und den aufsteigenden (frommen) Mittelschichten herzustellen (Kepel 2000: 9). Denn die Islamisten pflegen einen radikalen Diskurs, der die frustrierten Unterschichten mobilisiert, und propagieren gleichzeitig mittelschichtorientierte wirtschaftliche Programme, die deren sozialen Aufstieg ermöglichen sollen (Clark 2004). In ihrer Untersuchung über die Aktivitäten der islamistischen Wohlfahrtsorganisationen in den drei Ländern Ägypten, Jordanien und dem Jemen ist Janine Clark (Clark 2004: 945) zu dem Ergebnis gekommen, dass die islamistischen moderaten Gruppen ihre Anhänger mittels zweier unterschiedlicher Strategien an sich binden: Sie pflegen horizontale Beziehungen gegenüber den Mittelschichten und vertikale klientelistische (Patron-Klient) Beziehungen gegenüber den Unterschichten. Die Autorin stellt fest, dass nicht nur viel umfangreichere Hilfsprogramme und Dienste für die Mittelschichten zur Verfügung gestellt werden als für die Unterschichten, sie fand sogar, dass islamische Wohlfahrtseinrichtungen wie Krankenhäuser, Schulen etc. speziell für die Mittelschichten des Landes errichtet worden sind. Die Bewegungen bieten durch ihre verschiedenen Organisationen im sozialen Bereich ein Dach für die frustrierten Unterschichten und liefern durch den bürokratischen Apparat in den verschiedenen Tätigkeitsbereichen der Bewegungen Beschäftigungs- und Aufstiegsmöglichkeiten für die marginalisierten Mittelschichten (Bayat 2010: 24). Für arbeitslose Akademiker stehen nun beispielsweise Möglichkeiten zur Ausübung ihres Berufs im Bankwesen und in Krankenhäusern zur Verfügung. Dies macht aus diesen Bewegungen, gerade in der Zeit des Rückzuges des Staates aus seinem wohlfahrtsstaatlichen Aufgabenbereich, ein paralleles Rentiersystem par Excellence (Müller 2002: 126-129). Zwar unterscheiden sich die Rentenquellen des Staates und die der islamistischen Wohlfahrtsorganisation, die vor allem auf Spenden und Private Einlagen basieren, jedoch führen die Verwendungsstrategien zu ähnlichen rentenbedingten Klientelisierungs-mechanismen.

Nachdem die gewalttätigen Strategien zur Machtübernahme in Algerien und Ägypten in den 1990er Jahren gescheitert waren, verwandelten sich die unterschiedlichen islamistischen Bewegungen zunehmend in Parteien, die auf allen Ebenen ihre Teilnahmechancen auszuschöpfen versuchten.

Die algerische Erfahrung hat gezeigt, dass die islamistischen Parteien durch ihre Transformation von politischen Massenbewegungen zu politischen Parteien, sowie durch Übernahme von Regierungsverantwortung, riskieren, an Glaubwürdigkeit und Ansehen zu verlieren. Nach ihrem Einzug in die nationalen Parlamente entfalteten sich sowohl parteiintern als auch bei Anhängern und Wählern neue Dynamiken, die nicht mehr durch einfache populistische Diskurse und dogmatische Reden zu steuern sind (Esposito/Muqtedar 2000). Zudem sind selbst die Stammwähler und Anhänger dieser Parteien kritischer geworden. Dadurch findet auch eine Art „De-Sakralisierung" der islamistischen Bewegungen sowie der ihnen nahstehenden Organisationen und damit auch der Religion als politischem Mittel statt.

Durch politische Partizipation werden diese Parteien zunehmend pragmatischer und verlieren dabei an Kontrolle über ihre Anhänger. Die einst proklamierten großen Ziele und Reformprojekte sowie die Errichtung eines auf der Scharia basierenden Staatswesens sind längst Geschichte. Auch die islamische Sozialutopie der nationalen Gerechtigkeit, basierend auf egalitärer Verteilung, entpuppte sich als demagogischer Diskurs zur Klientelisierung bestimmter Schichten der Gesellschaft (Clark 2004: 944). Ihre ökonomischen Programme entpuppen sich als kompatibel mit den neoliberalen Programmen des IWF und der Weltbank. So nehmen es diese Parteien durch ihre Kooptation in Kauf, sich von den Marginalisierten der Gesellschaft, damit von einem wichtigen Teil ihrer Anhängerschaft, zu entfernen und insgesamt an Glaubwürdigkeit zu verlieren. Die Erfahrung islamistischer Parteien in Algerien zeigt, dass sie eher schwächer als stärker geworden sind (Kurzman/Naqvi 2009). Je länger diese Parteien am politischen Wettbewerb teilnehmen, desto realpolitischer handeln sie. Somit dienen sie aufgrund ihrer politischen Partizipation eher der Legitimation der inszenierten „Fassadendemokratien" und somit auch der Stärkung der herrschenden autoritären Regime. Inzwischen sind auch die islamistischen Parteien genauso wie die herrschende Elite in Korruptionsaffären verwickelt (Ouali 2010). Die hier vertretene These scheint paradoxal zu den letzten Wahlergebnissen in Ägypten, Tunesien und Marokko zu sein. Jedoch bleibt den Islamisten an der Macht nur die Möglichkeit, entweder ein totalitäres System zu bilden, und damit nicht besser als ihre nationalistischen Vorgängerparteien zu sein, oder sich zu normalisieren bzw. „christdemokratisieren". Damit ist die Relativierung des religiösen Faktors in der Politik mit gleichzeitiger Zunahme der wirtschaftlichen Kompetenzen der Parteien gemeint.

Gerade wegen ihrer parlamentarischen Mehrheiten stehen die islamistischen Parteien vor einigen großen Herausforderungen. Zum einen müssen diese Parteien in einer Kohabitation mit dem Militärapparat bzw. den realen Machtinhabern regieren, was zu ihrer politischen Banalisierung führen kann. Zum anderen müssen dringende sozioökonomische Probleme in den Ländern des Nahen Ostens schnell und effektiv gelöst werden. Die Lösung dieser Probleme erfordert nicht nur politische Erfahrung, sondern auch intensive Zusammenarbeit mit den westlichen Staaten sowie mit den neuen aufsteigenden Mächten wie China, Indien und Brasilien. Dies kann zur Zerreißprobe für die machtunerfahrenen Parteien werden. Weiterhin bleibt die Verwaltung der Rente und die kluge Transformation der rentendominierten Ökonomien in produktive Ökonomie die größte Herausforderung, deren Bewältigung allzu leicht scheitern kann.

5 Aufstieg einer global konsumierenden Mittelschicht

Parallel zur Erstarkung der islamistischen Bewegungen seit Mitte der 1980er Jahren, haben die verfolgten Entwicklungsmodelle, trotz ihres Scheiterns, einige positive Erfolge zu verzeichnen, nämlich der Anstieg der Alphabetisierungsrate, gerade bei den Frauen, sowie die Urbanisierung. Dies erklärt den deutlichen Rückgang der Fertilitätsrate in fast allen Staaten der Region ab Mitte der 1980er Jahre. In einigen Ländern, wie Libanon oder Tunesien, spiegelt die Fertilitätsrate mit etwa 1,7 Kindern pro Frau durchaus europäische Verhältnisse wider. Die Krise des Rentiersystems initiierte daher auch eine neue demographische Politik in vielen arabischen Staaten. Dazu kommen Strukturanpassungsprogramme und die Nutzung der neuen Medien. All dies führte zu einer Umstrukturierung der Gesellschaften der Region, wobei die Golfstaaten immer noch eine Ausnahme bilden. Kleine Familien mit hohem Unterhalt und kostenintensiver Bildung für Kinder sowie Karrieremöglichkeiten für Frauen führen zur Destabilisierung des patriarchalischen Systems, aber auch zu einem veränderten Verhältnis zwischen Geschwistern sowie zwischen Eltern und Kindern. Auch die Beziehung zum Staat und zur Obrigkeit wird in Frage gestellt und neu verhandelt. Diese Entwicklung bezeichnen Emanuel Todd und Youssef Courbage als „unaufhaltsame Revolution" (Courbage/Todd 2008).

Ökonomisch sind die neuen gesellschaftlichen Schichten zugleich Ergebnis und Reaktion auf das Scheitern der auf Renten aufgebauten und vom arabischen Nationalismus geprägten Modelle. Das heißt aber nicht, dass Renten abgeschafft wurden, sondern vielmehr dass die Renten globalisiert wurden (Elsenhans 2001). Damit meint Elsenhans, dass unter dem Diktat der Washingtoner Institutionen IWF und Weltbank, die Staaten der arabischen Welt gezwungen sind, die Handelsschranken aufzuheben. Die laut angekündigten Freihandelszonen entpuppten sich als Strategien zur Verschaffung von privilegierten Marktzugängen für westliche Investoren. Diese halbherzige Marktöffnung arrangiert sowohl die herrschenden Klassen in der arabischen Welt als auch die westlichen Investoren. Während die Ersten mafiaartig bestimmte Sektoren (Bank, Telekommunikation, Nahrungsmittelbranchen etc.) monopolisieren, genießen die Zweiten den Schutz gegen Konkurrenten aus anderen Kontinenten (China). Durch den von der Weltbank und IWF aufgezwungenen Liberalisierungen, sind vor allem Dienstleistungssektoren in der arabischen Welt angesiedelt worden. Marktführende Telefongesellschaften (Vodafone in Ägypten), Banken, Tourismusunternehmer, sowie die westlichen NGOs bieten Aufstiegsmöglichkeiten für die durch moderne Skills (Beherrschung der englischen Sprache) gewappneten Hochschulabsolventen. Die Infitah Politik hat zum Untergang der alten staatlich gebundenen Mittelschichten (nasseristischen für Ägypten) und zum Aufstieg von globalrentenbedingen kosmopolitischen Mittelschichten (Mitchell 2002) geführt. Diese gesellschaftliche Re-Konfiguration ist dadurch zu erklären, dass sich durch die Krise der rentenbasierten Modelle der Staat von seinen Sozialaufgaben zurückgezogen hat, was den Niedergang der alten Mittelschichten bewirkte. Die neoliberalen Allianzen zwischen breiten Teilen der herrschenden Elite und den internationalen Investoren hatten die Entstehung der neuen Aufstiegsbranchen und damit auch der neuen „Global Middle Class" (Cohen 2004) zur Folge.

Politisch ist diese neue Mittelschichten-Generation interessenorientiert, will mehr Respekt und Teilnahme. Sie ist auch nicht mehr durch die alten, archaischen Mechanismen und Diskurse zu zähmen und verlangt nach ein neuem „Gesellschaftsvertrag“. Der kulturelle und politische Verhaltenswandel dieser neuen urbanisierten, gut ausgebildeten und rentenalimentierten Mittelschichten ist durch das neue Konsumverhalten zu analysieren.

Seit den 1990er Jahren ist im Konsumverhalten sowie in diversen Produktionszweigen, unter dem Deckmantel der herrschenden kulturellen, traditionellen und religiösen Ordnungen, ein Prozess der Selbstorganisation und individuellen Zukunftsgestaltung ohne jegliche ideologische Untermauerung bei den Mittelschichten der arabischen Welt zu beobachten.

Diese jüngeren Entwicklungen werden in neuesten Forschungsansätzen auch als eine Globalisierung des Islams bzw. Islamisierung der Globalisierung beschrieben (Pink 2009; Haenni 2009; Abaza 2006). Hier wird die These vertreten, dass wir einen Aufstieg einer neuen Mittelschicht in der MENA-Region erleben, die neue Formen von Konsum pflegt. „Halal-Produkte“ wie „Mecca-Cola“ oder modisch gestylte, verschleierte Frauen verweisen auf zunehmend „hybride“ Konsumformen. Damit wird die „Globalisierung“ islamisiert bzw. „glokalisiert“. Es findet eine Art Ökonomisierung und eine zunehmende Entideologisierung des Islams statt (Haenni 2005). In diesem Kontext werden auch die neuen Erscheinungsformen des Glaubens als „Cool Islam“ bezeichnet (Boubekeur/Roy 2009). Anlehnend an Pierre Bourdieu wird das neue Konsumverhalten als Zeichen des Aufstiegs einer neuen Mittelschicht verstanden, welche sich vom Rest der Gesellschaft unterscheidet (Bourdieu 1982).

In Kairo, Istanbul und Ankara existieren moderne und traditionelle Lebens- und Konsumformen nebeneinander. Die Einkaufshäuser, die Musikstraßen und die verbarrikadierten noblen Stadtviertel für die neuen Reichen schmücken das Bild der Stadt im Nahen und Mittleren Osten. In ihrer Studie zu neuen kosmopolitischen Mittelschichten in Kairo beschreibt Koning, anlehnend an Saskia Sassen, die Entstehung von neuen kosmopolitischen Räumen in Kairo, die sie als „Reterritorialisierung der Metropole“ bezeichnet. Die Stadtviertel der „nouveaux riches“ grenzen sich, durch private Schulen, Universitäten, Supermärkte und Starbucks Kaffees, kulturell und architektonisch von den Armen Vierteln von Kairo ab (Koning 2009: 7). Ähnliche Entwicklung sind in den meisten Metropolen des Nahen Osten zu beobachten.

Der globale Konsumismus erreichte also auch breite Teile der nahöstlichen Mittelschichten. Allerdings ist diese Teilnahme am globalen Konsum nicht ein Ergebnis der Industrialisierung und damit auch der Vollbeschäftigung und der Anhebung der Kaufkraft. Diese Entwicklungen ähneln zwar denjenigen Europas im 19. Jahrhundert, unterscheiden sich aber dennoch grundlegend. In Europa führte die Industrialisierung zum Aufstieg neuer marktorientierter und wertkonservativer Mittelschichten, die zum Wahrzeichnen des viktorianischen Zeitalters geworden sind (Hobsbawm 1989).

Problematisch ist nun aber, dass die Mittelschichten in der arabischen Weltregion nicht Ergebnis tiefgreifender struktureller Veränderung und/oder der Integration breiter Schichten in Industrialisierungsprozesse sind, sondern Ergebnis der Intensivierung des rentenbedingten Konsums. So wäre es gewagt, die neu zu beobachtenden Konsumformen in Saudi-Arabien (Shechter 2009) und im Jemen (Stohrer 2009) mit einem Modernisierungsschub oder mit einer erstarkten Autonomie der Zivilgesellschaft zu verbinden. Konsumiert werden vor allem Billigprodukte aus dem informellen Sektor und Produkte aus Asien (Koning 2009: 7).

Empirisch gesehen sind die neuen Konsumimpulse, vor allem bei Frauen und Jugendlichen, nicht auf eine verbesserte Lebenssituation, Beschäftigung oder besseren Zugang zum Arbeitsmarkt zurückzuführen (Touahri 2009). Laut der Arabischen Organisation für Arbeit stieg die Arbeitslosenquote zwischen 1990 und 2000 von 12,7 Prozent auf 15 Prozent. Dabei beträgt die Arbeitslosigkeit in bestimmten Altersgruppen (Jugend und Frauen) und marginalisierten ethnischen/religiösen Gruppen mehr als 40 Prozent (Dajani 2012, zur Arbeitslosigkeit siehe auch Zorob in diesem Band). Der „Arab Human Development Report" von 2009 beziffert die Quote der Armen, die weniger als zwei Dollar zur pro Tag zur Verfügung haben, in der arabischen Welt auf 20,3% der gesamten arabischen Bevölkerung.

Dabei stieg die Zahl der unterernährten Menschen von 19,8 Millionen im Jahr 1990 auf 25,5 Millionen Menschen im Jahre 2004 (Arab Human Report 2009).

Deswegen wird hier die These vertreten, dass der neue Lebensstil eher ein politischer „Code" (De Certeau 1988) ist, den es zu dechiffrieren gilt. Damit ist er eher ein Indiz der Artikulation von bestimmten individuellen Interessen als ein Zeichen der Repräsentation und Distinktion.

Wir gehen davon aus, dass die neu geschaffenen „islamischen Konsum- und Produktionsmilieus" ein Zeichen für die zunehmende Atomisierung der Gesellschaft und für das Ende der Massenbewegungen sind, und damit auch der wachsenden Individualisierung der islamischen Gesellschaften. Zugleich ist ein Desinteresse an organisierter aktiver politischer Beteiligung zu beobachten. So sind in Ägypten, laut einer Studie des Ahram Zentrums für politische und strategische Studien, mehr als 67 Prozent der wahlberechtigten Jugendlichen bei den Wahlen nicht registriert (Shapiro 2009).

Deswegen sind mittelständische und Klein-Unternehmer mit Spezialisierung auf islamische Trend-Produkte, die Loslösung von bestehenden Sexualnormen bei Jugendlichen in islamischen Ländern wie Iran und Ägypten (Bayat 2010), die Schischa rauchenden jungen verschleierten Studentinnen, die Rap-Gruppen mit islamischen Texten oder die Husseyn-Partys im Iran (Bayat 2010) Anzeichen der Unterwanderung der herrschenden Regeln. Die islamischen Grundsätze werden zu Befreiungsinstrumenten. Der modische Schleier wird zum „befreienden Schleier“ und zur Verschleierung individueller Interessen eingesetzt.

Diese neuen Mittelschichten artikulieren sich, indem sie neue Konsumräume und Konsumarten schaffen. Gerade weil diese neuen Gruppen nicht Ergebnis der Kapitalisierung, sondern der Renten sind, und weil sie weiterhin an klientelistische Beziehungen (lokal und national) gebunden sind, entwickeln sie andere Formen von Selbstorganisation (Koning 2009). Diese Gruppen sind nicht mehr in hierarchisch gesteuerten Massenbewegungen organisiert, sondern agieren in Form von neuen sozialen Bewegungen bzw. in Form von „non-movements“, in „collective actions of non-collective actors“ (Bayat 2010: 19). Das wichtigste Merkmal dieser neuen „non-movements“ ist, dass sie im Gegensatz zu den Massenbewegungen keine kollektive Identität hervorbringen. Das „Ich“ steht nun im Mittelpunkt der Aktion und nicht mehr das „Wir“. Im rousseauschen Sinne ist hier die Entmachtung der „volonté générale“ zugunsten der „volonté de tous“ zu beobachten. Gerade weil diese Gruppen individuell zur Verbesserung bzw. Aufrechterhaltung der eigenen Situation agieren, und nicht im Namen der Umma und der Nation, besitzen sie keine gemeinsame politische Agenda und es ist wenig überraschend, dass somit auch die Islamisten bei den ersten freien Wahlen triumphieren (Ouaissa 2012a).

Die heutigen Revolten der Mittelschichten in der arabischen Welt sind Ergebnis des Scheiterns der gesellschaftlichen Sozialutopien und der damit einhergehenden zunehmenden Fragmentierung der Gesellschaft. Primäres Ziel der rentenorientierten Mittelschichten ist die Realisierung von gerechter Verteilung der Renten zur Verwirklichung partikularer bzw. individueller Lebenswelten, wie sie Schultze beschreibt (Schulze 2012). Schulze spricht von der Befreiung der individuellen Lebenswelten von staatlicher Bevormundung. Mit dem Scheitern der staatlich normierten Gesellschaftsmodelle und dem Machtgewinn der individuellen Lebensutopien, wird, anlehnend an Charles Taylor eine post-Durkheimsche Ära eingeleitet, in der eine Trennung zwischen Werten und Normen stattfindet (Schulze 2012: 45f).

Die Protestierenden auf dem Tahrir-Platz forderten Gleichheit, Freiheit und Würde. Jedoch, im Vergleich zu den europäischen Mittelschichten des 19. Jahrhunderts, haben sie faktisch keine strukturellen Druckmittel, um neue gesellschaftliche Modelle durchzusetzen. Es handelt sich um summierte individuelle Frustrationen und weniger um programmatische und politische Gegenentwürfe.

6 Fazit

Wie in der Einleitung schon angesprochen, hängen das politische und das kulturelle Verhalten der Mittelschichten von der Art des von ihnen erwirtschafteten Surplus ab. Die arabischen Mittelschichten seit Anfang des 19. Jahrhunderts sind ein Ergebnis von unterschiedlichen Strategien der Akquirierung von Renten. Die ökonomische Geschichte Europas sowie die Entstehung des Begriffes Rente beweisen, dass Renten in jeder Gesellschaft und in allen Wirtschaftsformen auftreten können. Im Gegensatz zu Profit entstehen Renten durch Marktunvollkommenheiten und dort, wo Marktmechanismen verzerrt sind. Renten erfordern demzufolge unterschiedliche Arten von Monopolen oder politischen Zugriffen.

Die herrschende Elite klientelisiert Gruppen der Gesellschaft durch Schaffung von Arbeit, d.h. marginaler Arbeit, und subventioniert die meisten Konsumgüter. Zugleich führt das Wohlfahrtsangebot, kostenlose Bildung, medizinische Versorgung etc. zur Entstehung von breiten Mittelschichten. Diese Mittelschichten wandern in die Städte, weil solche Angebote in der Regel dort erhältlich sind. Hinzu kommt für die arabische Welt, dass die Agrarwirtschaft aufgrund der besonderen klimatischen Bedingungen sowie der Importstrategien der herrschenden Elite vernachlässigt wird. Die Subsistenzagrarwirtschaft reicht nicht, um die ländliche Bevölkerung zu ernähren. Die Überbevölkerung der Städte verstärkt wiederum den Import von Nahrungsmitteln und anderen Konsumgütern. Die neuen, marginalbeschäftigten Mittelschichten sind aber nicht marktorientiert und marktbedingt im Sinne Webers (Weber 1985), sondern rentenbedingt. Für den algerischen Fall bezeichne ich diese Mittelschichten als „Trabendo-Mittelschichten"[1] (Ouaissa 2012b). Sie konsumieren mehr, als sie produzieren und ihr sozialer Stand hängt damit vom Anteil des von den herrschenden Klassen ausgegebenen Überschusses für Konsum ab. Ich komme hier zum provozierenden Fazit, dass die revoltierenden global konsumierenden arabischen Mittelschichten nicht in der Lage sind die Machtstrukturen radikal zu verändern. Im Gegensatz zu den europäischen Mittelschichten des 19. Jahrhunderts, die durch ihren Konsum die Macht an sich gerissen haben, führt der Massenkonsum in der arabischen Welt zu Intensivierung der Importe und nicht zu Massenbeschäftigung und dadurch zu Verstärkung der Arbeit als Verhandlungsmacht gegenüber den Mächtigen. Der Konsum in der arabischen Welt wird durch unterschiedliche Formen von Renten finanziert. Paradoxerweise führt die Intensivierung von Importen zu Verstärkung der Importmonopolisten im Umfeld der herrschenden Klasse. Trotz der Forderung nach

1 Der Begriff Trabendo stammt aus dem Spanischen und bezeichnet kleine Wiederverkäufer von Waren.

Würde, Freiheit und Gerechtigkeit haben die Mittelschichten kein strukturelles Durchsetzungsinstrument. Dementsprechend wird ein neues Gesellschaftsmodell nicht durchsetzbar sein. Das Konsumverhalten der heutigen arabischen Mittelschichten dient lediglich zur Befreiung der individuellen Lebenswelten bzw. als Distinktionsinstrument gegenüber den subalternen (Bourdieu 1998).

Literaturverzeichnis

Abaza, Mona (2006): Changing consumer cultures of modern Egypt. Cairo's urban reshaping, Leiden, Boston: Brill

Albrecht, Holger/Köhler, Kevin (Hrsg.) (1997): Politischer Islam im Vorderen Orient. Zwischen Sozialbewegungen, Opposition und Widerstand. Baden-Baden: Nomos

Amin, Samir (1976): La nation arabe. Nationalisme et luttes de classes. Paris: Editions de Minuit

Arab Human development Report (2009): Challenges to Human Security in the Arab Countries

Ayubi, N.M. (1980): The Political Revival of Islam. The Case of Egypt. In: International Journal of Middle East Studies 12. 4. 481-499

Batatu, Hanna (1978): The Old Social Classes and the Revolutionary Movements of Iraq. A Study of Iraq's Old Landed and Commercial Classes and of its Communists, Ba'thists, and Free Officers. London: Oxford University Press

Batatu, Hanna (1999): Syria's Peasantry, the Descendants of Its Lesser Rural Notables, and Their Politics. Princeton, New Jersey: Princeton University Press

Barry, Jonathan (1991): Consumer's Passions: The Middle Class in Eighteenth-Century England. In: The Historical Journal 34. 1. 207-216

Bayat, Asef (2010): Life as Politics: How Ordinary People Change the Middle East, Stanford, California: Stanford University Press.

Beinin, Joel/Lockman, Zachary (1987): Workers on the Nile: Nationalism. Communism, Islam and the Egyptian Working Class, 1882-1954. Princeton: Princeton University Press

Beinin, Joel (2001): Workers and Peasants in the Modern Middle East. Cambridge: Cambridge University Press

Bernstein, Deborah/Hasisi, Badi (2008): Buy and promote the national cause': consumption, class formation and nationalism in Mandate Palestinian society. In: Nation and Nationalism 14. 1. 127-150

Boubekeur, Amel/Olivier Roy (2009): Whatever happened to the Islamists? Salafism, Heavy Metal Muslims and the Lure of Consumerist Islam. Columbia, London, New York: Hurst

Bourdieu, Pierre (1982): Die feinen Unterschiede. Kritik der gesellschaftlichen Urteilskraft, Frankfurt am Main: Suhrkamp Verlag

Bourdieu, Pierre (1998): Praktische Vernunft. Zur Theorie des Handelns. Frankfurt am Main: Suhrkamp Verlag

Burke, Edmund III/Lapidus, Ira M./Abrahamian, Ervan (Hrsg.) (1988): Islam, Politics, and Social Movements. Berkeley, Los Angeles: University of California Press

Burke, Edmund III (1991): Changing Patterns of Peasant Protest in the Middle East 1750-1950. In: Kazemi, Farhad/Waterbury, John (Hrsg.) (1991): 24-37

Burke, Edmund III/Yaghoubian, David D. (Hrsg.) (2006): Struggle and Survival in the Modern Middle East. California: University of California Press

Burris, Val (1999): The Old Middle Class in Newly Industrialized Countries. Historical, Comparative and Theoretical Perspectives. In: Hsiao, Hsin-Huang Michael (Hrsg.) (1999): 435-354

Clark, Janine (2004): Social Movement Theory and Patron-Clientelism. Islamic Social Institutions and the Middle Class in Egypt, Jordan, Yemen. In: Comparative Political Studies 37. 8. 941-968

Cohen, Shana (2004): Searching for a Different Future. The Rise of a Global Middle Class in Morocco, Durham, London: Duke University Press

Courbage, Youssef/Todd, Emmanuel (2008): Die unaufhaltsame Revolution. Wie die Werte der Moderne die islamische Welt verändern. München: Pieper

De Certeau, Michel (1988): Kunst des Handelns. Berlin: Merve

Dajani, Jamal (2012): The New Danger in the Middle East: Unemployment. In: http://www.huffingtonpost.com/jamal-dajani/the-new-danger-in-the-mid_b_166696.html (Zugriff am 05.06.2012)

Earl, Peter (1989): The Making of the English Middle Class. Business, Society and Family Live in London, 1660-1730. Berkeley, Los Angeles Oxford: University of California Press

Elsenhans, Hartmut (1994): Decolonisation. From the Failure of the Colonial Export Economies to the Decline of Westernised State Classes. In: The Maghreb Review 19. 1/2. 95-122

Elsenhans, Hartmut (1995): Du malentendu à l'échec? Guerre d'Algérie et tiersmondisme français entre ajustement et engagement libéro-socialdémocrate. In: Maghreb Review 20. 1/4. 38-62

Elsenhans, Hartmut (2001): Das internationale System zwischen Zivilgesellschaft und Rente. Münster: LIT Verlag

Elsenhans, Hartmut (2009): Kapitalismus kontrovers. Zerklüftung im nicht so sehr kapitalistischen Weltsystem. In: Welt Trends Papiere 9

Embong, Abdul Rahman (2002): State-Led Modernization and the New Middle Class in Malaysia. Basingstoke: Palgrave Macmillan

Eppel, Michael (1998): The Elite, The Effendiyya, and the Growth of Nationalism and Pan-Arabism in Hashemite Iraq, 1921-1958. In: International Journal of Middle East Studies 30. 2. 227-250

Ergil, DoGu/Rhodes, Robert I. (1975): Western Capitalism and the Disintegration of the Ottoman Empire. The Impact of the World Capitalist System on Ottoman Society. In: Economy and History 18.1. 41-60

Esposito, John L./Muqtedar, Mohammed A. Khan (2000): Religion and Politics in the Middle East. In: Gerner, Deborah J. (Hrsg.) (2000): 319-343

Gay, Peter (2002): Schnitzler's Century. The Making of Middle-Class Culture 1815-1914. London, New York: Norton & Company

Geiger, Theodor (1930): Panik im Mittelstand. In: Die Arbeit 7. 1. 637-654

Gerner, Deborah J. (Hrsg.) (2000): Understanding the contemporary Middle East. Colorado: Boulder

Gershoni, Israel/ Jankowski, James P. (1995): Redefining the Egyptian Nation, 1930–1945. Cambridge: Cambridge University Press

Goldschmidt, Arthur/Johnson, Amy J./Salmoni, Barak A. (2005): Re-visioning Egypt 1919-1952. Cairo: The American University in Cairo Press

Gran, Peter (1979): Islamic Roots of Capitalism. Egypt, 1760-1840. Austin, Texas, London: University of Texas Press

Haenni, Patrick (2005): L'islam de marché. L'autre révolution conservatrice. Paris: Seuil

Haenni, Patrick (2009): The Economic Politics of Muslim Consumption. In: Pink, Johanna (Hrsg.) (2009): 328-341

Hafez, Ziad (2009): The Culture of Rent, Factionalism, and Corruption: a Political Economy of Rent in the Arab World. In: Contemporary Arab Affairs 2. 3. 458–480

Halpern, Manfred (1963): The Politics of Social Change in the Middle East and North Africa. Princeton: Princeton University Press

Hanna, Nelly (2003): In Praise of Books: a Cultural History of Cairo's Middle Class, Sixteenth to the Eighteenth Century. Syracuse, New York: Syracuse University Press

Henni, Ahmed (1993): Le Cheikh et le Patron. Usages de la modernité dans la réception de la tradition. Alger: Office des publications universitaires

Hobsbawm, Eric J. (1989): Das imperiale Zeitalter. 1875-1914. Frankfurt, New York: Fischer Verlag

Hobsbawm, Eric J. (1995): Die englische middle-class 1780-1920. In: Kocka, Jürgen (Hrsg.) (1995): 85-112

Hourani, Albert (2000): Die Geschichte der arabischen Völker. Frankfurt am Main: Fischer Taschenbuch Verlag

Hsiao, Hsin-Huang Michael (Hrsg.) (1999): East Asian Middle Classes in Comparative Perspective. Taiwan: Academia Sinica Taipei

Ibn Khaldûn, Abd-al-Rahman (1997): Discours sur l'Histoire universelle, Al-Muquddima, Traduit de l'arabe, présenté et annoté par Vincent Monteil. Paris Sindbad

Ibrahim, Saad Edine (1996): Egypt, Islam and Democracy. Twelve Critical Essays. Kairo

James, Lawrence (2006): The Middle Class: A History. London: Little, Brown

Kalecki, Michal (1943): Political Aspects of Full Employment. In: Political Quarterly 14. 322-331

Kazancigil, Ali (1973): La participation et les élites dans un système politique en crise: le cas de la Turquie. In: Revue française de science politique 23. 1. 5-32

Kazemi, Farhad/Waterbury, John (Hrsg.) (1991): Peasants and Politics in the Modern Middle East. Miami: Florida International University Press

Kepel, Gilles (2000): Jihad Expansion et Déclin de l'Islamisme. Paris: Gallimard

Kocka, Jürgen (Hrsg.) (1995): Bürgertum im 19. Jahrhundert. Band I. Einheit und Vielfalt Europas. Göttingen: Vandenhoeck und Ruprecht

Koning, Anouk de (2009): Globaöl Dreams. Class, Gender, and Public Space in Cosmopolitan Cairo. Cairo, New York: The American University in Cairo Press.

Krämer, Gudrun (1986): Ägypten unter Mubarak. Identität und nationales Interesse. Baden-Baden: Nomos Verlag1986

Kurzman, Charles/Naqvi, Ijal (2009): Islamic Political Parties and Parliamentary Elections. In: United States Institute of Peace Working Paper 15. January 2009

Lazreg, Marnia (1976): The Emergence of Classes in Algeria. A Study of Colonialism and Socio-political Change. Boulder, Colo: Westview Press

Leca, J./Vatin, J.C., u.a. (Hrsg.) (1979): Développements politiques au Maghreb, Aménagements institutionnels et processus électoraux. Paris : Edition du Centre National de la Recherche Scientifique

Liaghat, Gholam A. (1980): Changes in a New Middle Class Through the Analysis of Census Data. The Case of Iran Between 1956-1966. In: Middle East Journal 34. 2. 343-349

Lipset, Seymour Martin (1959): Democracy and Working Class Authoritarianism. In: American Sociological Review 24. 482-501

Lockman, Zachary (1994): Workers and Working Classes in the Middle East: Struggles, Histories, Historiographies. Albany, New York: State University of New York Press

Longuenesse, Élisabeth (2007): Profession et Société au Proche-Orient. Déclin des élites, crises des classes moyennes. Rennes: Presse universitaire de Rennes

Losurdo, Domenico (2002): Was ist Fundamentalismus? In: Marxistische Blätter 7

Lübben, Ivesa (2008): Die ägyptische Muslimbruderschaft – Auf dem Weg zur politischen Partei? In: Albrecht, Holger / Köhler, Kevin (Hrsg.) (2008): 75-97

Maher, Stephen (2011): The Political Economy of the Egyptian Uprising. In: Monthly Review 63. 06 (November).

Mitchell, Timothy (2002): Rule of Experts: Egypt, Techno-Politics, Modernity. Berkeley: University of California Press

Moore, Barrington (1969): Soziale Ursprünge von Diktatur und Demokratie. Die Rolle der Grundbesitzer und Bauern bei der Entstehung der modernen Welt. Frankfurt am Main: Suhrkamp

Müller, Herta (2002): Marktwirtschaft und Islam. Ökonomische Entwicklungskonzepte in der islamischen Welt unter besonderer Berücksichtigung Algeriens und Ägyptens. Baden-Baden: Nomos Verlag

Ouaissa, Rachid (2008): Aufstieg und Mäßigung des politischen Islam in Algerien. In: Albrecht, Holger / Köhler, Kevin (Hrsg) (2008): 143-164

Ouaissa, Rachid (2012a): Arabische Revolution und Rente. In: Periplus. Jahrbuch für außereuropäische Geschichte 2012, Berlin. Lit Verlag. 57-77

Ouaissa, Rachid (2012b): Die Revolution bleibt aus. In Algerien erkauft sich das Regime politische Ruhe, in iz3w. Informationszentrum 3. Welt 330. Mai/Juni 2012: 32-33

Ouali, Hacen (2010): La scène politique est secouée par une série de scandales de corruption. In: El Watan, 02.02.2010

Pickel, Susanne (2012): Mittelschichten als Antriebskraft politischer Umbrüche? Lehren aus dem Arabischen Frühling, In: Globale Trends 2013. Frieden. Entwicklung. Umwelt, Stiftung Entwicklung und Frieden. Institut für Entwicklung und Frieden, Frankfurt am Main: Fischer Verlag. 137-155

Pink, Johanna (Hrsg.) (2009): Muslim Societies in the Age of Mass Consumption. Politics, Culture and Identity between the Local and the Global. Tyne Newcastle: Cambridge Scholars

Richards, Alan/Waterbury, John (2008): A Political Economy of the Middle East. State, Class, and Economic Development. Boulder, San Francisco, Oxford: Westview Press

Robinson, Glenn E. (1993): The Role of the Professional Middle Class in the Mobilization of Palestinian Society: The Medical and Agricultural Committees. In: International Journal of Middle East Studies 25. 2. 301-326

Ryzova, Lucie (2004): L'effendiya ou la modernité contestée. Le Caire: Cedej Collection 15/20

Savage, Mike/ Barlow, James/ Fielding, Tony/ Dickens, Peter (1995): Property, bureaucracy and culture. Middle-class formation in contemporary Britain. London: Routledge

Shapiro, Samantha M. (2009): Revolution, Facebook-Style- Can Social Network Turn Young Egyptian into a Force for Democratic Change? New York Times, 25.01.2009

Schulze, Reinhard (2012): Die Passage von politischere Normenordnung zu lebensweltlicher Werteordnung. Erkenntnisse aus dem arabischen Frühling. In: Periplus. Jahrbuch für außereuropäische Geschichte 2012, Berlin. Lit Verlag. 32-56

Schwinn, Thomas 2006: Konvergenz, Divergenz oder Hybridisierung? Voraussetzungen und Erscheinungsformen von Weltkultur. In: Kölner Zeitschrift für Soziologie und Sozialpsychologie 58. 201-232

Shechter, Relli (2005): Reading advertisements in a Colonial/Development Context: Cigarette Advertising and Identity Politics in Egypt, c1919-1939. In: Journal of Social History 39. 2. 483-503

Shechter, Relli (2008): The Cultural Economy of Development in Egypt: Economic Nationalism, Hidden Economy and the Emergence of Mass Consumer Society during Sadat's Infitah. In: Middle Eastern Studies 44. 4. 571-583

Shechter, Relli (2009): Consumer's Monarchy. Citizenship, Consumption, and Material Politics in Saudi Arabia since the 1970s. In: Pink, Johanna (Hrsg.) (2009): 89-104

Singerman, Diane/Amar, Paul (Hrsg.) (2006): Cairo Cosmopolitan. Politics, Culture, and Urban Space in the New Globalized Middle East. Cairo: The American University in Cairo Press

Sluglett, Peter (Hrsg.) (1997): The Urban Social History of the Middle East 1750-1950. Syracuse: Syracuse University Press 2008

Stohrer, Ulrike (2009): Consumption in Yemen: Continuity and Change. In: Pink, Johanna (Hrsg.) (2009): 129-143

Thompson, Elisabeth (2000): Colonial Citizens: Republican Rights, Paternal Privilege, and Gender in French Syria and Lebanon. New York: Columbia University Press

Touahri, Sarah (2009): La classe moyenne au Coeur des débats au Maroc, In: Magharebia, Mai 2009

Tönnis, Ferdinand (2012): Studien zu Gemeinschaft und Gesellschaft. Herausgegeben von Klas Lichtblau. Wiesbaden: VS Verlag

Turner, Bryan S. (1984): Capitalism and Class in the Middle East. Theories of Social Change and Economic Development. London: Heinemann Educational Books

Vatin, Jean-Claude (1974): L'Algérie politique, histoire et société. Paris: Presses de la fondation nationale des sciences politiques

Wahrman, Dror (1995): Imagining the Middle Class: The Political Representation of Class in Britain, c.1780-1840. Cambridge: Cambridge University Press

Watenpaugh, Keith David (2006): Being Modern in the Middle East: Revolution, Nationalism, Colonialism, and the Arab Middle Class. Princeton:Princeton University Press

Weber, Max (1985): Wirtschaft und Gesellschaft. Grundrisse der verstehenden Soziologie. Tübingen: Mohr

Winkler, Onn (2005): Arab Political Demography. Volume one: Population Growth and Natalist Policies, Brighton, Portland: Sussex Academic Press

Zorob, Anja (2011): Aufstand in der arabischen Welt: Wirtschaftliche Hintergründe und Perspektiven. In: Proteste, Revolutionen, Transformationen - die Arabische Welt im Umbruch Arbeitsstelle Politik des Vorderen Orients (Hrsg.), Working Paper Nr. 1: 62-81

Zubaida, Sami (2008): Urban social Movement, 1750-1950. In: Sluglett, Peter (Hrsg.) (1997): 224-253

Zubaida, Sami (2011): Beyond Islam. A New Understanding of the Middle East. London, New York: I.B.Tauris

Welche Rolle für den Islam?

Die Herausbildung eines islamischen Parteienspektrums im post-revolutionären Ägypten – Eine Annäherung

Ivesa Lübben

1 Einleitung

Revolutionen sind lange Prozesse und auch die Revolution in Ägypten ist nicht abgeschlossen. Der Machtkampf zwischen der Zivilgesellschaft und dem *Supreme Council of Armed Forces* (SCAF), der die Macht nach dem Sturz Mubaraks übernommen hat, wird das Land noch lange beschäftigen. Und trotzdem hat sich Ägypten grundlegend geändert. Durch den revolutionären Prozess wurde die bislang eher unpolitische ägyptische Gesellschaft in einem ungeheuren Maße politisiert. Die meisten Ägypter sind noch auf der Suche nach politischen Standorten. Politische Institutionen sind nicht stabil, wie die ersten freien Wahlen eines ägyptischen Parlaments im Dezember 2011 und seine Auflösung durch das Oberste Verfassungsgericht nach nur sechs Monaten gezeigt haben.

Aus den ersten Parlamentswahlen nach dem Sturz Mubaraks waren islamistische Parteien als eindeutige Sieger hervorgegangen. Allein die Liste der von der Muslimbruderschaft gegründeten *Partei der Freiheit und Gerechtigkeit (hizb al-hurriya wal-adala)* konnte 225 der 498 Parlamentsmandate erzielen, gefolgt von den Salafisten, deren Liste 125 Mandate errang. Zusammen mit der kleineren Zentrumspartei (hizb al-wasat), die sich 1996 von der Muslimbruderschaft abgespalten hatte, stellen islamistische Abgeordnete 70% der Abgeordneten des neuen ägyptischen Parlaments.

Aus dem Wahlergebnis lassen sich zwei Schlussfolgerungen für die zukünftige politische Landkarte ziehen. *Erstens*: Der Islamismus oder besser gesagt Ideologien und politische Strömungen, die sich aus dem Islam ableiten, dominieren das Bild. *Zweitens* zeigen die Wahlergebnisse, dass der Islamismus kein homogenes

Phänomen ist. Dies wurde auch durch die Präsidentschaftswahlen unterstrichen, in denen fünf Kandidaten aus dem islamistischen Lager gegeneinander antraten, von denen jedoch zwei durch die Wahlkommission disqualifiziert wurden.

Aber auch Parteien, die sich als liberal bezeichnen, wie die Mutterpartei des ägyptischen Liberalismus, die *Wafd-Partei*[1], haben im Wahlkampf damit geworben, sie würden die islamische Scharia verteidigen. Übergänge zwischen islamistischen und säkularen Parteien sind fließend. Selbst moderne liberale Parteien – wie die nach der Revolution gegründete *Partei der Freien Ägypter (hizb al-misriyin al-ahrar)* oder die junge Sozialdemokratische Partei, haben mehrfach – ob aus Überzeugung oder pragmatischer Erwägungen sei dahingestellt – erklärt, dass sie die Artikel der Verfassung, die den Islam zur Staatsreligion und die shari`a zur Hauptquelle der Gesetzgebung erklären – auch in der neuen Verfassung beibehalten wollen.

Auch wenn es so scheint, als sei die ägyptische Gesellschaft in ein religiöses und ein säkulares Lager gespalten, stellt man beim genauen Hinsehen fest, dass in den meisten Fällen politische und Machtfragen für die Lagerbildung ausschlaggebend waren. Auf den meisten Wahllisten waren islamistische und nicht-islamistische Kräfte vereint.

Manche Beobachter waren überrascht über die Wahlerfolge islamistischer Akteure. Islamisten hätten die Revolution „gekidnappt", war die Schlussfolgerung vieler westlicher Beobachter – ein Fehlschluss. Auch Islamisten waren auf dem Tahrir-Platz und sind Teil der neuen revolutionären Legitimität, wie wir noch zeigen werden. Im Folgenden wollen wir neue Trends innerhalb des *islamischen Feldes* beschreiben. Zunächst soll jedoch der Begriff des Islamismus geklärt werden. Dabei wird zu zeigen sein, dass islamistische Ideologien sich aus kulturell tief verwurzelten autochthonen Weltbildern rekrutieren, mit denen die ägyptischen Muslime ganz andere Werte assoziieren als die westlichen Diskurse über den Islamismus vermuten lassen.[2]

---

1 Die *Wafd* wurde 1918 gegründet. Vor dem Putsch der Freien Offiziere war sie die größte Partei des Landes. Unter Nasser wurde sie verboten, 1983 konstituierte sie sich als Neo-*Wafd*.

2 Die Recherchen zu diesem Artikel wurden Ende Februar 2012 abgeschlossen. Spätere Entwicklungen wie die Implikationen des Präsidentschaftswahlkampfes, bei dem vier islamistische Kandidaten gegeneinander konkurrierten, konnten nicht mehr berücksichtigt werden.

2 Islamismus: Versuch einer Begriffsbestimmung

2.1 Der gesellschaftliche Kontext: Werte und Normen

Der Islam ist wichtiges Element ägyptischer Identität. Die islamische Welt kann auf eine prestigeträchtige Geschichte zurückblicken, in der Kunst, Wissenschaft und Philosophie auch international führend waren. Aber selbst für manche Christen ist er Teil ihrer zivilisatorischen Identität geworden.[3]

> Throughout much of history to be a Muslim was not simply to belong to a faith community or mosque but to live in an Islamic community/state, governed by Islamic law. Historically, Islam has significantly formed and informed politics and civilization, giving rise to vast Islamic empires and states as well as Islamic civilization. (Esposito/Mogahed 2007: 27)

Als Reaktion auf den 11. September haben mehrere renommierte internationale Meinungsforschungsinstitute wie Gallup oder *Pew Research Centers* sich der Erforschung von Meinungen und Einstellungen der Menschen in islamischen Gesellschaften zugewandt. Unter anderem ging es dabei um das Verhältnis von Religion und Politik. Dabei zeigte sich in allen Umfragen, dass die Religion für die meisten Muslime viel mehr ist als eine persönliche Glaubenseinstellung. Nach einer Umfrage, die das Pew-Institut nach der Revolution unter Ägyptern durchgeführt hat, wünschten 62% aller Befragten, dass die neue Verfassung streng koranischen Vorschriften folgen sollte (Pew 2011; 20). 27% sagten, sie solle auf den Werten und Prinzipien des Korans beruhen. In einer Umfrage von Zogby, eines anderen internationalen Meinungsforschungsinstituts, wünschten sich 2010 95 % aller Ägypter, dass der Islam eine Rolle in der Politik spielen solle (Taylor 2011). Die Ergebnisse zeigen, dass islamische Glaubensgrundsätze das Alltagsbewusstsein und die Weltanschauung großer Teile der ägyptischen Gesellschaft prägen und strukturieren. Sie bestimmen die Werte, definieren „Gut" und „Böse" und stellen Handlungsanleitungen zur Verfügung.

Anders als das Christentum kennt der Islam keine Trennung zwischen einer sakralen und profanen Sphäre. Gott als Schöpfer ist für einen gläubigen Muslim manifest in der realen Welt. Er hat dem Menschen, dem die Schöpfung anvertraut wurde, im Koran Regeln mit auf den Weg gegeben, wie er mit dieser Welt um-

3 Einer der Vertreter der zivilisatorischen islamischen Identität der ägyptischen Christen ist Rafiq Habib, ein protestantischer Kopte, einer der beiden stellvertretenden Vorsitzenden der *Partei der Freiheit und Gerechtigkeit*.

zugehen hat. Gott verlangt keine irrationalen Rituale zu seiner Verehrung und keine Askese, seine Anweisungen sind rational und dienen den Interessen der Menschen, der Befriedigung seiner Bedürfnisse – solange dies in einem vernünftigen Maße geschieht – und dem Aufbau ausgewogener sozialer Beziehungen auf der Basis von Gerechtigkeit (*adala*) und Recht (*haqq*), der gegenseitigen sozialen Verantwortung (*takaful ijtima'i*), der Pflicht, sich zur Entscheidungsfindung mit anderen zu beraten (*shura*) und der Menschenwürde (*karama*). Genauso wenig wie Religion und Alltagshandeln nach islamischen Vorstellungen zu trennen sind, lässt sich die Religion von der Politik trennen, ist die Politik doch nur ein Bereich der Organisation gesellschaftlichen Zusammenlebens.[4]

Wenn Muslime heute zu ihren Wurzeln zurückkehren wollen, bedeutet dies nicht, dass sie das Rad der Geschichte zurückdrehen möchten, sondern dass sie die Initiative, die Aufbruchsstimmung und das Prestige der Vergangenheit zurückgewinnen wollen. Sie assoziieren Fortschritt nicht mit westlichen, sondern mit den moralischen und spirituellen Werten des Islam.

Die Zustimmung zur Rolle des Islam in der Politik steht nicht im Widerspruch zu einer parallelen Zustimmung zu demokratischen Werten. In der erwähnten Umfrage des PEW-Instituts sagten 71% aller Ägypter, dass eine moderne Demokratie besser sei als jede andere Herrschaftsform (Pew 2011: 17). Und in einer Gallup-Umfrage meinten 94 % aller Ägypter, dass eine neue Verfassung allen Bürgern Meinungsfreiheit gewähren müsse (Mogahed 2006a: 2). Die übergeordnete Souveränität Gottes steht nach Ansicht der meisten Muslime demokratischen Ordnungen nicht entgegen, sondern bindet sie an Werte. Gerade im Kontext der Diktaturen, die die meisten arabischen Länder seit der Entkolonialisierung beherrschten, stellte das Theorem der Souveränität Gottes ein subversives Moment dar, das den Alleinherrschaftsanspruch von Monarchen und Autokraten infrage stellte. Es implizierte zugleich ein egalitäres Prinzip – nämlich die Gleichheit aller Menschen vor Gott.

Die Zustimmung zu Islam und *Scharia muss nicht in die Theokratie führen*.

> Responses to the Gallup poll indicate that wanting Sharia does not automatically translate into wanting theocracy. Significant majorities in many countries say religious leaders should play no direct role in drafting a country' s constitution, writing national legislation, drafting new laws, determining foreign policy and international relations, or deciding how women dress in public or what is televised or published in newspapers. Others who opt for a direct role tend to stipulate that religious

4 Die Hinweise auf dieses Islamverständnis verdanke ich unter anderem Dr. Farid Abdel Khaleq und Gamal al-Banna.

> leaders should only serve in advisory capacity to government officials. (Esposito/Mogahed 2007: 50)

Unter ägyptischen Frauen ist die Zustimmung zur *Scharia* nicht geringer als die der Männer. Nur eine Minderheit sieht in der Trennung von Religion und Politik die Voraussetzung für die rechtliche Verbesserung der Situation von Frauen. Aber auch diejenigen Frauen, die eine stärkere Rolle des Islam in der Politik befürworten, sprechen sich mehrheitlich für politische Frauenrechte, gleiche Bildungschancen, für Berufstätigkeit und Gender-Parität aus.[5] Sie glauben gerade, dass die *Scharia* ihr *Empowerment* gegen traditionelle Rollenvorstellung unterstützt. Sie bewundern die rechtliche Gleichstellung von Frauen in westlichen Gesellschaften, glauben aber nicht, dass die Übernahme westlicher Werte ein geeignetes Mittel ist, den eignen Fortschritt zu gewährleisten (Mogahed 2006b).6

Es ist dieses Bewusstsein, das politische Ideologien hervorbringt, die die Welt mithilfe religiöser Kategorien und Denkmuster erklären und die islamische Werte zum Leitfaden politischen Handelns machen. Säkularisten haben islamistischen Akteuren wiederholt vorgeworfen, sie würden die religiösen Gefühle der Menschen instrumentalisieren. Dem liegt jedoch ein analytisches Missverständnis zugrunde: Islamische Parteien und Sozialbewegungen sind keine Fremdkörper, sondern sind der institutionelle Ausdruck dieses Massenbewusstseins. Es ist die Gesellschaft, die diese Bewegungen und politischen Akteure generiert.

Islamistische Akteure und Bewegungen sind nicht homogen. Sie repräsentieren unterschiedliche soziale Schichten und Klassen, Generationen und soziokulturelle Milieus und stehen in unterschiedlichen intellektuellen Traditionen. Sie geben unterschiedliche Antworten auf die Herausforderungen, vor denen das nach-revolutionäre Ägypten steht und haben unterschiedliche Prioritäten. Keine der großen politischen Strömungen in der arabischen Welt zeichnet sich zur Zeit durch eine so große Entwicklungsdynamik und innere Heterogenität aus, wie die islamistische Bewegung(en).

---

5 Vgl. hierzu auch den Beitrag von Annette Jünemann in diesem Band.

6 Laut der Gallup-Umfrage, sprechen sich 62% aller muslimischen Ägypterinnen dafür aus, dass die Scharia einzige Quelle der Gesetzgebung, 28% wollen, dass die Scharia eine Quelle der Gesetzgebung sein soll. Nur 1% lehnen Scharia-Bezüge in der Verfassung ab. 9 % geben an, keine Meinung zu der Frage zu haben. (Mogahed 2006b)

2.2 Formen des Islamismus

Auch wenn der Begriff *Islamismus* seit dem 11. September in der medialen Öffentlichkeit mit der Konnotation des Terrorismus verwendet wird, so bezeichnet er ursprünglich in Analogie zu anderen politischen -Ismen (Liberalismus, Sozialismus) eine Ideologie, die sich aus islamischen Quellen ableitet. In der ägyptischen Studentenbewegung der 70er Jahre nannten sich die Anhänger islamischer Gruppen *Islamisten (islamiyyun)*, um sich von den Vertretern sozialistischer (*ishtirakiyyun*) und kommunistischer (*shuyu'iyyun*) Gruppen absetzen zu können.[7] Islamistische Strömungen gibt es nicht nur in Ägypten, sondern in allen islamischen Ländern.

> Islamismus ist in Konkurrenz zu anderen ideologischen Systemen als moderne Ideologie entstanden, die als Gegenentwurf zur westlichen Moderne artikuliert wird...Durch Rückbesinnung auf die authentischen Werte des Islam sollen die idealen Werte der Goldenen Frühzeit schöpferisch erneuert werden, um – nach den Jahrzehnten kultureller Entfremdung durch den Kolonialismus – eine eigene Moderne zu begründen, die ihren spezifischen Beitrag zum universal menschlichen Projekt der Weltzivilisation leistet. (Meier: 32)

Man kann jedoch kaum von *dem* Islamismus sprechen, da es sehr unterschiedliche Formen des Rückgriffs auf religiöse Quellen gibt. Diese reichen von einer wortgenauen Anwendung koranischer Vorschriften und detailgetreuer Imitation der Verhaltens- und Lebensweise des Propheten, über kontextgebundene Interpretationen oder die Aneignung moderner Politik-Konzepte mit Begriffen, die dem islamischen Vokabular entnommen wurden[8] bis zu einem flexiblen Rekurs auf islamische Werte. Diese verschiedenen Formen der Bezugnahme auf islamische Quellen eröffnen unterschiedliche Interpretationsspielräume, angefangen bei starren fundamentalistischen Diskursen bis hin zu pragmatisch-flexiblen Formen politischen Denkens. Innerhalb der großen Bandbreite von Strömungen, die man als islamistische Bewegung bezeichnen kann, ist grob zwischen militanten und nicht-militanten Gruppen zu differenzieren sowie zwischen Bewegungen, deren Priorität die Sozialreform von unten ist, und anderen, die eher machtori-

7 Der Begriff wurde dann in den 80er Jahren von Gilles Keppel in die französische Diskussion eingeführt. Später wurde er auch in Deutschland und im angelsächsischen Raum übernommen, wo er den Begriff des Fundamentalismus ersetzte. (vgl. Kramer 2003)

8 Wenn z.B. das traditionelle *shura*-Konzept mit dem Konzept der Demokratie gleichgesetzt wird oder das *khalifat* als moderner Staatenbund neu-interpretiert wird.

entiert sind. Die wichtigsten Strömungen innerhalb des für Ägypten relevanten sunnitischen Islam sind:

Erstens: Die Muslimbruderschaft, die 1928 in Ägypten als Reform- und antikolonialistische Organisation gegründet wurde gilt als Mutter- und bis heute bedeutendste Bewegung des politischen Islam. Heute gibt es in fast allen arabischen Ländern Abteilungen der Muslimbruderschaft.

Zweitens: Die zweitwichtigste Strömung sind die Salafisten, die sich streng an die religiösen Quellentexte – den Koran und die Überlieferungen des Propheten – sowie das Vorbild der Altvorderen – die Salaf – halten. Sie sind stark vom saudischen *Wahabismus* geprägt.

Drittens: In den 90er Jahren haben sich in einigen Ländern wie Ägypten und Jordanien die sogenannten *Wasat-Parteien* – das kann sowohl Zentrums- wie moderate Partei bedeuten – von der Muslimbruderschaft abgespalten. Sie stehen für einen konservativen islamischen Liberalismus und orientieren sich an der türkischen AKP.

Viertens: Ein politisierter Sufi-Islam. Die meisten Sufis halten sich von der Politik fern. Sie sind in mystischen Orden organisiert, die von Scheichs geführt werden, denen ihre Anhänger übersinnliche Fähigkeiten zusprechen. Über ekstatische Tänze versuchen sie, Gott näher zu kommen. Trotzdem haben sich einzelne Sufi-Bewegungen, wie die Mahdi-Bewegung im Sudan, in bestimmten historischen Konstellationen immer wieder politisiert.

Fünftens: Hybride Formen des Islamismus, die eine Synthese zwischen islamistischem und nationalistischem oder sozialistischem Gedankengut repräsentieren. Ein arabisch-islamischer Nationalismus wird z.B. von dem Sudanesen Hasan al-Turabi vertreten, der in den 90er Jahren als Gegenentwurf zur Muslimbrüder-Internationalen einen Nationalistisch-Islamischen Volkskongress ins Leben gerufen hatte, dem neben islamistischen Parteien auch arabisch-nationalistische Parteien angehörten. In der Geschichte der islamistischen Bewegungen gab es auch wiederholt Versuche der Begründung eines islamischen Sozialismus. Neuerdings sind auch so genannte postislamistische Gruppierungen in Erscheinung getreten, die islamistische Haltungen in der Gesellschaft zwar voraussetzen, jedoch nicht mehr zum Thema politischer Auseinandersetzungen machen.

Sechstens: Militante islamistische Gruppen. Dazu gehören in Ägypten vor allem die *Islamische Gruppe (jama` at al-islamiyya)* und der islamische *Jihad*, die gemeinsam für die Ermordung des Ex-Präsidenten Sadat verantwortlich sind. Die militanten Gruppen folgen ähnlich der Salafisten einer strikten Islamauslegung, jedoch mit einer stärkeren Betonung von Fragen der politischen Machtausübung. (vgl. Lübben/Fawzy 2004)

Islamistische und nicht-islamistische politische Gruppierungen lassen sich, wie bereits erwähnt, nicht immer klar voneinander abgrenzen. Viele der bürgerlichen Parteien wie die ägyptische *Wafd*, die *Dustur-Partei* in Jordanien oder die *Istiqlal*-Partei in Marokko betonen in ihren Programmen die islamische Identität ihrer Länder, verteidigen islamische Prinzipien bei der Gesetzgebung – vor allem in Fragen des Familienrechts – und würden sich kaum als säkular bezeichnen. Auch die meisten Verfassungen arabischer Länder beziehen sich auf den Islam, sei es, dass der Islam Staatsreligion ist, der Präsident Muslim sein muss oder die *Scharia* Quelle der Gesetzgebung ist.

Allen Islamisten gemein ist, dass sie sich auf die *Scharia* stützen. Es gibt unter ihnen jedoch sehr heterogene Auffassungen darüber, was *Scharia* bedeutet. Erst vor dem Hintergrund dieser Flexibilität und Vielfältigkeit von *Scharia*-Auffassungen wird die Heterogenisierung der islamischen Bewegung in Ägypten plausibel. Etymologisch bedeutet *Scharia Weg zur Tränke*, im übertragenen Sinne auch *Weg zu Gott*. Gott hat im Koran Richtlinien für ein gottgefälliges Verhalten gegeben und Grenzen (*huddud*) benannt, die nicht überschritten werden dürfen. Die Scharia ist kein Gesetzbuch, sondern eine Gesetzestradition, auf deren Basis vier in der sunnitischen Rechtstradition anerkannte Rechtsschulen entstanden sind. Aber selbst diese Rechtsschulen sind nicht statisch, sondern kennen Instrumente der flexiblen Rechtsfindung.[9] Islamische Reformer im 19. Jahrhundert forderten die Wiedereröffnung des *ijtihads*, der selbstständigen Auslegung religiöser Texte. Heute dienen die Rechtsschulen zwar als Referenz für Gesetzgebungsprozesse, ohne jedoch in ihren Details verbindlich zu sein. Auch wenn Salafisten noch immer jedes gesellschaftliche und politische Handeln aus einem autoritativen Text ableiten, ist für andere Islamisten jedes Gesetz *Scharia*-konform, solange es nicht in eklatantem Widerspruch zu koranischen Vorschriften steht. Auch *fatwas*, theologische Rechtsgutachten, sind rechtlich nicht bindend. Muslime können sich der *fatwas* bedienen, die ihren Lebensumständen angepasst sind.

> In this regard, Muslims participate in a free market of religious thought – a flexibility that may account for both the resilience and diversity of Islam across time and geography. (Esposito/Mogahed 2007: 55)

9 Es gibt vier unterschiedliche Rechtsschulen im Islam. Flexible Instrumente der Rechtsfindung sind beispielsweise der Konsens *(ijma'), der Analogieschluss (qiyas) oder das gesellschaftliche Interesse (maslaha).*

3 Die Rolle islamistischer Kräfte während der Revolution

Es gibt manche Missverständnisse über die ägyptische Revolution und die sie tragenden politischen Kräfte. Der französische Politologe Oliver Roy bestreitet, dass Islamisten eine Rolle auf dem Tahrir gespielt hätten.

> Look at those involved in the uprisings, and it is clear that we are dealing with a post-Islamist generation... The members of this young generation aren't interested in ideology: their slogans are pragmatic and concrete – 'Erhal!' or 'Go now!'. Unlike their predecessors in Algeria in the 1980s, they make no appeal to Islam; rather, they are rejecting corrupt dictatorships and calling for democracy. (Roy 2011)

Auch wenn es richtig ist, dass auf dem Tahrir-Platz keine religiösen Forderungen gestellt wurden, so haben sich Islamisten *erstens* aktiv an der Revolution beteiligt, auch wenn sie als solche nicht in Erscheinung traten, *zweitens* hat religiöse Symbolik der Revolution ihren Stempel aufgedrückt, wenn auch nicht im klassischen Sinne von Forderungen nach islamischen Herrschaftsformen und *drittens* kennen auch islamistische Diskurse Trennungen zwischen religiösem und politischem Feld, nur das anders als im säkularen Kontext im islamistischen Denken das Politische gedanklich eingebunden ist in religiöse Bedeutungszusammenhänge.

Die Demonstrationen zum Anlass des *Festes der Polizei* am 25. Januar 2011, die zum Auftakt der Revolution wurden, waren von einem Bündnis von Jugendorganisationen vorbereitet worden, dem auch die Muslimbrüder-Jugend angehörte. Die Demonstration war als Teil einer Eskalationsstrategie geplant, die die Wiederwahl Husni Mubaraks oder die Inthronisierung seines Sohns Gamal verhindern sollte. Die Forderungen der Demonstration bündelten die Anliegen der verschiedenen sozialen Bewegungen, die in den letzten Jahren entstanden waren[10]: Rücktritt des Innenministers, Aufhebung des Ausnahmezustandes, Auflösung des Parlaments, das erst 2010 mit dem größten Wahlfälschungsskandal Ägyptens gewählt worden war, ein neues Wahlgesetz, mehr soziale Gerechtigkeit und die Einführung von Mindestlöhnen. Alle politischen Bewegungen verpflichteten sich, auf Sonderforderungen und Parteisymbole zu verzichten, um die Bewegung nicht zu schwächen.

Auch wenn ihre Jugend Teil des Jugendbündnisses war, rief die Führung der Muslimbrüder aus Angst vor Repressionen zunächst nur indirekt zur Teilnahme

10 In den Jahren vor der Revolution entstanden viele unabhängigen Arbeiterkomitees, Jugendgruppen und Protestbewegungen, wie Es ist genug! (*kifaya*), die schon 2005 gegen die Wiederwahl Mubaraks protestierte.

an der Demonstration auf.[11] Nachdem aber klar wurde, dass sich die Demonstrationen zu einem Volksaufstand ähnlich dem in Tunesien entwickelten, warf die Muslimbruderschaft ihr ganzes Gewicht in die Waagschale, um der Revolution zum Durchbruch zu verhelfen.

Die Muslimbruderschaft hielt sich strikt an die Abmachungen und verzichtete auf Fahnen und eigene Parolen. Sie wollte dem Regime keinen Vorwand für angedrohte Massenverhaftungen liefern. Die Revolution sollte nicht wie eine Konfrontation zwischen Islamisten und Regierung erscheinen, ein Bild, das vom Mubarak-Regime oft genug bemüht wurde, um Repressionsmaßnahmen gegen die Opposition vor der internationalen Medienöffentlichkeit zu rechtfertigen. Und sie wusste, dass die Einheit der Bewegung der wichtigste Garant ihres Erfolges war. Deswegen betonten die Muslimbrüder in einem Aufruf vom 26. Januar:

> Die Muslimbrüder sind eine umfassende islamische Körperschaft. Ihre Söhne sind integraler Teil der ägyptischen Gesellschaft. Sie teilen mit dieser Gesellschaft Freud und Leid und alle Sorgen. Sie rufen ihre eigenen Söhne und die Brüder mit denen sie die Heimat teilen – Muslime und Nicht-Muslime – auf, sich gemeinsam für Rechtschaffenheit und Wohltätigkeit einzusetzen. (al-Arian 2011: 124)

Die Muslimbrüder haben mehr als alle anderen Kräfte unter der Repression des Mubarak-Regimes gelitten. Allein in den letzten zehn Jahren vor der Revolution wurden 30 000 von ihnen verhaftet (Yassin 6.11.2011). Ihre Differenzen mit dem Mubarak-Regime waren in erster Linie politischer, nicht religiöser Art. Denn anders als im westlichen Ausland oft wahrgenommen, war Ägypten auch unter Mubarak kein laizistischer oder säkularer Staat. Im Gegenteil instrumentalisierte das Regime apolitische Formen des Volksislam wie die Sufi-Orden, die schon unter Nasser der staatlichen Kontrolle unterstellt worden waren, als Gegengewicht gegen die Muslimbrüder, die stärkste Oppositionsbewegung. In den letzten Jahren förderte die Staatssicherheit konservative Salafi-Prediger, die den liberaleren Muslimbrüdern islamische Legitimität entziehen sollten.

Die wenig institutionalisierte Bewegung der Salafisten war in sich gespalten. Ein Teil von ihnen blieb Mubarak, dem *amir al-muʿminin* (Führer der Gläubigen), treu. Die Revolution betrachteten sie als illegitime Rebellion (*khuruj ala al-ha-*

11 So erklärte die Muslimbruderschaft, dass ihre Jugend und die ehemaligen Parlamentsabgeordneten an der Demonstration teilnehmen würden. Die Berichterstattung in den Medien der Muslimbruderschaft über die Vorbereitungen des 25. Januars war durchgehend positiv, so dass viele Mitglieder das als indirekten Aufruf für eine Teilnahme verstanden.

kim) oder ausländische Verschwörung. Andere Scheichs der Salafiyya-Bewegung waren vom ersten Tag an auf dem Tahrir, während eine dritte Gruppe erst einmal abgewartet hat und sich erst dann, als schon alles zugunsten der Revolutionäre entschieden zu sein schien, auf den Tahrir begab (Hijazi 24.7.2011).

Auch viele, vor allem junge Geistliche der islamischen Azhar-Universität, der wichtigsten theologischen Einrichtung im sunnitischen Islam, schlossen sich den Demonstrationen an. Sie hatten keine islamischen, sondern weltliche Forderungen, die sich kaum von denen anderer gesellschaftlicher Gruppen unterschieden: Sie wandten sich gegen die Ausspitzelung der Moscheen durch die Staatsicherheit und gegen Zensurmaßnahmen des Religionsministeriums, forderten bessere Arbeitsbedingungen und Aufstiegschancen, Festeinstellungen und eine menschenwürdige Entlohnung. Hier liegt auch der Unterschied zur islamischen Revolution im Iran. Während es der Geistlichkeit im Iran um die Wiederherstellung ihrer Macht ging, versuchten sich die ägyptischen Azhariten mit ihren profanen Anliegen von der Bevormundung durch die Staatsmacht zu emanzipieren und sich in die Gesellschaft zu re-integrieren.

Aber auch wenn die Forderungen der Revolution profan waren, war Religion Teil des gelebten Alltags auf dem Tahrir. Um sich Mut zu machen, beteten die Menschen vor den Polizeiketten. Freitags hielten unter dem Schutz der Muslime erst die Christen auf dem Tahrir-Platz einen Gottesdienst ab, während dann Christen den Schutz für das muslimische Freitagsgebet organisierten. Immer wieder sah man muslimische Scheichs und Priester Arm in Arm über den Tahrir gehen, während der eine demonstrativ das Kreuz oder die Bibel hob, zeigte der andere einen Halbmond oder einen Koran als Zeichen der durch die Revolution gewonnen Einheit der verschiedenen Konfessionen.

> Während der ‚Revolution' wurde der Religion eine spirituelle Kraft gegen die autoritären Strukturen des allgemeinen Polizeistaates zugesprochen, eine integrative Wirkung für die Ägypter angesichts gefährlicher Konflikte. Demonstranten, Muslime wie Kopten, haben sich durch das gemeinsame Gebet gestützt, sich Mut im Aufstand gegen das repressive Regime zugesprochen und sich für die gegenseitige Akzeptanz und Toleranz ausgesprochen. Man trat gemeinsam für Freiheit, soziale Gerechtigkeit und Gleichheit ein. Diese übergeordnete, das Volk ideell vereinende Rolle der Religion wurde im innerägyptischen Diskurs als wünschenswerte Entwicklung der Nation und als für den Zusammenhalt und die künftige Zusammenarbeit aller Bürger Ägyptens förderlich bewertet. (Hefny:84)

4 Islamistische Parteien in der post-revolutionären Übergangsphase[12]

Durch den Sturz des Mubaraks-Regimes entstand ein Machtvakuum, das zwar an der Spitze provisorisch vom SCAF gefüllt wurde, aber die Kooptions- und Herrschaftsmechanismen des alten Regimes sind mit der Revolution weitgehend zusammengebrochen. Dadurch sind neue Freiräume und Gestaltungsräume für eine durch die revolutionären Ereignisse stark politisierte Bevölkerung entstanden. In diesem Prozess wurden die unterschiedlichsten gesellschaftlichen Gruppen und subkulturellen Milieus, die ohne voneinander zu wissen nebeneinander existierten, in die Öffentlichkeit gespült. Die Revolution hat aber auch neue politische Kräfte – vor allem unter der Jugend, innerhalb der Arbeiterschaft und den Slums – generiert.

In diesem Prozess hat sich das Politikverständnis der ägyptischen Gesellschaft grundlegend geändert. Bislang beschränkte sich auch die Opposition auf die Ablehnung einer von oben aufoktroyierten Politik, ohne selber konstruktiv Gegenmodelle und Utopien zu entwickeln. Jetzt muss die Gesellschaft ihr Schicksal selber in die Hand nehmen. Dazu bedarf es neuer Mechanismen gesellschaftlicher Aushandlungsprozesse.

> My feeling is that we are witnessing a second wave of the Arab liberation movement ... In the first wave, the Arabs liberated themselves from colonial powers and foreign domination. I think now, the very heart of the Arab world, the backbone of the Arab world, is leading the move towards freedom and democracy and human rights,

So beschrieb der Historiker Bashir Nafi den historischen Moment in der Geschichte Ägyptens gegenüber dem Fernsehsender al-Jazeera.[13]

Die Revolution hat die politische Landkarte des Landes völlig neu geordnet. Parteien, die am Rande der Legalität agierten, wurden legalisiert. Bislang vom Regime kontrollierte Institutionen konnten sich von der staatlichen Bevormundung emanzipieren und treten nun als unabhängige soziale Akteure in Erscheinung. Soziale Bewegungen politisierten sich. Soziale- und Altershierarchien wurden außer Kraft gesetzt. Vor allem unter der Jugend entstanden ganz neue Netzwerke.

---

12 Das folgende Kapitel beruht im Wesentlichen auf den Ergebnissen einer Feldstudie im Oktober und November 2011 in Ägypten.

13 http://blogs.aljazeera.net/middle-east/2011/01/30/live-blog-311-egypt-protests. Der Blog wird gemeinsam von verschiedenen Korrespondenten erstellt. Er ist wie ein Nachrichtenticker gestaltet. Letzter Zugriff 10.1.2012.

Und die *politische Straße*, die *mayadin*[14] wie die zentralen urbanen Plätze heißen, sind zum eigenständigen politischen Machtfaktor geworden. Geradezu symbolisch für diese neue politische Macht ist der Tharir Platz im Zentrum Kairos geworden.

Die neuen Kräfte müssen über Programmatiken reflektieren, Kommunikationsnetzwerke zu ihrer potentiellen Klientel herstellen, sich zueinander positionieren und Strategien des Übergangs zu einer neuen revolutionären Legitimität aushandeln. In diesem dynamischen Prozess sind dutzende neuer Parteien entstanden, von denen trotz der restriktiven Einschränkungen des neuen Parteiengesetzes[15] circa dreißig bislang zugelassen wurden: darunter jeweils acht liberale und islamistische Parteien, die links-liberale sozialdemokratische Partei und die linke sozialistische Volksallianz. Hinzu kommen mehrere kleinere, von Mitgliedern der ehemaligen Regierungspartei NDP (Nationaldemokratische Partei) gegründete Parteien, den so genannten fulul-Parteien.[16] Andere Parteien befinden sich im Gründungsprozess.

Während sich die Programmatiken der liberalen Parteien kaum voneinander unterscheiden, zeichnet sich innerhalb des aus den Wahlen als Sieger hervorgegangen islamistischen Parteienspektrums die größte Entwicklungsdynamik und Heterogenität ab, wie im Folgenden gezeigt werden soll.

4.1 Die Gründung der Freedom and Justice Party (FJP) als politischer Arm der Muslimbruderschaft

Die Muslimbrüder waren der größte politische Widersacher des Mubarak-Regimes. Offiziell waren sie seit 1954 verboten, wurden aber seit dem Amtsantritt des Ex-Präsidenten Sadat 1970 und später unter Mubarak toleriert. Das Verbot hing trotzdem weiter wie ein Damoklesschwert über der Organisation: Immer wenn sie zu stark zu werden drohten, schlug das Regime mit Massenverhaftungen und Militärprozessen zurück.

Trotzdem gelang es der Muslimbruderschaft, ein weitverzweigtes Netz aus Sozialvereinen, Schulen, Krankenhäusern und Moscheen zu begründen. Die islamische Studentenbewegung der 70er Jahre führte ihnen neue Mitglieder zu, die

---

14 *mayadin* ist der Plural von *midan* (Platz)

15 Aufgrund des vom SCAF verkündeten neuen Parteiengesetzes müssen neue Parteien um legalisiert zu werden 5000 notariell beglaubigte Vollmachten von Gründungsmitgliedern aus mindestens 10 Provinzen vorlegen.

16 *Fulul* bedeutet (schäbige) Reste, damit sind die „Reste“ des alten Regimes gemeint.

später in den Berufsverbänden aktiv wurden. Die Verbände der Ärzte, Rechtsanwälte, Pharmazeuten und der Ingenieure standen unter dem Einfluss der hierarchisch organisierten Muslimbrüder. In den letzten zehn Jahren konnte sie auch Einfluss in der Arbeiterschaft gewinnen.

Seit den 1080er Jahren beteiligten sie sich an Wahlen – manchmal auf den Listen anderer Parteien, manchmal als unabhängige Einzelkandidaten. Ihren größten Wahlerfolg hatten sie 2005, als sie mit 88 unabhängigen Abgeordneten ins Parlament einzogen. Die „Block" – ein Fraktionsstatus wurde ihnen verweigert – der Muslimbrüder professionalisierte die Arbeit. 2007 legte die Muslimbruderschaft – obwohl weiter illegal – erstmals einen Entwurf für ein Parteiprogramm vor. Sie beziehe ihre Legitimität nicht von einem selber nicht legitimierten Regime, sondern vom Volke, war die Begründung. (al-Arian 2005) Bei den Wahlen 2010 scheiterten sie aufgrund der massiven Wahlfälschungen.

Nach der Revolution waren die Muslimbrüder die erste Bewegung, die den Anforderungen des neuen Parteiengesetz gerecht wurde. Am 30. April 2011 erklärte die Muslimbruderschaft auf einer Pressekonferenz die Gründung der *Freedom and Justice Party (FJP).* Unter den 9000 Gründungsmitgliedern waren etwa tausend Frauen und einhundert Christen. Formal ist die Partei unabhängig von der Muslimbruderschaft. Die neuen Führungsmitglieder der Partei legten demonstrativ ihre Ämter innerhalb der Muslimburderschaft nieder. Die Partei nimmt auch Mitglieder auf, die nicht der Muslimbruderschaft angehören. So ist der zweite stellvertretende Vorsitzende Rafiq Habib ein ägyptischer Christ.

In dem Wahlslogan *Die Partei, die die Muslimbrüder für das ägyptische Volk gegründet hat* kommt die Ambivalenz des Selbstverständnisses der Partei zum Ausdruck. Denn auch wenn die Partei versucht sich als eine Volkspartei zu etablieren, bleibt das Verhältnis symbiotisch: Über strategische Fragen wird gemeinsam beraten, die Partei hält sich an die von der Muslimbruderschaft vorgegebene Linie, auch wenn sie in tagespolitischen Fragen offener ist. Die Muslimbruderschaft will dafür sorgen, dass eine Parität von 50:50 zwischen Muslimbrüdern und Nicht-Muslimbrüdern gewahrt bleibt. Während der Parlamengtswahlen war es klar, dass die Mitglieder der Muslimbruderschaft geschlossen der FJP ihre Stimme gaben. Auf Beschluss des Führungsbüros dürfen Muslimbrüder, die sich politisch engagieren wollen, ausschließlich der FJP beitreten.

Nachdem viele der während der Revolution aktiven Jugendfunktionäre eine eigene Partei gründeten, wurden sie aus der Muslimbruderschaft ausgeschlossen. Außerdem wurde das ehemalige Führungsmitglied Abdel Menem Abu Futuh – ein bekannter Reformer – ausgeschlossen, nachdem er seine Kandidatur für die Präsidentschaft angekündigt hatte. Die Muslimbruderschaft hatte zuvor erklärt, dass sie keinen Kandidaten zur Präsidentschaft aufstellen werde.

4.2 Der Aufstieg des Salafi-Islam

Anders als die gut organisierten Muslimbrüder sind die Salafisten eine heterogene, kaum institutionalisierte Bewegung, deren Anhänger sich um einzelne Scheichs sammeln oder in bestimmten Moscheen treffen. Allen Salafisten gemeinsam ist, dass sie jedes Handeln, auch im Alltag, auf religiöse Referenzen aus dem Koran oder der Sunna des Propheten stützen, wobei es durchaus Abweichungen zwischen einzelnen Scheich gibt, je nachdem auf welche Textstellen er sich bezieht. Das macht sie einerseits dogmatischer, andererseits aber auch flexibler: Sobald einem die *fatwas* (religiöse Rechtsurteile) des einen Scheichs nicht liegen, wendet man sich einem anderen zu. So heterogen die Bewegung, so heterogen ist auch ihre Genese. Traditionelle ägyptische Sozialorganisationen wie die *jami`at al-shari`a (Die Scharia-Vereinigung)* oder die *ansar al-sunna (Anhänger der Sunna)* vermittelten ein salfistisches Gesellschaftsbild. Manche der Scheichs haben an theologischen Seminaren in Saudi-Arabien studiert. Die *da`wa salafiya (Der salafistische Ruf)* in Alexandrien ging wie auch die mittlere Generation der Muslimbrüder, die Gründer der *Wasat*-Partei oder die radikale *jamaa al-islamiya (Islamische Gruppe)* in Oberägypten, aus der islamischen Studentenbewegung der 70er Jahre hervor.

Unter Mubarak erklärten die meisten salafistischen Scheichs Politik und Demokratie für *haram* (religiös unzulässig). Für das Regime waren sie ein willkommenes Gegengewicht gegen die oppositionelle Muslimbruderschaft. Manche Scheichs sollen auch mit der Staatsicherheit gegen die Regime-Gegner zusammengearbeitet haben.[17] Andere sahen aufgrund der mangelnden politischen Spielräume keinen Sinn in der politischen Arbeit und beschränkten sich auf die islamische *dawa*, die Islamisierung der Gesellschaft. Nach der Revolution änderte sich das schlagartig. In kürzester Zeit entstanden fünf salfistische Parteien, von denen die größte die *Partei des Lichts (hizb al-nur)* ist, die durch die *da`wa salafiya* in Alexandrien gegründet wurde.[18]

17 So beklagte der Sprecher der *Nur-Partei*, Nader Bikar, dass die gesamte Salafi-Bewegung dafür verantwortlich gemacht würde, dass die Öffentlichkeit nicht zwischen den verschiedenen Strömungen der Salafis unterscheiden könne und deswegen die gesamte Salafi-Bewegung der Kollaboration mit dem alten Regime verdächtigt wird: http://www.youtube.com/watch?feature=player_embedded&v=WvaM3F8mTuI#!, letzter Aufruf 15.3.202

18 Weitere salafistische Parteien sind die hizb al-fadila (Partei der Tugend), von der sich die hizb al-asala (Partei der Authenzität) abspaltete, sowie die kleinere hizb al-islah (Partei der Reform) und die hizb misr al-bina (Partei des Aufbaus Ägyptens).

Das Verhältnis der Salafisten zur Muslimbruderschaft ist widersprüchlich. Einerseits haben sie sich einen erbitterten Wahlkampf geliefert, in dem es nicht nur um Parlamentssitze ging, sondern auch um grundsätzliche Fragen wie die anzustrebende Form des künftigen Islamismus. Andererseits gibt es auch immer wieder inhaltliche Überschneidungen und pragmatische Kooperationen – gerade im religiösen und lokalen Kontext.

4.3 Die Domestizierung des radikalen Islam

Die radikale *Islamische Gruppe (jama'a al-islamiyya)*, die in den 90er Jahren durch Anschläge auf Politiker, Christen und touristische Ziele von sich reden machte, verkündete 1997 einen einseitigen Waffenstillstand. In den nächsten fünf Jahren unternahm die im Gefängnis einsitzende Führung der *Islamischen Gruppe* eine selbstkritische theologische Auseinandersetzung mit ihrer eigenen Vergangenheit. Daraufhin wurden in den folgenden Jahren tausende von Häftlingen vom Mubarak-Regime freigelassen, unterlagen aber dem Verbot der politischen Betätigung. Erst nach der Revolution durften ehemalige *jama'a*-Kämpfer aus Afghanistan und Pakistan nach Ägypten zurückkehren.

Die Islamische Gruppe zeigte durch eine Goodwilltour, dass sie sich konstruktiv politisch integrieren will. Im April 2011 entschuldigte sie sich auf einer Großveranstaltung in Luxor offiziell bei den Kopten des Landes und beteiligte sich mehrfach zusammen mit der Kirche bei Schlichtungsversuchen interkonfessioneller Zusammenstöße in oberägyptischen Dörfern. Im Herbst 2011 unternahm sie eine Werbekampagne zur Förderung des Tourismus in Luxor, wo 1997 der Anschlag auf den Hatschepsut-Tempel stattfand, bei dem 68 Touristen ums Leben kamen.[19]

Nach der Revolution begann die *Islamische Gruppe*, die sich anders als der *Islamische Jihad* als Massenorganisation versteht, ihre alten Netzwerke in Oberägypten wiederzubeleben. Wie die Muslimbruderschaft gründete sie eine politische Partei, die *Partei des Aufbaus und der Entwicklung (hizb al-bina wal tanmiya)*. Der Partei wurde zunächst die Zulassung verweigert, da sie in ihrem Parteiprogramm die Einführung koranischer *huddud*-Strafen fordert. Dies stände im Widerspruch zum neuen Parteiengesetz, das die Gründung von Parteien auf religiöser Grundlage verbietet, argumentierte das Parteienkomitee. Die *Islamische*

19 Dieser Anschlag fand nach dem Waffenstillstand durch die *jama'a al-islamiya* statt. Man vermutet, dass *al-qa'ida*-nahe Elemente, die den Waffenstillstand torpedieren wollten, dafür verantwortlich waren.

Gruppe legte erfolgreich vor dem Verwaltungsgericht Widerspruch ein. Die Forderung nach *huddud*-Strafen sei durch den Artikels 2 der ägyptischen Verfassung gedeckt, wonach die *Scharia* Hauptquelle der Gesetzgebung sei, urteilte das Gericht. Seit Oktober 2011 ist die Partei offiziell zugelassen.

Auch der Mitbegründer des ägyptischen *Islamischen Jihad*, Kamal Habib, hat eine Partei, die Partei des *Wohlergehens und der Entwicklung (hizb al-salama wal-tanmiya)* gegründet. Kamal hatte schon Anfang der 90er Jahre der Gewalt abgeschworen. Aber statt wie die *Islamische Gruppe* einen Waffenstillstand mit dem Staat zu verhandeln, suchte Habib die Aussöhnung mit der Zivilgesellschaft. Das zeigt sich auch in der Politik des *Jihads* nach dem Abtritt Mubaraks. Während die *Islamische Gruppe* und ihre Partei dem Militärrat bei der Wiederherstellung der Sicherheit Unterstützung zugesagt hatte, demonstrierten *Jihad*-Mitglieder regelmäßig mit der revolutionären Jugend auf dem Tahrir-Platz für die Fortsetzung der Revolution. Aber auch das Verhältnis der *Islamischen Gruppe* zum Militärrat ist inzwischen distanzierter, da sie. wie auch die Muslimbrüder und revolutionäre Jugendgruppen, eine Sonderrolle des Militärs in der zukünftigen politischen Ordnung ablehnt.

4.4 Die Politisierung der Sufis

Auf dem Land, in der islamischen Altstadt Kairos, in den Städten des Deltas und in Qena und Luxor in Oberägypten hat der mystische Islam hat eine lange Tradition. Zu den Heiligenfesten, die oft Volksfestcharakter haben, reisen oft Hunderttausende an. Die Schätzungen reichen von 12 bis 20 Millionen Sufi-Anhängern (Jonathan Brown 2011). Schon Gamal Abdel Nasser unterstützte die unpolitischen Sufis als willkommenes Gegengewicht zum politischen Islam. Wie auch die Azhar-Universität ließ Nasser den *Obersten Rat der Sufi-Orden* verstaatlichen. Dessen Vorsitzender, der sog. *shaikh al-mashaiyyikh* – ein Amt auf Lebenszeit – wird durch den Präsidenten ernannt, allerdings auf Vorschlag der Versammlung der Scheichs, die in der Regel den ältesten unter ihnen benennen. Die Sufi-Orden waren dem Regime loyal. Dafür mischte sich das Regime nicht in die innere Angelegenheit der Orden ein.

Dieses Gleichgewicht wurde in den letzten Monaten des Mubarak-Regimes durchbrochen. 2010 ernannte der Präsident ohne vorherige Konsultationen Abdel Hadi al-Qasabi zum neuen *shaiks al-mashaiyyikh.* Die anderen Scheichs fühlten sich übergangen, denn al-Qasabi war einer der jüngsten unter ihnen und gehörte einem kleinen unbedeutenden Orden an, der nur Beobachterstatus im *Obersten Rat der Sufis* hatte – aber er war Mitglied der damals herrschenden NDP. Im

Namen von Ordnung und Sicherheit wurden die Heiligenfeste mit immer mehr Restriktionen belegt und schließlich Sufis mit Polizeigewalt während eines *dhikrs* – den liturgischen Tänzen – aus der Sayyida Zainab-Moschee geworfen. Daraufhin bildete sich im Sommer 2010 die *Sufi-Reformfront (jabhat al-islah al-sufi)*. Der Scheich des Azamiyya-Ordens, Abu Madi al-Azaim, kündigte die Gründung einer regimekritischen Partei an.

Die Politisierung der Sufis hattc also schon vor der Revolution eingesetzt. Wiederholte Angriffe von Salafisten auf Heiligenschreine der Sufis in den ersten Wochen nach der Revolution bewirkten einen weiteren Politisierungsschub. Man wollte einer befürchteten Salafisierung des Landes entgegentreten. Am 5. September 2011 wurde die von Abu Azaim gegründete *Ägyptische Befreiungspartei (hizb al-tahrir al-misri)*[20] offiziell zugelassen. Sie versteht sich als liberale Partei mit islamischer Referenz. Die *Befreiungspartei* unterhält gute Beziehungen zu Sufi-Orden im Iran und teilt mit diesem die Angst vor der Ausbreitung eines konservativen, von Saudi-Arabien geprägten Islam wahabitischer Prägung. Bei den Wahlen unterstützen die Sufis die liberale Parteienkoalition. Ihnen selber gelang es nicht, Abgeordnete ins Parlament zu entsenden, was auch auf die mangelnde politische Erfahrung zurückzuführen ist. Das kann sich jedoch in den nächsten Jahren ändern, wenn es ihnen gelingt, ihre eher a-politischen bäuerlichen Anhänger in den Sog der Politisierung zu ziehen.

4.5 Ein liberaler Islamismus?

Die erste Partei überhaupt, die nach der Revolution zugelassen wurde, war die *Zentrumspartei (hizb al-wasat)*. Ihre Gründer hatten bereits drei Mal einen Antrag auf Zulassung beim Parteienkomitee gestellt, der jedes Mal abgelehnt worden war. Acht Tage nach dem Amtsabtritt Mubaraks hob das Oberste Amtsgericht diese Entscheidung auf. Die Partei war damit legalisiert.

Die *Zentrumspartei* hatte sich in den 1990er Jahren von der Muslimbruderschaft abgespalten. Die Gründer um Abu Ala Madi und Essam Sultan warfen der Mutterorganisation mangelnde interne Demokratie und politische Flexibilität vor und forderten eine größere Öffnung gegenüber anderen gesellschaftlichen Gruppen. Madi und Sultan hatten ihre politische Karriere – wie so viele andere Islamisten – in der Studentenbewegung der 1970er Jahre begonnen. Der Islam ist für die *Zentrumspartei* eher ein zivilisatorisches denn ein religiöses Projekt. Das

20 Sie ist nicht zu verwechseln mit der international agierenden *hizb al-tahrir*, die keine Nationalstaaten anerkennt und das islamische Kalifat wieder herstellen möchte.

öffnet ihren Diskurs für Christen und Liberale. Trotzdem fühlen sich viele Gründer dem Erbe der Muslimbrüder verbunden. Dies gilt jedoch nicht mehr für die vielen jungen Mitglieder, von denen die meisten der Partei nach der Revolution beigetreten sind.

Im Mai 2011 schien sich das Szenario zu wiederholen, als zwei der aktivsten Jugendkader der Muslimbrüder, Islam Lutfi und Muhammed Qassas, ankündigten, sie würden eine eigene Partei, die *Partei der ägyptischen Strömung (hizb al-tayar al-misri)* gründen. Das war ein Schlag für die Muslimbrüder, hatten die beiden doch die Bewegung im Revolutionären Jugendbündnis vertreten. Auf einem Kongress im März 2011 hatten jugendliche Mitglieder eine größere Präsenz von Jugend und Frauen auf allen Leitungsebenen der Muslimbrüder gefordert. Nachdem die Jugend jedoch nicht in die Gründung der *Freedom and Justice Party* einbezogen worden war, beschlossen sie gemeinsam mit anderen AktivistInnen der Revolution eine eigene Partei zu gründen, die sich als post-islamistisch verstehen.

Am liberalen Rand der Muslimbrüder hat es wiederholt Abspaltungen von Mitgliedern gegeben, die an der internen Hierarchie Anstoß nahmen. Im April 2011 kündigte Khaled Zaafarani, ein ehemaliges Mitglied des Konsultativ-Rates der Muslimbrüder, die Gründung der *Partei der Renaissance (hizb al-nahda)* an, der sich inzwischen auch der ehemalige stellvertretende *murshid* der Muslimbrüder, Mohammed Habib, angeschlossen hat. Khaled Da'ud gründete in Alexandrien die *Partei der Führung (hizb al-riyada)*. Mitglieder beider Parteien kandidierten bei den Parlamentswahlen auf den Listen der *Zentrumspartei*, jedoch ohne Erfolg. Trotzdem will man weiter kooperieren. Kontakte bestehen auch zu Amr Khaled, einem vor allem unter jungen Menschen beliebten charismatischen Prediger. Der aus Ägypten stammende Khaled hat in den 1990er Jahren eine internationale Bewegung, *Lifemakers (sinaa al-hayat)* ins Leben gerufen, die junge Muslime dazu animieren will, ihr Leben selber in die Hand zu nehmen und in ihren jeweiligen Kontexten sozial aktiv zu werden, sei es in der Altenbetreuung, in Umwelt- oder Entwicklungsfragen oder durch Kulturinitiativen. Amr Khaled, der inzwischen aus seinem Exil in Großbritannien nach Ägypten zurückgekehrt ist, hat ebenfalls angekündigt eine Partei mit dem Namen *Renaissance-makers (sinaa al-nahda)* zu gründen.[21]

Man kann auch die Partei der *Reform und der Renaissance (hizb al-islah wal-nahda)* als liberal-islamistische Partei bezeichnen, wenn auch ihre Gründungsmitglieder, die in der Mehrzahl studierte Azhariten sind, mit ihren langen Bärten optisch eher den Salafisten gleichen. Sie ist aus einer gleichnamigen stark entwicklungsorientierten Bewegung hervorgegangen, die 1998 von dem charisma-

21 Gespräch mit Khaled Da'wud in Alexandrien am 21. November 2011

tischen Rechtsgelehrten Hisham Mustapha Abdel Aziz gegründet worden war. Auch wenn sie mit den Salafis die enge Rückkoppelung ihres Handelns an den Koran teilt, leiten sie im Gegensatz zu den Salafisten ein sehr liberales politisches und gesellschaftliches Weltbild aus diesen Quellen ab, das dem der Salafisten diametral entgegen steht.

Insgesamt spiegelt das liberale islamistische Lager vielfältige Segmente der ägyptischen Gesellschaft, vor allem unter jungen Berufstätigen, wider. Die meisten von ihnen haben eine religiöse Identität, verstehen diese aber nicht als politisches Dogma. Religiosität wird vorausgesetzt. Deswegen sind sie offen für die Lösung anderer profaner Fragen und die Kooperation mit anderen Strömungen auf der Basis des gegenseitigen Respekts.

> This generation is pluralist, undoubtedly because it is also individualist... Many of them are religious believers, but they keep their faith separate from their political demands. (Roy 2011)

Das liberal-islamistische Lager ist eher undogmatisch und offen, zugleich aber unstrukturiert und wenig institutionalisiert. Deswegen kann es [noch] nicht mit den anderen islamistischen Strömungen konkurrieren. Um so mehr sich das demokratische System Ägyptens jedoch festigt und die noch jungen liberal-islamistischen Parteien reifen, könnten sie eine zunehmend einflussreiche Rolle spielen und auf die anderen islamistischen Strömungen – vor allem auf Teile der Muslimbruderschaft – ausstrahlen. Wie stark das Lager inzwischen ist, hat sich bei den Präsidentschaftswahlen gezeigt, bei denen Abdel Menem Abu Futuh, mit 17 % der Stimmen auf den vierten Platz kam. Abu Futuh galt lange als der Repräsentant des Reformflügels der Muslimbrüder, bevor er im Frühjahr 2011 aus der Bewegung ausgeschlossen wurde, nachdem er gegen den Parteibeschluss seine Kandidatur für die Präsidentschaft angekündigt hatte. Abu Futuh, der von den liberalen islamistischen Parteien unterstützt wurde, könnte zu einer zentralen Figur bei der Annäherung und Institutionalisierung der verschiedenen liberal-islamistischen Strömungen werden.

5 Kontroversen des Übergangs

Die ägyptische Revolution hatte keine Führer. Das war zugleich ihre Stärke, wurde aber nach dem Sturz des Regimes zu ihrer Schwäche, denn es gab keine gemeinsame Strategie des Übergangs. Während auf dem Tahrir noch Einmütigkeit herrschte, tauchten die ersten Risse schon im Zusammenhang mit dem Verfassungsreferendum vom 19. März 2011 auf, wobei sich die Auseinandersetzung um so grundsätzliche Fragen wie die zukünftige Identität des Staates mit taktischen Diskussionen um die Roadmap des Übergangs mischten.

5.1 Islamischer oder Ziviler Staat

Bei dem Referendum vom 19. März 2011 wurde über acht Verfassungsartikel abgestimmt. Dadurch sollte der Weg zu demokratischen Neuwahlen des Parlaments – das alte war unmittelbar nach Übernahme der Macht durch den SCAF aufgelöst worden – frei gemacht werden.[22] Es sollte dann Aufgabe des Parlaments sein, eine verfassungsgebende Versammlung einzuberufen.

Die meisten islamistischen Strömungen votierten für ein *Ja*: ein *Ja* zur Verteidigung der *Scharia* nach Lesart der Salafisten – obwohl die Frage nach der Rolle des Islam in der Verfassung bei der Abstimmung gar nicht zur Debatte stand. Die Salafisten versuchten sich durch diese Kampagne als zukünftigen politischen Player ins Spiel zu bringen. Die meisten liberalen Kräfte sowie die koptischen Kirchen optierten ihrerseits für Nein – ein Nein für einen zivilen (sprich: säkularen) Staat.[23] Sie forderten eine neue Verfassung noch vor den Wahlen, da sie befürchteten, dass Wahlen gut organisierte Kräfte wie die Muslimbrüder begünstigen würden, die dann einen entscheidenden Einfluss auf die Verfassungsgebende Versammlung haben würden.

Diese verbale Polarisierung der Lager entlang religiöser Linien verdeckte die Tatsache, dass die verschiedenen islamistischen Akteure völlig unterschiedliche Beweggründe und Argumentationsmuster hatten. Die Muslimbrüder erklärten mehrfach, dass es ihnen bei dem Verfassungsreferendum nicht um Fragen der *Scharia* ginge, sondern um einen klaren und realistischen Weg des Übergangs. Das Land brauche so schnell wie möglich gewählte Vertretungsorgane, um zur Stabilität zurückzukehren. Ähnlich argumentierte die *Wasat*-Partei. Auch den

22 Durch die Verfassungsänderung wurde die Kandidatur zur Präsidentschaft erleichtert, die Amtsperiode auf zwei Legislaturperioden beschränkt und eine unabhängige Wahlkommission eingerichtet. Allerdings nahm der SCAF das Referendum für eine Verfassungserklärung zum Vorwand, durch die er seine eigene führende Position im Staate festschrieb, ohne dass dies Thema des Referendums war.

23 Die Forderung nach einem zivilen Staat (i.S.v. „*civil state*") steht im Zentrum der Auseinandersetzungen. Während die Linke und ein Teil der liberalen Kräfte damit einen säkularen Staat verbinden, verstehen die MB unter *civil state* einen bürgerlichen Rechtsstaat auf islamischer Grundlage. Civil state bedeutet für sie die Antithese zu einerseits Theokratie, andererseits Militärdiktatur.

77% der Ägypter, die den Verfassungsänderungen zustimmten, ging es vielen vor allem um die Stabilität und nicht um die Religion.

In dem Versuch, die Polarisierung zwischen Islamisten und Nicht-Islamisten innerhalb der revolutionären Bewegung zu überwinden, rief die Muslimbruderschaft unmittelbar nach der Verkündung des Abstimmungsergebnisses gemeinsam mit der liberalen *Wafd*-Partei zur Bildung der *Demokratischen Allianz* auf. Ziel war die Bildung eines konsensfähigen Blocks der politischen Mitte im Vorfeld der Verfassungsdiskussion. Zwischenzeitlich gehörten der Demokratischen Allianz etwa 40 Parteien aus dem islamistischen, nationalistischen und liberalem Lager an.

Die *Demokratische Allianz* zerbrach jedoch bei dem Versuch eine gemeinsame Wahlliste aufzustellen. Kleinere Parteien warfen der Muslimbruderschaft vor, die Listen dominieren zu wollen. Trotzdem zeigt sie, dass es eine breite politische Mitte in Ägypten gibt, die versucht Prinzipen eines Rechtsstaates und der islamischen Identität des Staates zu vereinen. In ihrem Grundsatzdokument, das für die meisten politischen Kräfte auch nach Auseinanderbrechen der Allianz Referenz für die Verfassungsdiskussion blieb, sprachen sich die beteiligten Parteien für einen „demokratischen Staat, der auf Bürgerrechten, Rechtstaatlichkeit, dem Prinzip der Volkssouveränität und Gewaltenteilung beruht" aus.24 Zugleich solle der Islam in der neuen Verfassung als Staatsreligion festgeschrieben werden. Der Artikel 2 der Verfassung von 1971, der die Prinzipien der *Scharia* zur Hauptquelle der Gesetzgebung erklärt, solle beibehalten werden. Im Mittelpunkt müsse dabei die Verwirklichung von zentralen Werten der *Scharia* wie Freiheit, das Prinzip der gegenseitigen Beratung (*shura*), Gerechtigkeit und soziale Verantwortung stehen. Religiösen Minderheiten stände es frei, ihr Familienrecht nach eigenen religiösen Vorschriften zu gestalten.[25]

Auch die islamische Azhar-Universität hat versucht, sich in die Debatte einzumischen und einen gemäßigten Islam der Mitte zu propagieren. In einer *Charta der Azhar*, die gemeinsam mit liberalen Intellektuellen des Landes erarbeitet wurde, heißt es, Ägypten sei ein „demokratischer, nationaler, moderner Verfassungsstaat".[26] Es wird konstatiert, dass die zeitgenössische Form der *shura* der modernen Demokratie entspräche. Religionsfreiheit und das Recht der Minderheiten auf ein eigenes Familienrecht wird anerkannt. Die Azhar verzichtet auf

---

24 *Maan nabda - mubadara min jjl misr (Gemeinsam beginnen wir – Initiative für Ägypten)*, http://ikhwanonline.com/new/Article.aspx?ArtID=80725&SecID=210 siehe Fußnote 10

25 ebenda

26 Siehe: http://www.25yanayer.net/?p=11030 letzter Zugriff 21.2.2012

eine politische Rolle. Der Islam lehne eine Theokratie ab, heißt es in dem Dokument. Über die Verfassungsmäßigkeit von Gesetzen könne nur das oberste Verfassungsgericht befinden. Die Initiative der Azhar hat die politische Mitte gestärkt und die Kontroverse zwischen Säkularisten und Islamisten entschärft. Die *Charta der Azhar* wurde von allen christlichen Kirchen und auch von den liberalen Kräften begrüßt. Nur die Salafisten meldeten Vorbehalte gegen das Dokument an, weil es neben islamischen auch für nicht-religiöse Referenzen offen ist.

5.2 Die politische Strategie: Revolutionäre versus verfassungsmäßige Legitimität

Der Kontroverse um die islamische Identität des Staates folgte eine zweite Kontroverse um die Strategie der Weiterführung der Revolution. Die revolutionären Jugendorganisationen riefen, unterstützt von liberalen und linken Parteien, im Verlauf des Jahres 2011 regelmäßig zu Massendemonstrationen auf dem Tahrir-Platz auf, um den Druck auf den SCAF zu erhöhen, die ausstehenden Forderungen der Revolution, wie die strafrechtliche Verfolgung der Schergen des alten Regimes oder die Säuberung der Sicherheitsapparate, einzulösen. Je mehr sich der Konflikt zuspitzte umso mehr griff das Militär zu den gleichen Repressionsmitteln wie das alte Mubarak-Regime: Schüsse auf Demonstranten; sexuelle Übergriffe gegen Aktivistinnen; über 12 000 Schellgerichtsverfahren vor Militärgerichten allein im ersten Jahr nach der Machtübernahme durch den Militärrat.[27] Im Februar 2011 hatte sich der SCAF noch hinter die Revolution gestellt, aber es wurde immer deutlicher, dass es der Militärführung weniger um die Revolution ging, sondern darum, die korporativen Sonderinteressen des Militärs, die es seit dem Militärputsch von 1952 innehatte, auch in die nach-Mubarak-Ära hinüberzuretten.[28]

Während die Auseinandersetzungen eskalierten, zogen sich die Muslimbrüder und die meisten Salafi-Parteien vom *Tahrir* zurück, was ihnen den Vorwurf einbrachte, der Revolution in den Rücken gefallen zu sein und aus eigener Machtstrategie eine Koalition mit dem Militär eingegangen zu sein. Die Muslimbrüder

27 Regelmäßige Updates zu den Militärgerichtsverfahren finden sich auf der Website der Kampagne *No to Military trials*: http://www.nomiltrials.com/ Siehe Fußnote 10

28 So versuchte der SCAF schon im Vorfeld der Verfassungsdiskussion über das von Ali Silmi vorge-legte Verfassungsdokument dem Militär eine Rolle als „Hüter der Verfassung" zuzuschreiben. Außerdem solle der Militäretat nach Vorstellungen Silmis allein vom Militär kontrolliert werden. http://egytimes.org/2011/11/noscaf-constitution/. Letzter Aufruf am 21.6.2012

bestritten das, meinten aber, dass sich Massendemonstrationen als Druckmittel irgendwann abnutzen würden. Sie stellten stattdessen der revolutionären eine reformistische Strategie entgegen und konzentrierten sich auf den Aufbau ihrer Institutionen, die Gründung der Partei und die Vorbereitung von Wahlen. Nach ihrer Auffassung sollte die revolutionäre in eine konstitutionelle Legitimität überführt werden. Ein demokratisch gewähltes Parlament statt der Straße sollte dafür einstehen, dass die noch ausstehenden Forderungen der Revolution erfüllt würden. Die Muslimbrüder erklärten, dass ein zukünftiger Sonderstatus des Militärs unakzeptabel sei, gleichzeitig vermieden sie aber eine direkte Konfrontation mit dem Militär, da sie diesem keinen Vorwand geben wollten, den Weg der Verfassungsreform zu torpedieren.

Die Spaltung der Revolution in Anhänger einer revolutionären und einer reformorientierten Strategie zog sich auch durch die islamistischen Parteien, meist entlang der Altersgruppen. Auch ohne das grüne Licht ihrer Organisation zog es viele der jungen Muslimbrüder und Salafis auf den Tahrir, während die Parteiführungen zwar das Prinzip der Demonstrationsfreiheit betonten, sich selber jedoch fernhielten.

6 Schlussbetrachtung: Heterogenität und Pragmatisierung der islamistischen Politik

Bei den Wahlen traten die Islamisten nicht als homogener Block auf, sondern verteilten sich über verschiedene Wahlallianzen, wobei die meisten mit nicht-islamistischen Parteien kooperierten. Selbst die salafistischen Parteien hatten sich anfänglich der *Demokratischen Allianz* angeschlossen. Dies war ein Tabubruch, hatten die salafistischen Rechtsgelehrten doch zuvor sowohl die Bildung von Parteien, demokratische Wahlen wie auch jegliche Kooperation mit liberalen Kräften abgelehnt. Der später folgende Bruch der Salafisten mit der *Demokratischen Allianz* hatte vor allem wahltaktische Gründe. Sie bildeten gemeinsam mit der *Islamischen Gruppe* die *Islamische Allianz*, die einzige Wahlallianz, der nur islamische Kräfte angehörten. Auf den Listen der *Freedom and Justice Party* der Muslimbrüder kandidierten sowohl liberale, wie auch nasseristische Persönlichkeiten, wie der Gründer des unabhängigen Gewerkschaftsverbandes, Kamal Abu Eita. Die ehemaligen Jugendaktivisten der Muslimbrüder bildeten gemeinsam mit dem revolutionären Jugendbündnis und einigen kleineren Linksparteien den Block *Die Revolution geht weiter (al-thaura mustamirra),* während die Sufis das liberale Parteienbündnis *Ägyptischen Block (al-kutla al-misriyya)* unterstützten und die kleineren Abspaltungen der Muslimbrüder auf den Listen der *Wasat-Par-*

tei kandidierten. Dieses etwas verworrene Bild der politischen Landkarte zeigt, dass mit Ausnahme des *Islamischen Blocks* islamistische Akteure Wahlallianzen nicht nach ideologischen, sondern nach politischen und wahltaktischen Erwägungen schlossen.

Die Politik der Islamisten wird umso pragmatischer, je stärker sie in den politischen Prozess und in Staatstrukturen integriert sind. Nicht ideologische Überzeugungen, sondern politisch-taktische Überlegungen liegen den meisten Entscheidungen und ihrer Revision zugrunde. So hatten die Muslimbrüder zunächst angekündigt, sie würden bei den anstehenden Präsidentschaftswahlen keinen eigenen Kandidaten aufstellen und auch keinen der drei anderen islamistischen Kandidaten unterstützen. Das Land sei nicht reif dafür, im regionalen und internationalen Kontext würde dies zu Spannungen führen. Dass sie hier eine politische Kehrtwendung vollzogen, ist auf Machtüberlegungen zurückzuführen. Nach ihrem Wahlerfolg weigerte sich der SCAF eine Regierung unter Führung der Muslimbrüder zu bilden. Die Präsidentschaft sollte den Weg zur Beteiligung an der Exekutive freimachen. Zuvor hatten sich Vertreter der Muslimbruderschaft mit Repräsentanten der meisten westlichen Staaten getroffen, um mögliche Widerstände im Westen gegen einen islamistischen Kandidaten auszuräumen. Dabei hatten sie versichert, dass sie sich an internationale Verträge – auch an den Friedensvertrag mit Israel – halten werden.

Diese Pragmatisierung lässt sich selbst unter einem Teil der Salafisten konstatieren. Nachdem im Frühjahr 2011 lokale Gruppen von Salafisten wiederholt Kirchen und Grabmäler von Sufi-Scheichs überfallen hatten, erklärte der einflussreiche Sheich Abdel Menem Shahat, dass die Salafisten zwar die von den Sufis praktizierte Anbetung von Gräbern ablehnten, die Zerstörung bezeichnete er jedoch als Kriminaldelikt, das im Islam verboten sei. Nach dieser Stellungnahme Shahats hörten die Angriffe auf die Gräber auf. Die Salafisten sind eine unorganisierte Basisbewegung. Aber die Politiker unter ihnen mussten erkennen, dass solche lokalen Auswüchse dem Image der Gesamtbewegung in der Öffentlichkeit schadeten. Aus diesem Grunde versuchten sie über die *Bildung eines Rates der Rechtsgelehrten (majlis schura al-ulama)* ein Mindestmaß an geistiger Autorität und Führung über die Bewegung zu institutionalisieren. (vgl. Brown, Jonathan 2011)

Auch unter den salafistischen Parteien beginnt sich die pragmatischere Logik der Politik auf Kosten ideologischer Fundamentalpositionen durchzusetzen. Als Abdel Menem Shahhat, ein bekannter Prediger der *dawa salafiya* nach den Wahlen verkündete, die Salafisten lehnten eine Koalition mit liberalen Parteien ab, erklärte die Führung der *Partei des Lichtes*, nicht die Scheichs sondern die Partei würde über die Politik befinden.

Literatur

al-Arian, Issam (2011): yaumiyat al-thaura (Tagebuch der Revolution). Kairo: mu' assasat al-bedaya

al-Arian, Issaam (2005): al-ikhwan al-muslimun wa tahadiyat al-mustaqbal [Die Muslimbrüder und die Herausforderungen der Zukunft], in: al-mujtamaa, 25.12.2005.

Albrecht, Holger/Köhler, Kevin (2008) Politischer Islam im Vorderen Orient – Zwischen Sozialbewegung, Opposition und Widerstand. Baden-Baden: Nomos Verlag

Brown, Jonathan (2011): Salafis and Sufis in Egypt, Carnegie Papers, Washington, December 2011. Siehe: http://carnegieendowment.org/files/salafis_sufis.pdf

Brown, Nathan (2011): The Post-Revolutionary al-Azhar. Washington: Carnegie Endowment for International Peace. Carnegie Papers, September 2011. Siehe: http://carnegieendowment.org/files/al_azhar.pdf

Brown, Nathan (2012): When Victory becomes an Option – Egypt's Muslimbrotherhood confronts success. Washington: Carnegie Endowment for International Peace. Carnegie Papers, January 2012. Siehe: http://carnegieendowment.org/files/brotherhood_success.pdf

El-Amrani: Sightings of the Egyptian Deep State. Middle East Research an Information Project. 1. Januar 2012. Siehe: http://www.merip.org/mero/mero010112

Esposito, John L. und Dalia Mogahed (2007): Who speks for Islam – What a billion Muslims Really Think. New York: Gallup Press

Hassan, Salah al-Din: kharita al-turq al-sufiya fi misr, siehe: http://islamyoon.islamonline.net/servlet/Satellite?c=ArticleA_C&cid=1237705769426&pagename=Islamyoun%2FIYALayout

Hefny, Assem: Religiöse Referenzen im politischen Raum während und nach der ägyptischen „Revolution" (mit Anmerkungen zur Säkularismus-Debatte), in: GAIR-Mitteilungen 2011. 82-91

Hijazi, Safwat: in der Sendung shahid `ala al-`asr am 24.7.2011. Siehe: http://www.aljazeera.net/programs/pages/64227192-b9a8-415c-8912-a89eb75d5970

Ismael, Selwa: Being Muslim: Islam, Islamism and Identity Politics. In: Government and Opposition, Volume 39, Number 4. Autumn 2004. 614–631

Kepel, Gilles (1995): Der Prophet und der Pharao. Piper, München 1995

Kramer, Martin: Coming to terms: Fundamentalists or Islamists. In: Middle East Quarterly, Volume X, Number 2. Spring 2003. 65-77

Lübben, Ivesa (2008): Die ägyptische Muslimbruderschaft – auf dem Weg zur politischen Partei? In: Albrecht/Köhler: 75-97

Lübben, Ivesa/Issam Fawzi (2004), Die ägyptische jama`a al-islamiya und die Revision der Gewaltstrategie. Hamburg: Deutsches Orient Institut. DOI-Focus, Nr. 15

Lübben, Ivesa/Issam Fawzi, Ein neuer islamischer Parteieinpluralismus in Ägypten? Hizb al-Wasat, Hizb al-Shari' a und Hizb al-Islah als Fallbeispiele , in Orient 41. 2000. 229-281

Meier, Andreas (1994): Der Politische Auftrag des Islam. Programme und Kritik zwischen Fundamentalismus und Reformen. Wuppertal: Peter Hammer Verlag

Mogahed, Dalia (2006a): Islam and Democracy. Washington: The Gallup Center for Muslim Studies.

Mogahed, Dalia (2006b): Perspectives of Women in the Muslim World. Washington: The Gallup Center for Muslim Studies.

PEW Reserach Center (2011): Egyptians Embrace Revolt Leaders, Religious Parties and Military, As Well, PEW Global Attitude project, 25.4.2011. Siehe: http://www.pewglobal.org/files/2011/04/Pew-Global-Attitudes-Egypt-Report-FINAL-April-25-2011.pdf

Roy; Oliver: This is not an Islamic Revolution, in New Statesman, 15.2.2011. Siehe: http://www.newstatesman.com/religion/2011/02/egypt-arab-tunisia-islamic

Taylor A. Barnette: Zogby Polls Reveal Egyptian Opinions on U.S., Religion, and More: http://www.pculpa.com/moderatesindependents/37-blog-entry/206-zogby-polls-reveal-egyptian-opinions-on-us-religion-and-more.html (21.6.12)

Yassin, Usama: in der Sendung shahid `ala al-`asr (Zeitzeuge) am 6.11.2011: http://www.aljazeera.net/programs/pages/d4c306c3-701c-4642-9be3-43eeefb44f5f

Geschlechterdemokratie für die Arabische Welt

Die EU-Förderpolitik zwischen Staatsfeminismus und Islamismus

Annette Jünemann

1 Einleitung

Obwohl Frauen maßgeblich zum „Arabischen Frühling" des Jahres 2011 beitrugen, indem sie sich an der Initiierung und Durchführung der Proteste beteiligten, spielen sie bei der Neuordnung der politischen Strukturen in den Arabischen Transformationsländern keine vergleichbare Rolle mehr (vgl Agapiou-Josephides/Benoit-Rohmer: 2012). Nicht alle sind gewillt, das Ausbleiben einer geschlechterspezifischen Revolutionsdividende zu akzeptieren und so fordern viele Frauen – individuell oder organisiert – Teilhabe an den neu entstehenden politischen Strukturen. Ihr Engagement kommt zur rechten Zeit, denn die Etablierung von Geschlechterdemokratie ist kein Luxus, dem man sich erst zuwendet, wenn alle anderen Probleme der Transformation gelöst sind. Ganz im Gegenteil gilt es das Zeitfenster zu nutzen, in dem die Weichen für die künftigen Ordnungen in Politik und Gesellschaft gestellt werden, also Verfassungen und Wahlgesetzte entstehen, sich neue politische Eliten formieren und neue Wirtschaftsstrukturen etabliert werden. Wenn Frauen sich mit ihren geschlechterspezifischen Forderungen nicht von Anfang an in den Transformationsprozess einbringen, kann sich dieses Zeitfenster schnell wieder schließen, wie beispielsweise nach dem algerischen Befreiungskrieg in den 1960er Jahren (vgl. Brac de la Perrière: 1997) oder dem Ende der Apartheid in Südafrika in den 1990er Jahren (vgl. Hassim: 2003) geschehen. Vor diesem Hintergrund ist mit Colm Regan festzuhalten, dass der Arabische Frühling aus geschlechterdemokratischer Perspektive große Chancen aber auch erhebliche Risiken birgt:

> While the Arab Spring is not about gender equality per se, it is clear that it presents an opportunity to advance the position and rights of women while, at the same time, representing the danger that old traditions and discriminations will remain in place and could be reinforced if some of the most conservative Islamist parties and candidates consolidate their position in the coming months and years. (Regan: 2012, S. 244)

Bewusst wird hier der Begriff ‚Geschlechterdemokratie' genutzt, weil er am umfassendsten ist und engere Konzepte wie ‚Frauenrechte' oder ‚Gleichstellung' integriert. Demokratie ist nicht schlicht als mehrheitsbezogenes Verfahren der Elitenauswahl und Entscheidungsfindung zu begreifen, sondern als ein „Strukturprinzip des modernen Staates und als das institutionalisierte Ergebnis von sozialen Konflikten." (Sauer: 2003, S. 15) Erst wenn Frauen und Männer ungeachtet ihrer Differenz auf allen Ebenen gleichberechtigt partizipieren können, also in Politik, Ökonomie, Kultur, Wissenschaft und allen anderen gesellschaftlich relevanten Bereichen, ist das Postulat der Geschlechterdemokratie erfüllt. Auf die Notwendigkeit dieser Zielsetzung verweist der *Arab Human Development Report* der Vereinten Nationen, der bereits 2002 zu dem Ergebnis kam, dass die systematische Benachteiligung von Frauen in politischer, ökonomischer, gesellschaftlicher und rechtlicher Hinsicht ein zentrales Entwicklungshemmnis der arabischen Gesellschaften sei (vgl. *Arab Human Development Report*: 2002). Nachweislich des im Auftrag der OECD erstellten *Gender Index* rangieren die arabischen Staaten, mit Ausnahme Tunesiens und bedingt auch Marokkos, weit unten am Ende der Skala, so dass man von einem arabischen Exzeptionalismus sprechen kann (vgl. SIGI: 2012). Bewusst wird hier von einem arabischen und nicht von einem muslimischen Exzeptionalismus gesprochen. Der Islam spielt zwar in allen politischen Systemen der arabischen Welt eine wichtige Rolle, wie sich u.a. an der herausgehobenen Bedeutung der Sharia in der Rechtsprechung ablesen lässt. Gleichwohl ist keines von ihnen eine dem Iran vergleichbare Theokratie. Die Bedeutung des Islams als primäre Ursache geschlechterpolitischer Defizite wird von europäischen Entscheidungsträgern in der Regel überschätzt. Wie andere Religionen auch, stabilisiert der Islam etablierte Gesellschaftsstrukturen und trägt damit zur Persistenz traditionaler Geschlechterordnungen bei, er ist jedoch nicht die alleinige Ursache patriarchaler Gesellschaftsordnungen in der arabischen Welt.

Im Folgenden soll der Frage nachgegangen werden, welchen Beitrag die EU künftig zur Förderung von Geschlechterdemokratie in den arabischen Transformationsländern leisten kann, mit denen sie politisch und wirtschaftlich eng verbunden ist. Die Frage scheint auf den ersten Blick banal, birgt bei näherer Betrachtung jedoch Dilemmata, die in diesem Beitrag aufgezeigt und konstruktiv bearbeitet werden sollen. Im Kern geht es darum, dass die EU im Rahmen ihrer externen Demokratieförderung im südlichen Mittelmeerraum bislang die Agenda säkularer Frauenrechtsgruppen unterstützt hat. Dies geschah im stillen Einvernehmen mit den autoritären Regimen der Region, die in einem säkularen Staatsfeminismus ein probates Mittel im Kampf gegen den politischen Islam sahen. Seit dem Arabischen Frühling erscheint die bisherige Förderpraxis der EU fragwürdig und verlangt eine Anpassung an die neuen politischen Realitäten. Damit ist nicht nur die Erneuerung des einen oder anderen Förderprogramms gemeint, sondern ein grundlegender Wandel auf Ebene der Problemwahrnehmung.

2 Das Dilemma der EU

Eine der wichtigsten Lehren, die die EU aus dem Arabischen Frühling ziehen musste, ist die Akzeptanz des politischen Islam. Künftig wird die EU – anders als 2006 in Gaza – nicht mehr umhin kommen, demokratisch legitimierte Regierungen zu respektieren, auch wenn ihr dies mit Blick auf den Erfolg islamistischer Parteien in den arabischen Transformationsländern widerstrebt. Zugleich steht die EU jedoch auch gegenüber ihren traditionellen Kooperationspartnerinnen in der Pflicht, den säkularen Frauenrechtsgruppen in der MENA-Region. Sie fühlen sich in dem Maße als Verliererinnen des Arabischen Frühlings in dem islamistische Parteien die Macht erobern. Säkulare Frauenrechtsgruppen erwarten Europas Solidarität im Kampf gegen eine Islamisierung der arabischen Transformationsländer, von der sie die Rücknahme geschlechterpolitischer Errungenschaften der letzten Jahrzehnte befürchten. Wenn die EU es ernst meint mit einer wertegeleiteten Außenpolitik in der MENA Region, und in diese Richtung weist die im Lichte des Arabischen Frühlings erneuerte EU-Nachbarschaftspolitik (vgl. European Commission: 2011), dann müsste die EU Frauenrechte zu einem harten Kriterium ihres *more for more* Ansatzes machen, also eine Vertiefung der wirtschaftlichen und finanziellen Kooperation auch an geschlechterpolitische Reformfortschritte des Partnerlandes knüpfen. Damit dürfte sie jedoch an die Toleranzgrenzen zumindest einiger der neu entstehenden Regime in der MENA Region stoßen. Der Respekt vor demokratisch legitimierten islamistischen Regierungen könnte also zu einem Zielkonflikt führen, wenn die EU an der Förderung von Geschlechterdemokratie in diesen Ländern festhalten möchte, zumindest wenn sie sich dabei weiterhin an der Agenda der säkularen Frauenbewegung orientiert.

In diesem Beitrag wird untersucht, wie sich die neu einzuübende Toleranz gegenüber dem politischen Islam mit der bisherigen Förderung von Frauenrechten in der MENA Region politisch in Einklang bringen lässt. Dabei sind unterschiedliche Analyseebenen von Relevanz. Geschlechterpolitik ist symbolisch hoch aufgeladen und oft auch Austragungsort für andere politische Konflikte. Um der damit gegebenen Komplexität der Fragestellung Rechnung zu tragen, ist eine genaue Analyse der *Handlungslogiken* notwendig, die dieses Politikfeld prägen. Der Begriff *Handlungslogik* meint mehr als nur die *ratio*, die hinter einer politischen Entscheidung steht und inkludiert alle Einflussfaktoren, die das Handeln in einem bestimmten Politikfeld prägen. Das Politikfeld der Geschlechterdemokratie ist von Werten und Normen geprägt, von Interessen und Strategien, aber auch und vor allem von einer kulturalistischen Problemwahrnehmung.[1]

Dem Aufsatz liegt die These zugrunde, dass der historisch gewachsene Kulturalismus, der hier als dominante *Handlungslogik* verstanden wird, von besonderer Persistenz ist. Er verstellt den Blick auf tiefer liegende Ursachen für tradierte patriarchale Praktiken in der arabischen Welt, die den besonderen Mangel an Geschlechterdemokratie erklären können.[2] Diesen Kulturalismus, der an diskursiv erstellte Raumkonstruktionen gebunden ist – wie *Nord versus Süd, West versus Islam oder Abendland versus Morgenland*, gilt es zu überwinden, denn er führt wie jeder Essentialismus zu einer selektiv verkürzten Wahrnehmung, die den neu entstandenen Problemlagen nicht gerecht wird. Verblüffende Parallelen zwischen der externen Förderung von Geschlechterdemokratie in der arabischen Welt, die Thema dieses Beitrags ist, mit der Umsetzung von Geschlechterdemokratie im Zuge der EU-Osterweiterung, die Gegenstand meiner Forschung vor gut zehn Jahren war, haben zur Entwicklung dieser These geführt. Der Diskurs verlief damals ganz ähnlich, obwohl in Mittel- und Osteuropa kein Islam als vermeintlich alles erklärender Faktor für geschlechterdemokratische Defizite herangezogen werden konnte.

Der Beitrag gliedert sich in acht Kapitel. Der Einleitung (Kapitel eins) und dem Problemaufriss (Kapitel zwei) folgt im dritten Kapitel eine Erläuterung der externen Förderung von Geschlechterdemokratie im Rahmen der EU-Außenbeziehungen. Im vierten Kapitel wird der *Logics-of-Action* Ansatz vorgestellt, der als Analyserahmen dieser Untersuchung dienen soll. Um die Kodetermination von Akteuren und Strukturen herauszuarbeiten, von dem der *Logics-of-Action* Ansatz aus konstruktivistischer Perspektive ausgeht, untersucht das fünfte Kapitel die komplexen Akteurskonstellationen und das sechste Kapitel die das Politikfeld prägenden kulturalistischen Identitäts- und Raumkonstruktionen. Kapitel sieben

1 Die Entwicklung des Analyserahmens geht auf ein Forschungsprojekt zum Thema „Logics of Action" an der Helmut-Schmidt Universität Hamburg zurück. Vgl. Jakob Horst/Annette Jünemann/Delf Rothe (Hrsg): 2012 (Im Erscheinen)

2 Zur Persistenz patriarchaler Praktiken vor, nach und sogar während des Arabischen Frühlings vgl. ausführlich Sholkamy: 2012.

geht der Frage nach, welche Faktoren jenseits kulturalistischer Erklärungsansätze die signifikante Resilienz patriarchaler Praktiken in der arabischen Welt erklären können. Im achten und letzten Kapitel werden vor dem Hintergrund dieser Analyse die grundlegenden Defizite der bisherigen EU-Politik nochmals zusammengefasst. Davon leiten sich verschiedene Handlungsoptionen ab, mit denen Geschlechterdemokratie im Lichte der politischen Umbrüche des Arabischen Frühlings künftig von der EU gefördert werden könnte.

3 Wertegemeinschaft EU: Keine Demokratie ohne Geschlechterdemokratie

Die Gleichheit der Geschlechter ist als wesentlicher Bestandteil des gemeinschaftlichen Wertekanons vertraglich festgeschrieben und damit inhärenter Bestandteil dessen, was in der EU unter Demokratie verstanden wird.[3] Entsprechend dieser Logik ist die Gleichstellung der Geschlechter auch Bestandteil der externen Demokratieförderung der EU, egal in welcher Region. Der Strategie des *Gendermainstramings*[4] folgend machte die EU die Gleichheit der Geschlechter zu einem Querschnittthema in allen die Außenbeziehungen berührenden Politikfeldern, der Entwicklungskooperation, der Gemeinsamen Außen- und Sicherheitspolitik (GASP), der auswärtigen Kulturpolitik und damit auch der all dies integrierenden Assoziierungspolitik.

Im Rahmen der europäischen Mittelmeerpolitik spielte die Förderung von Geschlechterdemokratie entgegen aller *Gendermainstreaming*-Rhetorik zunächst eine geringe Rolle, wie u.a. ein Report der transnationalen *Euro-Mediterranean Study Commission* kritisiert (vgl. EuroMeSCo:2006, S. 6). Dies änderte sich zumindest graduell mit dem *Euro-Mediterranean Ministerial Meeting on Strengthening the Role of Women in Society,* das im November 2006 in Istanbul stattfand (vgl. Ministerial Conclusions: 2006). Im damit eingeleiteten Istanbul-Prozess, dem heute maßgeblichen politischen Rahmen für die vielfältige Förderung von Geschlechterdemokratie im Kontext der Euro-Mediterranen Beziehungen, geht

3 Vgl. Art. 19 EUV (Nichtdiskriminierung) sowie Art. 21 und 23 EU-Grundrechtecharta (Nichtdiskriminierung und Gleichheit von Männern und Frauen).

4 Gendermainstreaming ist eine rechtlich verankerte Strategie zur Erreichung von *tatsächlicher* Gleichstellung. Die EU hat sich diese Strategie in ihrer Förderung von Geschlechterdemokratie nach innen wie nach außen zueigen gemacht. Für die Definition vgl. Gender Mainstreaming, Gender KompetenzZentrum, http://www.genderkompetenz.info/genderkompetenz-2003-2010/gendermainstreaming, eingesehen 23.6.2012),

es in erster Linie um die Förderung der politischen Rechte von Frauen und die Verbesserung ihrer Partizipationsmöglichkeiten, sowie um einen besseren Zugang von Frauen zu Bildung und Beschäftigung. Mit ihrem Engagement zur Förderung von Frauenrechten weckte die EU hohe Erwartungen, die mit dem *follow up* des *Istanbul-Action-Plans* (IPA) jedoch enttäuscht wurden. Die Defizite liegen vor allem im Bereich der Implementierung, wie ein Schattenbericht des transnationalen *Euro-Mediterranean-Human-Rights-Network* (EMHRN:2009) feststellt, der 2009 anlässlich einer Nachfolgekonferenz in Marrakesch verfasst wurde:

> The Shadow Report reveals a wide lack of knowledge about the IPA both among governmental and non-governmental actors in the countries concerned, as well as the absence of policies and laws aimed at enhancing gender equality and women's rights which refer explicitly to the IPA. The 'Progress report', which governments were to submit one year after the adoption of the IPA, failed to raise awareness about IPA neither encouraged public debate about progress of gender equality. In most cases it was not even published – nor were meetings or consultations held with women's rights organisations. (EMHRN: 2009, S. 16f)

Die mangelhafte Umsetzung des IPA verweist auf grundlegende Probleme bei der Förderung von Geschlechterdemokratie im Rahmen der EU-Außenbeziehungen, ganz unabhängig von der Region, in der sich die EU gerade engagiert. So traten beim Beitrittsprozesses der Ost- und Mitteleuropäischen Länder (MOEL), die vor ihrer Aufnahme in die EU im Jahre 2004 ihre nationale Gesetzgebung an den *acquis communautaire* anpassen mussten, inklusive der umfangreichen geschlechterspezifischen Gesetzgebung im europäischen Primär- und Sekundärrecht, genau die gleichen Probleme auf, die im Schattenbericht über die Implementierung des IPA in der MENA Region beschrieben werden. Verantwortlich für die Defizite war auch in den MOEL ein Mix aus Inkompetenz und Interesselosigkeit auf beiden Seiten, also sowohl bei den zuständigen Beamt_innen in den Beitrittsländern als auch bei den EU-Beamt_innen, die Unterstützungs- und Kontrollfunktionen innehatten (vgl. Pavlik: 2005). Danach scheint *Gendermainstreaming* bislang nur in den Dokumenten angekommen zu sein, aber noch lange nicht in allen Köpfen. Als weitere Erschwernis zeigte sich die unzureichende Kommunikation mit den Betroffenen. Der Geschlechterdiskurs während des Beitrittsprozesses war geprägt von unterschiedlichen, zum Teil geradezu inkompatiblen Konzepten von ‚Feminismus'. Viele Frauenrechtsgruppen in den MOEL fühlten sich bevormundet, nicht nur von EU-Beamt_innen, sondern auch von westeuropäischen Frauenrechtsgruppen, die in bester Absicht ihre Unterstützung angeboten, dabei jedoch die Interessen und Wahrnehmungen der Adressatinnen ihrer Bemühungen nur unzureichend im Blick hatten (vgl. Siklova:2005). Inkompetenz und mangelndes

Interesse auf staatlicher Ebene gepaart mit mangelnder Sensibilität (auch) auf gesellschaftlicher Ebene sind demnach Probleme, die das Politikfeld der externen Förderung von Geschlechterdemokratie generell prägen, unabhängig vom Ort und damit auch unabhängig vom kulturellen Kontext. Diese Feststellung ist wichtig, wie an späterer Stelle noch deutlicher werden wird, denn sie hinterfragt binäre Identitätskonstruktionen, die geschlechterpolitische Defizite monokausal bestimmten ‚Kulturräumen' zuschreiben, einst dem ‚rückständigen Osten' und jetzt dem ‚muslimischen Süden'.

4 Logics of Action: Zur analytischen Relevanz von Handlungslogiken

Wir halten die Konstruktion von Identitäten entlang gedachter geografischer Trennlinien generell für unterkomplex, weil sie all diejenigen Strukturen und Praktiken nicht zu erfassen vermag, die das Konstrukt überwölben oder quer dazu verlaufen. Ausgangspunkt des neu entwickelten *Logics-of-Action* Ansatzes (vgl. Horst et al: 2012) ist deshalb die Vorstellung von einem Euro-Mediterranen politischen Raum, mit dem wir uns bewusst von der *geographisch* definierten EuroMed Region abgrenzen, der die kritisierte binäre Identitätskonstruktion inhärent ist. Die EuroMed Region ist bekanntlich ein politisch gewolltes und damit künstliches Konstrukt europäischer Regionalpolitik (vgl. Bicchi: 2004), bei dem nach wie vor unklar ist, ob es sich um eine neu zu konstituierende, Europa und den südlichen Mittelmeerraum umfassende *gemeinsame* Region handeln soll, oder nicht doch eher um zwei Subregionen: Eine aus europäischer Perspektive positiv konnotierte nördliche Subregion und eine diese latent bedrohende und entsprechend negativ konnotierte südliche Subregion. Im EuroMed Diskurs, der sich Mitte der 1990er Jahre im Kontext der Euro-Mediterranen Partnerschaft entwickelt hat, vermischen sich beide Definitionen, wobei jedoch der institutionelle Rahmen für die euro-mediterrane Zusammenarbeit ebenso wie die etablierten politischen Praktiken erkennen lassen, dass sich die Wahrnehmung von zwei geradezu antagonistischen Subregionen durchgesetzt hat, von denen die nördliche über mehr Gestaltungsmacht verfügt als die südliche. Mit unserem Konzept eines Euro-Mediterranen politischen Raumes distanzieren wir uns von dieser konstruierten Dichotomie und argumentieren, dass sie zu statisch und zu verallgemeinernd ist, um die Komplexität sehr spezifischer politischer Prozesse in ihren vielfältigen räumlichen und zeitlichen Bezügen erfassen zu können. Der von uns entwickelte Analyserahmen versucht dieser Komplexität Rechnung zu tragen, indem er die *Handlungslogiken* fokussiert, die bestimmte Politikfelder innerhalb des Euro-Mediterranen politischen Raumes in einem ganz konkreten zeitlichen Kontext prägen, hier also die Förderung von Geschlechterdemokratie vor bzw. nach dem Arabischen Frühling. Da der *Logics-of-Action* Ansatz der konstruktivistischen Annahme folgt, dass sich Akteure und Strukturen wechselseitig konstituieren, werden nicht nur die komplexen Akteurskonstellationen beleuchtet, sondern auch die diskursiv erstellten und eng miteinander verzahnten Identitäts- und Raumkonstruktionen, in die sie eingebettet sind und die aufgrund ihrer historischen Wurzeln eine bemerkenswerte Persistenz aufweisen.

5 Akteurskonstellationen

Relevante Akteure, die im Politikfeld der Förderung von Geschlechterdemokratie innerhalb des Euro-Mediterranen politischen Raumes interagieren, sind die Staaten diesseits und jenseits des Mittelmeeres, die EU mit ihren teils supranationalen, teils intergouvernementalen Institutionen, sowie eine Vielzahl gesellschaftlicher Akteure, die auf nationaler, regionaler, internationaler und nicht zuletzt auf transnationaler Ebene interagieren. Im Fokus dieser Studie stehen insbesondere säkulare Frauenrechtsgruppen sowie Frauen, die sich in religiösen Gruppierungen unterschiedlichster Art organisieren. Um einen Überblick über die komplexen Akteurskonstellationen zu vermitteln, sollen im Folgenden Grundüberzeugungen über die Rolle der Frau in Politik und Gesellschaft als Analysekategorie dienen. Was trennt und was vereint die unterschiedlichen Akteure, die sich geschlechterpolitisch engagieren? In wie weit ist ihr Handeln strategisch motiviert? Welche ideellen und materiellen Faktoren prägen ihre jeweiligen Handlungslogiken?

5.1 Säkularismus und Geschlechterpolitik

Für säkular ausgerichtete Frauenrechtsgruppen in den MENA Ländern ist eine strikte Trennung zwischen staatlicher und religiöser Sphäre die wichtigste Voraussetzung zur Umsetzung von Geschlechterdemokratie. Entsprechend scharf positionieren sie sich in ihrer Gegnerschaft zu jeglichem religiösen Fundamentalismus; in ihrem konkreten regionalen Umfeld also in Gegnerschaft zum politischen Islam: "religious fundamentalisms are a major threat to women's rights and freedoms. As long as religions interfere in the political and public sphere, the word 'moderate' to describe them is deprived of meaning." (RDFL/IFE: 2011) Die geschlechterpolitische Zielsetzung säkular orientierter Frauenrechtsgruppen fokussiert vor allem die politischen Partizipationsrechte von Frauen sowie das Personenstandsrecht, das in den meisten arabischen Ländern Frauen massiv benachteiligt, etwa in Fragen der Scheidung, des Unterhaltsrechts oder der Rechte am eigenen Kind (vgl. Mashhour: 2005). In der Regel engagieren sich in den säkularen Organisationen Frauen mit höherer Bildung, insbesondere Juristinnen, deren Stossrichtung eindeutig emanzipatorisch ist.[5] Viele von Ihnen haben in Europa, meist in Frankreich studiert und dabei eine westliche Sozialisation erfahren. Es wäre jedoch zu einfach, wenn man davon auf eine ungefilterte ,Verwestlichung' schließen wollte. Der Vorwurf der ,Verwestlichung' ist bereits Teil des binären Diskurses, der in diesem Beitrag problematisiert wird. Denn so wenig wie es ,den' westlichen Feminismus gibt, gibt es ,den' arabischen Feminismus. Gleichwohl kann ein gewisser Einfluss auf die Vorstellungen davon, wie die Geschlechterverhältnisse in einer demokratischen Gesellschaft optimal organisiert sein sollten, bei europäisch sozialisierten Aktivistinnen angenommen werden, der jedoch nur ein prägender Faktor unter vielen ist. Insgesamt fällt auf, dass die säkulare Frauenrechtsbewegung international gut vernetzt ist und ihre Kontakte, auch und vor allem zur EU, für ihren politischen Kampf effizient zu nutzen weiß. Bei der Analyse ihrer politischen Aktivitäten ist wichtig, dass Säkularismus nicht mit Atheismus verwechselt wird. Die meisten säkular orientierten Frauen sind gläubige Musliminnen, zu einem geringeren Teil auch Christinnen und nur selten Atheistinnen. Religion ist für sie Teil ihrer privaten, nicht ihrer politischen Identität.

Aus der Gegnerschaft zum politischen Islam erklärt sich eine strategische Allianz, die die säkulare Frauenrechtsbewegung mit den autoritären Regimen ihrer jeweiligen Länder eingegangen ist. Das beidseitige Interesse an einer Zurückdrängung gesellschaftlicher Islamisierungstendenzen hat autoritäre Regime veranlasst, den Frauenrechtlerinnen gegenüber Konzessionen zu machen, die freilich niemals soweit gingen, den staatlichen Autoritarismus an sich in Frage zu stellen. Frauenrechtsgruppen wurden teilweise vom Staat kooptiert, teilweise aber auch vom Staat selber gegründet und folglich von Vertreter_innen der Zivilgesellschaft gerne als GONGOs belächelt. Eine typische GONGO ist der im Jahr 2000 vom Mubarak Regime gegründete *National Council for Women* (NCW), dessen Vorsitz die *first Lady*, Suzanne Mubarak übernahm. Frauenfreundliche Gesetze, mit denen sich das Regime vor allem nach außen legitimierte, firmierten fortan als *Suzanne Laws* (vgl. Sholkamy: 2012, 164f). Als der oberste Militärrat der ägypti-

5 Den Ausführungen liegt die begleitende Beobachtung säkularer Frauenrechts NGOs durch die Autorin zugrunde, die sie 2000-2004 im Rahmen ihrer Forschung zur Rolle der Zivilgesellschaft in den Euro-Mediterranen Beziehungen durchführte.

schen Übergangsregierung den NCW im Februar 2012 reinstallierte, löste er einen Sturm der Entrüstung bei islamistischen Parlamentarier_innen aus, "for defending a Western model that violates Islamic Sharia" (Cunha: 2012) Auch in den konservativen Monarchien Jordaniens und Marokkos wird Geschlechterpolitik *top-down* betrieben. In Jordanien engagieren sich Königin Rania und Prinzessin Basma mit bislang mäßigem Erfolg für eine rechtliche Stärkung der Frauen, während in Marokko König Mohammed VI selber mit geschlechterpolitischen Fortschritten der letzten Dekade assoziiert wird. Gleich nach seiner Thronbesteigung im Jahre 1999 hatte er sich des Themas angenommen und die Gleichberechtigung der Frauen zu einem Eckpunkt seiner angekündigten Modernisierungspolitik gemacht. De jure wurden dabei bereits nennenswerte Fortschritte erzielt, deren Implementierung jedoch hinter den Erwartungen zurückbleibt (vgl. Agapiou-Josephides/Benoit-Rohmer: 2012). Tunesien, wo Gleichberechtigung in den staatlich gelenkten Medien ebenfalls als ein persönliches Projekt des (damaligen) Präsidenten dargestellt wurde (vgl. Hussein/Schmidt/Zorob: 2012), ist ein besonders prägnantes Beispiel für das strategische Zusammenspiel zwischen autoritärem Regime und säkularen Frauenrechtsgruppen. Im Ergebnis entwickelte Tunesien einen im Vergleich zu allen anderen arabischen Staaten hohen Grad an Geschlechterdemokratie (vgl. Kelly: 2010), der jedoch begleitet wurde von kompromissloser Repression aller politischen Kräfte, die den Herrschaftsanspruch des Regimes an sich in Frage stellten. Davon zeugt das Schicksal der Frauenrechtlerin Sihem Bensedrine, einer Galionsfigur des Widerstandes gegen die Diktatur Ben Alis, die in den 1990er Jahren mehrfach inhaftiert und gefoltert wurde, das Land verlassen musste und erst im Januar 2011 nach Tunesien zurückkehrte, dem Tag an dem Ben Ali die Flucht ergriff. Der Preis, den die säkulare Frauenbewegung für die dem Regime abgerungenen geschlechterpolitischen Konzessionen zahlen musste, war hoch und bestand in ihrer Instrumentalisierung als Aushängeschild vermeintlicher Reformbereitschaft gegenüber westlichen Geldgebern. Den Geldgebern, zu denen sie meist selber gute Kontakte unterhielten.

Es ist diese strategische Allianz mit autoritären Regimen, die die geschlechterpolitischen Errungenschaften der letzten Dekaden heute in ein schiefes Licht rückt. Von ihren Gegnern werden diese Fortschritte als Resultate des Staatsfeminismus der alten Systeme diskreditiert. Auch die Partnerschaft säkularer Frauenrechtsgruppen mit internationalen Geldgebern wird ihnen heute, aufgrund der engen Kooperation der autoritären Regime mit dem Westen, von ihren Gegnern negativ angelastet. Dabei hatten die Frauenrechtsgruppen kaum eine andere Wahl. Um ihre zum Teil kostspieligen Projekte umzusetzen, mit denen sie u.a. sozial schwache Frauen finanziell unterstützten, blieb ihnen nichts anderes übrig als sich in die Abhängigkeit sowohl der Regime als auch der ausländischen Geldgeber zu begeben.

5.2 Islamismus und Geschlechterpolitik

Schwieriger ist die Deutung der geschlechterpolitischen Aktivitäten von Frauen, die ihre Identität primär religiös definieren und sich in entsprechenden Parteien oder Bewegungen organisieren. Gemeint sind alle Praktiken, egal ob intendiert oder nicht, mit denen religiös orientierte Frauen die politische und gesellschaftliche Teilhabe von Frauen fördern. Intendiert und damit eindeutig emanzipatorisch sind Ansätze, den Koran aus feministischer Perspektive neu zu interpretieren. Die Soziologieprofessorin Fatima Mernissi (vgl. Mernissi: 2004), Beraterin der UNESCO und Mitglied im Beraterstab der Weltbank für den Nahen Osten und Nordafrika, ist die vielleicht bekannteste Repräsentantin eines ‚islamistischen Feminismus', der sich u.a. im *International Congress on Islamic Feminism* organisiert und auf der Überzeugung aufbaut, dass der Koran das Patriarchat nicht rechtfertigt, wenn man ihn zeitgemäß und unter Einbeziehung weiblicher Perspektiven auslegt. Islamistische Feministinnen, die sich das Recht nehmen den ontologischen, theologischen, soziologischen und eschatologischen Status der muslimischen Frau neu zu definieren (vgl. Hassan: 1997, S. 217), sind liberalen Strömungen des politischen Islam zuzuordnen. Sie verstehen sich als Teil der globalen Frauenbewegung und zeigen sich offen für die Vielfalt auch europäischer Geschlechterdiskurse. Trotzdem stoßen sie bei dezidiert säkularen Frauenrechtlerinnen auf Kritik, denen allein die Bezeichnung ‚islamistischer Feminismus' bereits als Widerspruch in sich erscheint.

Vom feministischen Islamismus zu unterscheiden sind Praktiken der Selbstermächtigung religiös orientierter Frauen, die einer emanzipatorischen Intention folgen können, aber nicht unbedingt müssen. Ein anschauliches Beispiel dafür ist die Entstehung zahlreicher Arbeitsplätze für Frauen in den karitativen Einrichtungen der Muslimbrüder Ägyptens. In Krankenhäusern und Schulen erhalten auch Frauen aus extrem traditionellen Milieus die Möglichkeit, die private Sphäre des Hauses auf legitime Weise zu verlassen, nämlich als Krankenschwester oder Lehrerin in einer religiösen Einrichtung. Ihre Rolle innerhalb der Familie ändert sich durch die damit einhergehende Reduktion wirtschaftlicher Abhängigkeit vom vordem alleine verdienenden Mann. Sollte letzterer, wie nicht selten der Fall, auch noch arbeitslos werden, wird aus dem Nebenverdienst der Frau der Hauptverdienst. Solche Entwicklungen revolutionieren noch nicht die Geschlechterverhältnisse innerhalb der Familien, führen jedoch zu Verschiebungen und Erschütterungen. All dies kann geschehen, ohne dass der weiblichen Ermächtigung eine politisch bewusste Absicht voran gegangen wäre. In dieser Konstellation verliert letztlich auch das Kopftuch an Bedeutung, das im säkularen Geschlechterdiskurs, ähnlich wie in Frankreich, zum politisch aufgeladenen Symbol weiblicher Unfreiheit avanciert ist. Für religiös orientierte Frauen kann es eine gegenteilige Funktion einnehmen, indem es ihnen den Eintritt in die öffentliche Sphäre erleichtert. Als Ausweis moralischer Integrität schützt es ihren guten Ruf, der in traditionalen Gesellschaften ein hohes soziales Kapital darstellt. Als geschlechterpolitisches Identifikationsmerkmal ist das Kopftuch damit ungeeignet.

5.3 Sozio-ökonomische Determinanten von Geschlechterpolitik

Obwohl das gesellschaftliche Engagement, mit dem der politische Islam in vielen arabischen Ländern ein staatliches Vakuum füllt, vor allem Frauen aus niedrigen sozialen Schichten der Gesellschaft eine Ausweitung ihrer gesellschaftlichen Teilhabe ermöglicht, wäre eine Kategorisierung, die den säkularen Geschlechterdiskurs mit ‚Mittel- und Oberschicht' und den islamistischen mit ‚Unterschicht' gleichsetzt, unterkomplex. Zum einen gibt es auch im islamistischen Spektrum der Gesellschaft wohlhabende Frauen mit Bildung und entsprechender beruflicher Tätigkeit. Und zum anderen sind es nicht nur religiöse Einrichtungen, die armen und ungebildeten Frauen aus überwiegend traditionalen Milieus Arbeitsmöglichkeiten außer Haus verschaffen. Immer mehr arabische Frauen finden Arbeit in den exportorientierten Branchen der Textil- und Elektronikindustrie, weil die geschlechterideologische Vorstellung vom Mann als Familienernährer es erlaubt, Frauen zu Niedriglöhnen einzustellen. Frauen sind damit billiger als die um den gleichen Arbeitsplatz konkurrierenden Männer (vgl. Kreile: 2009, S. 261). Von ihrer zumindest partiellen finanziellen Eigenständigkeit können sie Ansprüche an politischer und gesellschaftlicher Teilhabe ableiten und werden in diesem Bestreben auch von etablierten Frauenrechtsgruppen säkularer Prägung unterstützt, wie beispielsweise der *Association démocratique des femmes du Maroc* (vgl. Berriane: 2011). So anerkennenswert diese Aktivitäten einzelner NGOs sind, der gesellschaftliche Trend geht in eine gegenteilige Richtung, nämlich in eine Hierarchisierung unter Frauen aufgrund sozialer Ungleichheit. „Gender is one factor in these inequities, but class, family, and power are more important" (Sholkany: 2012, S. 165). So beschäftigen in den marokkanischen Großstädten nicht nur privilegierte Karrierefrauen, sondern ein erheblicher Teil der erwerbstätigen Frauen selbst aus den unteren sozialen Schichten Hausmädchen, deren Minimallohn zumeist vom

Gehalt ihrer Arbeitgeberinnen bezahlt wird.[6] Auch in Ägypten, um ein weiteres Beispiel zu nennen, haben soziale Ungleichheit und ein starkes Bewusstsein für die eigene soziale Stellung nahezu getrennte Lebenswelten je nach Schichtzugehörigkeit etabliert (vgl. Block: 2012, S. 58). Das wachsende Wohlstandsgefälle in den arabischen Gesellschaften ist geschlechterpolitisch nicht irrelevant, denn es erschwert die Herausbildung einer großen und schlagkräftigen Frauenbewegung, die alle Segmente der Gesellschaft umfasst. Frauenpolitik ist bislang in erster Linie Thema der Minderheit gebildeter Frauen aus der gehobenen Mittelschicht, die Johanna Block zufolge in ihrem täglichen Leben mit ihren Klientinnen keinerlei Kontakt haben. Sie werden kaum als Vorbild, sondern eher als fremd und abgehoben wahrgenommen und können damit auch nicht die Rolle von Multiplikatorinnen übernehmen, die die EU und andere westliche Geldgeber ihnen zuschreiben.

5.4 Demographischer Wandel als Determinante von Geschlechterpolitik

Weitgehend unerforscht ist bislang die geschlechterpolitische Rolle religiöser Frauen, die auf kommunaler oder nationaler Ebene, in Ministerien oder Parlamenten, den Weg in die Politik geschafft haben, beispielsweise in Ägypten über die *Freedom and Justice Party, die El Wasat Party* und die *El Noor Party* (vgl. El-Hawary/Emam/Gemeinardt-Buschhardt: 2011). Die Frage, warum und von wem islamistische Politikerinnen gewählt werden, welche Einstellung sie zur Demokratie haben, wie sie als Gesetzgeberinnen agieren und in wie weit sie tatsächlich Gestaltungsmacht entwickeln können, wird sich mit Blick auf die sehr unterschiedlichen arabischen Transformationsländer erst mit zeitlichem Abstand untersuchen lassen. Ungeachtet ihrer jeweiligen politischen Programmatik sind jedoch alle Frauen in politischen Ämtern durch ihre bloße Existenz bereits eine Manifestation der weiblichen Forderung nach politischen Partizipationsrechten. Während vor allem junge Islamistinnen traditionelle Geschlechterrollen zunehmend in Frage stellen, unterstützen die Älteren eher die konservativen Programme der sie entsendenden religiösen Parteien, mit allen Restriktionen für die Entwicklung von Geschlechterdemokratie. Typisch hierfür ist die Verortung von Frauenrechten im übergeordneten Kontext von Familienrechten bzw. Familienpflichten. Dies verweist auf die nicht zu vernachlässigende Tatsache, dass dem

6 Vgl. Kreile: 2009, S. 261. Die verbreitete Beschäftigung von Hausmädchen erklärt sich u.a. damit, dass berufstätige Frauen in der Regel nicht damit rechnen können, dass ihre Männer sich an den häusliche Pflichten beteiligen.

Arabischen Frühling auch ein Generationenkonflikt zugrunde lag, der sich in allen Segmenten der Gesellschaft manifestiert und quer zu allen anderen Konfliktlinien verläuft.[7] Der Aufstand gegen den Autoritarismus richtete sich nicht nur gegen den autoritären Staat, sondern auch gegen die starren Strukturen einer auf Seniorität basierenden traditionalen Gesellschaftsordnung, die den Entfaltungsspielraum der nachwachsenden Generationen über Gebühr begrenzte. So ist zu erwarten, dass vor allem junge Frauen innerhalb islamistischer Parteien und Organisationen Veränderungen bewirken werden.[8]

5.5 Programmatische Gemeinsamkeiten und Inkompatibilitäten

Die hier vorgenommene Kategorisierung der gesellschaftlich relevanten Akteure ist nicht hinreichend, um die sehr viel komplexere Wirklichkeit abzubilden. Denn obwohl säkulare und religiös orientierte Frauen politisch in unterschiedlichen, ja geradezu antagonistischen Lagern stehen, gibt es durchaus auch Schnittmengen in den Positionen. Gemeinsamkeiten finden sich beispielsweise in der Forderung nach politischer Partizipation und materieller Besserstellung von Frauen, u.a. durch besseren Zugang zum Bildungs- und Gesundheitssystem. Mitunter kommt es sogar zu gemeinsamen Aktionen, wie beispielsweise der Kampagne für ein neues, die Frauen weniger benachteiligendes Scheidungsrecht im Jahre 2000 in Ägypten (vgl. Block: 2012, S. 59). Schwer kompatibel sind die Positionen hingegen bei Themen wie den familiären Pflichten der Frau oder wenn es um ihre sexuelle Selbstbestimmung geht. Verwirrend für viele europäische Feministinnen mag sein, dass arabische Frauenrechtlerinnen, egal ob säkular oder religiös, oftmals nicht auf das Gleichheitspostulat aufbauen, sondern die biologische Differenz der Geschlechter betonen. Die Vorstellung von der naturgegeben friedfertigen Frau wird erkennbar, wenn z.B. weiblichen Führungskräften die besondere Fähigkeit zugeschrieben wird, zu „Mäßigung und Konzentration in der sozialen und wirtschaftlichen Entwicklung" beizutragen.[9] Übereinstimmungen zwischen

---

7 Vgl. hierzu auch den Beitrag von Anja Zorob in diesem Band, in dem auf die hohe Arbeitslosigkeit speziell unter jungen Frauen eingegangen wird.

8 Zum Generationenkonflikt innerhalb der ägyptischen Muslimbruderschaft vgl. den Beitrag von Ivesa Lübben in diesem Band.

9 Aus dem Grußwort von Prinzessin Sumaya bint El Hassan (Jordanien) zur Eröffnung einer Konferenz über ‚Frauen in Führung für nachhaltiges Wachstum'. In: Mediterranes, 1/2012, S. 3.

arabischen und westlichen Aktivistinnen lassen sich hingegen in der weit verbreiteten Argumentation finden, dass die Befreiung der Frau nachrangig sei, solange es erst einmal gilt ein ganzes Land zu befreien, wie z.B. Palästina von der israelischen Besatzung, Polen vom Kommunismus oder Spanien vom Faschismus. Angesichts der notwendigen Überwindung von Unfreiheit steht für zahlreiche Frauen die Solidarität zwischen den Geschlechtern im gemeinsamen Kampf gegen einen äußeren Feind oder ein verhasstes System im Vordergrund. Auf Kairos berühmt gewordenen Tahrir-Platz betonten etliche Frauen, dass sie in dieser historischen Ausnahmesituation gegen den Autoritarismus des Mubarakregimes kämpften, von dem sie ihr Land gemeinsam mit den Männern befreien wollten.[10] Nicht alle Aktivistinnen des Arabischen Frühlings sind sich der Tatsache bewusst, dass revolutionäre Umbruchphasen in der Regel ein gesteigertes Bedürfnis nach Ruhe und Wiederherstellung von Sicherheit und Ordnung nach sich ziehen. Postrevolutionäre Transformationsprozesse lassen damit nur wenig Spielraum für eine grundlegende Neuordnung der Geschlechterverhältnisse, die den Kern jeglicher gesellschaftlichen (Neu-) Ordnung berühren (vgl. Harders: 2011, S. 149).

5.6 Die EU auf der Suche nach den ‚richtigen' Projektpartnern

Angesichts der komplexen Akteurskonstellation ist es nicht verwunderlich, dass die EU sich schwer tut, die ‚richtigen' Ansprechpartnerinnen für ihre geschlechterpolitischen Projekte zu identifizieren. Relevant wurde die Thematik lange vor dem Arabischen Frühling, konkret ab 1995, als im Rahmen der neu ins Leben gerufenen Euro-Mediterranen Partnerschaft auch eine Partnerschaft im sozialen, kulturellen und menschlichen Bereich initiiert wurde.[11] Damit war die EU, konkret die EU-Kommission, erstmals gezwungen, im südlichen Mittelmeerraum Kooperationsprojekte auf Ebene der Zivilgesellschaft zu initiieren. Den autoritären Regimen in den südlichen Partnerländern waren diese Projekte ein Dorn im Auge, da sie deutlich als Teil einer europäischen *bottom-up*-Strategie zur externen Demokratieförderung erkennbar waren. Die EU wiederum, die ihre Beziehungen zu ihren südlichen Partnerländern mit Blick auf prioritäre Ziele in

10 So der Augenzeugenbericht einer jungen Ägypterin im Rahmen einer Veranstaltung zum Arabischen Frühling der Europäischen Akademie Schleswig-Holstein, Sankelmark, 25.-27. November 2011.

11 Für einen Überblick über die Genese und den institutionellen Rahmen der Euro-Mediterranen Beziehungen vgl. Jünemann: 2009.

den Politikfeldern Sicherheit und Handel nicht über Gebühr belasten wollte, ging bei dieser neuen Aufgabe ausgesprochen zurückhaltend vor. Ihr Engagement zur Unterstützung der Zivilgesellschaft beließ sie innerhalb eines von den autoritären Regimen der Partnerländer eng gesteckten Rahmens. Zielgruppe waren damit nur solche Organisationen, die die Macht der herrschenden Regime nicht herausforderten, sondern im weitesten Sinne als Mittler zwischen Staat und Gesellschaft fungierten (vgl. Jünemann: 2004). Bei der Wahl ihrer ersten Projektpartner ging die Kommission pragmatisch vor, indem sie bereits bestehende Netzwerke (z.B. der parteinahen politischen Stiftungen Deutschlands) nutzte um in Kontakt zu solchen Akteuren der arabischen Zivilgesellschaft zu gelangen, die von den jeweiligen Regimen einigermaßen geduldet werden (vgl. Jünemann: 2003).

Islamistische Gruppierungen, die den Regimen der meisten südlichen Partnerländern als potentielle Systemopposition galten, fielen damit automatisch als Kooperationspartner der EU weg, und mit ihnen auch alle Frauen, die sich diesen Gruppen zugehörig fühlen. Säkulare Frauenrechtsgruppen genossen hingegen, gerade wegen ihrer anti-islamistischen Programmatik, staatliche Akzeptanz, zumindest solange wie sie die herrschenden Regime an sich nicht in Frage stellten. Sie waren für die EU geradezu ideale Projektpartner, da sie europäischen Vorstellungen von Geschlechterdemokratie nahe standen und nicht zuletzt aufgrund der französischen Sozialisation vieler ihrer Mitglieder die ‚gleiche Sprache' sprachen. Dies ist durchaus wörtlich zu verstehen, denn die EU gewinnt ihre Projektpartner in der Regel durch Ausschreibungen in den offiziellen Sprachen der EU. Wer des Französischen oder Englischen nicht mächtig ist und auch sonst nicht über die notwendige Bildung verfügt, um solche Ausschreibungen überhaupt erst zu finden, hat von vornherein kaum eine Chance auf Teilhabe an einem EU-Projekt. Letztendlich muss auch davon ausgegangen werden, dass viele religiöse Gruppierungen aufgrund einer anti-westlichen Grundhaltung von sich aus wenig Interesse haben, um mit der EU in Kontakt zu treten. Ein Dialog könnte also nur entstehen, wenn die EU sich aktiv darum bemüht.

Über das angeblich trennende Mittelmeer hinweg war somit eine transnationale strategische Interessenkoalition entstanden, die sich aus europäischen und arabischen Regierungen sowie europäischen und säkularen arabischen Frauenrechtsgruppen zusammensetzt. Über den Grad der anzustrebenden Geschlechterdemokratie herrschte freilich genauso wenig Einigkeit wie über den generellen Grad an politischer Freiheit.

Bevor die Frage beantwortet wird, wie die EU sich künftig in den veränderten Akteurskonstellationen verhalten kann, die der Arabische Frühling hervorgebracht hat, soll im folgenden Kapitel die Analyse der relevanten *Handlungslogiken* um eine weitere Schicht vertieft werden. Wurden bisher aus einer akteurszentrierten Perspektive die unterschiedlichen, zum Teil strategischen Handlungslogiken einzelner Akteurgruppen dargestellt, geht es im folgenden um die Identifizierung von Strukturen, die die *Handlungslogiken* des gesamten Politikfeldes prägen. Durch die Untersuchung diskursiv hergestellter Identitätskonstruktionen und deren Verortung in vermeintlichen ‚Kulturräumen' wird verdeutlicht, dass das Politikfeld der Geschlechterdemokratie nicht nur von Werten und Normen geprägt ist, auch nicht allein von den oben erläuterten Interessen und Strategien, sondern vor allem von einer kulturalistischen Problemwahrnehmung, die hier als Fehlwahrnehmung dekonstruiert werden soll. Nur wenn auf Ebene dieser *Handlungslogik* politischer Wandel erfolgt, so die These, ist die EU zu einer grundsätzlichen Anpassung ihrer Politik an die neuen Verhältnisse fähig.

6 Geschlechterpolitik im Kontext kulturalistischer Identitäts- und Raumkonstruktionen

Euro-Mediterrane Politik ist rational und interessengeleitet, aber sie ist auch eingebettet in historisch gewachsene Diskurse, deren negative Wirkkraft sich mit einem reinen *rational-choice* Ansatz nicht fassen lässt. Diese Diskurse sind vielfältig, ähneln sich jedoch in ihrer binären und damit hierarchischen Struktur. Signifikant ist dabei zum einen die Vermischung der Kategorien Identität und Raum und zum anderen eine daran gekoppelte machtpolitische Komponente. Edward Said hat in seinem Standartwerk ‚Orientalism' Genese und Wirkkraft dieser Diskurse über mehrere Jahrhunderte in religiösen und literarischen Texten nachgezeichnet und dabei den Begriff ‚*othering*' geprägt, der auch hier von Bedeutung ist (vgl. Said: 1979). ‚*Othering*' meint den diskursiven Prozess der Konstruktion des ‚Anderen' zur Schärfung und Stabilisierung der eigenen Identität, die als ‚kulturelle' Identität konzipiert wird. Diesem Prozess inhärent ist die Tendenz zur Homogenisierung der eigenen Identität durch Negierung interner Differenzen bei gleichzeitiger Hervorhebung der Differenzen gegenüber der anderen, ebenfalls homogen konstruierten ‚Gegenkultur'. ‚*Othering*' basiert auf selektiver Wahrnehmung und anderen Mechanismen der Realitätsreduktion und führt im Ergebnis zur Überhöhung der eigenen kulturellen Identität und zur Abwertung der ‚anderen'. Damit wird eine unterkomplexe Weltsicht diskursiv unterfüttert die – wenn sie zur leitenden *Handlungslogik* avanciert – inadäquate politische Entscheidungen provoziert. Bemerkenswert ist, dass die Rolle der Frau als Kennzeichen der Differenz zwischen vermeintlich antagonistischen Kulturen besonders betont und symbolisch überhöht wird:

> Die Gemeinschaften begreifen das Verhältnis der Geschlechter als zentrales Element der jeweiligen inneren Ordnung, das im kollektiven Bewusstsein die spezifische Identität der eigenen Gemeinschaft ausmacht und diese gegenüber ‚den anderen' abgrenzt. Der Prozess der kollektiven Selbstdefinition beinhaltet immer auch eine Klärung der Platz- und Rollenanweisung für Frauen, die in vielen Kulturen als Verkörperung kollektiver Identitätskonzepte gelten… Für den Zusammenhalt der Gemeinschaften ist die Kontrolle über ‚ihre' Frauen von zentraler Bedeutung. (Kreile, 2009)

Aus der Bedeutung der Frau und ihrer Rolle in der Gesellschaft für die je eigene Identitätskonstruktion ergibt sich die Relevanz der nachstehend skizzierten Diskurse für die vorliegende Untersuchung.

6.1 ‚Nord versus Süd', ‚West versus Islam', ‚Morgenland versus Abendland': Identitätskonstruktion durch binären Reduktionismus

Nord versus Süd etikettiert im weitesten Sinne die entwicklungspolitischen Diskurse im Kontext des so genannten Nord-Süd-Konflikts. In diesem Beitrag ist jedoch der engere Kontext der institutionalisierten Euro-Mediterranen Beziehungen gemeint, die den materiellen Referenzrahmen dieser Untersuchung abgeben. *Nord versus Süd* thematisiert aus europäischer Perspektive die Machtverhältnisse zwischen der als reich und homogen konzipierten EU und den von ihr abhängigen, als ‚schwach' wahrgenommenen südlichen Partnerländern. In diesem Zusammenhang ist beispielsweise das Theorem des demokratischen Friedens einzuordnen, dem zufolge das demokratische Europa seine Stärke nutzt, um der autoritären arabischen Welt zur Demokratie zu verhelfen. Für die südlichen Partnerländer sind eher die Diskurse zu Neokolonialismus und Neoimperialismus im Kontext von *Nord versus Süd* relevant, in denen die europäische Mittelmeerpolitik ganz anders interpretiert wird, nämlich als machtpolitischer Übergriff, der den *Handlungslogiken* der alten Imperial- und Kolonialmächte folgt, sowohl in der Sphäre der Politik als auch der Ökonomie. Die Förderung von Geschlechterdemokratie ist Teil dieser binären Diskurse:

> It seems that the gender question is addressed as a problem of the South, an issue faced by the southern women, and not as a common concern affecting people, both women and men, in the North as well as the South. Therefore the tone seems to be set for the EU to take a paternalistic role vis-à-vis its southern partners: the EU teaches so that the southern partners can learn. (Kynsilehto/Melasuo: 2006, S. 214)

Ein weiterer ebenfalls binär angelegter Identitätsdiskurs, in dem die Konstruktion vermeintlicher Kulturräume noch deutlicher wird, lässt sich mit dem Begriffspaar ‚*West versus Islam*' etikettieren. Dieser Diskurs hat nach den Terroranschlägen vom 11. September 2001 an Bedeutung gewonnen und bezieht sich in erster Linie auf die USA, aber im weiteren Sinne auch auf Europa und andere ‚westliche' Akteure. Der Begriff ‚West' kennzeichnet dabei sowohl die geografische Verortung, als auch eine homogen konzipierte politische Kultur. Vergleichsweise unscharf ist der Begriff ‚Islam' in diesem Diskurs, bei dem unklar bleibt ob die Religion oder die Politisierung der Religion gemeint ist, ob Individuen oder Gesellschaften, ob Organisationen oder Regime. Ungeachtet dieser Ungenauigkeiten wird jedoch auch hier eine homogene Geisteshaltung ‚des Islam' konstruiert. Einer essentialistischen Logik folgend, wird die Religion zum unveränderbaren Kern einer ‚islamischen Kultur' erklärt, die nicht nur ‚anders' ist, sondern auch ‚bedrohlich'. Machtverhältnisse spielen in diesem Diskurs eine noch viel stärkere Rolle als im *Nord versus Süd* Diskurs, denn es geht um die nun auch gewaltsame Austragung eines vermeintlich unüberbrückbaren Antagonismus, wobei beide Seiten sich als Bedrohte bzw. Opfer definieren. Was dem einen 9/11 ist dem anderen der Irakkrieg. Eng verwoben mit diesem Diskurs ist der ältere Diskurs *christliches Abendland versus muslimisches Morgenland,* der sich bis in die Zeit der Kreuzzüge zurückverfolgen lässt. Während jedoch im *Nord versus Süd* Diskurs dem muslimisch konzipierten ‚Süden' ein aufgeklärter säkularer ‚Norden' gegenübergestellt wird, der Platz für Atheisten lässt, fungiert beim Narrativ von *Morgenland versus Abendland* das Christentum als identitätsstiftende Kategorie. Trotz der offensichtlichen Inkohärenzen vermischen sich alle drei Diskurse in der kollektiven Wahrnehmung weitgehend unreflektiert und verdichten sich zu wechselseitigen Feindbildern. Im Zentrum dieser dichotomen kulturalistischen Identitätskonstruktionen steht jeweils die Rolle der Frau.

6.2 Die Rolle der Frau als Repräsentantin kultureller Identität

Dem dominanten europäischen Narrativ zufolge steht dem vor-modernen und rückständigen Islam ein modernes und aufgeklärtes Europa gegenüber, dessen Fortschrittlichkeit sich insbesondere in der Emanzipation der Frau manifestiert. Sie hat scheinbar nichts mehr mit der ‚unterdrückten Orientalin' gemein. Europäische Identitätskonstruktionen über die Aufklärung und den Säkularismus führen dazu, dass die eigenen geschlechterspezifischen Defizite im Euro-Med Kontext systematisch ausgeklammert werden. Die Freiheit der Frau als identitätsstiftendes Merkmal liberaler Gesellschaften wirkt wie ein blinder Fleck auf der Netzhaut, der potentielle Gemeinsamkeiten mit dem ‚anderen' unsichtbar macht. Um die Relativität der vermeintlich so großen Differenz zwischen Europa und der arabischen Welt zu veranschaulichen sei, um nur ein Beispiel zu nennen, auf die Prozentzahlen von Frauen in nationalen Parlamenten verwiesen: 2006 standen sich Marokko mit 10,8%, Italien mit 11,5% und Frankreich mit 12,2% Parlamentarier*innen* ungefähr gleich, im Unterschied zu Tunesien mit 22,8% weiblichen Abgeordneten (vgl. EuroMeSco: 2006, S. 16). Damit soll nicht bestritten werden, dass die geschlechterpolitischen Defizite in der arabischen Welt größer sind als in anderen Regionen. Die Situation ist jedoch sehr viel komplexer, nicht nur im interregionalen Vergleich, sondern auch im Vergleich zwischen Ländern sowie auch innerhalb von einzelnen Ländern. Diese Komplexität entzieht sich einer eindimensionalen Erklärung durch das Narrativ vom rückständigen Islam.

Ersetzt man den Begriff ‚Islam' mit ‚Religion' wird deutlich, dass die politischen Trennlinien quer stehen zur konstruierten Dichotomie vermeintlich antagonistischer Kulturräume, wie Luise Chappell in einer Studie über die enge Kooperation des Vatikans mit muslimischen Autoritäten im Kontext der Internationalisierung von Frauenrechten nachweist. In dieser Studie dekonstruiert sie zunächst das Narrativ vom säkular-aufgeklärten Norden indem sie auf die politische Macht katholischer Eliten in Europa verweist. In einem zweiten Schritt dekonstruiert sie aber auch die vermeintliche Dichotomie *‚West versus Islam'* indem sie auf die *transnationale* Kooperation der religiösen Eliten in ihrem Kampf gegen *transnationale* Frauennetzwerke verweist: „The Vatican together with a number of Islamic governments have used their religious standing to advance arguments that sit in direct contrast to the rights agenda proposed by the transnational feminist movement."(Chapell: 2004)

Vergleichweise eindimensional ist jedoch auch das ‚südliche' Narrativ, demzufolge Geschlechterdemokratie ein rein westliches Konzept sei, das aggressiv in den Rest der Welt exportiert würde. Diesem Narrativ zufolge wird die westliche Frau ihrer Würde beraubt und zur Ware degradiert, während Frauen in der muslimischen Welt den Schutz der Gemeinschaft und vor allem der Männer genießen. Dieses Identitätskonstrukt, das genauso ahistorisch ist wie ihr ‚westliches' Pendant, steht beispielsweise hinter der Kritik an der UN-Konvention zur Beseitigung jeder Form von Diskriminierung der Frau (CEDAW). Dies geschieht ungeachtet der Tatsache, dass die CEDAW auch dem *Arab Human Development Report*, der ausschließlich von Araber_innen erstellt wird, als universelle Referenz gilt, und ungeachtet der Tatsache, dass es *transnationale* Frauenrechtsnetzwerke waren, die das Prinzip ‚Frauenrechte sind Menschenrechte' normsetzend auf Ebene der UN-Institutionen verankerten (vgl. Kreile: 2009, S. 265). Transnationale

Kooperationen und transnationale Identitäten haben in einer binären Weltsicht keinen Platz, weil sie die ihr zugrunde liegende Realitätsreduktion als solche entlarven. Damit lösen sie vermeintliche Inkompatibilitäten auf und eröffnen neue Perspektiven auf die anstehenden Probleme – und ihre Lösungen.

7 Zur Resilienz patriarchaler Herrschaftsverhältnisse in Zeiten nationaler Bedrängnis

Nachdem nachgewiesen wurde, dass ‚der Islam' an sich die Resilienz patriarchaler Herrschaftsverhältnisse in der arabischen Welt nicht zu erklären vermag, bleibt gleichwohl die Frage offen, warum der politische Islam gegenwärtig eine besonders restriktive Interpretation der religiösen Ordnung propagiert und wie es kommt, dass dieser Rigorismus offensichtlich auch noch gesellschaftlichen Zuspruch findet.[12] Ein Erklärungsansatz für die breite Akzeptanz patriarchaler Strukturen in Politik und Gesellschaft der arabischen Welt, sowohl bei Männern als auch bei Frauen, ist das Gefühl der Bedrängnis. Danach kann die Besinnung auf die eigenen kulturellen Wurzeln als Abwehrreflex gegen Überfremdung und Identitätsverlust verstanden werden. So wie einst der Kolonialismus als Angriff auf die eigene Identität wahrgenommen wurde, sind es heute Prozesse der Globalisierung und der ‚westlichen' Dominanz. Modernisierung einerseits und die Verarmung weiter Teile der Bevölkerungen andererseits schwächen traditionale Herrschaftsverhältnisse, in denen Großfamilien und Familiennetzwerke von Bedeutung sind, und stellen damit auch den darin verankerten geschlechterpolitischen Gesellschaftsvertrag in Frage. Mit seiner Betonung der traditionalen Rolle der Frau in einer auf Gemeinschaft ausgerichteten Gesellschaftsordnung bietet der politische Islam einen religiös legitimierten Gegenentwurf zur ‚westlichen' Moderne, mit dem Prozesse der Überfremdung abgewehrt und die eigene, in Bedrängnis geratene Identität stabilisiert werden können (vgl. Kreile: 2009, S. 259f)

> Durch ihre Bindung innerhalb der Familie, nämlich als Mütter und damit Sozialisatorinnen der nächsten Generation, wird den Frauen eine besondere Rolle für den Werte- und Normenerhalt der islamischen Gesellschaft zuteil. Sie werden zu Trägerinnen der Kultur und verkörpern als Inbegriff von Tugend und Moral symbolisch das Fundament einer intakten und integren muslimischen Gesellschaft (Borkstett: 2012)

12 Vgl. hierzu den Beitrag von Ivesa Lübben in diesem Band.

Die symbolträchtig aufgeladene Überhöhung der Frau als Trägerin und Repräsentantin kultureller Identität ist jedoch keine Besonderheit ‚des Islam', sondern lässt sich auch anderswo beobachten, wo Identitäten unter Druck geraten. Ein anschauliches Beispiel für dieses Phänomen liefert der bis heute nachwirkende Mythos ‚Mutter Polin', der nach der dritten Teilung Polens im 18. Jahrhundert entstand, die damals die polnische Identität massiv bedrohte.

> Aus dieser Zeit stammt der Mythos ‚Mutter Polin', den Adam Mickiewicz ... mit seinem Gedicht ‚an die Mutter Polin' (Do Matki Polki) geprägt hat. … Er lebt im nationalen Diskurs weiter und wird den Frauen in Polen als Ideal des weiblichen Engagements für das Allgemeinwohl aller Polen eingeprägt. Das Gedicht hat die Form eines Aufrufs an die Polinnen, ihre Söhne hart zu erziehen. Dieser Aufruf entstand in der Epoche, in der sich die Idee der Nation sehr intensiv entwickelte. (Choluj: 2003, S. 31)

Die ‚Mutter Polin' kämpft nicht für Geschlechterdemokratie, sondern für die Souveränität ihrer Nation. Und das auch nicht auf gleicher Augenhöhe mit den Männern, sondern im Hintergrund, indem sie die Männer unterstützt und indem sie vor allem die neuen Männer entsprechend erzieht. Eigene Ansprüche stellt sie nicht. Bozena Chuluj erklärt die starke Abneigung polnischer Frauen gegen den ‚westlichen' Feminismus, wie er nach der politischen Wende Anfang der 1990er Jahre zu beobachten war, mit der Nachhaltigkeit der im Mythos ‚Mutter Polin' manifest gewordenen patriarchalen Geschlechterordnung und der Angst vor westlicher Überfremdung (vgl. Choluj: 2003, S. 31). Eine weitere Analogie zur derzeitigen Entwicklung in der arabischen Welt ist die Bemächtigung der Geschlechterpolitik durch die Religion.[13] Während es in der arabischen Welt die islamistischen Parteien sind, die durch eine dezidiert patriarchale Programmatik auffallen, nahm in Polen der Katholizismus eine vergleichbare Rolle ein:

> Genau wie die Heilige Maria Jesus erzogen hat, sollte auch die Mutter Polin ihren Sohn erziehen: Zum ‚Martyrium', wenn auch ‚ohne Auferstehung'. … Eine gute Basis für dieses Erziehungsprogramm bildete in Polen der Marienkult, den der polnische König Johannes III Sobieski mit der Krönung der heiligen Mutter Maria zur Königin Polens im Jahre 1665 begründet hatte. (Choluj: 2003, S. 31)

13 Interessant ist, dass nicht nur die katholische Kirche, sondern auch das kommunistische Regime sich des Mythos der 'Mutter Polin' bediente. Auch der sozialistische Staatsfeminismus baute auf einem genügsamen und der Gemeinschaft verpflichteten Rollenbild der Frau auf.

Der polnische Katholizismus, der nicht nur in Zeiten der polnischen Teilungen, sondern auch während der kommunistischen Zwangsherrschaft eine politische Gegenidentität stiftete, wurde nach dessen Zusammenbruch eine maßgebliche, die gesellschaftlichen Ordnungsvorstellungen prägende Kraft.[14] Er verlor jedoch in dem Maße an politischer Bedeutung, in dem Polen seine Identität als Demokratie und als Mitglied der EU konsolidierte. Es scheint, als benötige das moderne Polen keine ‚Gegenidentität' mehr.

In der arabischen Welt hingegen spielen patriarchale Ordnungsvorstellungen heute mehr denn je eine entscheidende Rolle für die Konstruktion einer eigenen, als authentisch wahrgenommenen Identität. Auch wenn der politische Islam sich in erster Linie des Themas bemächtigt hat darf nicht übersehen werden, dass alle Mitglieder der arabischen Gesellschaft mehr oder minder stark von patriarchalen Traditionen und Praktiken geprägt sind, egal ob sie wie die Mehrheit der Gesellschaft Muslime sind, oder einer Minderheit von Christen oder Atheisten angehören. Auch die Kategorisierung der politischen Landschaft in ‚fortschrittlich' und ‚reaktionär' sagt wenig darüber aus, wie die einzelnen Parteien und Gruppierungen zur Geschlechterfrage stehen. In einer durch und durch konservativen Gesellschaft werden Geschlechterfragen übergreifend dem Bereich des privaten und damit des unpolitischen zugeordnet. Die Annahme, dass nur ‚der Islam' oder ‚die Islamisten' Frauenrechte missachten würden, ist ein Mythos, der vor kurzem durch die frauenfeindlichen Praktiken der Militärpolizei des alten Mubarak-Regimes auf schockierende Weise als solcher erkennbar wurde: Nicht Islamisten, sondern die Militärpolizei unterzog am 9. März 2011 Aktivistinnen des Arabischen Frühlings sogenannten ‚Jungfrauentests', eine Praxis die dem Tatbestand der Folter entspricht und darauf zielt, Frauen zu entwürdigen und zum Schweigen zu bringen (vgl. Amnesty International: 2012). Ein anderes Mal wurden einer Demonstrantin die Kleider über den Kopf gezogen, so dass ihr blauer BH sichtbar wurde, der fortan zum viel zitierten Symbol für Brutalität und Frauenverachtung des verstoßenen Regimes avancierte (vgl. Coleman: 2012). Aber nicht nur die Staatsmacht, selbst die Freiheitskämpfer des Tahrir Platzes zeigten wenig Verständnis für die spezifischen Belange der Frauen. Eine Gruppe von Frauen, die am 8. März 2011 den internationalen Tag der Frau begehen wollte, wurde von männlichen Demonstranten auf dem Tahrir Platz erst verlacht und dann sogar angegriffen (Sholkamy: 2012, 168f.). Spätestens zu diesem Zeitpunkt sollte auch

14 Die Macht der katholischen Kirche zeigte sich u.a. 1993, als in Polen ein extrem restriktives Abtreibungsrecht eingeführt wurde, das 2004 durch ein Zusatzprotokoll im polnischen EU-Beitrittsvertrag vor Liberalisierungen im Zuge der Europäisierung geschützt wurde.

den politisch Verantwortlichen in der EU bewusst geworden sein, dass die Dichotomie *Säkularismus verusus Islamismus* inadäquat ist, wenn es um die Identifizierung potentieller Kooperationspartner für die Förderung von Geschlechterdemokratie geht. Die neuen Akteurskonstellationen sind sehr viel komplexer und stellen die EU vor enorme Herausforderungen.

8 Handlungsspielräume für die Förderung von Geschlechterdemokratie nach dem Arabischen Frühling

Angesichts der zunehmenden Teilhabe demokratisch legitimierter islamistischer Parteien an der politischen Macht in den arabischen Transformationsländern hat die Interessenkoalition zwischen der EU und den säkularen Eliten ausgedient. Selbst wenn es, beispielsweise in Ägypten, zu einer Restauration des alten Regimes kommen sollte, könnte dieses Konzept nicht wieder aufgegriffen werden, weil es grundlegend diskreditiert ist. Gleichermaßen problematisch wäre es jedoch, die Bedeutung der sensiblen Geschlechterpolitik einfach herabzustufen oder, wie viele Frauenrechtsgruppen befürchten, zur Verhandlungsmasse zu degradieren. Die EU könnte verleitet sein, sicherheitspolitische Themen wie Terrorismus, Migration, oder Energiesicherheit gegenüber den neuen Regimen hart zu verhandeln, im Austausch dafür aber im *low-policy* Bereich der Geschlechterpolitik Kompromissbereitschaft zu zeigen. Ein solcher Ansatz böte sich geradezu an, weil er sich als kulturell sensibel gegenüber den neuen islamistischen Regimen legitimieren ließe. Faktisch ginge er jedoch zu Lasten der Geschlechterdemokratie, einem erklärten außenpolitischen Ziel der Wertegemeinschaft EU.

Sinn dieses Aufsatzes ist es nicht, konkrete geschlechterpolitische Förderprogramme zu entwerfen. Es sollen jedoch einige Anregungen aus den Erörterungen abgeleitet werden, um die EU-Förderung von Geschlechterdemokratie in ihren südlichen Partnerländern auf eine neue, der veränderten Akteurskonstellation angepassten Grundlage zu stellen. Wesentliche Voraussetzung dafür ist eine Abkehr von dem historisch gewachsenen und damit extrem persistenten Kulturalismus, der als dominante, die Problemwahrnehmung prägende *Handlungslogik* identifiziert wurde.

So sollte die EU, um ihr unterkomplexes Bild der arabischen Welt zu weiten, künftig die regionalen Geschlechterdiskurse intensiver verfolgen, auch und gerade unter Einbeziehung islamistischer Positionen. Hierzu gehören zum einen Neuinterpretationen des Korans aus feministischer Perspektive als auch die Praktiken islamistischer Frauen, die sich in Parteien und politischen Ämtern betätigen. Vor allem junge Frauen im islamistischen Spektrum der Gesellschaft stellen traditionelle Positionen ihrer Parteien in Frage und sind damit wichtige *change agents*. Mögliche Anknüpfungspunkte einer künftigen EU-Förderpolitik können die programmatischen Gemeinsamkeiten sein, die es innerhalb der regionalen Geschlechterdiskurse trotz aller Kontroversen zwischen religiösen und säkularen Positionen gibt, wie z.B. die Forderung nach besserem Zugang von Frauen zum Bildungs- und Gesundheitssystem. Angesichts der aus heutiger Perspektive peinlichen Nähe zum autoritären Staatsfeminismus steht der EU bei alledem die Rolle des Lehrers schlecht zu Gesicht. Um verloren gegangenes Vertrauen wiederzugewinnen und neuerlichen Vorwürfen eines Neo-Kolonialismus die Grundlage zu entziehen, sind Zurückhaltung und Respekt vor der Vielfalt an anderen Meinungen gefragt. Als Referenzrahmen für europäische Forderungen im Rahmen des *more for more* Ansatzes eignen sich deshalb die CEDAW oder der *Arab Human Development Report* sehr viel mehr als das geschlechterpolitische Primär- und Sekundärrecht der EU. Die externe Förderung von Geschlechterdemokratie wäre damit kein Projekt einer Europäisierungsstrategie, sondern würde sich im übergeordneten internationalen Kontext verorten, in dem die *transnationale* Frauenrechtsbewegung eine maßgebliche Rolle spielt. Im Kontext einer Erneuerung der externen Förderung von Geschlechterdemokratie könnten die neuen EU-Delegationen eine positive Rolle spielen, weil sie politisch stärker sind als die alten Vertretungen der Kommission und durch einen besseren Personalschlüssel auch mehr Kapazitäten für zivilgesellschaftliche Kontakte haben. Um diese Rolle wahrzunehmen ist jedoch entsprechendes Personal notwendig, konkret die Einstellung von Frauen, die Arabisch sprechen, Islamwissenschaften oder ähnliches studiert haben und damit eher gefeit sind vor einer Reproduktion kulturalistischer *Handlungslogiken*.

Letztendlich wird die EU erkennen müssen, dass ihre Handlungsspielräume insgesamt gesunken sind, da die neuen Akteurskonstellationen Veränderungen in den interregionalen Machtverhältnissen generieren. Damit verringern sich die potentiellen Einflussmöglichkeiten der EU auf ihre südlichen Partnerländer; ihr *more-for-more* Ansatz könnte bei einigen von ihnen ins Leere laufen. Umso wichtiger wird ein respektvoller und dialogischer Ansatz unter Einbeziehung aller frauenpolitisch engagierten *change agents* in der Region. Kurz- und mittelfristige Erfolge sind wenig wahrscheinlich, eine langfristige Liberalisierung der Geschlechterordnungen ist gleichwohl möglich und zwar in dem Maße, in dem sich die Gesellschaften generell demokratisieren und egalisieren.

Literatur

Agapiou-Josephides, Kaliope/Benoit-Rohmer, Florence/Jünemann, Annette/Jordens-Cotran, Leila/Aluffi, Roberta/Kaili, Christina (2012): Enhancing EU-Action to Support Universal Standards For Women's Rights During Transition. Study requested by the European Parliament's Subcommittee on Human Rights. Brussels.

Cunha, Eunice (2012): Egypt - Where are the Women? Blog at WordPress.com, http://amadorsquare.wordpress.com/, eingesehen am 9.08.2012

Amnesty International (2012): Egypt: A year after 'virginity tests', women victims of army violence still seek justice. (http://www.amnesty.org/en/news/egypt-year-after-virginity-tests-women-victims-army-violence-still-seek-justice-2012-03-09, eingesehen am 8.08.2012.)

Berriane, Yasmine (2011): "Le Maroc au temps des femmes ? La féminisation des associations locales en question", Année du Maghreb VII, CNRS Editions, S. 332-342.

Bicchi, Federica (2004). The European Origins of Euro-Mediterranean Practices. Working Paper, Institute of European Studies Berkeley.

Block, Johanna (2012): Frauenbewegungen in Ägypten. Der Arabische Frühling und säkular orientierte Frauenorganisationen. In: Mediterranes, 1/2012, S. 57-59.

Borkstett, Isabel (2012): Gender-Diskurse in Politik und Gesellschaft. Unveröffentlichte Masterarbeit, eingereicht an der Fakultät Wirtschafts- und Sozialwissenschaften, Helmut-Schmidt-Universtität, Universität der Bundeswehr in Hamburg.

Brac de la Perrière, Caroline (1997): Die algerische Frauenbewegung zwischen Nationalismus und Islamismus. In: Schöning-Kalender, Claudia/Neusel, Aylâ/Jansen, Mechthild M. (Hrsg.): Feminismus, Islam, Nation. Frauenbewegungen im Maghreb, in Zentralasien und der Türkei, Campus Verlag, Frankfurt a.M., S. 167-184.

Chappell, Louise (2004): Contesting Women's Rights: The Influence of Religious Forces at the United Nations. (http://www.adelaide.edu.au/apsa/docs_papers/Others/Chappell.pdf, eingesehen am 25.06.2012)

Choluj, Bozena (2003): Zugänge zu Geschlechtergerechtigkeit in Ost und West. In: Frauenakademie München (Hrsg.): Grenzen Überwinden – Der EU-Erweiterungsprozess aus frauenpolitischer Sicht, München.

Coleman, Isobel (2012): ‚Blue bra girl' rallies Egypt's women vs. oppression. (http://edition.cnn.com/2011/12/22/opinion/coleman-women-egypt-protest/index.html, eingesehen am 9.08.2012)

El-Hawary, Haia/Emam, Fatima/Gemeinardt-Buschhardt, Konstanze (2012): Women of the Tahrir Square – Secular and Religious Motivated Activists and the Constitution of a Democratic Society. Conference paper. International Conference on: Realigning Power Geometries in the Arab World, Leipzig February 24th – 26th 2012.

Euro-Mediterranean Human Rights Network (2009): Gender Equality in the Euro-Mediterranean Region: From Plan to Action? Shadow Report on the Implementation of the Istanbul Plan of Action, Copenhagen.

Euro-Mediterranean-Human-Rights-Network (2011): The EMHRN urges the European Union to fully integrate gender equality in the ‚renewed ENP policy' with its Southern Neighbours. 8.12.2011, http://www.euromedrights.org/gender/gender-news/emhrn-gender-press-releases/10786.html, eingesehen 20.08.2012.

EuroMeSCo (2006): Women as Full Participants in the Euro-Mediterranean Community of Democratic States, Lisboa.

Harders, Cilja (2011): Gender Relations, Violence and Conflict Transformation. (http://humansecuritygateway.com/documents/BERGHOF_GenderRelationsViolenceandConflictTransformation.pdf, eingesehen am 24.8.2012)

Hassan, Riffat (1997): Feministische Interpretation des Islams, in: Schöning-Kalender, Claudia/Neusel, Aylâ/Jansen, Mechthild M. (Hrsg.): Feminismus, Islam, Nation. Frauenbewegungen im Maghreb, in Zentralasien und der Türkei, Campus Verlag, Frankfurt a.M., (S. 217-233).

Hassim, Shireen (2003): The Gender Pact and Democratic Consolidation: Institutionalizing Gender Equality in the South African State. In: Feminist Studies 29, no 3 (Fall 2003), S. 505-528.

Horst, Jakob/Jünemann, Annette/Rothe, Delf (Hrsg): Euro-Mediterranean Relations after the Arab Spring: Persistence in Times of Change. Farnham: Ashgate Publishers (im Erscheinen)

Horst, Jakob et al (2012): Logics of Action in the Euro-Mediterranean Political Space. An Introduction to the Analytical Framework. In: Derselbe et al (Hrsg.): Euro-Mediterranean Relations after the Arab Spring: Persistence in Times of Change. Farnham: Ashgate Publishers (im Erscheinen)

Hussein, Amr/Schmidt, Eva/Zorob, Anja (2012): Medien und die Revolution. Die Förderung von Geschäftsfrauen als Legitimierung der Regierung. In: Mediterranes, 1/2012, S. 63 (S. 62-64).

Jünemann, Annette (2009): Zwei Schritte vor, einer zurück: Die Entwicklung der europäischen Mittelmeerpolitik von den ersten Assoziierungsabkommen bis zur Gründung einer "Union für das Mittelmeer", in: Hrbek, Rudolf/ Marhold, Hartmut (Hg.): Der Mittelmeerraum als Region, EZFF, Occasional Papers Nr. 35, S. 26-59.

Jünemann, Annette (2004): Civil Society and Transnational Non-Governmental Organizations in the Euro-Mediterranean Partnership. In: Burnell, Peter/ Calvert, Peter (Ed.): Civil Society in Democratization. Taylor & Francis, London, S. 206-224.

Jünemann, Annette (2003): The Forum Civil Euromed: Critical Watchdog and Intercultural Mediator. In: Panebianco, Stefania (Hrsg.): A New Euro-Mediterranean Cultural Identity. Frank Cass, London, S. 84-107.

Kelly, Sanja (2010): Hard-Won Progress And a Long Road Ahead: Women's Rights in the Middle East and North Africa. In: Kelly, Sanja/Breslin, Julia (Hrsg.): Women's Rights in the Middle East and North Africa. Progress Amid Resistance. Freedom House, New York.

Kreile, Renate (2009): Transformation und Gender im Nahen Osten, in: Beck, Martin/ Harders, Cilja/Jünemann, Annette/Stetter, Stephan: Der Nahe Osten im Umbruch. Zwischen Transformation und Autoritarismus, VS Verlag, Wiesbaden, S. 253-276.

Kynsilehto, Anitta/ Melasuo, Tuomo (2006): Gender Equality: A truly Euro-Mediterranean Concern? In: Quaderns de la Mediterrània, Issue 7, S. 209-215.

Mashhour, Amira (2005): Islamic Law and Gender Equality – Could There be a Common Ground? A Study of Divorce and Polygamy in Sharia Law and Contemporary Legislation in Tunisia and Egypt. Human rights Quaterly, Vol. 17, No2, May 2005, S. 265-296.

Mernissi, Fatima (2004): Herrscherinnen unter dem Halbmond. Die verdrängte Macht der Frauen im Islam. Herder Verlag, Freiburg.

Pavlik, Peter (2005): Equality without Gender: Implementation of the EU Initiative EQUAL in the Czech Republic. In: Jünemann, Annette/Klement, Carmen: The Policy of Gender Equality in the European Union, Nomos, S. 146-156.

RDFL/ IFE (2011): Joint statement of Assoziation Najdeh, RDFL, and IFE released in a workshop "Equality First: Promoting a Common Agenda for Equality between Women and Men through the Istanbul Process", held on 17th – 18th december 2011 in Beirut, Lebanon.

Regan, Colm (2012): Women, Citizenship and Change: The Role of the Women's Movement in the Arab World. In: Calleya, Stephen/Wohlfeld, Monika (Hrsg.): Change and Opportunities in the Emerging Mediterranean. Malta: Mediterranean Academy of Diplomatic Studies, S. 234-251.

Said, Edward (1979): Orientalism, Vintage, New York.

Sauer, Birgit (2003): Zum Zusammenhang von Staat und Demokratie. Eine geschlechterkritische Einführung. In: Staat, Demokratie und Geschlecht – aktuelle Debatten, gender-politik-online, (http://web.fu-berlin.de/gpo/pdf/birgit_sauer/birgit_sauer.pdf, eingesehen am 5.06.2012)

Sholkamy, Hania (2012): Women Are Also Part of This Revolution. In: Bahgat Korany/ Rabab El-Mahdi (Hrsg): Arab Spring in Egypt. Revolution and Beyond. Cairo/ New York.

Siklova, Jirina (2005): Welcher Feminismus existiert im Postkommunismus? Ein deutsch-tschechischer Vergleich. In: Jünemann, Annette/Klement, Carmen: The Policy of Gender Equality in the European Union, Nomos, Baden-Beaden, S. 165-172.

Zataari, Zeina (2006): The Culture of Motherhood: An Avenue for Women's Civil Participation in South Lebanon. In: Journal of Midlle East Women's Studies, vol. 2, No 1, Winter 2006, S. 33-64.

Dokumente

European Commission (2011): Gemeinsame Erklärung der Hohen Vertreterin der Europäischen Union für Außen- und Sicherheitspolitik und der Europäischen Kommission: Eine neue Antwort auf eine Nachbarschaft im Wandel. KOM(2011) 303 (25.05.2011). http://ec.europa.eu/world/enp/pdf/com_11_303_de.pdf (eingesehen am 27.10.2011).

Ministerial Conclusions on Strengthening the Role of Women in Society, Brussels 2006. (http://eeas.europa.eu/euromed/women/docs/conclusions_1106.pdf, eingesehen am 4.06.2012)

OECD Social Institutions and Gender Index (SIGI) (http://www.genderindex.org/ranking/Middle%20East%20and%20North%20Africa, eingesehen am 26.06.2012)

United Nations Development Programme, Arab Fund for Economic and Social Development: Arab Human Development Report 2002. (http://www.arab-hdr.org/publications/other/ahdr/ahdr2002e.pdf, eingesehen 14.06.2012).

Verzeichnis der AutorInnen

Dr. Muriel **Asseburg** ist Senior Fellow in der Forschungsgruppe Naher/Mittlerer Osten und Afrika der Stiftung Wissenschaft und Politik (SWP) in Berlin. Derzeit leitet sie ein Forschungsprojekt zu "Elitenwandel und neuer sozialer Mobilisierung in der arabischen Welt". Sie beschäftigt sich zudem mit dem israelisch-arabischen Konflikt, den geopolitischen Folgen des sogenannten Arabischen Frühlings sowie deutscher, europäischer und US amerikanischer Politik in der Region. Sie hat unter anderem in Damaskus, Jerusalem/Ramallah und Beirut gelebt und unterrichtet immer wieder an der Freien Universität Berlin und ihren Seasonal Schools.

André **Bank** M. A., geb. 1977 in Idar-Oberstein. Studium der Politikwissenschaft, Islamkunde und Soziologie in Tübingen und Seattle, Promotion in Marburg (Titel „Regionale Kriege und lokalen Ordnungen im Nahen Osten"; Dissertationspreis der Deutschen Arbeitsgemeinschaft Vorderer Orient im Oktober 2011). Seit März 2010 wissenschaftlicher Mitarbeiter am GIGA Institut für Nahost-Studien in Hamburg. Seine Forschungsschwerpunkte liegen in den Bereichen Autoritarismus und politische Transformation, Kriegs- und Friedensprozesse sowie regionale Ordnung im Nahen Osten. Seine Beiträge wurden in Fachzeitschriften wie Arab Studies Journal, Middle East Critique, Middle East Policy, Middle East Report, Politische Vierteljahresschrift, Review of International Studies und Third World Quarterly sowie in einer Reihe von Sammelbänden veröffentlicht.

Prof. Dr. Martin **Beck**, an der Universität Tübingen promovierter und habilitierter Politikwissenschaftler, hat einen Lehrstuhl für gegenwartsbezogene Nahoststudien an der University of Southern Denmark in Odense inne. Er hat als Hochschullehrer, Forscher und politischer Berater in Deutschland (Tübingen, Hamburg und Bremen), im Nahen Osten (Palästina, Jordanien, Libanon und Irak) sowie in den USA (Denver, Colorado) gearbeitet. Martin Beck hat zahlreiche wissenschaftliche Publikationen zum Nahen Osten vorgelegt.

Malika **Bouziane** M. A. ist Doktorandin an der Arbeitsstelle Politik des Vorderen Orients und wissenschaftliche Mitarbeiterin im Sonderforschungsbereich „Governance in Räumen begrenzter Staatlichkeit" der FU Berlin. In ihrem Promotionsprojekt erforscht sie am Beispiel der Parlamentswahlen in Jordanien lokale Politik und den Einfluss von informellen Handlungspraktiken und Institutionen. Konzeptionell interessieren sie neben Fragen von Governance, der (Neo-)Institutionalismus, Fragen zum Wandel von Staatlichkeit und Fragen nach unkonventionellen Partizipationsformen.

Prof. Dr. Henner **Fürtig,** geb. 1953, Direktor, GIGA Institut für Nahost-Studien (IMES) Hamburg, Professur für Nahost-Studien am Historischen Seminar der Universität Hamburg. 1971-1976, Studium der Arabistik und Geschichte in Leipzig. Promotion 1983 zur iranischen Revolution, Habilitation 1988 zum irakisch-iranischen Krieg als Fallstudie über militärische Konflikte zwischen Entwicklungsländern. Forschungsreisen in nahezu alle arabischen Länder, mehrjährige Aufenthalte in Iran und Ägypten. Schwerpunkte in Forschung und Lehre: Neueste Geschichte und Politik des Vorderen Orients. Dazu zahlreiche Veröffentlichungen im In- und Ausland.

Prof. Dr. Cilja **Harders,** lehrt Politikwissenschaft und ist seit 2007 Leiterin der Arbeitsstelle „Politik des Vorderen Orients", Otto-Suhr-Institut für Politikwissenschaft, Freie Universität Berlin. Sie war vorher an den Universitäten Bochum, Münster und Hamburg beschäftigt und studierte Politikwissenschaft, Soziologie und Literaturwissenschaft in Freiburg und Hamburg. Zahlreiche Auslands- und Studienaufenthalte im Nahen Osten und Nordafrika mit Schwerpunkt Ägypten. Ihre Forschungsschwerpunkte umfassen Transformation von Staatlichkeit und „Politik von unten", Euro-Arabische Beziehungen, sowie politikwissenschaftliche Geschlechterforschung insbesondere zu Geschlecht und Gewalt.

Simone **Hüser** M. A., arbeitet seit August 2011 als wissenschaftliche Mitarbeiterin und Projektkoordinatorin bei der Konrad-Adenauer-Stiftung in Amman. Ihren Bachelor machte sie in Politikwissenschaft an der Universität Bremen. 2011 graduierte sie mit einem Master in Internationaler Sicherheit von der University of Kent in Großbritannien

Prof. Dr. Annette **Jünemann** lehrt Internatioanale Beziehungen an der Helmut-Schmidt-Universität, Universität der Bundeswehr in Hamburg. Sie promovierte mit einer Arbeit zur italienischen Nahostpolitik in Hamburg und habilitierte mit einer Arbeit zur europäischen Mittelmeerpolitik in Kassel. Aktuelle Schwerpunkte in Forschung und Lehre: EU-Außenbeziehungen, Euro-Mediterrane Beziehungen, Transformation und Demokratisierung im Kontext des Arabischen Frühlings, Probleme der (externen) Förderung von Geschlechterdemokratie.

MSc Wolfram **Lacher** ist wissenschaftlicher Mitarbeiter bei der Stiftung Wissenschaft und Politik (SWP) in Berlin. Seine Schwerpunkte sind Libyen und die Sicherheitsproblematik in der Sahel-Chararegion. Von 2007-10 war er Nordafrika-Analyst bei Control Risks, einer Unternehmensberatung in London. Zuvor studierte er Arabistik, Afrikanistik, Politikwissenschaft und Konfliktstudien in Leipzig, Paris, Kairo und London.

Dipl. Pol., MSc Katharina **Lenner** ist wissenschaftliche Mitarbeiterin der Arbeitsstelle Politik des Vorderen Orients an der FU Berlin. Ihre Schwerpunkte in Forschung und Lehre sind Staatskonzeptionen sowie Entwicklungs- und Sozialpolitik, Postkoloniale Perspektiven, kollektive Identitäten und Politik in der arabischen Welt. In ihrer Dissertation beleuchtet sie die widersprüchliche Transformation von Sozialstaatlichkeit durch eine Untersuchung von Übersetzungs- und Verhandlungsprozessen rund um Armutsbekämpfungspolitik im südlichen Jordanien.

Dipl. Soz. Ivesa **Lübben** hat in Marburg, Bremen und Damaskus Wirtschaft, Politik und Arabisch studiert. Sie hat 16 Jahre in Ägypten gelebt und geforscht. Heute arbeitet sie am Centrum für Nah- und Mittelost Studien (CNMS) an der Phillips-Universität Marburg. Ihre Forschungsschwerpunkte sind Soziale Bewegungen, neue Phänomene des Islamismus sowie politische Reform- und Transformationsprozesse in Ägypten und den Ländern des Nahen Ostens.

Erik **Mohns** M. A., geb. 1975 in Erkelenz. Studium der Politikwissenschaft in München und Toulouse, seit Februar 2009 Doktorand am Zentrum für Nahoststudien der Süddänischen Universität in Odense mit einem Dissertationsprojekt zu Identitätsformationen palästinensischer Flüchtlinge in Syrien. Seine Forschungsschwerpunkte liegen in den Bereichen Autoritarismus, islamischer Aktivismus, nahöstliche Staats- und Gesellschaftsbeziehungen und Flüchtlingsforschung. Seine Aufsätze wurden in den Fachzeitschriften Mediterranean Politics, Neue Politische Literatur und Middle East Policy sowie in einem Sammelband veröffentlicht.

Prof. Dr. Rachid **Ouaissa** lehrt Politik des Nahen und Mitteleren Ostens am Centrum für Nah- und Mittelost- Studien der Philipps-Universität Marburg. Seine Schwerpunkte in der Forschung und Lehre sind Nord-Süd-Beziehungen, Aufstieg islamistischer Bewegungen, EU-Mittelmeerpolitik sowie Rente und Herrschaftssysteme im Nahen und Mittleren Osten.

Domenica **Preysing** M. A. ist Promotionsstudentin am Otto-Suhr-Institut der Freien Universität Berlin und Referentin beim Bundesministerium für wirtschaftliche Zusammenarbeit und Entwicklung. Ihre Forschung befasst sich mit der Bedeutung von Übergangsjustiz (sog. ‹justice transitionnelle›) für den politischen Übergangsprozess in Tunesien.

Prof. Dr. Stephan **Stetter** lehrt Internatioanale Beziehungen und Konfliktforschung an der Universität der Bundeswehr München. Seine Forschung befasst sich neben Fragen von Politik und Gesellschaft im Nahen Osten auch mit der EU Außenpolitik, den Euro-Mediterranen Beziehungen sowie soziologisch inspirierten Theorien von Weltpolitik und Konflikten im Zeitalter der Globalisierung.

Dr. Anja **Zorob** ist seit April 2012 Senior Research Fellow und Koordinatorin des PhD Program International Development Studies am Institut für Entwicklungsforschung und Entwicklungspolitik (IEE), Ruhr-Universität Bochum. Vorher war sie als Juniorprofessorin an der Arbeitsstelle „Politik des Vorderen Orients" der Freien Universität Berlin sowie am GIGA Institut für Nahost-Studien in Hamburg beschäftigt. Sie studierte Wirtschaftswissenschaften, Islamwissenschaft und Orientalische Philologie an den Universitäten Freiburg, Damaskus und Bochum und promovierte an der Universität Erlangen-Nürnberg. Zu ihren Forschungsschwerpunkten zählen wirtschaftliche Entwicklung und regionale Integration in der MENA-Region mit Schwerpunkt auf die Euro-Mediterranen und intra-arabischen Beziehungen.